江苏省高等教育教学改革项目（2023JSJG028）资助
江苏大学研究生精品课程专项基金资助

U0564324

动力系统热流基础
理论与应用

董非　王静　主编

江苏大学出版社
JIANGSU UNIVERSITY PRESS

镇　江

图书在版编目(CIP)数据

动力系统热流基础理论与应用 / 董非，王静主编.
镇江：江苏大学出版社，2024. 7. -- ISBN 978-7-5684-
2194-2

Ⅰ. U469.72

中国国家版本馆 CIP 数据核字第 2024WV6459 号

动力系统热流基础理论与应用
Dongli Xitong Reliu Jichu Lilun Yu Yingyong

主　　编/董　非　王　静
责任编辑/王　晶
出版发行/江苏大学出版社
地　　址/江苏省镇江市京口区学府路 301 号（邮编：212013）
电　　话/0511-84446464（传真）
网　　址/http://press.ujs.edu.cn
排　　版/镇江市江东印刷有限责任公司
印　　刷/苏州市古得堡数码印刷有限公司
开　　本/787 mm×1 092 mm　1/16
印　　张/18.5
字　　数/450 千字
版　　次/2024 年 7 月第 1 版
印　　次/2024 年 7 月第 1 次印刷
书　　号/ISBN 978-7-5684-2194-2
定　　价/59.00 元

如有印装质量问题请与本社营销部联系（电话：0511-84440882）

前　言

在当今科技日新月异的时代,工程学科的发展正以前所未有的速度向前推进,同时社会对能源的高效利用和环境保护的需求也愈发迫切。在这一大环境下,动力系统热流基础理论的重要性愈发凸显。它不仅是理解和优化动力系统性能、提高利用效率的关键,而且是实现能源可持续发展、降低环境污染的重要基础。动力系统热流基础理论主要关注在动力系统中热量是如何产生、传递、转换和消耗的。这一理论在多个工程科学领域都具有重要意义,特别是在涉及传热学、流体力学、工程热力学等的系统中。传热学、流体力学和工程热力学作为工程学科的重要分支,不仅在理论研究中占据着举足轻重的地位,更在实际工程应用中发挥着至关重要的作用。所以本书旨在通过将传热学、流体力学和工程热力学三大学科有机地融合在一起,让读者初步了解动力系统中的热流基础理论,同时也为读者提供一个全面、系统、深入的学习平台。

本书在面向读者方面,具有广泛的实用性。编者在编写过程中充分考虑了不同层次、不同专业方向读者的需求。在内容编排上,本书注重由浅入深、循序渐进,使得即使是教学学时较少的专业也能充分利用本教材的基础部分。针对初学者,书中首先介绍了热流基础理论的基本概念、原理和公式,通过生动的实例,帮助读者建立对热流现象的基本认识。随着内容的深入,书中逐渐引入了更复杂的热流问题分析和解决方法,使读者能够逐步掌握热流基础理论的核心知识。针对热力学知识掌握较好的读者,本书提供了更深入的理论分析和实际应用案例。通过详细的推导和解释,读者可以深入理解热流现象背后的物理机制,掌握更高级的分析方法和工具。同时,书中还介绍了一些前沿的研究进展和热点问题,开阔了读者的视野并为其提供了深入研究的线索。此外,本书注重理论与实践的结合,在介绍理论知识的同时,穿插了大量的实验、案例和工程应用实例,使读者能够更好地理解热流基础理论在实际问题中的应用。这不仅有助于加深读者对理论知识的理解,还能激发读者对热流基础理论的学习兴趣和热情。

本书的内容主要涉及以下几个方面:首先是热力学原理。这是热流基础理论的重要基础,它描述了热量、功和能量之间的转换关系,以及系统在不同条件下的热力学性质。在动力系统中,热力学原理可以帮助读者理解系统的能量转换效率、热损失、系统的稳定性等问题。其次是传热分析。这是热流基础理论的核心内容之一,它描述了热量如何在系统内部以及系统与外部环境之间传递。传热分析可以帮助读者了解系统内部温度分布、热量传递路径和热量损失情况,为优化系统设计和提高能源利用效率提供依据。最后是流体动力学分析。在动力系统中,流体(如气体和液体)的流动对热量的传递和转换具有重要影响。流体动力学分析可以帮助读者了解流体在系统中的流动规律、速度分布、压力变化等,为优化流体流动和提高传热效率提供依据。同时,本书还介绍了汽车动力系统、数值模拟方法及其在车用动力系统中的应用,旨在帮助读者全面了解汽车动力系统的基本原理和关键技术,同时掌握数值模拟方法在汽车工程领域的实际应用。数值模拟作为一种先进的工程分析工具,能够模拟和分析汽车动力系统的各种性能和特性。通过模拟,工程师可以预测和优化发动机的性能、评估变速器的换挡逻辑、分析传动系统的效率和耐久性、预测整车的动力性能、评估噪声和振动等。本书将阐述数值模拟方法的发展概况和常用软件,并通过实例展示如何应用数值模拟方法来解决实际问题。此外,本书还注重培养读者的创新能力和实践能力,通过提出问题、引导思考、鼓励实践等方式,激发读者的学习兴趣和热情。

本书由两位经验丰富的编者共同撰写。第 1 章和第 5 章由董非撰写,第 2~4 章由王静撰写。1、5 两章不仅全面介绍了汽车动力系统的基本概念、组成部分及工作原理,还深入探讨了数值模拟方法在汽车工程领域的应用,展示了数值模拟在解决复杂工程问题中的强大能力。第 2~4 章通过翔实的数据、图表和实例,系统介绍了动力系统的热力学原理、传热过程和工质流动规律,为读者提供了深入理解和分析车用动力系统的有力工具。

由于编者学识水平有限,书中难免存在疏漏之处,诚恳欢迎读者批评指正,提出宝贵建议。

目　录

第 1 章

汽车动力系统简介

1.1　引言

汽车是 19 世纪末 20 世纪初最重大的发明之一,而汽车概念的形成及汽车文明的发展可以说是从第一次工业革命开始的。动力系统作为汽车的心脏,在小型化、轻量化、高功率化、高效率化的要求下,其能源从蒸汽发展到各种新能源。随着社会的发展,在进一步提高热效率、改善动力性和经济性、减少有害排放物以满足日益严格的排放法规的要求下,动力系统不断完善,已发展成集现代技术于一体的高科技机电一体化的现代化动力机械装置;同时,动力系统的理论也得到了深入发展。

任何一项科学技术的发展都有其发展背景和历程,汽车技术也一样。汽车能源利用及其动力机械的发明与发展,有力地促进了汽车技术的进步,而汽车工业的发展又与人类社会文明和科学技术的发展紧密相关。科学技术的发展不仅为推动人类社会文明发挥了重要的作用,而且成为把汽车融入人类社会的重要手段。现阶段,汽车动力系统主要分为内燃机动力系统、动力电池动力系统、混合动力系统和燃料电池动力系统。为了更好地理解现代汽车动力系统的特点及其技术的发展背景,本章将对内燃机动力系统、动力电池动力系统和燃料电池动力系统进行简要介绍。

1.2　内燃机动力系统

内燃机是使燃料在机器内部燃烧,并将其放出的热能直接转换为动力的热力发动机,其动力系统如图 1.1 所示。广义的内燃机不仅包括往复活塞式内燃机、旋转活塞式发动机和自由活塞式发动机,而且包括旋转叶轮式喷气发动机。但通常所说的内燃机是指活塞式内燃机,以往复活塞式最为普遍。活塞式内燃机将燃料和空气混合,使其在气缸内燃烧,释放出的热能使气缸内产生高温、高压的燃气,燃气膨胀推动活塞做功,再通过曲柄连杆机构或其他机构将机械功输出,驱动从动机械工作。常见的活塞式内燃机有柴油机和汽油机。

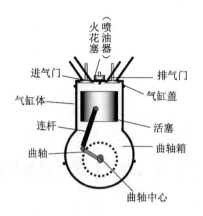

图 1.1 内燃机动力系统简图

1876 年，德国人奥托(Otto)成功创制世界上第一台往复活塞式、单缸、卧式、3.2 kW (4.4 马力)的四冲程内燃机。该内燃机以煤气为燃料，采用火焰点火，转速为 156.7 r/min，压缩比为 2.66，热效率达到 14%，运转平稳。在当时，无论是功率还是热效率它都是所有内燃机中最高的。此后，奥托内燃机获得推广，性能也在不断提高，1880 年单机功率达到 11~15 kW(15~20 马力)，到 1893 年又提高到 150 kW。由于压缩比增高，热效率也随之提高，1886 年热效率为 15.5%，1897 年已高达 20%~26%。1881 年，英国工程师克拉克研制成功第一台二冲程的煤气机，并在巴黎博览会上展出。

随着石油的开发，比煤气易于运输携带的汽油和柴油引起了人们的注意，首先获得试用的是易于挥发的汽油。1883 年，德国工程师戴姆勒(Daimler)成功创制第一台立式汽油机，它的特点是轻便和转速高。当时一般内燃机的转速不超过 200 r/min，而它却达到 800 r/min，特别适应交通运输机械的要求。1885—1886 年，汽油机作为汽车动力系统运行成功，大大推动了汽车的发展。同时，汽车的发展又促进了汽油机的改进和性能提升。此后，汽油机又被用作小型船舶的动力系统。

1892 年，德国工程师狄塞尔(Diesel)受面粉厂粉尘爆炸的启发，设想将吸入气缸的空气高度压缩，使其温度超过燃料的自燃温度，再用高压空气将燃料吹入气缸，使之着火燃烧。他首创的压缩点火式内燃机(柴油机)于 1897 年研制成功，为内燃机的发展开拓了新途径。此后，狄塞尔试图使内燃机实现卡诺循环，以期获得最高的热效率，但实际上他只做到近似的等压燃烧，其热效率达 26%。即便如此，压缩点火式内燃机的问世仍然引起了世界机械业人们的极大兴趣，压缩点火式内燃机也因此被命名为"狄塞尔引擎"。这种内燃机大多以柴油为燃料，故又称为柴油机。1898 年，柴油机首先被用于固定式发电机组，1903 年被用作商船动力，1904 年装于舰艇。1913 年，第一台以柴油机为动力的内燃机车制成，1920 年左右开始用于汽车和农业机械。

1.3 动力电池动力系统

动力电池动力系统是指用于驱动电动汽车的能量储存和释放装置，由电池组、电池管理系统(battery management system，BMS)和相关附件组成。电池组是由多个电池单体串联组成的能量存储装置,为电动汽车提供动力。电池单体是电池组的基本单元,通常由正负极片、隔膜和电解液组成。BMS 是负责管理电池组硬件和软件的系统,用于监测、保护和控制电池组的工作状态。

　　早在 1873 年,英国人戴维森(Davidson)就制造了世界上最早的可供使用的电动汽车。这比德国人戴姆勒(Daimler)和本茨(Benz)发明汽油发动机汽车早了十几年。戴维森发明的电动汽车是一辆载货车,长 4.8 m,宽 1.8 m,最初使用的是铁、锌、汞合金与硫酸进行反应的一次电池,从 1880 年开始应用可以充放电的二次电池。从一次电池发展到二次电池,这对当时的电动汽车而言是一次重大的技术变革,从此电动汽车的需求量有了很大提高。到 19 世纪下半叶,电动汽车成为交通运输业的重要产品,在人类交通史上写下了辉煌一页。1890 年,法国和英国的街道上时常可见行驶着的电动大客车,当时的车用内燃机技术还相当落后,行驶里程短,故障多,维修困难,而电动汽车却维修方便。在欧美,电动汽车在 19 世纪末达到鼎盛期。1899 年,法国人吉纳驾驶一辆以 44 kW 双电动机为动力的后轮驱动电动汽车,创造了时速 106 km/h 的纪录。1900 年,在美国制造的汽车中,电动汽车有 15755 辆,蒸汽机汽车有 1684 辆,而汽油机汽车仅有 936 辆。进入 20 世纪以后,内燃机技术不断进步。1908 年,美国福特汽车公司的 T 型车问世,其以流水线生产方式大规模批量制造,汽油机汽车开始普及,蒸汽机汽车与电动汽车则因存在着技术指标及经济性能上的不足而被逐渐淘汰或缺乏有效竞争力。

1.4　燃料电池动力系统

　　燃料电池是一种把氢气所具有的化学能直接转换成电能的化学装置,又称电化学发电器。它是继水力发电、热能发电和原子能发电之后的第四种发电技术。由于燃料电池通过电化学反应把燃料化学能中的吉布斯自由能部分转换成电能,不受卡诺循环效应的限制,因此效率较高;此外,燃料电池以燃料和氧气作为原料,同时没有机械传动部件,故排放出的有害气体极少,使用寿命长。由此可见,从节约能源和保护生态环境的角度来看,燃料电池被认为是具有重大发展前途的新型能源之一。

　　1776 年,氢气首先被英国科学家卡文迪许(Cavendish)认定为一种独特的元素,因为锌金属与盐酸反应后产生氢气。1838 年,瑞士化学家舍恩拜因(Schoenbein)发现燃料电池效应,即在一定条件下结合氢气和氧气会产生水和电流,这一发现被刊登在当时著名的科学杂志上。1839 年,英国物理学家葛洛夫(Grove)把氢氧反应的理论证明刊登于科学杂志,其后于 1842 年刊登了燃料电池设计草图,他因此获得了“燃料电池之父”的称号。1889 年,蒙德(Mond)和兰尔(Langer)以铂为电催化剂,以钻孔的铂为电流收集器组装了第一个使用空气和工业煤气的燃料电池装置。20 世纪 50 年代,英国剑桥大学的培根(Bacon)建造了第一个实用的 5 kW 氢-空气燃料电池系统,为焊接机提供动力。同年,由伊律格(Ihrig)领导的团队也制造出 15 kW 的燃料电池驱动系统。20 世纪 60 年代,燃料电池首次应用在美国国家航空航天局(NASA)的阿波罗登月飞船上作为辅助电源,为人类登月做出了积极贡献,这也标志着燃料电池由实验室阶段开始转入军事领域的应用。1966 年,通用汽车推出全球第一款燃料电池汽车 Electrovan,该车动力系统由 32 个串联薄电极燃料电池模块组成,持续输出功率为 32 kW,峰值功率为 160 kW,完美诠释了燃料电池技术的可行性潜力。之后,各大车企纷纷开展燃料电池汽车的研究。2000 年之前是燃料电池汽车产业发展的起步阶段,该阶段主要以氢燃料电池汽车概念设计及原理性认证为主,同时出现了一些氢燃料电池概念汽车。2000—2010 年是燃料电池汽车示范运行验证、技术攻关研究阶段。2010—2015 年是燃料电池汽车性能提升阶段,这一阶段燃料电池的功率密度和寿命均有较大幅度提升,并在物流运输等领域率先使用。2015 年之后,燃料电池汽车进入商业化推广阶段。丰田 Mirai 和本田 Clarity 的上市表明燃料电池汽车开始面向私人乘用车领域销售,燃料电池汽车正式进入商业化阶段。

氢能源来源多样,可从化石能源、生物质能源、可再生能源、工业副产氢等多种途径获取,除运输和压缩过程以外没有碳足迹,优势突出,是未来绿色能源体系的重要组成部分。氢燃料电池汽车具有零排放、续驶里程长、燃料加注快等典型特点,被业内普遍认为是新能源汽车的终极发展方向。发展氢燃料电池汽车,对改善能源结构、发展低碳交通具有非常显著的意义。目前,随着燃料电池商业化进程的加快,世界各国愈加重视氢能与燃料电池产业的发展,纷纷制定和出台一系列政策、规划,明确氢能产业发展路线图,投入巨额财政资金用于氢能与燃料电池技术的研发,同时启动氢能与燃料电池的示范应用项目,并不断完善配套加氢站等基础设施的建设。

思 考 题

1-1　内燃机的基本原理是什么?

1-2　内燃机的发展历史是怎样的?

1-3　内燃机未来的发展趋势是怎样的?

1-4　动力电池的基本原理是什么?

1-5　动力电池的发展历史是怎样的?

1-6　动力电池未来的发展趋势是怎样的?

1-7　燃料电池的基本原理是什么?

1-8　燃料电池的发展历史是怎样的?

1-9　燃料电池未来的发展趋势是怎样的?

第 2 章

动力系统热力学基础

针对汽车动力系统的研究通常有动力学研究和热力学研究。热力学是一门研究物质的能量、能量传递和转换，以及能量与物质之间的普遍关系的科学。而工程热力学重点研究热能和其他形式的能（主要是机械能）之间的转换规律及其工程应用。热力学方法是一种演绎的方法，即结合经验所得的基本定律进行演绎推理，指明宏观对象的性质、变化方向和限度。热力学的研究对象是大量分子的集合体，研究宏观性质，所得结论具有统计意义。热力学研究只考虑平衡问题，可以判断物质的状态是否发生变化以及这种变化进行到什么程度，考虑变化前后的净结果，但不考虑物质的微观结构和反应机理，不考虑变化所需要的时间。热力学方法可以指出进行实验和改进工作的方向，讨论变化的可能性；但由于其研究不涉及物质的宏观性质与微观结构之间的关系，反应的机理和反应速率亦不明确，所以无法指出将可能性变为现实的方法和途径。

热力学共有四个基本定律，即第零、第一、第二、第三定律，它们都是人类经验的总结。其中，第一、第二定律是热力学的主要基础。根据第一定律可以计算变化过程中的能量变化，根据第二定律能够判断变化的方向和限度。

2.1 动力系统的热力学状态与做功

与物理学和化学中的做功不同，热力学做功是由不同物体之间或物体不同部位之间的温差引起的能流，是在分子水平上的能量转移。因此，热力学中的热能既能表示过程中能量转移的数量，也能表明能量传递的形式。热力学研究把注意力集中于系统内部，而不考虑系统的整体运动。

2.1.1 工质、热源与热力系统

凡是能将热能转换为机械能的装置统称为**热力发动机**，简称**热机**。例如，蒸汽轮机、燃气轮机、内燃机和喷气发动机皆为热机。

热能和机械能之间的转换是通过一种媒介物质在热机中的一系列状态变化过程来实现的，这种媒介物质称为**工质**。工质通常要有较好的流动性，受热后有显著的膨胀性，并有较大的热容量，除此之外，还应满足以下条件：安全可靠、具有较好的稳定性、对环境友好、

成本低、储量充足。常见的工质有燃烧气体、蒸汽、制冷剂、空气等。燃气在燃气发动机中、蒸汽在蒸汽发动机中工作时,都是把热能转换成机械能以产生原动力。制冷剂在压缩式制冷装置中消耗一定的机械能将热量从低温处传送到高温处,以达到制冷的目的。利用压缩机、鼓风机或通风机对空气进行不同程度的压缩以提高其压力,实质上也是一个把原动机所提供的机械能转化为热能的过程。由于气态物质受热之后具有良好的膨胀性能和较好的做功能力,因此用作各类热机的工质均为气态物质。

在工程热力学中,热容量很大且在吸收或放出有限热量时自身温度及其他热力学参数没有明显改变的物体称为**热源**。根据定义,热源可以分为高温热源(简称热源)和低温热源(简称冷源)。高温热源不断向工质提供热能,低温热源不断接收工质排放剩余的热能。如图 2.1 所示,发电厂锅炉中的高温烟气就属于热源,而凝汽器中的冷却水即为冷源。

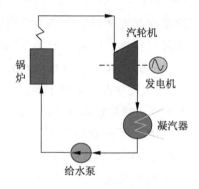

图 2.1 发电厂系统布置简图

在科学研究时必须先确定研究对象,把一部分物质与其余物质分开,这种分离可以是实际的,也可以是想象的。这种被划定的研究对象称为**系统**,亦称为体系或物系。**热力系统**就是人为划分的热力学研究对象。与系统密切相关、有相互作用或影响的部分称为**环境**,亦可称为**外界**。例如:酒精灯加热容器中的气体,气体为研究对象,即热力系统,容器和酒精灯则属于外界。系统与环境的分界面称为**边界**,系统与外界的作用都要通过边界。边界可以是固定的,也可以是活动的;可以是真实的,亦可以是虚拟的(图 2.2)。

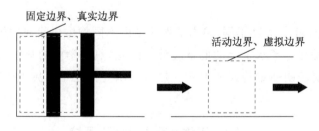

图 2.2 边界的分类

根据系统与外界的物质交换情况,系统可以分为封闭系统和开口系统(图 2.3)。在封闭系统中,系统与外界无物质交换,但有能量交换;而在开口系统中,系统与环境之间既有物质交换,又有能量交换。经典热力学主要研究封闭系统。根据系统与外界的能量交换情况,系统可以分为绝热系统和孤立系统。在绝热系统中,系统与外界无能量交换,但有物质交换;而在孤立系统中,系统与外界既无能量(功、热量)交换,又无物质交换。

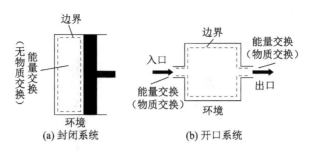

图 2.3　系统的分类

2.1.2　热力学状态及基本参数

热力系统或工质在某一瞬间所呈现的宏观物理特性,称为**热力学状态**,简称状态。状态是系统物理特性的总标志。描述系统或工质状态特征的宏观物理量,称为**状态参数**。状态参数仅取决于状态,而与达到该状态的途径无关。状态确定,则状态参数也确定,反之亦然。也就是说,对应某个确定的状态,有一组状态参数;反之,一组确定的状态参数也可以确定一个状态。因此,状态参数的变化量可表示为

$$\Delta x_{1,2} = \int_1^2 \mathrm{d}x = x_2 - x_1 \tag{2.1}$$

式中,x 表示任一状态参数;1,2 分别表示状态 1 和状态 2。

工质经历一个循环,则其所有状态参数的变化量均为零,其数学表达式如下:

$$\oint \mathrm{d}x = 0 \tag{2.2}$$

通常用宏观可测性质来描述系统的热力学状态,故这些性质又称为**热力学变量**。热力学变量分为两类:**广度性质**(extensive properties)和**强度性质**(intensive properties)。广度性质又称为容量性质,它的数值与系统的物质的量成正比,如体积、质量、内能、焓、熵等。这种性质有加和性,在数学上是一次齐函数。而强度性质与系统的数量无关,不具有加和性,在数学上是零次齐函数。其数值取决于系统自身的特点,如温度、压力等。指定了物质的量的广度性质即为强度性质,或两个广度性质相除可得强度性质。广度性质和强度性质之间的关系可表示为

$$强度性质 = \frac{广度性质}{物质的量} = \frac{广度性质1}{广度性质2} \tag{2.3}$$

基本状态参数主要包括强度性质中的压力、温度和广度性质中的比体积等能简单测量的参数。

（1）压力

在物理学中,单位面积上受到的垂直作用力称为压强;在热力学中,将大量气体分子做不规则热运动撞击容器内壁时,在单位面积上所产生的垂直方向的平均作用力定义为**压力**。压力可以分为绝对压力、大气压力和相对压力。绝对压力是指气体的真实压力。大气压力是指大气环境对物体的作用力。相对压力是指相对于环境大气压力的差值,即测压仪表的读数,分为**表压力**和**真空度**。常用的测压仪表有弹簧管式压力表和 U 形管压力计（测

较小压力),如图 2.4 所示。

(a) 弹簧管式压力表   (b) U 形管压力计

图 2.4 常用测压仪表

当气体的绝对压力(p)高于大气压力(p_b)时,称为正压,压力表的读数即为表压力(p_g)。此时,绝对压力的计算公式为

$$p = p_b + p_g \tag{2.4}$$

当气体的绝对压力(p)低于大气压力(p_b)时,称为负压,压力表的读数即为真空度(p_v)。此时,绝对压力的计算公式为

$$p = p_b - p_v \tag{2.5}$$

绝对压力、大气压力和相对压力的关系如图 2.5 所示。

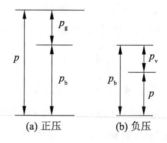

(a) 正压   (b) 负压

图 2.5 绝对压力、大气压力和相对压力的关系

 思考

绝对压力、表压力和真空度都可作为工质或系统的状态参数吗?

压力的国际单位为帕斯卡,简称帕(Pa),1 帕 = 1 Pa = 1 N/m²,1 千帕 = 1 kPa = 10³ Pa,1 兆帕 = 1 MPa = 10⁶ Pa。工程中常用液柱高和工程大气压表示压力大小,1 mmHg ≈ 133.3 Pa,1 mmH₂O ≈ 9.81 Pa,1 工程大气压 = 1 at = 1 kgf/cm² ≈ 0.1 MPa。

纬度为 45°海平面上的常年平均气压(物理大气压)称为**标准大气压**。1 标准大气压 = 1 atm = 760 mmHg = 101325 Pa。

(2)温度

在物理学中,温度是度量物体冷热程度的物理量;在微观上,温度反映物质内部分子做不规则热运动的剧烈程度,也即分子平均动能的大小。在介绍温度的热力学定义之前,先了解平衡态和热力学平衡的概念。

在没有外界影响的情况下,经过足够长的时间,系统内各部分的状态参数达到稳定状态,则称该系统处于平衡态。当一个热力系统的各状态参数不随时间而改变时,该系统就处于热力学平衡,包括热平衡(thermal equilibrium)、力学平衡(mechanical equilibrium)、相平衡(phase equilibrium)和化学平衡(chemical equilibrium)。其中,热平衡是指系统各部分温度相等;力学平衡是指系统各部的压力都相等,边界不再移动;相平衡是指多相(气、液、固)共存时,各相的组成和数量不随时间的改变而改变;化学平衡是指反应系统中各物质的数量不再随时间的改变而改变。需要注意的是,热力学平衡是一种动态平衡,组成系统的分子仍在不停地做无规则运动,只是分子运动的平均效果不随时间变化,表现为系统的宏观性质不随时间变化;平衡态是一种理想情况,因为任何系统完全不受外界影响是不可能的。表 2.1 所示为平衡态与热平衡的区别和联系。

表 2.1　平衡态与热平衡的区别和联系

		平衡态	热平衡
区别	研究对象	一个系统	两个接触的系统
	判断依据	系统不受外界影响,状态参数不变	两个系统的温度相同
联系		处于热平衡的两个系统都处于平衡态	

思考

一根长铁丝一端插入 100 ℃的沸水中,另一端放入 0 ℃的恒温源中,经过足够长的时间,温度随铁丝呈一定的分布,而且不随时间变化,这种状态是否为平衡态?

解析: 采用两步法判断热力系统是否处于平衡态。首先,判断热力系统是否受到外界的影响;其次,判断系统的状态参数是否发生变化。因为存在外界影响,当撤去外界影响时,系统各部分状态参数就会变化,所以案例中描述的状态不是平衡态,只是一种稳定状态。

温度这一概念源于人们对于冷热现象的经验感觉,譬如通过触觉,可以把各种物体按冷、凉、温、热等进行排列。但感觉往往也可能会是错觉,所以感觉不能成为科学概念。物体"冷热"的热与物体间传递"热量"的热是同一个汉字,不像英语中可分别用 hotness 和 heat 区分,但此热非彼热。人们用手触摸物体感受其温度时,所感到的实际上是单位时间物体传给手的热量。诚然,热量源自温差,即外界物体的温度越高,温差也越大,传给手的热量也越多,这种感觉似乎也能指示物体的温度。但物体所传递的热量不仅和温差有关,还和物体本身材料的导热性质(又称导热系数)有关。触摸处于相同环境同一温度的铁与木头,冬天会觉得铁比木头冷,夏天又会觉得铁比木头热。即使是同一物体,感受有时也会有偏差,如将左手浸在热水中,右手浸在冷水中,然后将两只手同时放入冷热程度介于二者之间的水中。这时,左手会觉得冷些而右手会觉得热些。因此,人的手是一个很不准确的温度计,不能单凭感觉去判断物体温度的高低。必须把温度的概念和温度的测量建立在坚实的科学的基础上。

处于同一热平衡状态的各个热力系统,必定有某一宏观特征彼此相同,用于描述此宏观特征的物理量即为**温度**。简言之,温度是表征互为热平衡系统的共同热学性质的物理量。要定量描述温度,就必须有一套方法,这套方法就是温标。常用的温标有两种:摄氏温标和热力学温标(又称绝对温标或开尔文温标)。

确定一种温标需要考虑三个要素:

① 选择某种具有测温属性的测温物质,如水银、金属电阻、气体、热电材料等。

② 了解测温物质随温度变化的函数关系,如水银温度计利用水银的热膨胀属性测温,金属电阻温度计利用金属电阻随温度变化的关系测温,气体温度计利用气体压强随温度变化的关系测温,而热电偶利用不同导体因温差产生的电动势大小测温。

③ 确定温度的零点和分度方法。

摄氏温标规定:标准大气压下冰的熔点为 0 ℃,水的沸点为 100 ℃;把玻璃管上 0 ℃ 刻度与 100 ℃ 刻度之间均匀分成 100 等份,每份代表 1 ℃。摄氏温标规定的温度即为摄氏温度,单位为摄氏度(℃)。据此,伽利略在 1593 年发明了世界上第一支温度计——空气温度计。

热力学温标以水的三相点(在三相点,气态、液态、固态共存)为基准点,并规定其值为273.15 K。热力学温标表示的温度即为热力学温度,单位为开尔文(K)。热力学温度是国际单位制中 7 个基本物理量之一。

摄氏温度(t)和热力学温度(T)的关系为

$$T = t + 273.15 \tag{2.6}$$

热力学温度和摄氏温度表示温度的差是相等的,即 1 ℃ 的分格与 1 K 的分格是等价的,只是零值起点不同。

(3) 比体积

比体积(v)是指单位质量工质所占有的体积,又称比容(单位:m^3/kg)。

$$v = \frac{V}{m} \tag{2.7}$$

式中,V 为工质的体积;m 为工质的质量。

单位体积内工质的质量即为物理学中所说的密度(ρ),它其实是比体积的倒数。比体积和密度均反映物质内部分子聚集的疏密程度,即分子间平均距离的大小。

除了能简单测量的基本状态参数外,还有一些用于热功转换计算而引出的状态参数,如比内能、比焓、比熵等。

2.1.3　气体状态方程

对于系统的一些性质,其数值仅取决于系统所处的状态,而与系统的历史无关;它们的变化值仅取决于系统的始态和终态,而与变化的途径无关,具有这种特性的物理量称为**状态函数**。状态函数的特性可描述为"异途同归,值变相等;周而复始,数值还原"。状态函数在数学上具有全微分的性质。系统状态函数之间的定量关系式称为**状态方程**。对于一定量的单组分均匀系统,状态函数压力(p)、比体积(v)、温度(T)之间有一定量的联系。经验证明,只有两个是独立的,它们的函数关系可表示为

$$T = f(p,v), \quad p = f(T,v), \quad v = f(p,T) \tag{2.8}$$

表示成隐函数形式为

$$f(p,v,T)=0 \tag{2.9}$$

对于简单可压缩系统(指由气态工质组成,与外界只有热和功交换的热力系统),只需两个独立的状态参数,便可确定它的平衡状态。例如,理想气体状态方程(ideal gas law)就是描述理想气体(任何情况下都严格遵守气体实验定律的气体)处于平衡态时,压力、体积、温度间关系的状态方程。它建立在玻义耳-马略特定律、查理定律、盖-吕萨克定律等的基础上,由法国科学家克拉珀龙(Clapeyron)于 1834 年提出。

在介绍理想气体状态方程的推导过程之前,先了解单位"摩尔(mol)"和阿伏伽德罗定律。摩尔是国际单位制中 7 个基本单位之一,它是"物质的量"的单位。当物质系统所包含的基本单元(可以是分子、原子、离子、电子或其他粒子,以及这些粒子的特定组合体)数目与 $0.012 \text{ kg}^{12}\text{C}$ 的原子数目相等时的物质的量称为 1 摩尔。由实验得到 $0.012 \text{ kg}^{12}\text{C}$ 的原子数目为 6.0225×10^{23},所以若任何物质系统所包含的基本单元数目为 6.0225×10^{23},则该系统的物质的量就是 1 摩尔。也就是说,1 摩尔任何物质包含的基本单元都是 6.0225×10^{23},这个数称为阿伏伽德罗常数,以 N_A 表示,单位为 mol^{-1}。

摩尔是"物质的量"的单位而不是质量的单位,但是,由摩尔的定义可以得到摩尔与质量之间的关系。因为 1 摩尔任何物质都包含 N_A 个粒子(严格说是基本单元数),根据原子论的倍比定律可知,1 摩尔 ^{12}C 的质量就是 0.012 kg,1 摩尔氧分子的质量为 0.032 kg,1 摩尔氮分子的质量为 0.028 kg,等等。可见,当基本单元为分子时,1 摩尔任何物质的量(摩尔质量)就是以 10^{-3} kg 为单位的分子量,若以 M 表示分子量,则有:1 摩尔质量 $= M \times 10^{-3} \text{ kg}$。**阿伏伽德罗定律**指出,在同温、同压下,1 摩尔任何气体所占的容积都相等。在标准状态($p = 1 \text{ atm} = 101325 \text{ Pa}$,$T = 273.15 \text{ K}$)下,1 摩尔任何气体所占的容积 V_m(称为摩尔容积)都为 $22.4135 \times 10^{-3} \text{ m}^3$。

人们很早就开始对气体的基本状态参数之间的关系进行大量的实验研究,得到常温、常压下定量气体状态发生变化时,压力 p、容积 V 和绝对温度 T 之间的关系式为

$$\frac{p_1 V_1}{T_1} = \frac{p_2 V_2}{T_2} = \text{constant(常数)} \tag{2.10}$$

即一定量的气体,在状态变化中,量 pV/T 保持不变。式中,常数 constant 可按任一状态的 pV/T 求得,其值与气体的量和气体种类有关。

此后,随着分子动力论的发展,人们又着手从理论上推导气体的状态方程。由于实际气体的分子占有一定体积,分子相互之间又有作用力,情况较为复杂,因而根据分子动力论来推导实际气体的状态方程较为困难。考虑到在常温常压下,通常所遇到的气体分子本身所占的体积比分子的活动空间(气体的容积)小得多,分子间作用力的位能与热运动的动能相比也很小。因此,对气体模型作如下假设:① 分子都是弹性的不占体积的质点;② 分子相互之间没有作用力。符合上述假设的假想气体称为理想气体。理想气体分子的运动规律要比实际气体分子的运动规律简单得多。由分子动力论根据理想气体模型可推得与式(2.10)所示的经验关系式一致的理想气体状态方程式。详细推导过程可参阅物理学教材,这里只作简单介绍。由分子动力论推导的理想气体的压力(物理学中称压强)公式为

$$p = \frac{2}{3} n_0 \frac{m\bar{c}^2}{2} \tag{2.11}$$

式中，n_0 为单位容积的分子数；$\dfrac{m\overline{c}^2}{2}$ 为一个分子的平均平移动能。

分子动力论指出，气体分子的平均平移动能与绝对温度成正比，即

$$\frac{m\overline{c}^2}{2}=\frac{3}{2}k_{\mathrm{B}}T \qquad (2.12)$$

式中，比例常数 k_{B} 称为玻尔兹曼常数。将式(2.12)代入式(2.11)可得

$$p=n_0 k_{\mathrm{B}}T \qquad (2.13)$$

将式(2.13)等号两边都乘容积 V，并将总分子数记为 N，则

$$pV=n_0 V k_{\mathrm{B}}T=N k_{\mathrm{B}}T \qquad (2.14)$$

即

$$\frac{pV}{T}=N k_{\mathrm{B}} \qquad (2.15)$$

对定量气体来说，N 是一定的，所以由分子动力论也可推导出，定量气体在状态变化中 pV/T 保持不变的结论。式(2.15)与式(2.10)一致，称为理想气体状态方程。式(2.10)是对常温常压下的气体进行实验测定得到的，而式(2.15)是由分子动力论根据理想气体模型推导得到的。两者结论的一致性证明所假设的理想气体模型对于常温常压下的多数气体很适合。这说明理想气体假设所略去的是对常温常压下气体分子运动影响很小的次要因素，因而在早期的实验研究中并未测量出来。随着实验技巧、仪表精确度的不断提高，以及实验压力温度范围的扩大，人们发现式(2.10)和实际气体的 p，V，T 关系还存在着偏差，该偏差随着压力降低和温度升高而减小。所以，理想气体状态方程只能反映多数气体在常温常压下 p，V，T 之间的关系。

要运用理想气体状态方程就必须确定常数 constant。若取 1 kg 气体，常数 constant 以 R 表示，则根据式(2.10)可得

$$pV=RT \qquad (2.16)$$

对于质量为 m(kg)的气体，有

$$pV=mRT \qquad (2.17)$$

由于同温同压下不同气体的比体积 v 并不相同，因而 R 的值随气体种类而异，所以 R 称为气体常数，即 1 kg 气体的常数。若取 1 mol 理想气体，其体积以 V_{m} 表示，则

$$pV_{\mathrm{m}}=R_{\mathrm{m}}T \qquad (2.18)$$

式中，V_{m} 为摩尔体积。若取 n mol 气体，则

$$pV_{\mathrm{m}}=nR_{\mathrm{m}}T \qquad (2.19)$$

根据阿伏伽德罗定律，同温同压下任何气体的摩尔容积 V_{m} 都相等。因而常数 R_{m} 对于一切气体将有相同的值，称 R_{m} 为通用气体常数或普适气体常数。R_{m} 的值可根据任一状态 pV_{m}/T 求得，通常按标准状态下的 pV_{m}/T 求取。

$$R_{\mathrm{m}}=\frac{p_0 V_{\mathrm{m}}}{T_0}=\frac{101325\times22.4135\times10^{-3}}{273.15}=8.31429 \ \mathrm{J/(mol \cdot K)}$$

气体常数 R 与通用气体常数 R_{m} 的关系为

$$R=\frac{R_{\mathrm{m}}}{M} \qquad (2.20)$$

式中，M 为摩尔质量。表 2.2 列出了一些常见气体的气体常数值。

表 2.2　部分常见气体的气体常数值

气体种类	气体常数值/$[kJ \cdot (kg \cdot K)^{-1}]$	气体种类	气体常数值/$[kJ \cdot (kg \cdot K)^{-1}]$	气体种类	气体常数值/$[kJ \cdot (kg \cdot K)^{-1}]$
O_2	0.2598	SO_2	0.1298	NH_3	0.4882
N_2	0.2968	空气	0.2871	CH_4	0.5183
CO	0.2968	H_2	4.125	C_2H_2	0.3193
CO_2	0.1889	He	2.077	C_2H_4	0.2964
H_2O	0.4614	Cl_2	0.1173	C_2H_6	0.2765

对于 1 mol 理想气体，根据前面的公式可以得到

$$N_A k_B = R_m \tag{2.21}$$

由此可以得到 $k_B = \dfrac{R_m}{N_A} = \dfrac{8.31429}{6.0225 \times 10^{23}} = 1.38054 \times 10^{-26}$ kJ/K。可见，玻尔兹曼常数即为一个分子的气体常数。

气体实验定律是在压强不太大（与大气压相比）、温度不太低（与室温相比）的条件下获得的，因此只要在此条件下一般气体都可以近似视作理想气体。在常温常压下，实际气体都可近似地当作理想气体来处理。压力越低、温度越高，这种近似的准确度就越高。平衡态除了由一组状态参数来表述之外，还常用状态图中的点来表示。根据理想气体状态方程可以刻画气体平衡态示意图，从而分析平衡变化过程中各物理量的改变。比如对于给定的理想气体，其某一平衡状态可由 $p-v$ 图（或 $p-T$ 图、$v-T$ 图）中对应的一个点来代表（图 2.6）。不同的平衡状态对应于不同的点，一条连续曲线代表一个由平衡态组成的变化过程。曲线上的箭头表示过程进行的方向，不同曲线代表不同过程。

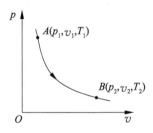

图 2.6　气体平衡状态示意图

 思考

设计一个实验，利用理想气体状态方程测量大气压。

范德瓦耳斯方程（van der Waals equation）是在理想气体状态方程的基础上考虑了分子间的斥力和引力而得到的半经验的修正方程。其具体形式为

$$\left(p + \frac{n^2 a}{V^2}\right)(V - nb) = nTR \tag{2.22}$$

式中,n 为单位体积内的气体分子数。可见,相比于理想气体状态方程,范德瓦耳斯方程是关于气体体积 V 的三次方程,并且多了两个参数 a,b,其中参数 a 与分子间引力有关,参数 b 与分子间斥力有关,二者都与分子性质有关,且对于某种确定的气体来说都是常数,可由实验确定。

根据范德瓦耳斯方程可画出一组等温线,如图 2.7 所示。类似于真实气体,范德瓦耳斯等温线也存在临界点和相应的临界现象,临界温度记为 T_c。当 $T>T_c$ 时,范德瓦耳斯气体与真实气体的热力学行为类似,均可用理想气体模型进行描述。在 $T<T_c$ 时,范德瓦耳斯曲线的两端 DP 和 QE 段气体的行为与真实气体相同,且都是稳定相。而不同于真实气体实验时出现的气液两相共存且蒸气压不变的水平线段 POQ,范德瓦耳斯等温线在此范围内却表现为弯曲线段 $PMONQ$。其中,EQ 段和 MP 段气体压强与体积近似成反比,都是实验中可能存在的亚稳态,分别代表缺乏凝结核的过饱和蒸气和缺乏汽化核的过热液体;而 MON 段气体压强与体积近似成正比,这违背了热力学稳定条件,在实验中是无法存在的。

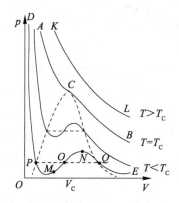

图 2.7 范德瓦耳斯等温线

以理想气体模型为基础,范德瓦耳斯气体模型考虑了分子间吸引和排斥后所做的修正在一定程度上可以体现真实气体的部分性质,如临界现象等。但范德瓦耳斯等温线与真实气体等温线还有明显的区别,尤其在温度较低时,因此它只能作为研究真实气体的参考模型,还有不完善和有待改进之处。

2.1.4 气体的比热容、热力学能、焓和熵

为了计算在状态变化过程中的吸热量和放热量,本小节引入了比热容的概念。比热容与比体积、比内能、比焓、比功等参数类似,是一个比参数,它的广延参数是热容。热容指的是物体在一定的准静态过程中,温度升高或降低 1 K 时吸收或放出的热量,用符号 C 表示,单位为 J/K。根据热容的定义,我们可以得到:若工质在一定的准静态过程中,温度变化为 ΔT,热量为 Q,则这个过程中的热容为

$$C = \frac{Q}{\Delta T} \tag{2.23}$$

物体的热容是随温度变化的,并不是一个常数,所以式(2.23)表示的是工质在这一过程中的平均热容,若要精确地表示工质在某一温度处的热容,则

$$C = \frac{\delta Q}{\mathrm{d}T} \tag{2.24}$$

（1）比热容

比热容是热容的比参数，比参数是广延参数与质量的比值。比热容用符号 c 表示，指的是质量 1 kg 的物质在一定的准静态过程中，温度升高或降低 1 K 时吸收或放出的热量，单位为 J/(kg·K)。

$$c = \frac{C}{m} = \frac{\delta q}{\mathrm{d}T} = \frac{\delta q}{\mathrm{d}t} \tag{2.25}$$

此处定义的比热容又称为质量热容。除了质量热容外，热容还有两种比参数，分别是容积比热和摩尔比热。容积比热用符号 c' 表示，指的是 1 m³ 工质在一定的准静态过程中温度升高或降低 1 K 时吸收或放出的热量，单位为 J/(m³·K)。摩尔比热用符号 M_c 表示，指的是 1 mol 工质在一定的准静态过程中温度升高或降低 1 K 时吸收或放出的热量，单位为 J/(mol·K)。

 思考
试推导质量热容与容积比热、摩尔比热之间的关系式。

热量是过程参数，其数值的大小与所进行的热力过程有关。同样，比热容也是过程参数，也与工质所进行的热力过程有关，不同热力过程的比热容也是不相同的。在工程热力学的研究范围中，最常用到的比热容有两种：一种是定容过程的比热容，另一种是定压过程的比热容。定容过程，即整个热力过程中工质的容积保持不变，比如固定容器中的气体被加热；定压过程，即整个热力过程中工质的压力保持不变，比如气缸活塞系统，在活塞上放一质量不变的重物，对工质进行加热的过程。

将质量为 1 kg 的物质在定容过程中温度变化 1 K 时吸收或放出的热量定义为比定容热容，用符号 c_V 表示。将质量为 1 kg 的物质在定压过程中温度变化 1 K 时吸收或放出的热量定义为比定压热容，用符号 c_p 表示。对于理想气体来说，c_V、c_p 仅是温度的函数，与其他参数无关。比定压热容较比定容热容大，因为气体在定压下受热要膨胀，所吸收的热量在使内能增加的同时还要克服外力做功，因而比定压热容大于比定容热容的量就是使单位质量气体在定压下温度升高 1 ℃（或 1 K）时对外所做的功。

实验和理论都指出，气体的压力、温度与比热容有关。但在接近理想气体的状况下，分子之间的作用力很小，所以压力对比热容的影响极微，可认为理想气体的比热容仅仅是温度的函数。

运用微观理论可了解比热容随温度变化的机理。气体分子运动的能量包括平移运动、旋转运动和振动运动的能量。平移运动的能量相对较小，在很低的温度下平移运动就能被充分激发。随着温度的升高，旋转运动逐渐被激发，室温时一般气体的旋转运动已被充分激发。至于振动运动，因其能量比平移和旋转运动的能量大得多，因而在一般高温下只有很小一部分被激发，在几千摄氏度的极高温度下才可能被充分激发。被激发的运动形式愈多，需要供给气体分子的热量也愈多，因此气体的比热容随温度的升高而增大。

在通常温度下,平移和旋转运动已被充分激发,但振动运动仅略微被激发,可以说,常温下振动运动对比热容的贡献很小。在粗略的计算中,从零摄氏度到几百摄氏度的温度范围内,可略去振动的作用而只考虑平移和旋转运动对比热容的影响。

平移运动有 3 个自由度,旋转运动有 2 个(直线型分子)或 3 个(非直线型分子)自由度。分子动力论的能量均分原理表明,能量按自由度均匀分配。因而,平移和旋转运动的每个自由度都有相同的能量(量子理论指出,这一结论只有在旋转运动形态已被充分激发的情况下才是正确的)。将式(2.12)等式两边同时乘阿伏伽德罗常数 N_A 便可以得到 1 mol 气体的平移能量 E_t,即

$$E_t = \frac{1}{2}m\bar{c^2}N_A = \frac{3}{2}N_Ak_BT = \frac{3}{2}R_mT \tag{2.26}$$

平移运动有 3 个自由度,所以 1 mol 气体的每个平移自由度的能量为 $\frac{1}{2}R_mT$。根据能量均分原理,各个自由度具有相同的能量,因此旋转运动的各个自由度也有 $\frac{1}{2}R_mT$ 的能量。若将在定容下使 1 mol 气体温度升高 1 ℃(或 1 K)所供给气体的热量(即摩尔比定容热容)平均地分给各个自由度,则每一自由度分得的能量为 $\frac{1}{2}R_m$,这就是一个自由度对比热容的贡献。

单原子气体只有平移运动,共 3 个自由度,因而摩尔比定容热容为

$$c_V = 3 \times \frac{1}{2}R_m = \frac{3}{2}R_m \tag{2.27}$$

对于双原子气体,当忽略振动时(在温度不高时这是允许的),平移运动和旋转运动共有 5 个自由度,所以摩尔比定容热容为

$$c_{V,m} = 5 \times \frac{1}{2}R_m = \frac{5}{2}R_m \tag{2.28}$$

上述分析中认为平移和旋转运动已被充分激发。对于多原子气体,可适当考虑振动运动对比热容的贡献,忽略温度对比热容的影响,也可将比热容看作定值,称为定比热容。三种气体的定比热容值见表 2.3。当粗略计算或缺乏随温度变化的比热容数据时,可按定比热容值计算。

表 2.3　定比热容值

	单原子气体	双原子气体	多原子气体
$c_V/[\text{J} \cdot (\text{mol} \cdot \text{K})^{-1}]$	$3 \times \dfrac{R_m}{2} = 3 \times 4.157$	$5 \times \dfrac{R_m}{2} = 5 \times 4.157$	$7 \times \dfrac{R_m}{2} = 7 \times 4.157$
$c_p/[\text{J} \cdot (\text{mol} \cdot \text{K})^{-1}]$	$5 \times \dfrac{R_m}{2} = 5 \times 4.157$	$7 \times \dfrac{R_m}{2} = 7 \times 4.157$	$9 \times \dfrac{R_m}{2} = 9 \times 4.157$
比热容比 $k = \dfrac{c_p}{c_V}$	1.67	1.4	1.3

在工程计算中,定比热容只能用于粗略估算,其计算通常不能满足精确度要求,否则必须考虑比热容随温度的变化关系。由实验可知,理想气体的比热容是温度的复杂函数。温度变化趋于零的极限情况下的比热容称为真实比热容,它表示某瞬时温度的比热容,即

式(2.25)。根据大量精确实验所得到的各瞬时温度的真实比热容值可绘出 $c-t$ 曲线,如图 2.8 所示,采用多项式对该曲线进行拟合,可表示为

$$c = \alpha + \beta t + \gamma t^2 \tag{2.29}$$

式中,α,β,γ 与气体的种类或温度范围有关,可从物性手册中查到。根据比热容随温度变化的关系式,就能求得该过程中的热量 q,即有

$$q = \int_1^2 c \, \mathrm{d}t = \int_1^2 (\alpha + \beta t + \gamma t^2) \mathrm{d}t \tag{2.30}$$

显然,q 即图 2.8 中状态点 $1-2-3-4-1$ 所围的面积,计算是很简单的。当计算工作量不大时,可按平均比热容进行计算。所谓平均比热容,是指某一温度间隔内比热容的平均值 $c|_{t_1}^{t_2}$,即有

$$c|_{t_1}^{t_2} = \frac{q}{t_2 - t_1} = \frac{\int_1^2 c \, \mathrm{d}t}{t_2 - t_1} \tag{2.31}$$

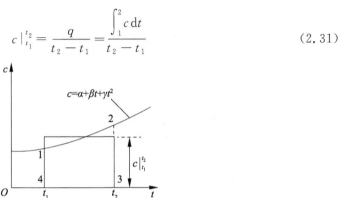

图 2.8　真实比热容随温度变化的 $c-t$ 曲线

平均比热容的几何意义如图 2.8 所示。显然,根据平均比热容求得的热量和按真实比热容积分求得的热量相等。将平均比热容列成数据表可给工程计算提供方便。但 $c|_{t_1}^{t_2}$ 随 t_1,t_2 变化,难以整理成表,考虑到

$$q|_1^2 = q|_0^2 - q|_0^1 = c|_0^{t_2}(t_2 - 0) - c|_0^{t_1}(t_1 - 0) \tag{2.32}$$

所以,只需要知道从 0 ℃到 t ℃的平均比热容,就可以求得任意温度间隔的热量,进而求得该温度间隔的平均比热容:

$$c|_{t_1}^{t_2} = \frac{q|_1^2}{t_2 - t_1} = \frac{t_2 c|_0^{t_2} - t_1 c|_0^{t_1}}{t_2 - t_1} \tag{2.33}$$

为简化计算,工程上还常把比热容随温度变化的曲线近似以直线代替,如图 2.9 所示。

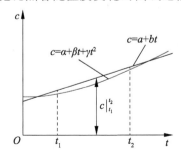

图 2.9　比热容随温度线性变化的 $c-t$ 曲线

$$c = a + bt \qquad (2.34)$$

按比热容的直线关系,温度自 t_1 到 t_2 的平均比热容为

$$c\,\big|_{t_1}^{t_2} = a + \frac{b}{2}(t_1 + t_2) \qquad (2.35)$$

应用比热容的直线关系式进行计算有一定的误差,但比采用定比热容计算要精确些,可满足一般工程计算的要求。对于比热容随温度变化较大的工质(如 CO_2),为提高直线关系式的精确度,有时会将比热容曲线分成几段,各段以不同的直线近似代替。所以,查用时要注意直线关系式的适用范围。

(2)热力学能(内能)和焓

气体的热力状态可由两个独立状态参数决定,所以内能、焓和熵都是两个独立状态参数的函数。

理想气体的内能可表示为

$$U = f(T, v),\ U = f(v, p),\ U = f(p, T) \qquad (2.36)$$

如果只有热力状态变化而无化学变化,那么内能的变化只包括分子热运动引起的内动能和分子间的相互作用力形成的内位能的变化。内动能的变化仅取决于温度 T 的变化,而内位能的变化主要取决于比体积 v 的变化。理想气体分子间无相互作用力,可认为内位能为零,所以理想气体的内能仅为温度的函数,即有

$$U = f(T) \qquad (2.37)$$

焓(enthalpy)是热力学中表示物质系统能量的一个状态函数,常用符号 H 表示,数值上等于系统的内能 U 加上压强 p 和体积 V 的乘积,即 $H = U + pV$。焓的变化是系统在等压可逆过程中,只做体积功的特殊条件下所吸收的热量的度量。因为只有在此条件下,焓才会表现出它的特性。例如恒压下对物质加热,则物质吸热后温度升高,$\Delta H > 0$,所以物质在高温时的焓大于它在低温时的焓。又如对于恒压下的放热化学反应,$\Delta H < 0$,所以生成物的焓小于反应物的焓。

根据焓的定义及理想气体状态方程,可知理想气体的焓可表示为

$$H = U + pV = U + RT \qquad (2.38)$$

可见,理想气体的焓也只是温度的函数。根据比热容的定义和能量守恒定律可得到理想气体的内能和焓与温度的具体函数式为

$$c_V = \left(\frac{\delta q}{\mathrm{d}T}\right)_V = \left(\frac{\mathrm{d}U + p\,\mathrm{d}V}{\mathrm{d}T}\right)_V = \left(\frac{\partial U}{\partial T}\right)_V \qquad (2.39a)$$

$$c_p = \left(\frac{\delta q}{\mathrm{d}T}\right)_p = \left(\frac{\mathrm{d}H - V\,\mathrm{d}p}{\mathrm{d}T}\right)_p = \left(\frac{\partial H}{\partial T}\right)_p \qquad (2.39b)$$

因为理想气体的内能和焓仅为温度的函数,所以以上两式可写为

$$c_V = \frac{\mathrm{d}U}{\mathrm{d}T},\ \mathrm{d}U = c_V \mathrm{d}T \qquad (2.40a)$$

$$c_p = \frac{\mathrm{d}H}{\mathrm{d}T},\ \mathrm{d}H = c_p \mathrm{d}T \qquad (2.40b)$$

在理想气体的状态变化过程中,内能和焓的变化只取决于初终态的温度,而与其他状态参数和过程无关。所以在各参数坐标图上,理想气体的等温线也就是等内能线和等焓

线。取定比热容时,理想气体任意过程的内能和焓的变化分别为

$$\Delta U = c_V \Delta T \qquad (2.41a)$$

$$\Delta H = c_p \Delta T \qquad (2.41b)$$

若考虑到比热容随温度而变化,则可利用平均比热容按以下公式计算:

$$\Delta U = c_{V m_1}^2 (t_2 - t_1) \qquad (2.42a)$$

$$\Delta H = c_{p m_1}^2 (t_2 - t_1) \qquad (2.42b)$$

当无化学反应、系统成分又无变化时,可规定某一状态下的焓(或内能)值为零。对于理想气体一般取 0 K 或 0 ℃时的焓值为零,即

$$H_{0K} = 0 \quad 或 \quad H_{0℃} = 0$$

因此,任意温度 T 时的焓值 H 就是从 0 K 或 0 ℃计起的相对值。

$$H_T = c_{p m_0}^T T \quad 或 \quad H_t = c_{p m_0}^t t$$

选定焓的零点后,内能相应为

$$U_{0K} = H_{0K} - pV = H_{0K} - RT_0 = 0 \qquad (2.43a)$$

$$U_{0℃} = H_{0℃} - R \cdot (273.15) = -273.15R \neq 0 \qquad (2.43b)$$

所以,除 0 K 外,其他温度下的焓和内能不可同时取为零。焓(或内能)的零点取定后可求得各温度下的焓和内能值,这给变比热容的热工计算提供了不少方便。

（3）熵

熵(entropy)指的是体系的混乱程度,它在控制论、概率论、数论、天体物理、生命科学等领域都有重要应用,在不同的学科中也有引申出的更为具体的定义,是各领域十分重要的参量。

1850 年,德国物理学家克劳修斯(Clausius)首次提出熵的概念,用来表示任何一种能量在空间中分布的均匀程度,能量分布得越均匀,熵就越大。当一个体系的能量完全均匀分布时,这个系统的熵就达到最大值。克劳修斯认为,如果任由一个系统自然发展,那么能量差总是倾向于消除的。让一个热物体同一个冷物体接触,热就会以如下方式流动:热物体将冷却,冷物体将变热,直到两个物体达到相同的温度。克劳修斯在研究卡诺热机时,根据卡诺定理得出了一个对任意循环过程都适用的公式:

$$dS = \frac{dQ}{T} \qquad (2.44)$$

熵是体系的状态函数,常用符号 S 表示。其值与达到状态的过程无关。熵是广度性质,计算时必须考虑体系的质量;与状态函数内能和焓一样,一般只计算熵的变化。

对同一物质,其固态的熵小于液态的熵,液态的熵小于气态的熵;对不同的物质,分子量相同或相近时,其分子结构越复杂,熵就越大,而结构简单分子的熵值一般较小。熵随着体系温度的升高而增大;随着体系压力的增大而减小,因为压力增大,体系的有序程度就会加大,熵就会减小。

理想气体熵的计算式可根据熵的定义、能量守恒定律和理想气体状态方程推导得到。

$$dS = \frac{\delta Q}{T} = \frac{dU + p \, dV}{T} = \frac{c_V \, dT + p \, dV}{T}$$

所以
$$dS = c_V \frac{dT}{T} + R \frac{dV}{V} \tag{2.45a}$$

或者
$$dS = \frac{\delta Q}{T} = \frac{dH - V dp}{T} = \frac{c_p dT - V dp}{T}$$

于是
$$dS = c_p \frac{dT}{T} - R \frac{dp}{p} \tag{2.45b}$$

根据理想气体状态方程可得 $\dfrac{dT}{T} = \dfrac{dp}{p} + \dfrac{dV}{V}$，代入式（2.45b），并运用迈耶公式（在相同温度条件下，任何理想气体的比定压热容必大于其比定容热容，且两者的差值恒等于一个常数的关系式），得到

$$dS = c_p \frac{dV}{V} + c_V \frac{dp}{p} \tag{2.45c}$$

当温度变化范围不大时，可取定比热容，以上三式分别积分得到

$$\Delta S = c_V \ln \frac{T_2}{T_1} + R \ln \frac{V_2}{V_1} \tag{2.46a}$$

$$\Delta S = c_p \ln \frac{T_2}{T_1} - R \ln \frac{p_2}{p_1} \tag{2.46b}$$

$$\Delta S = c_p \ln \frac{V_2}{V_1} + c_V \ln \frac{p_2}{p_1} \tag{2.46c}$$

已知初终态参数，可在以上三式中选择适当的公式计算 ΔS。

要求取比较精确的熵变时，可按初终态温度间的平均比热容计算，以上三式可表示为

$$\Delta S = c_{Vm_1}^2 \ln \frac{T_2}{T_1} + R \ln \frac{V_2}{V_1} \tag{2.47a}$$

$$\Delta S = c_{pm_1}^2 \ln \frac{T_2}{T_1} - R \ln \frac{p_2}{p_1} \tag{2.47b}$$

$$\Delta S = c_{pm_1}^2 \ln \frac{V_2}{V_1} + c_{Vm_1}^2 \ln \frac{p_2}{p_1} \tag{2.47c}$$

以上各式都表明理想气体熵的变化与过程无关，仅取决于初终态。理想气体自某初态出发，经过一系列过程又回到初态时，熵的变化为零。所以理想气体的熵是状态函数，它同样可表示成任意两个独立状态参数的函数，即

$$S = f(p, T), \ S = f(T, v), \ S = f(v, p) \tag{2.48}$$

既然理想气体的熵是状态函数，只要初终态确定，熵的变化也就确定了，与过程的特性以及过程是否可逆无关。

考虑到比热容随温度的变化关系，对式（2.46a）、式（2.46b）和式（2.46c）分别积分计算熵变的精确值相当麻烦。下面介绍运用理想气体热力性质表求取熵变精确值的方法，该方法既简便又准确。

若规定在 $p_0 = 1 \text{ atm} = 101325 \text{ Pa}$，$T_0 = 0 \text{ K}$ 时物质的熵为零，即 $S_0^0 = 0$（上角标"0"表示 $p = p_0$，下角标"0"表示 $T = T_0$），则状态为 p, T 的理想气体的熵 S，对式（2.45b）积分可得

$$S = S_0^0 + \int_{T_0}^{T} c_p \frac{dT}{T} - R \ln \frac{p}{p_0} \tag{2.49a}$$

因为理想气体的 c_p 仅为温度的函数,即 $c_p = f(T)$,所以式中积分项 $\int_{T_0}^{T} c_p \dfrac{\mathrm{d}T}{T}$ 也只是温度 T 的函数。当 $p = p_0$ 时,上式简化为

$$S^0 = \int_{T_0}^{T} c_p \frac{\mathrm{d}T}{T} \tag{2.49b}$$

式中,S^0 是压力为 1 atm、温度为 T 的理想气体的熵。显然,它的值取决于温度 T。因而可将各种理想气体的 S^0 值,按温度列表以供查用。任意状态 $1(p_1, T_1)$ 和 $2(p_2, T_2)$ 的熵变为

$$\Delta S = S_2 - S_1 = \int_{T_1}^{T_2} c_p \frac{\mathrm{d}T}{T} - R\ln\frac{p_2}{p_1} = \int_{T_0}^{T_2} c_p \frac{\mathrm{d}T}{T} - \int_{T_0}^{T_1} c_p \frac{\mathrm{d}T}{T} - R\ln\frac{p_2}{p_1}$$

$$\Delta S = S_2^0 - S_1^0 - R\ln\frac{p_2}{p_1} \tag{2.50}$$

式中,S_2^0, S_1^0 为当压力等于 1 atm、温度分别等于 T_2 和 T_1 时的熵值。

2.1.5　理想气体的热力过程

(1) 研究理想气体热力过程的任务与方法

热力系统状态连续变化的过程称为热力过程。工程上实施热力过程的主要目的不外乎两个:一是实现预期的能量转换;二是获得预期的热力学状态。前者如汽轮机中的膨胀做功过程,后者如压气机中的压缩增压过程。两个目的都是通过工质的热力过程实现的。任一热力过程都有确定的状态变化和相应的能量转换。研究热力过程的任务就在于揭示各种热力过程中状态参数的变化规律和相应的能量转换状况。

在服从能量守恒定律的前提下,热量 Q、膨胀功 W 和内能增量 ΔU 的值随热力过程和工质性质而异。若工质一定,热力过程的初终态和途径又确定,则过程中各点的热力学状态就一定,$Q, W, \Delta U$ 的值也就确定了。由于热力过程中各点状况仅取决于热力学状态,与工质是否流动无关,因而确定的热力过程及其相应的能量转换状况与工质是否流动无关。值得指出的是,封闭系统和开口系统对外输出的功并不相同。封闭系统对外输出的功是热力过程的膨胀功 W,而实现稳定流动的开口系统对外输出的是轴功(有用功)W_u。处于大气环境中的封闭系统,膨胀功的一部分用于推动大气做功($p_0 \Delta V$),其余部分为有用功 W_u (严格说来,封闭系统的动能和位能也有变化,但很小,可不予考虑),即

$$W = p_0 \Delta V + W_u \tag{2.51a}$$

$$W_u = W - p_0 \Delta V \tag{2.51b}$$

当过程可逆时,$W = \int_1^2 p\,\mathrm{d}V$,则有

$$W_u = \int_1^2 p\,\mathrm{d}V - p_0 \Delta V \tag{2.51c}$$

当工质流过开口系统进行的热力过程与流过封闭系统的热力过程相同时,两者的膨胀功相等。但有流动时,膨胀功 W 的一部分成为流动功 $\Delta(pV)$,一部分成为工质动能的增量 $\dfrac{1}{2}\Delta c^2$ 和位能的增量 $g\Delta z$,其余部分为开口系统对外输出的有用功 W_u,即

$$W_u = W - \Delta(pV) - \frac{1}{2}\Delta c^2 - g\Delta z \tag{2.52}$$

如果过程可逆,且假设流动中的动能和位能的变化小得可忽略,则上式可简化为

$$W_u = \int_1^2 p\,dV - \left(\int_1^2 p\,dV + \int_1^2 V\,dp\right) = -\int_1^2 V\,dp \tag{2.53}$$

分析式(2.51c)和式(2.53),二者实质相同,形式略有差别,原因在于封闭系统的外界环境压力恒定,而开口系统的进出口压力并不相等。

从上述能量转换的细节可知,热力过程的能量转换就是 $Q,W,\Delta U$ 三者之间的转换,必然服从下式所表达的关系:

$$Q = \Delta U + W$$

而 W 可与其他机械能互换,即

$$W = \Delta pV + \frac{1}{2}\Delta c^2 + g\Delta z + W_u \tag{2.54}$$

上式所表示的为机械能之间的互换,不属于热功转换(热力过程的能量转换)范畴。

综上所述,研究热力过程中状态参数的变化规律和相应的能量转换($Q,W,\Delta U$ 间的转换)状况时,不必追究工质是否流动。但系统对外输出的功则与工质是否流动有关。

接下来,以封闭系统中理想气体的可逆过程为研究对象进行热力过程分析,同时讨论开口系统有用功 W_u 的计算公式。

分析过程的一般方法和步骤如下:

① 列出过程方程式。过程方程是以基本状态参数 p,V,T 来表征过程特点的方程式。

② 在 $p-V$ 图和 $T-S$ 图上绘出过程曲线。根据过程曲线定性了解过程中参数的变化情况和功、热量值的正负,以助于分析计算。

③ 建立过程中基本状态参数的关系式。联立过程方程和状态方程解得过程中任意两个状态的 p,V,T 关系式。由此可根据初态参数求取终态参数。初终态的 p,V,T 数据不仅是计算功与热量时所必需的数据,而且是热工设备设计工作,包括强度计算(需要压力值)、选择设备主要尺寸(需要比体积值)和选用材料(需要压力和温度值)的依据。

④ 计算 $\Delta U,\Delta H$ 和 ΔS 的值。

⑤ 求过程的膨胀功和热量。过程的膨胀功为

$$W = \int_1^2 p\,dV = \int_1^2 f(V)\,dV$$

在 $p-V$ 图上,可逆过程的膨胀功以过程曲线下的面积表示。过程的热量为

$$Q = c\Delta T$$

式中,c 为比热容。分析中主要采用定比热容。当 $Q,W,\Delta U$ 中有两个量已确定时,过程中能量转换状况就已确定,第三个量可根据能量守恒定律求取。

值得提出的是,当动能和位能的变化可略去不计时,开口系统对外的有用功 W_u 称为技术功,用 W_t 表示,即

$$W_u = -\int_1^2 V\,dp = W_t \tag{2.55}$$

在 $p-V$ 图上,可逆流动过程的技术功以过程曲线左边的面积表示。

（2）基本过程

工程上遇到的热力过程，不仅繁多，而且参与热力过程的工质不一，不可能一一加以研究，何况逐个研究而不总结出规律性知识，用途也不大，所以有必要将过程归类论述。以下只讨论理想气体的可逆过程。同时，由于实际过程中状态参数都在变化，难以找出规律，所以，对过程进行分析时需进一步简化。

1）定容过程

比体积保持不变的热力过程称为定容过程。

① 过程方程

定容过程的过程方程为 $V=$ 定值。

② $p-V$ 图和 $T-S$ 图

$p-V$ 图和 $T-S$ 图上的定容过程线如图 2.10 所示。在 $p-V$ 图上，定容过程线为一与 V 轴垂直的直线。在 $T-S$ 图上，定容线为一曲线，其斜率可推导如下。

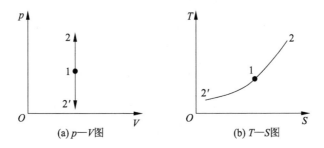

图 2.10 $p-V$ 图和 $T-S$ 图上的定容过程线

将能量守恒定律（热力学第一定律）应用于理想气体的可逆过程得

$$T\mathrm{d}S = c_V\mathrm{d}T + p\,\mathrm{d}V$$

由于定容过程中 $\mathrm{d}V=0$，因此

$$\left(\frac{\partial T}{\partial S}\right)_V = \frac{T}{c_V}$$

由此可见，在 $T-S$ 图上，定容过程线是一条斜率为 T/c_V 的曲线，该斜率随温度的升高而增大，所以 $T-S$ 图上的定容过程线随温度的升高越来越陡。

在 $p-V$ 图上，定容过程线下的面积为零，即定容过程的膨胀功 W 为零。在 $T-S$ 图上，1→2 过程线下的面积表示正功，1→2' 过程线下的面积表示负功，所以 1→2 为定容吸热升温升压过程，1→2' 为定容放热降温降压过程。

③ 状态参数关系式

联立状态方程 $\dfrac{p_1 V_1}{T_1} = \dfrac{p_2 V_2}{T_2}$ 和过程方程 $V_1 = V_2$，求解得

$$\frac{p_2}{p_1} = \frac{T_2}{T_1} \tag{2.56}$$

由此可知，在定容过程中，气体的压力和绝对温度成正比，吸热时两者均升高，放热时两者均降低。

④ $\Delta U, \Delta H$ 和 ΔS 的计算

由于理想气体的内能和焓仅是温度的函数,因此,取定比热容时,不论什么过程都有 $\Delta U = c_V \Delta T, \Delta H = c_p \Delta T$。

取定比热容时,理想气体定容过程中熵的变化可简化为

$$\Delta S = c_V \ln \frac{T_2}{T_1} = c_V \ln \frac{p_2}{p_1}$$

$\Delta U, \Delta H$ 和 ΔS 要求精确时,可取 T_1, T_2 间的平均比热容进行计算,其中熵变的精确值还可按式(2.50)计算。

⑤ 膨胀功和热量的计算

$$W = \int_1^2 p \, \mathrm{d}V = 0$$

$$Q = c_V \Delta T$$

或

$$Q = \Delta U + W_V = c_V \Delta T \tag{2.57}$$

上式说明,定容过程不做膨胀功,气体吸入的热量全部转换为气体的内能。

定容流动过程的有用功(不考虑动能、位能变化)为

$$W_u = -\int_1^2 V \mathrm{d}p = V(p_1 - p_2) \tag{2.58}$$

在 $p-V$ 图上,W_u 以定容过程线左边的面积表示。对于液体的压缩过程,当压力变化不大时,液体比体积变化很小,因此上式可用来近似计算低压水泵的耗功量。

2) 定压过程

压力保持不变的热力过程叫作定压过程。

① 过程方程

定压过程的过程方程为 $p = $ 定值。

② $p-V$ 图和 $T-S$ 图

$p-V$ 图和 $T-S$ 图上的定压过程线如图 2.11 所示。在 $p-V$ 图上,定压过程线为平行于 V 轴的水平线,在 $T-S$ 图上为一曲线,其斜率可推导如下。

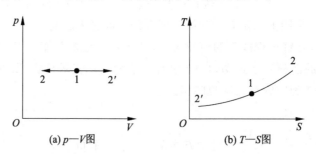

图 2.11 $p-V$ 图和 $T-S$ 图上的定压过程线

将能量守恒定律(热力学第一定律)应用于可逆过程为

$$T\mathrm{d}S = \mathrm{d}H - V\mathrm{d}p$$

对于理想气体

$$T\mathrm{d}S = c_p \mathrm{d}T - V\mathrm{d}p$$

因为定压过程 $dp=0$,所以

$$\left(\frac{\partial T}{\partial S}\right)_p = \frac{T}{c_p}$$

由上式可知,在 $T-S$ 图上,定压过程线是一条斜率为 T/c_p 的曲线,该斜率也随温度的升高而增大。因为 $c_p > c_V$,所以在 $T-S$ 图上定压过程线应该比定容过程线平坦。

由 $p-V$ 图和 $T-S$ 图可知,$1 \rightarrow 2$ 过程,$T_2 > T_1$,$V_2 < V_1$,过程线下的面积表示正功;$1 \rightarrow 2'$ 过程则相反。所以,$1 \rightarrow 2$ 为定压吸热膨胀做功过程,温度升高;$1 \rightarrow 2'$ 则为定压放热压缩耗功过程,温度降低。

③ 状态参数关系式

联立状态方程 $\dfrac{p_1 V_1}{T_1} = \dfrac{p_2 V_2}{T_2}$ 和过程方程 $p_2 = p_1$,求解得

$$\frac{V_2}{V_1} = \frac{T_2}{T_1} \tag{2.59}$$

由上式可知,在定压过程中,气体的比体积与绝对温度成正比。

④ ΔU,ΔH 和 ΔS 的计算

当选取定比热容时,$\Delta U = c_V \Delta T$,$\Delta H = c_p \Delta T$。

取定比热容时,理想气体定压过程中熵的变化可简化为

$$\Delta S = c_p \ln \frac{T_2}{T_1} = c_p \ln \frac{V_2}{V_1}$$

上述各式中 c_V,c_p 也可采用平均比热容。需要求熵变的精确值时可按式(2.50)进行计算。

⑤ 膨胀功和热量的计算

过程的膨胀功为

$$W = \int_1^2 p \, dV = p(V_2 - V_1) = R(T_2 - T_1) \tag{2.60}$$

过程的吸热量为

$$Q = c_p \Delta T_1$$

或

$$Q = \Delta U + W_p = \Delta U + \Delta(pV) = \Delta H = c_p \Delta T$$

上式说明,在定压过程中,气体的吸热量等于气体焓的增量。由式(2.60)得到

$$R = \frac{W_p}{T_2 - T_1} \tag{2.61}$$

由此可见,气体常数 R 在数值上等于 1 kg 气体在可逆定压过程中温度升高 1 ℃(或 1 K)所做的膨胀功。这也是比定压热容 c_p 大于比定容热容 c_V 的量。

定压流动过程中的有用功为

$$W_u = -\int_1^2 V \, dp = 0$$

由于定压流动过程中的膨胀功等于流动功,所以定压流动过程对外无有用功输出。例如,锅炉中水蒸气的定压加热过程,水蒸气吸热膨胀所做的膨胀功全部用于维持流动,所以锅炉对外不输出功,各种换热器的情况都如此。

3）定温过程

温度保持不变的热力过程叫作定温过程。

① 过程方程

定温过程的过程方程为 $T=$ 定值。

② $p-V$ 图和 $T-S$ 图

$p-V$ 图和 $T-S$ 图上的定温过程线如图 2.12 所示。在 $T-S$ 图上，定温过程线为平行于 S 轴的水平线；在 $p-V$ 图上，定温过程线的斜率可根据关系式 $pV=$ 定值得到

$$\frac{\mathrm{d}p}{\mathrm{d}V}=-\frac{p}{V}$$

由此可见，在 $p-V$ 图上，定温过程线是等边双曲线。在 $p-V$ 图和 $T-S$ 图上，$1\rightarrow 2$ 过程线下的面积表示正功。所以，$1\rightarrow 2$ 为气体的定温吸热、膨胀做功降压过程，$1\rightarrow 2'$ 则相反。

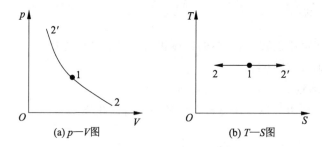

(a) $p-V$图   (b) $T-S$图

图 2.12 $p-V$ 图和 $T-S$ 图上的定温过程线

③ 状态参数关系式

联立状态方程 $\dfrac{p_1 V_1}{T_1}=\dfrac{p_2 V_2}{T_2}$ 和过程方程 $T_1=T_2$，求解得

$$\frac{p_2}{p_1}=\frac{V_1}{V_2} \tag{2.62}$$

由上式可知，定温过程中，压力和比体积成反比。

④ ΔU，ΔH 和 ΔS 的计算

对于定温过程，$\Delta U=0$，$\Delta H=0$，而 $\Delta S=R\ln\dfrac{V_2}{V_1}=R\ln\dfrac{p_1}{p_2}$。

⑤ 膨胀功和热量的计算

过程的膨胀功为

$$W=\int_1^2 p\,\mathrm{d}V=\int_1^2 pV\,\frac{\mathrm{d}V}{V}=pV\ln\frac{V_2}{V_1}=RT\ln\frac{p_1}{p_2} \tag{2.63}$$

过程的吸热量为

$$Q=\Delta U+W_T=W_T$$

或

$$Q=T\Delta S=RT\ln\frac{V_2}{V_1}=RT\ln\frac{p_1}{p_2}$$

对于定温过程，因为 $\Delta U=0$，所以吸热量等于膨胀功。

定温流动过程的有用功（不考虑动能、位能变化）为

$$W_{u} = -\int_{1}^{2} V \mathrm{d}p = \int_{1}^{2} p \mathrm{d}V = W \qquad (2.64)$$

由上式可见,定温过程的膨胀功和定温流动过程的有用功相等。在 $p-V$ 图上,过程曲线 $1\rightarrow2$ 下的面积和 $1\rightarrow2'$ 下的面积相等。

4) 绝热过程

过程中状态变化的任一瞬间,气体与外界无热量交换。也就是说,过程中气体既不吸入也不放出热量,这一过程称为绝热过程。显然,绝热过程满足:

$$\delta Q = 0, Q = 0$$

根据熵的定义,对于可逆绝热过程:

$$\mathrm{d}S = \frac{\delta Q_{T}}{T} = 0, S = 定值$$

即可逆绝热过程中熵保持不变,所以可逆绝热过程又称为定熵过程。但是,不可逆绝热过程则是熵增过程,而不是定熵过程;熵减少的绝热过程则是永远不可能实现的。

① 过程方程

定熵过程方程可根据以下公式推导得到:

$$\mathrm{d}S = c_{p} \frac{\mathrm{d}V}{V} + c_{V} \frac{\mathrm{d}p}{p}$$

$$\mathrm{d}S = \frac{\delta Q}{T} = 0$$

联立求解得

$$c_{p} \frac{\mathrm{d}V}{V} + c_{V} \frac{\mathrm{d}p}{p} = 0$$

上式除以 c_{V},并设 $\frac{c_{p}}{c_{V}} = \kappa$,可得

$$\kappa \frac{\mathrm{d}V}{V} + \frac{\mathrm{d}p}{p} = 0$$

若考虑比热容随温度而变化,则上式的积分将十分复杂,所得结果也难以应用于工程实际。故取定比热容,则比热容之比 κ 为定值,上式积分可变为

$$\kappa \ln V + \ln p = 定值$$

即 $$pV^{\kappa} = 定值 \qquad (2.65)$$

上式为取定比热容值时理想气体的定熵过程方程,κ 也称绝热指数。对于变比热容的定熵过程,若已知初终态的温度,则可取该温度范围内的平均比热容,而

$$\kappa_{m} = \frac{c_{pm}}{c_{Vm}}$$

于是 $$pV^{\kappa_{m}} = 定值$$

若要对变比热容的定熵过程进行精确计算,可根据热力性质表求解。本节仅讨论定比热容可逆绝热过程。

② $p-V$ 图和 $T-S$ 图

$p-V$ 图和 $T-S$ 图上的定熵过程线如图 2.13 所示。在 $p-V$ 图上,定熵过程线是不

等边双曲线,在 $T-S$ 图上是垂直于 S 轴的直线。根据定熵过程方程 $\mathrm{d}S=c_p\dfrac{\mathrm{d}V}{V}+c_V\dfrac{\mathrm{d}p}{p}$ 可推导出 $p-V$ 图上的定熵过程线的斜率为

$$\frac{\mathrm{d}p}{\mathrm{d}V}=-\kappa\,\frac{p}{V}$$

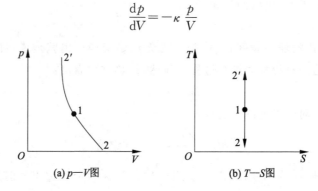

图 2.13 $p-V$ 图和 $T-S$ 图上的定熵过程线

与 $p-V$ 图上的定温过程线相比,因为 $\kappa>1$,所以 $p-V$ 图上的定熵过程线比定温过程线陡。

由 $p-V$ 图和 $T-S$ 图上过程的走向和过程线下的面积可知,$1\to2$ 为可逆绝热膨胀做功过程,温度、压力降低,比体积增大;$1\to2'$ 则相反。

③ 状态参数关系式

联立状态方程 $\dfrac{p_1V_1}{T_1}=\dfrac{p_2V_2}{T_2}$ 和过程方程 $pV^\kappa=$ 定值,求解得

$$\frac{p_2}{p_1}=\left(\frac{V_1}{V_2}\right)^\kappa \tag{2.66}$$

$$\frac{T_2}{T_1}=\left(\frac{V_1}{V_2}\right)^{\kappa-1} \tag{2.67}$$

$$\frac{T_2}{T_1}=\left(\frac{p_2}{p_1}\right)^{\frac{\kappa-1}{\kappa}} \tag{2.68}$$

④ $\Delta U,\Delta H$ 和 ΔS 的计算

由于理想气体的内能和焓仅是温度的函数,因此不论什么过程都有 $\Delta U=c_V\Delta T$,$\Delta H=c_p\Delta T$。

因为可逆绝热过程熵不变,所以 $\Delta S=0$。

⑤ 膨胀功和热量的计算

过程的膨胀功为

$$W=\int_1^2 p\,\mathrm{d}V=\int_1^2 pV^\kappa\,\frac{\mathrm{d}V}{V^\kappa}$$

$$=pV^\kappa\int_1^2\frac{\mathrm{d}V}{V^\kappa}=\frac{1}{\kappa-1}(p_1V_1-p_2V_2)$$

$$=\frac{1}{\kappa-1}R(T_1-T_2)$$

$$= \frac{1}{\kappa-1} R T_1 \left[1 - \left(\frac{p_2}{p_1} \right)^{\frac{\kappa-1}{\kappa}} \right]$$

$$= \frac{1}{\kappa-1} p_1 V_1 \left[1 - \left(\frac{p_2}{p_1} \right)^{\frac{\kappa-1}{\kappa}} \right] \tag{2.69}$$

过程的吸热量为

$$Q = 0$$

膨胀功也可根据热力学第一定律 $Q = \Delta U + W$ 求取,因为过程绝热,所以

$$W = -\Delta U = c_V (T_1 - T_2) \tag{2.70}$$

式(2.69)只适用于可逆的绝热过程,而式(2.70)也适用于不可逆绝热过程。所以,绝热过程的膨胀功等于气体内能的减少。将 $c_V = \frac{1}{\kappa-1} R$ 代入式(2.70),得

$$W = \frac{1}{\kappa-1} R (T_1 - T_2)$$

在可逆绝热流动过程中,如果忽略动能、位能变化,那么有用功为

$$W_u = -\int_1^2 V \mathrm{d}p = \int_1^2 \kappa p \, \mathrm{d}V = \kappa W$$

由上式可知,在可逆绝热流动过程中,有用功 W_u 为膨胀功 W 的 κ 倍。根据式(2.69)可得到

$$W_u = \frac{\kappa}{\kappa-1} p_1 V_1 \left[1 - \left(\frac{p_2}{p_1} \right)^{\frac{\kappa-1}{\kappa}} \right] \tag{2.71}$$

根据式(2.70)可得到

$$W_u = \kappa c_V (T_1 - T_2) = c_p (T_1 - T_2) = -\Delta H \tag{2.72}$$

显然,式(2.71)只适用于可逆绝热过程,而式(2.72)除适用于可逆绝热过程外,还适用于不可逆绝热过程。所以,绝热流动过程(不论是否可逆)的有用功等于气体焓值的减少(简称焓降)。在动力工程的设计中,经常要计算工质绝热流经机器时的有用功量($-\Delta H$),而要求计算绝热过程的膨胀功量($-\Delta U$)的场合较少,所以在工程计算中,参数焓比内能重要。

(3)多变过程

① 过程方程

上述四种热力过程的共同特点是在热力过程中某一状态参数的值保持不变。然而,许多实际热力过程中往往是所有的状态参数都在变化,与外界之间的换热量也不可忽略不计。例如,压气机中的气体在压缩的同时被冷却,气体在压缩过程中的压力、体积和温度都在变化。这个过程不能简化为上述四种基本热力过程。但实验研究发现,实际过程中气体状态参数 p,V 的变化往往遵循一定的规律,用数学式描述为

$$pV^n = 定值$$

该式即为多变过程的过程方程式。式中,n 为多变指数,在某一多变过程中 n 为定值,但不同的多变过程 n 值不相同,可在 $-\infty$ 与 $+\infty$ 之间变化。对于比较复杂的实际过程,可分为几段不同多变指数的多变过程来描述,每段近似为 n 值不变。

② $p-V$ 图和 $T-S$ 图

对多变过程方程求一次微分可得 $p-V$ 图上的多变过程线的斜率,即

$$\frac{\mathrm{d}p}{\mathrm{d}V}=-\frac{np}{V}$$

当 $n=0$ 时,$\frac{\mathrm{d}p}{\mathrm{d}V}=0$,过程线为一水平线。当 $n\rightarrow\pm\infty$ 时,$\frac{\mathrm{d}p}{\mathrm{d}V}\rightarrow+\infty$,过程线为垂直线。因而当 n 从 $-\infty$ 逐渐增大到 0 时,$p-V$ 图上的多变过程线由垂直线按顺时针方向逐渐转向水平线。当 n 从 0 逐渐增大到 $+\infty$ 时,多变过程线由水平线按顺时针方向逐渐转向垂直线。由生产实践可知,工程上所遇到的过程 n 都为正值,所以以下只讨论 n 为正值的情况。在 $p-V$ 图上,当 n 为某一正值时,由图 2.14 中的点 1 出发的膨胀过程将落在第四象限,而压缩过程则落在第二象限。

由于多变指数 n 可在 $-\infty$ 到 $+\infty$ 之间变化,所以前述的四种基本热力过程可视为多变过程的特例。

当 $n=0$ 时,$p=$ 定值,为定压过程;

当 $n=1$ 时,$pV=$ 定值,为定温过程;

当 $n=\kappa$ 时,$pV^{\kappa}=$ 定值,为定熵过程;

当 $n=\pm\infty$ 时,$pV=$ 定值,为定容过程(此时过程方程可写为 $pV^{\frac{1}{n}}=$ 定值,$n\rightarrow\pm\infty$ 即 $\frac{1}{n}\rightarrow 0$,从而有 $pV=$ 定值)。

在 $p-V$ 图和 $T-S$ 图上,可逆多变过程是一条任意的双曲线,过程线的相对位置取决于 n 值。为了在 $p-V$ 图和 $T-S$ 图上对多变过程的状态参数变化和能量转换规律进行定性分析,需掌握多变过程线在 $p-V$ 图和 $T-S$ 图上随多变指数 n 变化的分布规律。为此,在 $p-V$ 图和 $T-S$ 图上过同一状态点 1 画出四条基本过程的曲线,如图 2.14 所示。显然,过程线在坐标图上的分布是有规律的,n 值按顺时针方向逐渐增大,由 $0\rightarrow1\rightarrow\kappa\rightarrow+\infty$。对于任一多变过程,如果已知多变指数 n 的值,就能定性地在图上画出该过程的参数变化曲线。例如,$1<n<\kappa$ 的多变过程线介于定温过程线和定熵过程线之间。

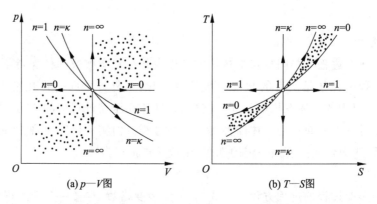

图 2.14 理想气体多变过程的 $p-V$ 图和 $T-S$ 图

多变过程线在 $p-V$ 图和 $T-S$ 图上的位置确定后,可直接观察 p,V,T,U,H,S 等参

数的变化趋势,以及过程中能量的传递方向。这些可根据多变过程线与四条基本过程线的相对位置来判断。

过程热量 Q 的正负以定熵过程线为分界。图中 $n=\kappa$ 表示过同一初态的多变过程,若过程线位于定熵过程线右侧($T-S$ 图)或右上区域($p-V$ 图),则 $\Delta S>0, Q>0$,这个过程必为加热过程;反之,$\Delta S<0, Q<0$,必为放热过程。

过程膨胀功 W 的正负以定容过程线为分界。图中 $n=\infty$ 表示过同一初态的多变过程,若过程线位于定容过程线右侧($p-V$ 图)或右下区域($T-S$ 图),则 $W>0$,即工质膨胀对外输出功;反之,$W<0$,即工质被压缩,消耗外功。

由于理想气体的热力学能和焓仅是温度的单值函数,故 ΔT 的正负决定了 ΔU 和 ΔH 的正负。ΔT 的正负以定温过程线为分界。图中 $n=1$ 表示过同一初态的多变过程,若过程线位于定温过程线上方($T-S$ 图)或右上区域($p-V$ 图),则各过程的 $\Delta T>0, \Delta U>0$,$\Delta H>0$,工质的热力学能或焓是增大的;反之,$\Delta T<0, \Delta U<0, \Delta H<0$,工质的热力学能或焓减小。

③ 状态参数关系式

由于多变过程方程与定比热容的定熵过程方程形式相同,只是指数不同,所以参照定熵过程参数间的关系式可得到多变过程参数间的关系式为

$$\frac{p_2}{p_1}=\left(\frac{V_1}{V_2}\right)^n \tag{2.73}$$

$$\frac{T_2}{T_1}=\left(\frac{V_1}{V_2}\right)^{n-1} \tag{2.74}$$

$$\frac{T_2}{T_1}=\left(\frac{p_2}{p_1}\right)^{\frac{n-1}{n}} \tag{2.75}$$

④ $\Delta U, \Delta H, \Delta S$ 的计算

多变过程的 $\Delta U, \Delta H$ 和 ΔS 的计算式为

$$\Delta U=c_V \Delta T$$

$$\Delta H=c_p \Delta T$$

$$\Delta S=c_V \ln\frac{T_2}{T_1}+R\ln\frac{V_2}{V_1}=c_p\ln\frac{T_2}{T_1}-R\ln\frac{p_2}{p_1}=c_p\ln\frac{V_2}{V_1}+c_V\ln\frac{p_2}{p_1}$$

⑤ 膨胀功和热量的计算

多变过程的膨胀功为

$$W=\int_1^2 p\,\mathrm{d}V=\int_1^2 pV^n\,\frac{\mathrm{d}V}{V^n}=pV^n\int_1^2\frac{\mathrm{d}V}{V^n}$$

$$=\frac{1}{n-1}(p_1V_1-p_2V_2)$$

$$=\frac{1}{n-1}R(T_1-T_2)$$

$$=\frac{1}{n-1}RT_1\left[1-\left(\frac{p_2}{p_1}\right)^{\frac{n-1}{n}}\right]$$

$$= \frac{1}{n-1} p_1 V_1 \left[1 - \left(\frac{p_2}{p_1} \right)^{\frac{n-1}{n}} \right] \tag{2.76}$$

有流动时,多变过程的有用功(忽略动能与位能变化时)为

$$W_u = -\int_1^2 V \mathrm{d}p = \int_1^2 np \, \mathrm{d}V = nW \tag{2.77}$$

即有流动时的有用功为膨胀功的 n 倍,所以多变过程的有用功为

$$W_u = \frac{n}{n-1} p_1 V_1 \left[1 - \left(\frac{p_2}{p_1} \right)^{\frac{n-1}{n}} \right]$$

多变过程的热量为

$$Q = \Delta U + W = c_V (T_2 - T_1) + \frac{1}{n-1} R (T_1 - T_2)$$

因为 $c_V = \frac{1}{\kappa - 1} R$,所以

$$Q = c_V (T_2 - T_1) + c_V \frac{\kappa - 1}{n-1} (T_1 - T_2) = \frac{n - \kappa}{n-1} c_V (T_2 - T_1)$$

令 $c = \frac{n - \kappa}{n-1} c_V$,代入上式得,$Q = c(T_2 - T_1)$。

c 称为理想气体多变过程的比热容。

基本过程的比热容如下:

当 $n = 0$ 时,$c = \kappa c_V = c_p$,为定压过程;

当 $n = 1$ 时,$c = \pm \infty$,为定温过程;

当 $n = \kappa$ 时,$c = 0$,为定熵过程;

当 $n = \pm \infty$ 时,$c = c_V$,为定容过程。

其中,

$$n = \frac{c - c_p}{c - c_V} \tag{2.78}$$

对多变过程方程取对数可得,$\ln p + n \ln V = $ 定值。

可见,在 $\ln p - \ln V$ 坐标图上,多变过程线是一条直线,其斜率为 $-n$。

$$n = -\frac{\ln p_2 - \ln p_1}{\ln V_2 - \ln V_1} = -\frac{\ln \dfrac{p_2}{p_1}}{\ln \dfrac{V_2}{V_1}} \tag{2.79}$$

根据上式可知,只要已知多变过程线上任意两点的 p,V 值,就可求得多变指数 n。所以对于多变指数 n 未知的实际过程,可以先通过实验测定过程中几个状态的 p,V 值,然后作图($\ln p - \ln V$ 坐标图)。若得到的是直线(或近似直线),则 n 值有一个,说明该过程是一个多变过程;若得到的不是直线而是曲线,则把曲线分为几段,每段近似看作直线,然后求得每一段的 n 值。也就是说,该实际过程近似由几个多变过程组成。由式(2.78)可知,因为气体的比热容并不是定值,所以 n 也不会是定值,而且实际过程比较复杂,过程进行中热力过程不可能保持相同的特征。例如前面提到过的气体的压缩过程,先是吸热压缩,后为

放热压缩。所以,实际过程往往只能按平均的 n 值进行理论的近似分析,或分为几段进行计算。

<h3 style="text-align:center">2.1.6　功与热</h3>

(1) 准静态过程

当热力系统的状态随时间变化时,我们就说系统在经历一个热力过程,简称过程。实际发生的过程往往进行得较快,在新的平衡态达到之前系统又继续进行下一步变化,这意味着系统在过程中经历了一系列非平衡态,这种过程为**非静态过程**。一个过程,如果任意时刻的中间态都无限接近于一个平衡态,这种过程为**准静态过程**。

对准静态过程,在任何时刻系统的状态都可以当平衡态来处理。准静态过程是由一系列依次接替的平衡态所组成的过程。准静态过程只有在进行得"无限缓慢"的条件下才可能实现。实际过程则要求系统状态发生变化的特征时间远远大于弛豫时间 τ 才可近似看作准静态过程。

准静态过程可以在 $p-V$ 图中表示出来,而非准静态过程无法在 $p-V$ 图中表示出来。准静态过程是一种理想的极限,但作为热力学的基础不可忽视。

(2) 功

气体系统做功是通过改变气体体积来完成的。

例如:气缸内的初始气压大于外界大气压,气体膨胀推动气缸活塞对外做功(图 2.15)。

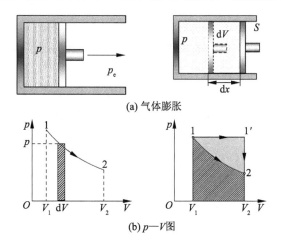

(a) 气体膨胀

(b) $p-V$ 图

图 2.15　气体膨胀推动气缸活塞对外做功

过程分析:活塞与气缸无摩擦,当气体做准静态压缩或膨胀时,任一时刻外界的压强 p_e 必等于此时气体的压强 p,否则系统在有限压差作用下将失去平衡,变为非静态过程。若有摩擦力存在,虽然也可使过程进行得无限缓慢,但不是准静态过程。

若只考虑无摩擦准静态过程的功,由功的定义可得

$$W = \int_1^2 \mathrm{d}W = \int_1^2 F\,\mathrm{d}r \cdot \cos\theta$$

压力为
$$F = pS$$

元功为
$$\mathrm{d}W = F\,\mathrm{d}x = pS\,\mathrm{d}x = p\,\mathrm{d}V$$

体积从变化 V_1 到 V_2,在整个过程中气体做的功为

$$W = \int_{V_1}^{V_2} p \, dV$$

由积分的意义可知,功的大小等于 $p-V$ 图上的过程曲线 $p=p(V)$ 下的面积:

$$A = \int_{V_1}^{V_2} p \, dV = W$$

注意:功的大小不仅取决于系统的始末状态,还与系统经历的过程有关。例如,1→2 与 1→1′→2 两个过程的始末状态相同,但由于过程曲线不同,两条曲线下的面积不同,因此做的功也不同。

(3) 热量

热的本质是传递的能量,该能量的多少就是热量。热量是系统内能变化的一种量度,是过程量;温度反映物体的冷热程度,是分子平均平动动能的标志,是状态量。

例如:一杯 80 ℃ 的热水,向周围温度较低的空气放出热量,这是一个过程,说这杯水具有多少热量是错的,因为它具有的是内能,当水的温度下降时,内能也会减小。

2.2 热力学基本定律

热力学是从 18 世纪末期开始发展起来的理论,主要研究功与热之间的能量转换。在此,定义功为力与位移的内积;定义热为在热力系统边界中,由温度差所造成的能量传递。两者都不是存在于热力系统内的性质,而是在热力过程中产生的。

19 世纪初,由于蒸汽机的进一步发展,人们迫切需要研究热和功的关系,对蒸汽机"出力"做出理论上的分析。所以,热与机械功的相互转化得到了广泛的研究。加深对热力学定律的理解将有助于厘清热和功之间的关系。埃瓦特(Ewart)对煤的燃烧所产生的热量和由此提供的"机械动力"之间的关系做了研究,建立了两者之间的定量联系。

2.2.1 热力学第零定律

人们通过日常观察发现:如果两个热力系统中的每一个都与第三个系统处于热平衡,那么它们彼此也处于热平衡。这一表述是经验的总结,不能从任何其他定律推出。由于在热力学第一、第二定律确立之后,人们才发现它作为温度概念建立的实验基础与温度测量方法的理论依据的重要性,故将其称为**热力学第零定律**。

由热力学第零定律可以引出前面提及的"温度"的概念。为简单起见,设系统 A、系统 B 与系统 C 都只需两个独立变量 X,Y 就可确定其状态。对于其中任一单独的系统,譬如 A,变量 X_A 与 Y_A 可在相当大的范围内任意变化,系统的状态随之而变。但若系统 A 与系统 C 之间有热的相互作用并最终达到热平衡,则 X_A,Y_A 与 X_C,Y_C 就不能任意选取,否则就成了系统 A 与系统 C 在任意状态下都能处于热平衡,这显然与事实不符。故此时它们之间必然有一种关系存在,即

$$F_{AC}(X_A, Y_A, X_C, Y_C) = 0 \tag{2.80}$$

同理,若系统 B 与系统 C 达到热平衡,则有

$$F_{BC}(X_B, Y_B, X_C, Y_C) = 0 \tag{2.81}$$

若这两个热平衡同时存在,则根据热力学第零定律,此时系统 A 与系统 B 也达到热平衡,即

$$F_{AB}(X_A, Y_A, X_B, Y_B) = 0 \tag{2.82}$$

由式(2.80)可得显式

$$Y_C = f_{AC}(X_A, Y_A, X_C) \tag{2.83}$$

由式(2.81)可得显式

$$Y_C = f_{BC}(X_B, Y_B, X_C) \tag{2.84}$$

联立式(2.83)和式(2.84),消去 Y_C 得

$$f_{AC}(X_A, Y_A, X_C) = f_{BC}(X_B, Y_B, X_C) \tag{2.85}$$

式(2.85)与式(2.82)描述的是同一现象,因而它们应是等同的。要它们等同,函数 f_{AC}, f_{BC} 须取以下形式:

$$f_{AC} = \varphi(X_C)\theta_A(X_A, Y_A) + \eta(X_C) \tag{2.86}$$

$$f_{BC} = \varphi(X_C)\theta_B(X_B, Y_B) + \eta(X_C) \tag{2.87}$$

将式(2.86)与式(2.87)代入式(2.85)得

$$\theta_A(X_A, Y_A) = \theta_B(X_B, Y_B) \tag{2.88}$$

将式(2.86)代入式(2.83)又得

$$Y_C = \varphi(X_C)\theta_A(X_A, Y_A) + \eta(X_C)$$

即有

$$\theta_A(X_A, Y_A) = \frac{Y_C - \eta(X_C)}{\varphi(X_C)} \equiv \theta_C(X_C, Y_C) \tag{2.89}$$

因而

$$\theta_A(X_A, Y_A) = \theta_B(X_B, Y_B) = \theta_C(X_C, Y_C)$$

上述证明很容易推广到任意多个系统处于热平衡且每个系统有任意独立变量个数的情况。这一结果表明:任何系统均有一个状态函数存在,它对于所有相互处于热平衡的系统数值相同。我们将这个状态函数定义为温度,作为判断一个系统与其他系统是否处于热平衡的宏观性质。一切处于热平衡的系统,其温度均相等。所有物体相互接触一段足够长的时间之后,这些物体的冷热程度都将变得相同。因此,这一"温度"概念与我们日常估量系统冷热程度的"温度"概念是一致的。

2.2.2　热力学第一定律

1798 年,汤普生(Thompson)通过实验否定了热质的存在。1841—1843 年间,德国医生、物理学家迈尔(Meyer)提出了热与机械运动之间相互转化的观点,这是热力学第一定律的第一次提出。1840 年 2 月到 1841 年 2 月,迈尔作为船医远航到印度尼西亚。他从船员静脉血颜色的不同,发现体力和体热源于食物中所含的化学能,提出如果动物体能的输入与支出是平衡的,所有形式的能在量上就必定守恒。此后,迈尔开始探索热和机械功的关系。他将自己的发现写成《论力的量和质的测定》一文,但他的观点缺少精确的实验论证,论文没能及时发表(直到 1881 年他逝世后才发表)。迈尔很快察觉到了这篇论文的缺陷,并发奋进一步学习数学和物理学。1842 年他发表了《论无机性质的力》一文,表述了物理、化

学过程中各种力(能)的转化和守恒的思想。迈尔是历史上第一个提出能量守恒定律并计算出热功当量的人,但他的这篇科学杰作当时并未受到重视。

1843 年 8 月 21 日,焦耳(Joule)在英国科学协会数理组会议上宣读了《论磁电的热效应及热的机械值》一文,强调了自然界的能是等量转换、不会消灭的,在某处消耗了机械能或电磁能,在其他地方总能得到相当的热。焦耳用了近 40 年的时间,不懈地钻研和测定了热功当量。他先后用不同的方法做了 400 多次实验,并得出结论:热功当量是一个普适常量,与做功方式无关。他在 1878 年的测验结果与 1849 年的测验结果相同,并得到热功当量的值是 427 kgf·m/kcal(即 4.184 J/cal)。焦耳测定的这一实验常数,为能量守恒与转换定律提供了无可置疑的证据。

1847 年,亥姆霍兹(Helmholtz)发表了《论力的守恒》一文,第一次系统地阐述了能量守恒原理,从理论上把力学中的能量守恒原理推广到热、光、电、磁、化学反应等过程,揭示了它们运动形式的统一性,它们不仅可以相互转化,而且在量上还有一种确定的关系。能量守恒与转化使物理学达到空前的综合与统一。

(1)热力学第一定律的文字表述

自然界的一切物体都具有能量。能量有各种不同形式,它能从一种形式转化为另一种形式,或从一个物体传递给另一个物体,在转化和传递中能量的数量保持不变。该定律就称为热力学第一定律,也称为能量守恒与转换定律。这一定律也被表述如下:不消耗任何形式的能量而能对外做功的机械(第一类永动机)是不可能被制造出来的。

(2)内能定理

将能量守恒与转换定律应用于热效应就是热力学第一定律,但是能量守恒与转换定律仅是一种思想,它的发展应借助于数学。马克思曾指出,一门科学只有达到了能成功地运用数学时,才算真正发展了。另外,数学还可给人以公理化方法,即选用少数概念和不证自明的命题作为公理,以此为出发点,层层推理,构成一个严密的体系。热力学也理应这样发展起来。所以热力学要想发展,应该建立热力学第一定律的数学表达式。第一定律描述功与热量之间的相互转化,功和热量都不是系统状态的函数,应先找出一个量纲与功和热量相同的、与系统状态有关的函数(即状态函数),把它与功和热量联系起来。

在力学中,外力对系统做功,引起系统整体运动状态的改变,使系统总机械能(包括动能和外力场中的势能)发生变化。系统状态确定了,总机械能也就确定了,所以总机械能是系统状态的函数。而在热学中,煤质对系统的作用使系统内部状态发生改变,它所改变的能量发生在系统内部。

内能是系统内部所有微观粒子(如分子、原子等)的无序运动能以及总的相互作用势能之和。内能是状态函数,处于平衡态系统的内能是确定的。内能与系统状态之间有一一对应的关系。

从能量守恒原理可知:系统吸热,内能应增加;外界对系统做功,内能也增加。若系统既吸热,外界又对系统做功,则内能增加量应等于这两者之和。

为了证明内能是状态函数,也为了能对内能做出定量的定义,先考虑一种较为简单的情况——绝热过程,即系统既不吸热也不放热的过程。焦耳做了各种绝热过程的实验,其结果表明:一切绝热过程中使水升高相同的温度所需要做的功都是相等的。这一实验事实说明,系统在从同一初态变为同一终态的绝热过程中,外界对系统做的功是一个恒量,这个恒量就被定义为内能的改变量,即内能定理:

$$U_2 - U_1 = W_{绝热} \tag{2.90}$$

由于 $W_{绝热}$ 仅与初态、终态有关,而与中间经历的绝热过程无关,因此内能是状态函数。

（3）热力学第一定律的数学表达式

若将以上过程推广为非绝热过程,系统内能增加还可源于从外界吸收热量 Q,则有

$$U_2 - U_1 = Q - W \tag{2.91}$$

这就是热力学第一定律的数学表达式。前文曾提到,功和热量都与所经历的过程有关,它们不是状态函数,但二者之和却与初终状态有关,而与过程无关。

（4）热机

热机是指持续将热转化为功的机械装置,热机中应用最为广泛的就是蒸汽机。一个热机至少应包含以下三个组成部分:① 循环工作物质（工质）;② 两个或两个以上的温度不同的热源,使工作物质从高温热源吸热,向低温热源放热;③ 对外做功的装置。热机的简化工作原理图如图 2.16 所示。

工作物质从高温热源吸收热量所增加的内能不能全部转化为有用功,还需对外放出一部分热量,这是由循环过程的特点决定的。所谓循环过程,是指系统（即工作物质）从初态出发,经历一系列的中间状态,最后回到原来状态的过程。一个循环过程在 $p-V$ 图上即为一条闭合的循环曲线,在循环过程中热机所做的净功就是指 $p-V$ 图上循环曲线所围的面积,如图 2.17 中阴影部分面积所示。

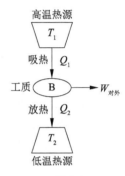

B—燃烧室。

图 2.16　热机的简化工作原理示意图

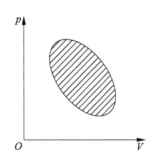

图 2.17　热机在循环过程中所做的净功

对于在 $p-V$ 图上顺时针变化的循环,系统从高温热源吸热,向低温热源放热,在整个循环过程中,系统对外界做净功,该系统即为**热机**。而对于在 $p-V$ 图上逆时针变化的循环,系统从低温热源吸热,向高温热源放热,在整个循环过程中,外界对系统做净功,该系统即为**制冷机**或**热泵**。

蒸汽机问世后,经过不断的改进,特别是通过纽科门和瓦特的研究,成为普遍适用于工业的万能原动机,但其效率一直很低,只有 3%～5%,即 95% 以上的热量都未被利用。其他热机的效率也普遍不高,如液体燃料火箭效率仅有 48%,一般柴油机热效率仅有 37%,一般汽油机热效率仅有 25%,等等。

人们一直在为提高热机的效率而努力,在探索中对蒸汽机等热机的结构不断进行各种尝试和改进,以尽量减少漏气、热耗散和摩擦等因素的影响,但热机效率的提高依旧有限。

2.2.3　热力学第二定律

热力学第一定律是能量守恒定律,热力学第二定律则是研究热与功转化的方向与限度的问题,也是人类经验的总结。所谓热力学第二定律,是指自然状态下热量永远都只能由高温处转到低温处。它是关于在有限空间和时间内,一切与热运动相关的物理、化学过程具有不可逆性的经验总结。热力学第二定律有两种经典表述,两种表述具有等效性。热力学第二定律在科学发展上具有很多的意义,也揭示了大量分子参与的宏观过程的方向性。

(1) 自发过程

自发过程通常是指不需要环境做功就能自动发生的过程。一切实际宏观过程总是自发地从非平衡态向平衡态发展,直到达到平衡,而不可能自发地从平衡态向非平衡态发展。

举例:① 以热量传递为例,热量会自发地从高温热源(T_1)向低温热源传递(T_2),直到 $T_1'=T_2'$,反过程则不能自动发生;② 以气体膨胀为例,气体会自发地从高压状态(p_1)向低压状态(p_2)膨胀,直到 $p_1'=p_2'$,反过程则不能自动发生;③ 水与酒精的混合过程,水与酒精接触后会自发地混合,直到浓度均匀,反过程则不能自动发生。

由此可以得出,自然界中发生的一切实际宏观过程都有一定方向和限度,不可能自发地按原过程逆向进行,即自然界中一切实际发生的过程都是不可逆的。

(2) 开尔文-普朗克表述

不可能从单一热源吸取热量并将这热量完全变为功而不产生其他影响。

开尔文-普朗克表述说明,热转化为功必须要将一部分热量传到低温物体(注意这是一个自发过程),即必须有一个"补偿过程"作为代价。热全部转化为功是可以的,但必须"产生其他影响"。例如,在等温过程中,热可以全部转变为功,但这时热机内部工质的"状态"变了,即工质不能回到初始状态(这样的热机实际上是不存在的)。

一个热机不可能从单一热源吸热而不对外放热,不可能使热量全部变成有用功而不产生其他影响。由此可知,热机不可能将从高温热源吸收的热量全部转化为功,即热机效率不可能达到100%。因此,研究者非常关心在燃料燃烧所产生的热能中,或者热机从高温热源吸收的热量中,有多少能量能转化为有用功,即热机的效率问题。

如图 2.16 所示,设热机效率为 $\eta_{热}$,Q_1 和 Q_2 分别表示热机循环中高温热源放出的热量及低温热源吸收的热量,$W_{对外}$ 表示热机对外做的功,则有

$$\eta_{热}=\frac{|W_{对外}|}{Q_1} \tag{2.92}$$

对于一个完整循环,系统回到原状态后,有 $\Delta U=0$,根据热力学第一定律

$$Q=\Delta U+W \tag{2.93}$$

可得　　　　　　　　　　$$W_{有用}=|Q_1|-|Q_2|$$

于是可以得到热机效率为

$$\eta_{\text{热}} = \frac{|Q_1| - |Q_2|}{|Q_1|} = 1 - \frac{|Q_2|}{|Q_1|} \tag{2.94}$$

（3）克劳修斯表述

不可能把热量从低温物体传到高温物体而不产生任何其他影响。

通过热泵装置可以实现"将热量从低温物体传到高温物体"，但是需付出代价，即以驱动热泵消耗功为代价，是"人为"的，是"强制"的，而不是"自发"的。所以，这是一个非自发过程，如热量从低温物体传向高温物体，必须同时有一个自发过程（这里指机械能转化为热能）作为补偿。

非自发过程（如热量从低温物体传到高温物体）能否进行，还要看付出的"代价"是否足够。也就是说，如果付出的"代价"不够，非自发过程是不能进行的，或是进行得不够彻底（不能达到预计的状态）。总系统（孤立系）的熵必须是增加的，或可逆下总熵不变，即孤立系总熵变不小于零，非自发过程才有可能进行。

亦可以用"第二类永动机不能制成"来表述热力学第二定律。**热力学第二定律的实质是：自然界中一切实际进行的过程都是不可逆的。**

（4）卡诺循环

卡诺循环（Carnot cycle）是一个特别的热力学循环，使用在一个假想的卡诺热机上，由法国人卡诺（Carnot）于 1824 年提出。克拉珀龙（clapeyron）于 19 世纪 30－40 年代对其进行扩充，目的是找出热机的最大工作效率而分析热机的工作过程。

如图 2.18 所示，卡诺循环以理想气体为工质，由四个可逆步骤构成：① $A \to B$，定温 T_1 可逆膨胀；② $B \to C$，绝热可逆膨胀；③ $C \to D$，定温 T_2 可逆压缩；④ $D \to A$，绝热可逆压缩。

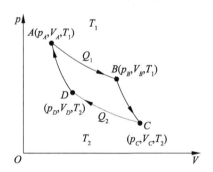

图 2.18　以理想气体为工质的卡诺循环

对于过程 $A \to B$，吸热量为 $Q_1 = nRT_1 \ln \dfrac{V_B}{V_A}$；

对于过程 $C \to D$，放热量为 $Q_2 = nRT_2 \ln \dfrac{V_D}{V_C}$；

对于过程 $B \to C$，$T_1 V_B^{\gamma-1} = T_2 V_C^{\gamma-1}$，$\gamma = \dfrac{c_p}{c_V}$；

对于过程 $D \to A$，$T_1 V_A^{\gamma-1} = T_2 V_D^{\gamma-1}$。

根据以上过程，容易得到

$$\frac{V_B}{V_A} = \frac{V_C}{V_D}, \quad Q_1 + Q_2 = nR(T_1 - T_2) \ln \frac{V_B}{V_A}$$

于是,可得卡诺循环效率:

$$\eta = \frac{-W}{Q_1} = \frac{Q_1 + Q_2}{Q_1} = \frac{T_1 - T_2}{T_1} \tag{2.95}$$

由此可见,理想气体卡诺热机的效率 η 只与两个热源的温度 T_1,T_2 有关,温差愈大,η 愈大。

对式(2.95)变形还可以得到

$$\frac{Q_1}{T_1} + \frac{Q_2}{T_2} = 0 \tag{2.96}$$

(5) 卡诺定理及其推论

根据热力学第二定律,在相同的高、低温热源温度 T_1 与 T_2 之间工作的一切循环中,以卡诺循环的热效率为最高,称为**卡诺定理**。卡诺循环具有极为重要的理论和实际意义。虽然完全按照卡诺循环工作的装置是难以实现的,但是卡诺循环却为提高各种循环热效率指明了方向和给出了极限值。

由于现实中的热机都是以不可逆循环来工作的,所以现实中相同状态下没有任何热机的效率可以达到以皆由可逆过程组成的可逆循环来工作的卡诺热机的效率。

由卡诺定理,可得到推论:

$$\eta \leqslant \frac{T_1 - T_2}{T_1}, \quad \frac{Q_1}{T_1} + \frac{Q_2}{T_2} \leqslant 0 \tag{2.97}$$

(6) 克劳修斯定理

将 $\dfrac{Q_1}{T_1} + \dfrac{Q_2}{T_2} \leqslant 0$ 推广到多个热源的循环过程,有

$$\sum \frac{\delta Q}{T_{su}} \leqslant 0 \text{ 或 } \oint \frac{\delta Q}{T_{su}} \leqslant 0$$

上式即为**克劳修斯定理**。由该式可知,热温熵 $\dfrac{\delta Q}{T_{su}}$ 沿任何可逆循环的闭积分为零,沿任何不可逆循环的闭积分小于零。

注意:不可逆时,T_{su} 为热源温度;可逆时,T_{su} 为系统温度。

若封闭曲线闭积分为零,则被积变量 $\dfrac{\delta Q}{T}$ 应为某状态函数的全微分(积分定理),令该状态函数以 S 表示,即可得到熵的定义。

2.2.4　热力学第三定律

开尔文在提出热力学温标时,就指出温度是存在下限的。也就是说,存在一个唯一的绝对的温度值,并且在达到这一临界值后温度就无法继续下降了。

1702 年,法国物理学家阿蒙顿(Amontons)也曾提到过"绝对零度"的概念。他根据空气受热时体积和压强都随温度的升高而增加这一现象,计算出在某个温度下空气的压力将等于零。这个温度用后来提出的摄氏温标表示,约为 $-239\ ℃$。1779 年,兰伯特(Lambert)更精确地重复了阿蒙顿实验,计算出这个温度为 $-270.3\ ℃$。他说,在这个"绝对的冷"的情况下,空气将紧密地挤在一起。然而,他们的这些看法并未被世人所重视。直到盖-吕萨克

定律提出之后,存在绝对零度的理念才得到物理学家的普遍认可。现在我们已知绝对零度更准确的值是 $-273.15\ ℃$。绝对零度是不能达到的这一表述简洁且物理意义明确,所以被认为是热力学第三定律的标准表述。

在实际意义上,热力学第三定律并不像第一、第二定律那样,明确地告诉人们第一类永动机和第二类永动机是无法被制造出来的;相反地,它促使人们想方设法,尽可能接近绝对零度。目前,使用绝热去磁的方法可以达到 $5\times10^{-10}\ K$ 的温度,但无法达到 $0\ K$。

从统计物理学的角度来看,热力学第三定律是独立于热力学第一、第二定律之外的一个热力学定律,是研究低温现象而得到的。

1902 年,美国科学家雷查德(Richard)在研究低温电池反应时,发现电池反应的吉布斯自由能(ΔG)和焓(ΔH)随着温度的降低而逐渐趋于相等,而且两者对温度的斜率随温度下降同趋于一个定值——零。

根据热力学函数的定义式:

$$\Delta G = \Delta H - T\Delta S \tag{2.98}$$

当温度趋于绝对零度时,即有

$$\lim_{T\to0}\Delta G = \Delta H - \lim_{T\to0}T\Delta S = \Delta H \tag{2.99}$$

此时,ΔG 和 ΔH 必然会趋于相等。

虽然两者的数值趋于相同,但趋于相同的方式可以有所不同。雷查德的实验证明:对于所有的低温电池反应,ΔG 均只会以一种方式趋近于 ΔH。如图 2.19 所示,雷查德给出(a)、(b)、(c)三种不同的趋近方式,实验的结果支持最后一种方式(c),即曲线的斜率均趋于零。

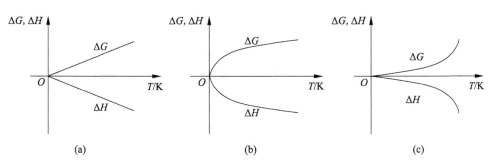

图 2.19　低温电池反应中 ΔG 和 ΔH 的趋近方式

(1) 奈斯特热定理

1906 年,德国化学家奈斯特(Nernst)在研究化学反应在低温下的性质时得到一个结论:任何凝聚系在等温过程中的 ΔG 和 ΔH 随温度的降低是以渐近的方式趋于相同的,在 $0\ K$ 时两者交汇,并且共切于同一水平线。

$$\lim_{T\to0}\Delta G = \lim_{T\to0}\Delta H \tag{2.100}$$

$$\lim_{T\to0}\left(\frac{\partial\Delta G}{\partial T}\right)_p = \lim_{T\to0}\left(\frac{\partial\Delta H}{\partial T}\right)_p = 0 \tag{2.101}$$

式中,$\left(\dfrac{\partial\Delta G}{\partial T}\right)_p = -\Delta S$,$\left(\dfrac{\partial\Delta H}{\partial T}\right)_p = -\Delta c_p$。

因此,奈斯特热定理可表示为

$$\lim_{T \to 0} \Delta S = 0, \lim_{T \to 0} \Delta c_p = 0 \tag{2.102}$$

"凝聚相体系在等温过程的熵变,随热力学温度降低而趋于零"可表示为

$$\lim_{T \to 0} (\Delta S)_T = 0 (\text{等温过程}) \tag{2.103}$$

奈斯特热定理也称为热力学第三定律。等温过程中的 Δc_p 随热力学温度降低同趋于零,物质的 c_p 和 c_V 随热力学温度降低同趋于零,即

$$\lim_{T \to 0} c_p = \lim_{T \to 0} c_V = 0$$

(2) 普朗克表述及标准摩尔熵

普朗克(Planck)于 1911 年提出,"在绝对零度时,一切物质的熵等于零"。1920 年,路易斯(Lewis)和吉普逊(Gibson)在此基础上加上条件"完美晶体",形成了热力学第三定律的另一种表述:"在热力学温度为零时,一切完美晶体的量热熵等于零。"

定义一:在恒定压力下,把 1 mol 处在平衡态的纯物质从 0 K 升高到 T 的熵变称为该物质在 T,p 下的摩尔绝对熵。

定义二:在 $p^\ominus,T$ 下的摩尔绝对熵称为纯物质在 T 时的标准摩尔熵,用 $S_m^\ominus(T)$ 表示。

在恒定压力 $p^\ominus$ 下,纯物质晶体的标准摩尔熵变为

$$dS_m^\ominus = \frac{c_{p,m}^\ominus dT}{T}$$

设晶体在 0 K→T 之间无相变,从 0 K→T 积分,上式变为

$$S_m^\ominus(T) - S_m^\ominus(0 \text{ K}) = \int_{0 \text{ K}}^{T} \frac{c_{p,m}^\ominus dT}{T}$$

根据普朗克表述,$S_m^\ominus(0 \text{ K}) = 0$,故得

$$S_m^\ominus(T) = \int_{0 \text{ K}}^{T} \frac{c_{p,m}^\ominus dT}{T} \tag{2.104}$$

式(2.104)即为求晶体物质标准摩尔熵的公式。

1 mol 纯物质在恒定压力 $p^\ominus$ 下,从 0 K 的晶体到 T 时的气体,一般经过图 2.20 所示的步骤(设晶体只有一种晶型)。

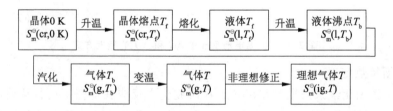

图 2.20　纯物质在恒定压力下从晶体到气体的变化过程

物质在绝对零度附近时,许多性质将发生根本性的变化。

① 物质的熵趋于常数,且与体积、压力无关。

$$\lim_{T \to 0} \left(\frac{\partial S}{\partial V}\right)_T = 0, \lim_{T \to 0} \left(\frac{\partial S}{\partial p}\right)_T = 0 \quad (S \to \text{常数})$$

② 热胀系数趋于零。

因为 $\left(\dfrac{\partial V}{\partial T}\right)_p = -\left(\dfrac{\partial S}{\partial p}\right)_T$，所以 $\lim\limits_{T\to 0}\left(\dfrac{\partial V}{\partial T}\right)_p = -\lim\limits_{T\to 0}\left(\dfrac{\partial S}{\partial p}\right)_T = 0$。

③ 等压热容与等容热容将相同。

$$c_p - c_V = T\left(\frac{\partial V}{\partial T}\right)_p\left(\frac{\partial p}{\partial T}\right)_V$$

因为 $\lim\limits_{T\to 0}\left(\dfrac{\partial V}{\partial T}\right)_p = 0$，所以 $T\to 0$ K 时，$c_p - c_V \to 0$。

④ 物质的热容在绝对零度时将趋于零。

因为 $\lim\limits_{T\to 0} S = \lim\limits_{T\to 0}\displaystyle\int \frac{c_V}{T}\mathrm{d}T = 0$，所以 $c_V \to 0\ (T \to 0\ \mathrm{K})$。

（3）低温超导

1911 年，昂内斯（Onnes）改进了制冷设备，率先将温度降至液氦沸点之下。在此期间，他发现汞的电阻在 4.2 K 时突然降为零。经过再三确认，他最终确定，这不是实验上的失误或误差，而是汞本征的性质。由此，他打开了超导的"大门"，汞也是第一个被发现的超导体，临界温度 T_c 为 4.2 K。1933 年，迈斯纳（Meissner）在对进入超导态的锡或铅金属球做磁场分布测量时发现，当材料进入超导态后，其内部的磁场会迅速被排出，磁场只在超导体外部存在，超导体展现出完全抗磁性，这就是迈斯纳效应。元素周期表中的超导材料如图 2.21 所示。

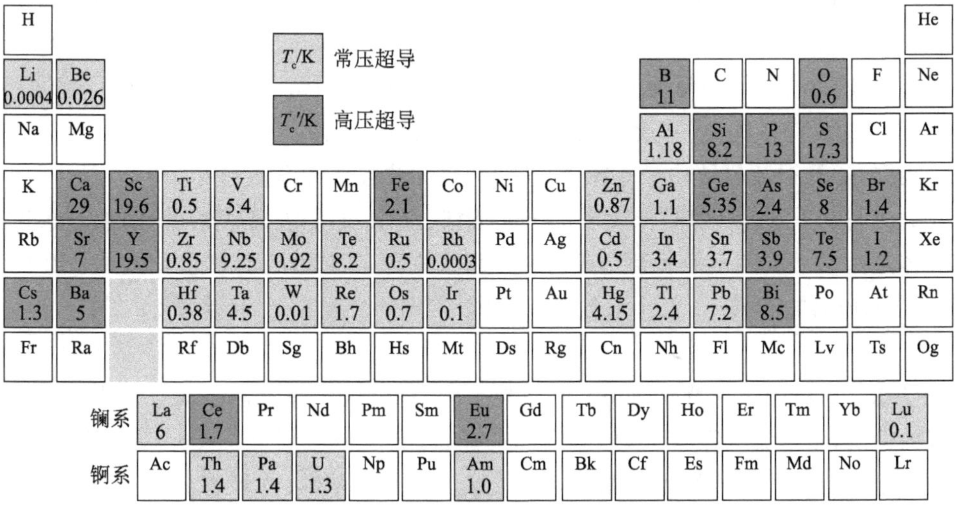

图 2.21　元素周期表中的超导材料

后来的研究发现，超导体可以进一步划分为第一类超导体和第二类超导体。第一类超导体展现出完全的抗磁效应，内部完全没有磁场。而第二类超导体则允许磁场在超导体内部产生磁通量子，也就是允许磁场部分地进入超导体。

以上对超导体的研究更多地还停留在对其性质的探究上，实际上人们也一直在寻找超导的内在机理，探索其本质。人们最开始尝试利用伦敦方程分析超导现象，不过这个理论无法揭示穿透深度与外磁场的关系。1950 年左右，苏联科学家金兹堡和朗道提出了解释超导的唯象理论——金兹堡-朗道理论(G-L理论)。该理论建立在朗道二级相变理论的基础上,用序参量描述超导体,成功解释了超导体。第一类超导体与第二类超导体就是根据G-L方程求解的界面能的正负判定的。

根据G-L理论,超导体从正常态到超导态的转变是一个二级相变(图2.22),因此理论上可以在比热容的测量中发现其在 T_c 处有一个跃变,或者称为"峰"。后来这也被实验证实。

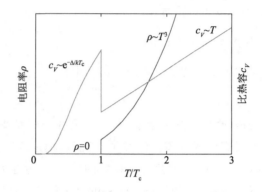

图 2.22 理想超导体的电阻率与比热容性质

目前解释超导的最好的理论就是BCS理论[①],这个理论的核心是电子在与晶格的耦合中会出现电子吸引电子的可能,这样两个电子会结成库珀对,结成库珀对的电子可以看作玻色子,在低温下库珀对发生"凝聚",能量可以无耗散地在凝聚的库珀对中流动,实现超导态。

但 BCS 理论也不能解释所有超导态,麦克米兰(McMillan)根据 BCS 理论计算得出,符合 BCS 理论的超导体的 T_c 不会超过 40 K,即麦克米兰极限。但实际上很多超导体都突破了这一极限,比如铜基超导和铁基超导,这样的超导体被称为高温超导体。

2023 年 3 月,美国罗彻斯特大学的 Dias 团队宣称,他们发现了近常压的室温超导体,该超导体是由氢、氮、镥三种元素组成的三元相。该研究团队认为,该超导体在大约 10 kbar(也就是 1 GPa,约相当于 1 万个大气压)下可以实现约 294 K(也就是约 21 ℃)的室温超导电性。

超导态是材料的一种特殊状态。在超导态中,材料处于零电阻的状态。电阻是材料普遍具有的性质,当电流流经材料时,其内部的晶格、杂质等会对载流子运动产生阻碍,载流子本身携带的能量会被转移到晶格上,宏观上会造成焦耳热,电势也会相应下降。而没有电阻的超导体就完全没有上述问题,电流流经超导体,既不会发热,也不会出现压降,因此电流可以无衰减地在超导体中流动。

超导体的意义是显而易见的,如果电线都采用超导体,就不会存在能量衰减。我们现阶段使用的特高压输电技术,其实就是提高输电线的电压,以尽可能降低能量损耗。如果使用了超导电线,将完全不存在这个问题,我们可以直接以市电电压传输电力,完全不需要

---

① 解释金属超导现象的重要理论是由巴丁(Bardeen)、库珀(Cooper)和施里弗(Schrieffer)建立的电声相互作用形成库珀电子对的理论,简称 BCS 理论。

变电站,或许可以直接使用直流电。

2.3 热能动力装置热力循环

热能动力装置是指能将热能转换为机械能的设备,也称为热力发动机,简称热机。热能动力装置热力循环又简称动力循环或热机循环,包括蒸汽动力装置循环和气体动力装置循环。蒸汽动力装置循环是以蒸汽为工质的热机工作循环,如蒸汽机、蒸汽轮机等;而气体动力装置循环是以气体为工质的热机工作循环,如内燃机、燃气轮机等。

了解热能动力装置热力循环的目的主要是分析循环能量转化的经济性(即热效率 η),在热力学基本定律的基础上,寻求提升热效率的方法和途径。

热力循环是指热力系统经过一系列的状态变化,重新回到原来状态的全部过程。热力循环分为正向循环及逆向循环。将热能转换为机械功的循环称为正向循环;将机械功转换为热能的循环称为逆向循环。

以下重点介绍气体动力装置热力循环。

2.3.1 燃气轮机循环理论

燃气轮机(gas turbine,GT)是以连续流动的燃气作为工质带动叶轮高速旋转,将燃料的化学能转变为有用功的内燃式动力机械。燃气轮机装置是一种新型的动力装置。最简单的燃气轮机装置主要包括压气机、燃气轮机(透平或动力涡轮)和燃烧室三个部件,其工作原理图如图 2.23 所示。压气机从外部吸入空气,压缩后送入燃烧室,同时燃料(气体或液体燃料)也被喷入燃烧室与高温压缩空气混合,在受控方式下进行燃烧,生成的高温、高压燃气进入透平膨胀做功,推动动力叶片高速旋转,从而使得转子旋转做功。转子做功的大部分(现实情况下约 2/3)用于驱动压气机,其余的功被输出用来驱动机械设备,如发电机、泵、压缩机等。从透平出来的气体温度很高,可再利用(如利用余热锅炉进行余热回收利用)或直接排入大气。

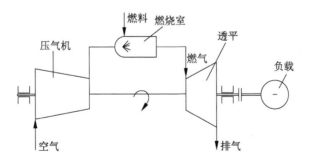

图 2.23 开式简单循环燃气轮机工作原理图

燃气轮机有重型与轻型两类结构,重型的零部件较厚重,设计寿命与大修寿命都较长;轻型的零部件结构紧凑而轻,所用的材料较轻,但寿命较短。

与活塞式内燃机相比,燃气轮机有两大特征:一是发动机部件的运动方式,燃气轮机高速旋转且工质气流朝一个方向流动(不必来回吞吐),这与往复式动力机械功率受活塞体积与运动速度的限制不同,因此在同样大小的机器内每单位时间内通过的工质的量要大得多,产生的功率也大得多,且结构简单、运动平稳、润滑油耗少;二是主要部件的功能,其工质经历的各热力过程是在不同的部件中进行的,故可方便地把热力过程加以不同组合来处理,以满足各种用途的要求。

(1)主要性能指标

1)比功

比功是指流经燃气轮机的单位质量工质所输出的机械功或单位质量流量的工质所输出的功率。

$$w = \frac{\mathrm{d}W}{\mathrm{d}m} = \frac{P}{q_{\mathrm{ma}}}$$

之所以采用比功而不是总功率作为描述循环性能的指标,是因为功率不仅与循环性能有关,还与工质流量有关。而工质流量基本上由燃气轮机的尺寸决定,与循环性能无关。

装置比功大,气耗率就小,输出相同功率所需工质流量小,装置体积就小。

2)热效率和油耗率

热效率是通过燃气轮机的一定量工质输出的有用功与输入该工质的燃料所含热值之比。**油耗率**则主要是衡量燃气轮机的经济性,即输出单位功率每小时需消耗的燃油量。

$$\eta_{\mathrm{t}} = \frac{输出}{输入} = \frac{q_{\mathrm{ma}}w}{q_{\mathrm{mf}}H_{\mathrm{u}}} = \frac{w}{fH_{\mathrm{u}}}$$

$$f = \frac{q_{\mathrm{mf}}}{q_{\mathrm{ma}}}$$

油耗率 $\mathrm{sfc} = \frac{3600q_{\mathrm{mf}}}{wq_{\mathrm{ma}}} = \frac{3600f}{w}$

油耗率和热效率之间的关系为 $\mathrm{sfc} = \frac{3600}{\eta_t H_{\mathrm{u}}}$。

以上各式中,q_{ma} 为工质的质量流量;q_{mf} 为燃料的质量流量;H_{u} 为单位质量燃料的热值。

对于以推力衡量性能的航空燃气轮机,其重点关注的是单位推力 F_{s}(流经航空燃气轮机的单位质量工质所产生的推力)和油耗率 sfc(输出单位推力每小时消耗的燃油量)。

$$F_{\mathrm{s}} = \frac{F}{q_{\mathrm{ma}}}$$

式中,F 为航空燃气轮机总推力。

$$\mathrm{sfc} = \frac{3600q_{\mathrm{mf}}}{F} = \frac{3600f}{F_{\mathrm{s}}}$$

(2)理想简单燃气轮机循环

在研究理想简单燃气轮机循环之前先做两点假设:① 工质为空气(可视为理想气体),整个过程中空气的比热容为常数,不随气体的温度和压力而变化;② 整个过程中没有流动损失,为等熵绝热过程,燃烧前后燃气压力不变,没有热损失(排热过程除外)和机械损失。根据图 2.23 得到如图 2.24 所示的循环流程图。

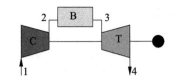

B—燃烧室；C—压气机；T—透平。

图 2.24　理想简单燃气轮机循环流程

理想简单燃气轮机的工作过程满足定常流动能量方程：

$$q + \frac{1}{2}v_0^2 + h_0 = w + \frac{1}{2}v^2 + h$$

式中，q 为流入压气机工质的压能；$\frac{1}{2}v_0^2$ 为工质初始功能；h_0 为工质初始位能；w 为比功；

$\frac{1}{2}v^2$ 为某一状态功能；h 为某一状态位能。

该方程将在 4.2 中作详细介绍。以下分析具体的工作过程。

1）绝热压缩过程（1→2）

该过程满足 $q_{12}=0$，工质流速变化的影响可以忽略。

对于地面燃气轮机：

$$w_{c,i} = -w_{12} = h_2 - h_1$$

对于航空燃气轮机：

$$h_1' - h_1 = \frac{1}{2}v_1^2 - \frac{1}{2}v_1'^2$$

$$w_{c_1,i} = \frac{1}{2}v_1^2 - \frac{1}{2}v_1'^2 = h_1' - h_1$$

$$w_{c_2,i} = -w_{12} = h_2 - h_1'$$

$$w_{c,i} = w_{c_1,i} + w_{c_2,i} = h_2 - h_1$$

因此，可以得到单位质量工质所做的机械功为

$$w_{c,i} = h_2 - h_1 = c_p(T_2 - T_1) = c_p T_1\left(\pi^{\frac{k-1}{k}} - 1\right)$$

式中，$\pi = \dfrac{p_2}{p_1}$，称为压比。

2）等压加热过程（2→3）

该过程在燃烧室内完成，工质通过燃烧室与外界无机械功的传递，工质的流速变化可以忽略。

工质的吸热量为

$$q_{23} = h_3 - h_2 = c_p(T_3 - T_2) = c_p T_1\left(\tau - \pi^{\frac{k-1}{k}}\right)$$

式中，$\tau = \dfrac{T_3}{T_1}$，称为加热比或温比。

3）绝热膨胀过程（3→4）

该过程中工质吸热为零，单位质量工质所做的机械功的情况与绝热压缩过程类似，涡

轮进出口工质的流速变化可以忽略。

对于地面燃气轮机：

$$w_{t,i} = w_{34} = h_3 - h_4 = c_p T_1 \tau \left(1 - \frac{1}{\pi^{\frac{k-1}{k}}} \right)$$

式中，$\dfrac{T_3}{T_4} = \pi^{\frac{k-1}{k}}$。

对于航空燃气轮机：

$$w_3 = h_3 - h_3', \quad w_4 = h_3' - h_4$$

所以

$$w_{t,i} = w_3 + w_4 = h_3 - h_4$$

4）等压放热过程（4→1）

此过程向大气放热，与等压压缩过程类似。工质与外界无机械功的传递，即 $w_{41} = 0$，工质的流速变化可以忽略。

工质向外界放出的热量满足：

$$q_{41} = h_4 - h_1 = c_p (T_4 - T_1) = c_p T_1 \left(\frac{\tau}{\pi^{\frac{k-1}{k}}} - 1 \right)$$

整个循环过程中单位质量工质从高温热源（燃烧室）中吸收热量，即燃烧过程增加的热量为

$$q_1 = q_{23} = c_p (T_3 - T_2) = c_p T_1 \left(\tau - \pi^{\frac{k-1}{k}} \right)$$

工质向低温热源放出的热量为

$$q_2 = q_{41} = c_p (T_4 - T_1) = c_p T_1 \left(\frac{\tau}{\pi^{\frac{k-1}{k}}} - 1 \right)$$

所以，理想简单燃气轮机循环的比功为

$$w_i = q_1 - q_2 = c_p (T_3 - T_2) - c_p (T_4 - T_1) = c_p T_1 \left[\tau \left(1 - \frac{1}{\pi^{\frac{k-1}{k}}} \right) - \left(\pi^{\frac{k-1}{k}} - 1 \right) \right]$$

即 $w_i = w_{t,i} - w_{c,i} = c_p (T_3 - T_4) - c_p (T_2 - T_1) = c_p T_1 \left[\tau \left(1 - \frac{1}{\pi^{\frac{k-1}{k}}} \right) - \left(\pi^{\frac{k-1}{k}} - 1 \right) \right]$

循环热效率为

$$\eta_{t,i} = \frac{w_i}{q_1} = 1 - \frac{q_2}{q_1} = 1 - \frac{1}{\pi^{\frac{k-1}{k}}}$$

绘制循环热效率与压比之间的关系图，如图 2.25 所示。由图可见，循环热效率随着压比的升高不断增加，而与 T_3 无直接关系。

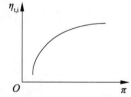

图 2.25　理想简单燃气轮机循环热效率与压比之间的关系

比功达到最大值的 $\pi_{opt,i}$ 称为最佳压比或最有利压比。当压比增加到使膨胀功等于压缩功时,可以得到 $\pi_{opt,i}$。

$$w_i = 0 \rightarrow \pi_{max,i} = \tau^{\frac{k}{k-1}}$$

$$\frac{\mathrm{d}w_i}{\mathrm{d}\pi} = 0 \rightarrow \pi_{opt,i} = \tau^{\frac{k}{2(k-1)}}$$

（3）压缩过程中间冷却的理想简单燃气轮机循环

要达到相同压比,等温压缩过程所消耗的功要比等熵压缩过程的小,但真正的等温通常难以达到,所以一般需要在压缩过程中采用中间冷却。常用的中间冷却方法有两种:一是在航空燃气轮机压气机进口处喷水冷却来增加功率,其极限理想情况可看作等温过程;二是在两级压气机之间进行一次中间冷却或在多级压气机之间进行多次中间冷却,其极限理想情况可看作等压放热过程。

1）等温压缩理想燃气轮机循环

等温压缩过程使循环面积增大,这表明在压比和加热比不变的情况下,等温压缩理想燃气轮机循环的比功大于理想简单燃气轮机循环的比功。

如图 2.26 所示,根据热力学第一定律 $\mathrm{d}q = \mathrm{d}h - V\mathrm{d}p$,等温压缩过程中工质的内能和焓均不变,所以

$$\mathrm{d}q = -V\mathrm{d}p = -pV\frac{\mathrm{d}p}{p} = -RT\frac{\mathrm{d}p}{p} = -\frac{k-1}{k}c_p T_1 \frac{\mathrm{d}p}{p}$$

等温压缩过程（1→2'）中放出的热量为

$$q_{2,12'} = \frac{k-1}{k}c_p T_1 \ln \pi$$

等压加热过程（2'→3）中吸收的热量为

$$q_{1,2'3} = c_p (T_3 - T_{2'}) = c_p (T_3 - T_1) = c_p T_1 (\tau - 1)$$

等压放热过程（4→1）中放出的热量为

$$q_{2,41} = c_p (T_4 - T_1) = c_p \left(\frac{T_3}{\pi^{\frac{k-1}{k}}} - T_1 \right) = c_p T_1 \left(\frac{\tau}{\pi^{\frac{k-1}{k}}} - 1 \right)$$

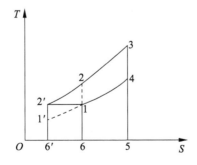

图 2.26　等温压缩理想燃气轮机循环 $T-S$ 图

等温压缩理想燃气轮机循环的比功为

$$w_i' = q_{1,2'3} - q_{2,12'} - q_{2,41} = c_p T_1 \left[\tau \left(1 - \frac{1}{\pi^{\frac{k-1}{k}}} \right) - \frac{k-1}{k} \ln \pi \right]$$

循环热效率为

$$\eta_{t,i}' = 1 - \frac{q_{2,12'} + q_{2,41}}{q_{1,2'3}} = \frac{\tau \left(1 - \dfrac{1}{\pi^{\frac{k-1}{k}}} \right) - \dfrac{k-1}{k} \ln \pi}{\tau - 1}$$

图 2.27 所示为等温压缩理想燃气轮机循环的比功和热效率随压比变化曲线。随着压比的增加,等温压缩理想燃气轮机循环的比功增加,热效率提高。如图 2.28 所示,加热比越大,等温压缩理想燃气轮机循环的热效率越趋近于理想简单燃气轮机循环的热效率。

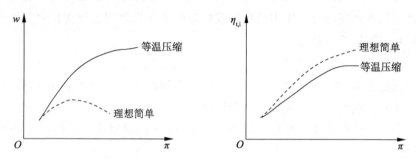

图 2.27　等温压缩理想燃气轮机循环的比功和热效率随压比变化曲线(τ 一定)

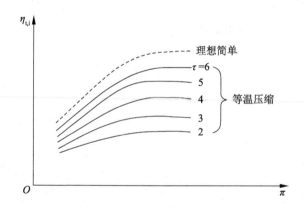

图 2.28　等温压缩理想燃气轮机循环的热效率随压比变化曲线(τ 增加)

2) 压缩过程一次中间冷却的理想燃气轮机循环

在图 2.29 所示的理想间冷循环结构中,1→a 为第一级绝热压缩,b→2' 为第二级绝热压缩,a→b 为等压放热过程。设循环总压比为 π,第一级压比为 π_1,$\pi_1 = \dfrac{p_a}{p_1}$,第二级压比 $\pi_{2'} = \dfrac{\pi}{\pi_1}$。对于地面燃气轮机,$T_b \approx T_1$,燃烧室进口温度为

$$T_{2'} = T_b \pi_{2'}^{\frac{k-1}{k}} = T_1 \left(\frac{\pi}{\pi_1} \right)^{\frac{k-1}{k}}$$

等压吸热过程(2'→3)中吸收的热量为

$$q_{1,2'3} = c_p(T_3 - T_{2'}) = c_p\left(T_3 - T_1 \pi_2^{\frac{k-1}{k}}\right) = c_p T_1\left[\tau - \left(\frac{\pi}{\pi_1}\right)^{\frac{k-1}{k}}\right]$$

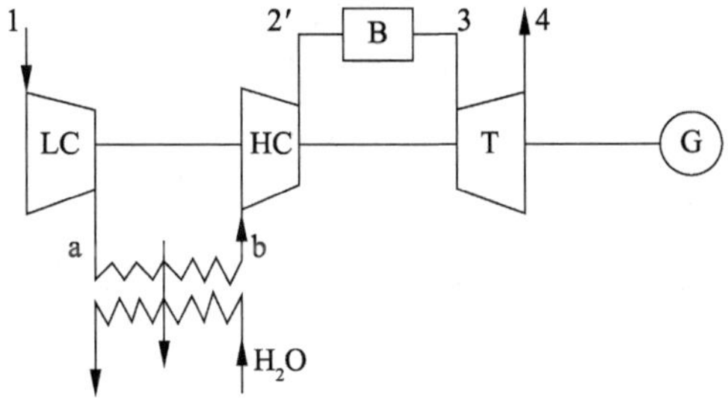

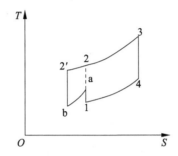

LC—低压压气机；HC—高压压气机；B—燃烧室；T—透平；G—目标。

图 2.29　理想间冷循环结构

观察图 2.30 所示的 $T-S$ 图,理想简单循环为 $1 \to 2 \to 3 \to 4 \to 1$,理想间冷循环为 $1 \to a \to b \to 2' \to 3 \to 4 \to 1$,如果两者的压比和加热比相同,那么比功和热效率如何变化呢?

图 2.30　压缩过程一次中间冷却的理想燃气轮机循环 $T-S$ 图

等压放热过程($a \to b$)中放出的热量为

$$q_{2,ab} = c_p(T_a - T_b) = c_p T_1\left(\pi_1^{\frac{k-1}{k}} - 1\right)$$

等压放热过程($4 \to 1$)中放出的热量为

$$q_{2,41} = c_p(T_4 - T_1) = c_p\left(\frac{T_3}{\pi^{\frac{k-1}{k}}} - T_1\right) = c_p T_1\left(\frac{\tau}{\pi^{\frac{k-1}{k}}} - 1\right)$$

一次中间冷却理想燃气轮机循环的比功为

$$w_i' = q_{1,2'3} - (q_{2,ab} + q_{2,41}) = c_p T_1\left[\tau\left(1 - \frac{1}{\pi^{\frac{k-1}{k}}}\right) - \left(\frac{\pi}{\pi_1}\right)^{\frac{k-1}{k}} - \pi_1^{\frac{k-1}{k}} + 2\right]$$

绘制比功随压比的变化曲线,如图 2.31 所示(虚线代表理想简单燃气轮机循环的比功)。对比功的表达式求极值,得到当第一级压气机压比 $\pi_1 = \pi^{\frac{1}{2}}$ 时,w_i' 可以取得最大值 $w_{i,\max}'$,再将 $\pi_1 = \pi^{\frac{1}{2}}$ 代回 w_i' 中,得出 τ 一定时比功最大的总的 π_{opt}。

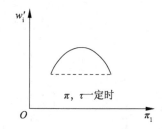

图 2.31　压缩过程一次中间冷却的理想燃气轮机循环比功与压比关系曲线

循环热效率为

$$\eta'_{\text{t,i}} = 1 - \frac{q_{2,\text{ab}} + q_{2,41}}{q_{1,2'3}} = 1 - \frac{\pi_1^{\frac{k-1}{k}} + \dfrac{\tau}{\pi^{\frac{k-1}{k}}} - 2}{\tau - \left(\dfrac{\pi}{\pi_1}\right)^{\frac{k-1}{k}}}$$

对 $\eta'_{\text{t,i}}$ 也可以进行类似分析,且存在一个热效率达最大值的总的最佳压比 $\pi_{\eta,\text{opt}}$,且 $\pi_{\eta,\text{opt}} > \pi_{w,\text{opt}}$。这是因为:压比越高,$T_2$ 越高,达到相同的 T_3 所需要的热量就越少;压比越高,T_4 越低,废气带走的热量越少,热效率就越高。但压比提高过多时,比功会下降太多,致使热效率也下降。

(4) 膨胀过程中一次中间加热的理想燃气轮机循环

在不变动燃气室的条件下,有效增大燃气轮机的功率或推力,可采用在膨胀过程中一次加热的循环方案。对于航空燃气轮机,可以在涡轮和尾喷管之间设置加力燃烧室进行加力燃烧。歼击机的迅速起飞、爬升、加速和增大升限,都需要进一步增大推力。

在图 2.32 所示的 $T-S$ 图中,膨胀过程一次中间加热的理想燃气轮机循环过程为 $1 \rightarrow 2 \rightarrow 3 \rightarrow c \rightarrow d \rightarrow 4' \rightarrow 1$,其中 $3 \rightarrow c$ 为第一级绝热膨胀,$d \rightarrow 4'$ 为第二级绝热膨胀,$c \rightarrow d$ 为等压加热。对于航空燃气轮机,$T_d > T_3$;对于地面燃气轮机,$T_d \approx T_3$。

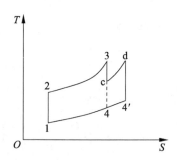

图 2.32　膨胀过程中一次中间加热的理想燃气轮机循环 $T-S$ 图

(5) 理想燃气轮机回热循环

理想燃气轮机进行回热循环的目的是提高燃气轮机循环的热效率,利用涡轮出口的排气余热加热压气机出口的空气。由于对进入燃烧室的空气进行了预热,因此所需燃料量减少,而比功不变,从而使循环的热效率得到提高。如图 2.33 所示,通过回热器后,压气机出口的空气温度由 T_2 上升到 T_{2a},涡轮出口的排气温度由 T_4 下降到 T_{4a}。

回热过程的理想状况是等压吸热和等压放热过程的热交换量相等,即 $T_{2a} = T_4$,

$T_{4a} = T_2$。

$$c_p(T_4 - T_{4a}) = c_p(T_{2a} - T_2)$$

回热器内热交换的实际状况是 $T_{2a} < T_4$，$T_{4a} > T_2$，实际热交换量低于理想热交换量。将实际热交换量与理想热交换量的比值定义为**回热度**，用 μ 表示。显然，理想回热的 $\mu = 1$。

$$\mu = \frac{c_p(T_4 - T_{4a})}{c_p(T_4 - T_2)} = \frac{c_p(T_{2a} - T_2)}{c_p(T_4 - T_2)} = \frac{T_{2a} - T_2}{T_4 - T_2}$$

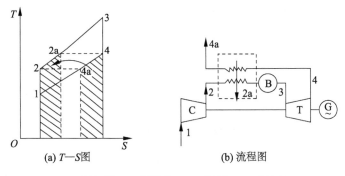

(a) T—S图　　　　(b) 流程图

C—压气机；B—燃烧室；T—透平；G—目标。

图 2.33　理想燃气轮机回热循环

与理想简单燃气轮机循环相比，理想回热循环的比功不变，只是由于回热减少了燃料的加热量。加热量为

$$q_{1R,i} = c_p(T_3 - T_{2a}) = c_p(T_3 - T_4) = c_p T_3\left(1 - \frac{1}{\pi^{\frac{k-1}{k}}}\right) = c_p T_1 \tau\left(1 - \frac{1}{\pi^{\frac{k-1}{k}}}\right)$$

因此，理想燃气轮机回热循环的热效率为

$$\eta_{t,R,i} = \frac{w_i}{q_{1R,i}} = \frac{c_p T_1\left[\tau\left(1 - \frac{1}{\pi^{\frac{k-1}{k}}}\right) - \left(\pi^{\frac{k-1}{k}} - 1\right)\right]}{c_p T_1 \tau\left(1 - \frac{1}{\pi^{\frac{k-1}{k}}}\right)} = 1 - \frac{\pi^{\frac{k-1}{k}}}{\tau}$$

式中，w_i 为理想简单燃气轮机循环的比功。

从公式可以看出，在加热比 τ 一定的条件下，压气机压比 π 越低，热效率 $\eta_{t,R,i}$ 越高。这是因为压比越低，压气机出口温度越低，回热器中排气余热利用越充分。然而，很低的压比对循环来讲是没有意义的。压气机压比增加，$\eta_{t,R,i}$ 下降，当 π 增加到使 $T_2 = T_4$ 时，排气余热无法利用，理想燃气轮机回热循环退化为理想简单燃气轮机循环。此时的压比定义为临界压比 π_{cr}，根据达到临界增压比 π_{cr} 的条件 $T_2 = T_4$，有

$$T_1 \pi_{cr}^{\frac{k-1}{k}} = \frac{T_3}{\pi_{cr}^{\frac{k-1}{k}}}$$

从上式可以得到 $\pi_{cr} = \tau^{\frac{k}{2(k-1)}}$，类似于比功达最大值的 $\pi_{opt} = \tau^{\frac{k}{2(k-1)}}$，此时，理想燃气轮机回热循环的热效率为

$$\eta_{t,R,i} = 1 - \frac{1}{\pi_{cr}^{\frac{k-1}{k}}}$$

若进一步提高压比,当 $\pi > \pi_{cr}$ 时,$T_2 > T_4$,压气机出口气流中的部分热量将通过回热器传给涡轮出口的排气,使得理想回热循环的热效率低于理想简单循环,如图2.34所示,这是毫无意义的。

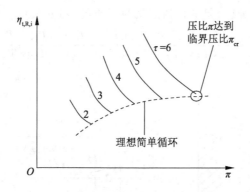

图2.34　理想燃气轮机回热循环热效率变化

（6）实际简单燃气轮机循环和实际简单燃气轮机回热循环

在理想燃气轮机循环分析中,认为压缩和膨胀过程是等熵的,没有考虑流动损失,且认为整个循环过程中比热容比保持不变。在实际燃气轮机中,c_p 随着气体成分和温度不断地发生变化,且各个工作过程中都存在流动损失。所谓**流动损失**,是指气流在流动过程中,由于存在附面层、湍流流动或激波,流动的气流在静压不变的情况下流速降低,或者说气流的总压降低。

1）实际简单燃气轮机循环

为了便于与理想循环比较,假设两者具有相同的压比 π 和初始温度 T_1^*,涡轮前燃气初温相同 $T_3^* = T_{3s}^*$,环境压力和温度相同 $p_1^* = p_0$,$T_1^* = T_0$,其中 p_0,T_0 分别是环境压力和温度;比较时,工质流量的差异暂不考虑。图2.35所示为燃气轮机实际简单循环的 $T-S$ 图。

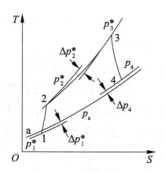

图2.35　燃气轮机实际简单循环 $T-S$ 图

在实际进行过程中,流动阻力较大,压力降低,但总温不变,即 $p_1^* < p_0$,$T_1^* = T_0$,压降 $\Delta p = p_0 - p_1^* = 0.01 \sim 0.03\ \mathrm{bar}$,压力保持系数 $\sigma_c = \dfrac{p_1^*}{p_0}$。

压缩过程 $1 \rightarrow 2$ 虽然是绝热过程,但存在能量损失,导致熵增加,$S_2 > S_1$,相当于加热的多变压缩过程,$n > \kappa$（κ 为空气绝热指数）,$T_2^* = T_{2s}^*$,$v_2 > v_{2s}$。相同压比下,理想压缩过程

与实际压缩过程所耗功的比值即为绝热压缩效率。用绝热压缩效率表示压缩过程流动损失,表达式为

$$\eta_c = \frac{T_2^* - T_0}{T_{2s}^* - T_0} = \frac{\pi_c^{\frac{\kappa-1}{\kappa}} - 1}{\pi_c^{\frac{n-1}{n}} - 1}$$

燃烧过程 2→3 存在摩擦和热阻力,总压有所降低,$p_3^* < p_2^*$,总压降 $\Delta p_B = p_3^* - p_2^* = (0.02 \sim 0.08)p_2^*$,压力保持系数 $\sigma_B = \frac{p_3^*}{p_2^*} = 0.92 \sim 0.98$。由于燃烧不完全,燃烧效率 $\eta_B < 1.0(0.9 \sim 1.0)$,实际吸热量 $q_1 = f H_u \eta_B$ 降低。

膨胀过程 3→4 是绝热过程,但存在能量损失,导致熵增加 $S_4 > S_3$,相当于加热的多变膨胀过程,$n' < \kappa_T$(κ_T 为燃气绝热指数)。相同的膨胀比下,实际膨胀过程与理想膨胀过程所做功的比值称为绝热膨胀效率。用绝热膨胀效率表示膨胀过程流动损失,表达式为

$$\eta_e = \frac{T_3 - T_{4s}^*}{T_3 - T_4^*} = \frac{1 - \frac{1}{\pi_e^{\frac{n-1}{n}}}}{1 - \frac{1}{\pi_e^{\frac{\kappa-1}{\kappa}}}}$$

膨胀终了的压力大于环境压力,即 $p_4^* > p_0$,压力保持系数 $\sigma_T = \frac{p_0}{p_4^*}$,$T_4^* > T_{4s}^*$,压降为 $\Delta p_e = p_4^* - p_0 = 0.02 \sim 0.08$ bar。涡轮的实际膨胀比 π_e^* 小于压比 π,

$$\pi_e^* = \frac{p_3^*}{p_4^*} = \frac{p_1^*}{p_0} \frac{p_2^*}{p_1^*} \frac{p_3^*}{p_2^*} \frac{p_0}{p_4^*} = \sigma_c \pi_c^* \sigma_B \sigma_T = \pi_c^* \sigma$$

总压保持系数 $\sigma = \sigma_c \sigma_B \sigma_T = 0.90 \sim 0.96$。$\pi_e^*$ 减小将导致膨胀终温 T_4^* 上升,所以实际膨胀做功减少。

对于排气过程 4→1,由于要克服排气道等部位的阻力,因此实际膨胀终压高于大气压力,即 $p_4^* > p_0$,实际排气放热过程不是等压过程,即 $T_4^* > T_{4s}^*$。又 $T_1^* = T_0$,因此实际放热量 $q_2 = c_p(T_4^* - T_1^*) > q_{2s}$,即放热量增加。

实际简单燃气轮机循环比功为

$$w = w_t \eta_e - w_c / \eta_c = c_p T_3 \left[\left(1 - \frac{1}{\pi^{\frac{\kappa-1}{\kappa}}}\right)\eta_e - \frac{1}{\tau \eta_c}\left(\pi^{\frac{\kappa-1}{\kappa}} - 1\right) \right]$$

式中,$w_c \geq w_{c,i}$。由 $\frac{dw}{d\pi} = 0$ 可得实际简单燃气轮机循环的最佳压比为

$$\pi_{w,opt} = (\eta_e \eta_c \tau)^{\frac{\kappa}{2(\kappa-1)}}$$

则实际简单燃气轮机循环的热效率为

$$\eta_t = \frac{w}{q_1}$$

因为 $T_{2s}^* = T_1 + \frac{1}{\eta_c}(T_2^* - T_1) = T_1\left[1 + \frac{1}{\eta_c}\left(\pi^{\frac{\kappa-1}{\kappa}} - 1\right)\right]$,所以

$$q_1 = c_p(T_3 - T_{2s}^*) = c_p\left\{T_3 - T_1\left[1 + \frac{1}{\eta_c}\left(\pi^{\frac{\kappa-1}{\kappa}} - 1\right)\right]\right\} = c_p T_1\left[\tau - 1 - \frac{1}{\eta_c}(\pi^{\frac{\kappa-1}{\kappa}} - 1)\right]$$

从而可得

$$\eta_t = \frac{\tau\left[\eta_e\left(1 - \frac{1}{\pi^{\frac{\kappa-1}{\kappa}}}\right) - \frac{1}{\eta_c\tau}(\pi^{\frac{\kappa-1}{\kappa}} - 1)\right]}{\tau - 1 - \frac{1}{\eta_c}(\pi^{\frac{\kappa-1}{\kappa}} - 1)}$$

绘制如图 2.36 所示的热效率随压比变化的关系曲线图。

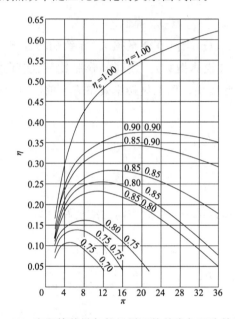

图 2.36　实际简单燃气轮机循环热效率与压比的关系

结合热效率公式和图 2.36,分析得到以下结论:

① 加热比越大,实际简单燃气轮机循环的热效率越高。

② 加热比一定时,热效率随压比的变化有一个热效率达最大值的 $\pi_{\eta,\max}$,该值随加热比的增大而增大。

当压比超过此值时,由于流动损失的存在,热效率开始下降,直到 $\eta_t = 0$,此时循环的加热量全部用于克服流动损失和向大气放出热量($w = 0$)。

③ 实际简单燃气轮机循环的比功和热效率不仅与压比和加热比有关,还与压缩和膨胀过程的效率有关,且随着两者值的提高,循环的比功和热效率均增大。

④ 随着加热比的增加,$\pi_{w,\max}$ 和 $\pi_{\eta,\max}$ 也增加,且同一加热比下,$\pi_{\eta,\max} > \pi_{w,\max}$,一般设计压比 $\pi_{w,\max} < \pi < \pi_{\eta,\max}$。

2）实际简单燃气轮机回热循环

由于理想回热中未考虑到流动损失,所以比功与理想燃气轮机循环的比功相等。但实际循环中存在流动损失,压缩和膨胀过程都是非等熵的,回热器的存在加大了压气机、燃烧室及排气系统的损失,因此实际回热循环过程中的比功将下降。另外,在实际回热循环中,实际热交换量低于理想热交换量。图 2.37 所示为实际回热循环的 $T-S$ 图。

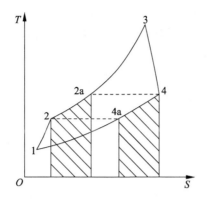

图 2.37 燃气轮机实际回热循环 $T-S$ 图

将从压气机流出的空气经回热器实际吸收的热量与最大可能吸收热量之比定义为回热度，那么回热度 $\mu=\dfrac{c_p(T_{2a}-T_2)}{c_p'(T_4-T_2)}\approx\dfrac{T_{2a}-T_2}{T_4-T_2}$，而燃烧室进口温度 $T_{2a}=\mu T_4+(1-\mu)T_2$，则

$$T_{2a}=\mu T_3\left[1-\left(1-\frac{1}{\pi^{\frac{\kappa-1}{\kappa}}}\right)\eta_e\right]+(1-\mu)T_1\left[1+\left(\pi^{\frac{\kappa-1}{\kappa}}-1\right)\frac{1}{\eta_c}\right]$$

实际燃气轮机回热循环加热量为

$$q_{1,R}=c_p(T_3-T_{2a})$$

比功为

$$w=c_pT_3\left[\left(1-\frac{1}{\pi^{\frac{\kappa-1}{\kappa}}}\right)\eta_e-\left(\pi^{\frac{\kappa-1}{\kappa}}-1\right)\frac{1}{\tau\eta_c}\right]$$

如果暂不考虑流动过程中的其他损失，该循环比功和实际简单燃气轮机循环的比功相等，那么循环热效率为

$$\eta_{t,R}=\frac{w}{q_{1,R}}=\frac{\tau\left[\left(1-\frac{1}{\pi^{\frac{\kappa-1}{\kappa}}}\right)\eta_e-\left(\pi^{\frac{\kappa-1}{\kappa}}-1\right)\frac{1}{\tau\eta_c}\right]}{\tau-\mu\tau\left[1-\left(1-\frac{1}{\pi^{\frac{\kappa-1}{\kappa}}}\right)\eta_e\right]-(1-\mu)\left[1+\left(\pi^{\frac{\kappa-1}{\kappa}}-1\right)\frac{1}{\eta_c}\right]}$$

显然，随着 τ、η_c、η_e 和 μ 的增加，$\eta_{t,R}$ 也随之上升。绘制循环热效率与压比的关系图，如图 2.38 所示。可见，当 $\eta_{t,R}$ 达最大值时，存在一个最经济压比。

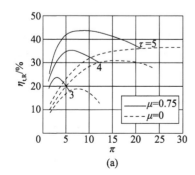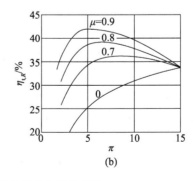

图 2.38 实际回热循环的热效率与压比的关系

结合循环热效率计算和图 2.38,分析得出以下结论:

① 加热比越高,实际回热循环的比功和热效率也越高。因此,在材料耐热性允许的条件下,应尽可能地提高加热比。

② 回热器的回热度越大,循环热效率就越高,所以应适当地提高回热度。

③ 实际回热循环的最佳压比大于最经济压比,$\mu = 0.5$,$\pi_{R,opt} = \pi_{ec}$,但当压比大于最经济压比时,热效率随压比的变化曲线比较平坦。

设计压比应取在最佳压比 $\pi_{R,opt}$ 的附近,使比功接近实际简单燃气轮机循环,而热效率大于实际简单燃气轮机循环。

2.3.2　活塞式内燃机循环

所谓**内燃机**(internal combustion engine,ICE),是指液体或气体燃料和空气混合后,直接输入机器内部燃烧而产生热能,然后转变为机械能,并能够拖动某些机械进行工作的机器。与之对应的外燃机,顾名思义,就是燃料在机器外部燃烧,把水加热,得到高温高压的水蒸气,然后把水蒸气输送至机器内部,将热能转变为机械能的机器。

内燃机可分为喷气式、回转式和活塞式三种。其中,活塞式内燃机热效率高、体积小、重量轻、便于移动、起动性能好,适合汽车、摩托车和小型轮船使用。根据活塞运动方式的不同,活塞式内燃机又可以分为旋转活塞式和往复活塞式两种。对于车用动力最常用的往复活塞式内燃机,按着火方式可分为压燃式和点燃式两种;按使用燃料种类可分为汽油机、柴油机、气体燃料发动机、煤气机、液化石油气发动机、多燃料发动机等;按冷却方式可分为水冷式和风冷式两种;按进气状态可分为自然吸气式和增压式两种;按冲程数可分为二冲程发动机和四冲程发动机;按气缸数可分为单缸机和多缸机;按气缸排列方式又可分为直列式发动机、对置式发动机和 V 型发动机。

(1) 内燃机的理论循环

通常根据内燃机所使用的燃料、混合气形成方式、缸内燃烧过程等特点,把点燃式汽油机的实际循环简化为等容加热循环,把压燃式柴油机的实际循环简化为混合加热循环或等压加热循环,这些循环称为内燃机的理论循环。根据不同的假设和研究目的,可以形成不同的理论循环,图 2.39 所示为四冲程内燃机的理想气体理论循环的 $p-V$ 示功图。为建立这些内燃机的理论循环,需对内燃机实际工作循环中大量存在的湍流耗散,温度、压力和混合气成分的不均匀性,以及摩擦、传热、燃烧、节流和工质泄漏等一系列影响因素作必要的简化和假设,归纳起来有以下几点:

① 忽略实际过程中进、排气阀的节流损失;进气过程与排气过程能耗互相抵消;认为废气与吸入的新鲜空气状态相同;忽略喷入的油量,假设一定量的工质在气缸中进行封闭循环。

② 假定工质是化学成分不变、比热容为常数的理想气体——空气。

③ 忽略工质、活塞、气缸壁之间的热交换及摩擦阻力,认为工质的膨胀和压缩过程是可逆绝热的。

④ 将燃烧过程看成工质从高温热源可逆吸热过程,将排气过程看成工质向低温热源可逆放热过程。

⑤ 忽略工质的动能和位能变化。

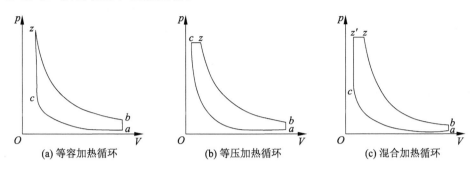

图 2.39　四冲程内燃机典型的理论循环

通过对理论循环的热力学研究,可以达到以下目的:

① 用简单的公式来阐明内燃机工作过程中各基本热力参数间的关系,明确提高以理论循环热效率为代表的经济性和以循环平均压力为代表的动力性的基本途径。

② 确定循环热效率的理论极限,以判断实际内燃机工作过程的经济性、循环的完善程度以及燃烧过程的改进潜力。

③ 有利于比较内燃机各种热力循环的经济性和动力性。

为了说明内燃机的工作过程对循环热效率的影响,引入下列内燃机的特性参数。

① **压缩比 ε**:内燃机的气缸总容积与燃烧室容积之比,它表征了压缩过程中工质体积被压缩的程度。内燃机的活塞在上止点时,其顶部以上与气缸盖底平面之间的容积称为燃烧室容积,它是活塞在缸内运动所能达到的最小容积。

$$\varepsilon = \frac{V_1}{V_2}$$

② **升压比 λ**:表示定容加热过程工质压力升高的程度。

$$\lambda = \frac{p_3}{p_2}$$

③ **膨胀比 ρ**:表示定压加热过程工质体积膨胀的程度。

$$\rho = \frac{V_4}{V_3}$$

1) 混合加热循环

图 2.40 为活塞式内燃机理想混合加热循环(萨巴德循环)的 $p-V$ 示功图和 $T-S$ 图。图中,1→2 为可逆绝热压缩过程;2→3 可逆定容加热过程;3→4 为可逆定压加热过程;4→5 为可逆绝热膨胀过程;5→1 为可逆定容放热过程。

分析 $T-S$ 图,单位质量工质的吸热量为 $q_1 = c_V(T_3 - T_2) + c_p(T_4 - T_3)$,单位质量工质的放热量为 $q_2 = c_V(T_5 - T_1)$,所以循环热效率为

$$\eta_t = \frac{w_{net}}{q_1} = \frac{q_1 - q_2}{q_1} = 1 - \frac{q_2}{q_1} = 1 - \frac{T_5 - T_1}{T_3 - T_2 + \kappa(T_4 - T_3)}$$

式中,$\kappa = \dfrac{c_p}{c_V}$ 为等熵指数。

由可逆绝热过程 1→2 得

$$T_2 = T_1 \left(\frac{V_1}{V_2} \right)^{\kappa-1} = T_1 \varepsilon^{\kappa-1}$$

由可逆定容过程 2→3 得

$$T_3 = \frac{p_3}{p_2} T_2 = \lambda T_1 \varepsilon^{\kappa-1}$$

由可逆定压过程 3→4 得

$$T_4 = \frac{V_4}{V_3} T_3 = \rho \lambda T_1 \varepsilon^{\kappa-1}$$

由可逆绝热过程 4→5 得

$$T_5 = \left(\frac{V_4}{V_5} \right)^{\kappa-1} T_4 = \rho^{\kappa} \lambda T_1$$

将各点温度代入循环热效率表达式可以得到

$$\eta_{\mathrm{t}} = 1 - \frac{T_5 - T_1}{T_3 - T_2 + \kappa(T_4 - T_3)} = 1 - \frac{\lambda \rho^{\kappa} - 1}{\varepsilon^{\kappa-1} \left[\lambda - 1 + \kappa \lambda (\rho - 1) \right]} \tag{2.105}$$

由上式可见,混合加热循环的热效率与多种因素有关,当压缩比 ε 增大、升压比 λ 增大以及膨胀比 ρ 减小时,都会使混合加热循环的热效率提高。

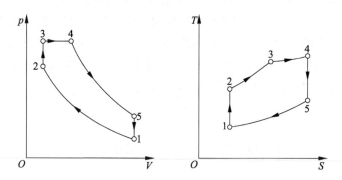

图 2.40 混合加热循环 $p-V$ 示功图和 $T-S$ 图

2) 定容加热循环

定容加热循环又称为奥托循环,是混合加热循环的一个特例,其 $p-V$ 示功图和 $T-S$ 图如图 2.41 所示。图中,1→2 为可逆绝热压缩过程;2→3(4)为可逆定容加热过程;3(4)→5 为可逆定绝热膨胀过程;5→1 为可逆定容放热过程。

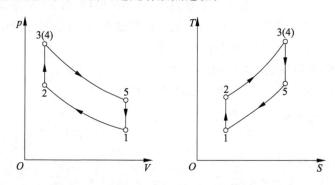

图 2.41 定容加热循环 $p-V$ 示功图和 $T-S$ 图

根据定义,在 2→3(4) 的可逆定容加热过程中,$\rho=1$,因此循环热效率为 $\eta_t = 1 - \dfrac{1}{\varepsilon^{\kappa-1}}$。定容加热循环是汽油机和煤气机的理想循环。

3) 定压加热循环

定压加热循环又称为狄塞尔循环,也是混合加热循环的一个特例,其 $p-V$ 示功图和 $T-S$ 图如图 2.42 所示。图中,1→2(3) 为可逆绝热压缩过程;2(3)→4 为可逆定压加热过程;4→5 为可逆绝热膨胀过程;5→1 为可逆定容放热过程。

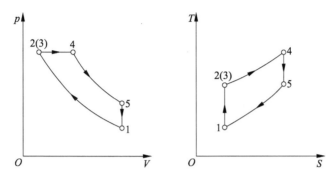

图 2.42　定压加热循环 $p-V$ 示功图和 $T-S$ 图

根据定义,升压比 $\lambda=1$,因此循环热效率为 $\eta_t = 1 - \dfrac{1}{\varepsilon^{\kappa-1}} \cdot \dfrac{\rho^{\kappa}-1}{\kappa(\rho-1)}$。定压加热循环是早期低速柴油机的理想循环,现已被淘汰。

4) 影响内燃机理论循环热效率的因素

实际上三种理论循环热效率的通用表达式即式(2.105),下面分析影响内燃机理论循环热效率的主要因素。

首先是压缩比,三种理论循环的热效率均与压缩比有关,提高压缩比即可提高循环的热效率,如图 2.43 所示。提高压缩比可以提高工质的最高燃烧温度,扩大循环的温度阶梯,从而使热效率增加,但热效率的增加率会随着压缩比的提高而逐渐减小。对汽油机而言,采用点燃方式易发生爆燃,所以压缩比一般会受到限制。汽油机的压缩比一般为 5~10,而柴油机的压缩比一般为 14~22。柴油机的热效率通常高于汽油机,但汽油机更小巧。

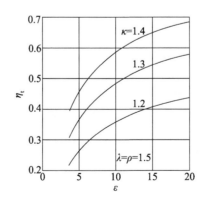

图 2.43　内燃机理论循环热效率与压缩比的关系

其次是升压比和膨胀比。提高升压比可以增加混合加热循环中等容部分的加热量，提高热量利用率，从而使热效率提高。而增大初期膨胀比，可以使等压部分加热量增加，从而使混合加热循环热效率降低，因为这部分热量是在活塞下行的膨胀行程中加入的，做功能力较低。图 2.44 所示为当压缩比和等熵指数一定时，热效率与升压比和膨胀比的关系。

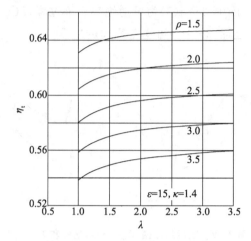

图 2.44 内燃机理论循环热效率与升压比和膨胀比的关系

所有提高内燃机理论循环热效率的措施，以及增加循环始点的进气压力、降低进气温度、增加循环供油量等措施，均有利于循环平均压力的提高。

对比三种活塞式内燃机的理论循环，用下角标 V, m, p 分别代表定容加热循环、混合加热循环、定压加热循环。如图 2.45 所示，若进气状态、最高压力、最高温度彼此相同，那么三种理论循环的放热量相同，$q_{2V} = q_{2m} = q_{2p}$，三种理论循环的吸热量满足 $q_{1V} < q_{1m} < q_{1p}$，三种理论循环的热效率满足 $\eta_{tV} < \eta_{tm} < \eta_{tp}$，这就是柴油机经济性能远优于汽油机的理论依据。

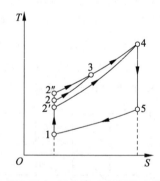

图 2.45 进气状态、最高压力、最高温度相同的内燃机理论循环 $T-S$ 图

如图 2.46 所示，若进气状态、最高压力、吸热量彼此相同，则三种理论循环的放热量 $q_{2p} < q_{2m} < q_{2V}$，三种理论循环的吸热量满足 $q_{1p} = q_{1m} = q_{1V}$，三种理论循环的热效率满足 $\eta_{tp} > \eta_{tm} > \eta_{tV}$。

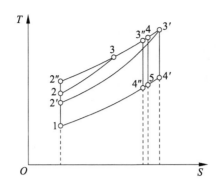

图 2.46　进气状态、最高压力、吸热量相同的内燃机理论循环 $T-S$ 图

对于柴油机,当负荷下降时,喷油时间缩短,但初期相当于定容燃烧的部分变化不大,即升压比基本不变而膨胀比减小,热效率将大幅提高;对于汽油机,负荷下降后,燃烧速度下降,燃烧时间加长,即升压比减小而膨胀比增大,热效率将降低。

能够提高内燃机理论循环热效率和平均压力的措施,往往受到内燃机实际工作条件的限制,例如:

① 结构及强度的限制。尽管从理论循环的分析可知,提高内燃机的压缩比和升压比对提高循环热效率和平均压力均起着促进的作用,但压缩比和升压比的增加将导致最高燃烧压力和压力升高率的增大,使发动机的负荷水平、振动和噪声大大增加,因而压缩比和升压比受到发动机结构及强度的限制。为保证发动机的可靠性和使用寿命,考虑到发动机的制造成本,在实际选择上述参数时,须根据具体情况权衡利弊而定。

② 机械效率的限制。内燃机的机械效率与气缸中的最高燃烧压力密切相关,而最高燃烧压力取决于曲柄连杆机构的设计。相同内燃机转速下,最高燃烧压力的增加不仅会使活塞与气缸套之间的摩擦损失增加,也会使得活塞、连杆等运动件的惯性力变大,轴承的承压面积加大,从而进一步增加发动机的摩擦损失。因此,不加限制地提高压缩比和升压比,将导致机械效率下降。从有效性能指标上看,由压缩比和升压比提高而获得的收益将得而复失。这对于压缩比本来就已经很高的柴油机来说更为明显。

③ 燃烧方面的限制。若压缩比定得过高,则汽油机将会产生爆燃、表面点火等不正常燃烧的现象。对柴油机而言,过高的压缩比将使压缩终了时的气缸容积变得很小,导致燃烧室的设计和制造难度增加,也不利于混合气的形成和燃烧的高效进行。

④ 排放方面的限制。循环供油量的增加量取决于实际吸入气缸内的空气量,即受到空燃比的限制,否则将导致燃烧不完全而出现冒烟、热效率下降和发动机的碳氢化合物、一氧化碳排放量激增。另外,内燃机压缩比增加,会使最高燃烧温度和压力上升,导致发动机的氮氧化物的排放量增加,振动噪声也增加。

（2）内燃机的实际循环

与内燃机的理论循环相比,内燃机的实际循环中存在许多不可逆的损失,因而不可能达到理论循环的热效率和循环平均压力。分析这些损失,有助于掌握两种循环之间的差异及造成损失的原因,为提高内燃机工作过程的热效率指明方向。图 2.47 所示为以混合加热循环自然吸气压燃式发动机（柴油机）为例的理论循环与实际循环的 $p-V$ 图。

柴油机的工作分为四个冲程：

0→1 为进气冲程。活塞从气缸的上止点向下运动，进气门开启，吸入空气。由于进气门的节流作用，气缸内气体的压力略低于大气压力。

1→2 为压缩冲程。活塞到达下止点位置 1 时，进气门关闭；活塞向上运动，压缩空气。1→2′ 为多变压缩，$p_{2'} = 3 \sim 5$ MPa，$t_{2'} = 600 \sim 800$ ℃，在点 2′ 位置时开始喷入柴油，柴油自燃温度约为 205 ℃。

2→3→4→5 为膨胀做功冲程。2→3 柴油迅速燃烧，活塞在上止点移动甚微，近似定容燃烧，压力迅速升至 5～9 MPa；3→4 活塞向下运动，继续喷油、燃烧，近似定压膨胀，在点 4 位置时喷油停止，温度达 1700～1800 ℃；4→5 燃气膨胀做功，压力、温度下降，活塞到达点 5 位置时，压力为 0.3～0.5 MPa，温度约为 500 ℃。

5→0 为排气冲程。活塞运动到下止点位置 5 时，排气门打开，部分废气排出，而活塞移动极微，该过程接近定容降压过程。之后活塞开始上行，将气缸中剩余气体排出，完成一个实际循环。

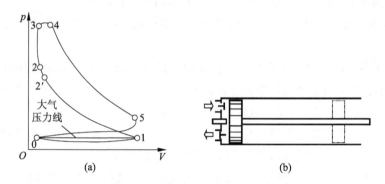

图 2.47　自然吸气压燃式发动机理论循环与实际循环的 $p-V$ 图

实际循环与理论循环的差异主要受到以下因素的影响：

1）工质的影响

在理论循环中，工质是理想的双原子气体，并假定其物理化学性质在整个循环过程中是不变的。在实际内燃机循环中，燃烧前的工质是由新鲜空气、燃料蒸气和上一循环残余废气等组成的混合气体；燃烧过程中及燃烧后，工质的成分及数量不断发生变化，三原子气体占多数，其比热容比双原子气体大，且随着温度的上升而增大，燃烧产物存在一些成分高温分解以及在膨胀过程中复合放热的现象。

由于比热容随温度的上升而增大，对于相同的加热量（燃料燃烧放热量），实际循环能够达到的最高燃烧温度低于理论循环能够达到的最高燃烧温度，其最终的结果是循环热效率下降，循环所做的有用功减少。实际循环的燃烧膨胀线和压缩线分别在理论循环的燃烧膨胀线和压缩线下方，由于比热容增加的幅度较大，因此燃烧膨胀线的下降幅度也大一些。同时，上述示功图中曲线所围成的面积也小于理论循环示功图中的面积。

2）传热损失

在理论循环中假设与工质相接触的气缸壁面是绝热的，两者间不存在热量的交换，因而没有传热损失。在实际循环中，缸套内壁面、活塞顶面以及气缸盖底面等（统称壁面）与缸内工质直接相接触的表面，始终与工质发生着热量交换。在压缩初期，由于壁面温度高于工质温度，工质被加热;随着压缩过程的进行,工质的温度在压缩后期将高于壁面温度,热量将由工质流向壁面;随后,进入燃烧及膨胀过程,工质连续不断地向壁面传递热量。传热损失的存在,使循环的热效率和循环的指示功都有所下降,同时增加了内燃机受热零件的热负荷。

3) 换气损失

理论循环是闭式循环,没有工质的更换,也没有任何形式的流动阻力损失。在实际循环中,需吸入新鲜空气与燃料,经压缩、做功后排出燃烧废气,这是循环过程得以周而复始进行所必不可少的,上述过程是通过换气进行的。在这一过程中,为尽可能降低排气阻力,排气门需要提前开启,燃气在膨胀到下止点前从气缸内排出,这将使示功图上的有用功面积减少;在排气和吸气行程中,气体在流经进/排气管、进/排气道以及进/排气门时,不可避免地存在流动阻力损失,也需要消耗一部分有用功。上述两项之和称为实际循环的换气损失。

4) 燃烧损失

在实际循环中,燃烧过程(柴油机)要经历着火准备、预混燃烧、扩散燃烧、后燃等阶段,燃烧速度受到多种因素的影响,与理论循环有较大的差异,这种差异所造成的燃烧损失体现在以下两个方面:

① 燃烧速度的有限性。

a. 压缩负功增加。为了使燃烧能够在上止点附近完成,燃料的燃烧在上止点前就已经开始了,从而造成了压缩负功的增加。

b. 最高压力下降。由于燃烧速度的有限性,等容加热部分达不到瞬时完成加热的要求,再加上活塞在上止点后的下行运动使工质体积膨胀,实际循环的最高压力有所下降,循环的平均压力和做功能力下降。

c. 膨胀功减少。在理论循环中,假设等容加热是瞬时完成的,其余热量是在等压的条件下于某一点前完全加入,而后进入绝热膨胀过程。而在实际循环中,燃烧持续期长,部分热量是在膨胀行程的点 z_t 后加入的,这部分热量的做功能力低,因此循环获得的膨胀功减少。

② 后燃及不完全燃烧损失。

在理论循环中,加热过程结束之后即转入绝热膨胀过程。在实际过程中,经常由于供油系统供油不及时、混合气准备不充分、燃烧后期氧气不足等原因使得燃烧速度减缓后仍有部分燃油在气缸压力达到最高点后继续燃烧,这种现象称为**后燃**。根据发动机转速及混合气的不同情况,后燃可能持续到上止点后才结束,但也有可能一直拖延到排气门打开之时。除此之外,还有少量燃油由于没来得及燃烧而直接排出机外,从而引起不完全燃烧损失。后燃期间,热功转换效率由于膨胀比小而大大降低,不完全燃烧更直接导致了燃料化学能的损失。

2.3.3　阿特金森循环

传统的汽油发动机都是基于奥托循环的,它包括进气、压缩、做功和排气四个冲程。在奥托循环发动机中,进气行程中油、气混合物被吸入气缸,当活塞到达下止点后,进气门关闭,油、气混合物被封闭于气缸内,在压缩和做功行程中分别被压缩和点燃。这样,定压膨胀比就几乎等于发动机的压缩比,很难再提高。由于奥托注册了许多专利,所以阿特金森不得不研发一种不使用正时皮带和凸轮轴的内燃机。1884 年,阿特金森(Atkinson)发明了阿特金森循环发动机,它是一种高压缩比、长膨胀行程的内燃机。与当时的奥托循环发动机不同的是,这款发动机的压缩行程和做功行程的活塞位移不一样。

1947 年,美国工程师米勒(Muller)在简单的奥托循环发动机的基础上实现了高燃油效率的阿特金森循环。他并未像阿特金森那样,机械地实现做功行程大于压缩行程,而是让进气门在压缩行程中关闭,尽管这样会造成吸入气缸的油、气混合物在活塞开始上升时又部分地被挤出气缸。压缩行程可以通过控制进气门关闭的时刻来恰当地设置。因考虑到压缩行程又被分为两个阶段(燃油喷射阶段和实际的压缩阶段),这种发动机有时又被称为"五冲程发动机"。最大输出功率的损失部分抵消了阿特金森循环发动机燃油效率的提高。由于储备功率的原因,发动机的燃油效率稍有降低。阿特金森循环发动机的补偿方案是采用机械增压,同时保证了高功率响应和较高的燃油效率,Mazard Eunos 800M(20 世纪 90 年代中期马自达高级品牌——俊朗)就是采用的此类发动机。

随着技术的不断创新,新型的阿特金森循环发动机出现了。这是一种使用机械增压的多循环发动机,其活塞在气缸内由滚子引导沿着垂直方向运动,因此不需要起导向作用的裙部。滚子操纵杠杆的一端,杠杆的中部与连杆相连,连杆将活塞的上下往复运动转化为曲轴的旋转运动。杠杆的另一端可以通过调整机构升高或降低以控制活塞运动的上、下止点位置(有效行程),从而达到改变压缩比和膨胀比的目的。

目前,油电混合动力汽车中,基本都会对发动机进行重新设计或重大改进。其中的发动机部分都是基于阿特金森循环工作的。这种循环具有高热效率、高膨胀比、紧凑型倾斜挤气燃烧室。由于电机承担了功率调峰的作用,因此发动机可以舍弃非经济工作区的动力性而追求经济工作区的高效率,其主要目的是追求高的热效率而不是高功率。

(1) 阿特金森循环发动机工作原理

阿特金森循环发动机只用一个带有曲柄连杆机构的飞轮就实现了四个冲程,图 2.48 所示即为最初的阿特金森循环发动机。

图 2.48　最初的阿特金森循环发动机

阿特金森循环发动机具有极佳的部分负荷经济性,但全负荷动力性能较差。部分负荷时,利用进气回流使进入气缸的部分混合气流入进气管,以增大节气门开度、降低节流损失,采用远高于正常汽油机的压缩比以提高热效率。长的膨胀行程可以充分利用燃烧气体的膨胀功,减少废气带走的能量,同样提高热效率,但由于压缩比过高不能使充气效率过高,因此整机动力性能差。又由于循环膨胀冲程增加过大,因此需要借助特殊的曲轴和连杆系统来实现,其技术难度相当高。现代阿特金森循环发动机使用电子控制装置和进气阀定时装置,使在气缸中的燃油、气混合物的体积膨胀得更大,借此让动力装置更高效地利用燃油。

如图 2.49 所示,对阿特金森循环而言,其排气行程>做功行程>进气行程>压缩行程。活塞的做功行程要比进气行程大,这样进气量可以相对减少,延迟关闭进气门使部分混合气体被推回进气歧管中,这样每次进入燃烧室的理论空燃比的混合气体量便相对减少,而做功行程又相对增加了做功量,所以燃油经济性得到了提高。

如图 2.49a 所示,传统奥托循环的实际压缩容积与曲轴转角膨胀容积几乎相等,实际压缩比与膨胀比也基本相等。对于丰田普锐斯发动机的阿特金森循环,说明书上的压缩比为 13.0,但实际上却延迟了进气阀关闭时刻(可调节到下止点后 120℃A,℃A 表示曲轴转角),在压缩行程初始时间吸入缸内的一部分气体被回流到进气歧管内,从而实质上延迟了压缩开始时刻,降低了实际压缩比;排气阀在下止点后 30℃A 开启,如图 2.49b 所示。膨胀容积增大,形成高膨胀比循环。奥托循环发动机的做功冲程完成后,封闭在气缸内的气体压力仍然有 3~5 个大气压。在排气冲程中,这部分气体的热量排放到大气中而造成能量损失。而阿特金森循环提高了做功行程的做功量,在膨胀行程末,待气缸内的压力降为稍高于大气压时才将排气门打开,减少排气损失,从而提高燃油效率。

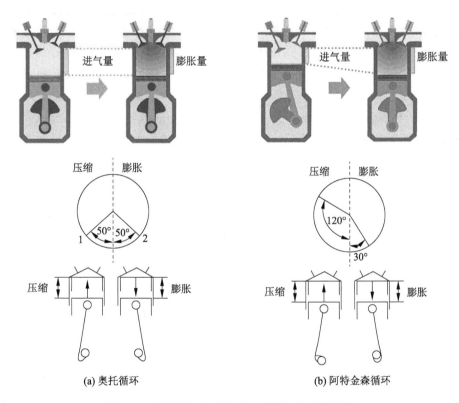

图 2.49　奥托循环与阿特金森循环工作过程对比

再分析图 2.50 所示两种循环的示功图,阿特金森循环热效率较高是因为两方面的损耗降低:一是在部分负荷时它工作在最佳膨胀比下,燃料的热效率高;二是进气冲程中没有节气门的节流作用,减少了泵气损失。图 2.50 中,传统奥托循环示功图的阴影部分就是泵气损失部分,而阿特金森循环的示功图中就不存在这部分损失。图中 p_0 为大气压力,奥托循环在部分负荷时是在小于大气压力状态下进气的,而阿特金森循环在部分负荷时是利用进气门持续开启的角度而不是节气门开度来控制负荷的。因此,进气管压力基本保持为大气压力状态,这就消除了进气时因泵气作用而造成的损失。

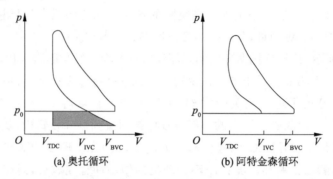

V_{TDC}—上止点对应的气缸容积;V_{IVC}—开始做功时对应的气缸容积;V_{BVC}—下止点对应的气缸容积。

图 2.50　奥托循环与阿特金森循环示功图对比

阿特金森循环发动机主要有两个缺点:一是独特的进气方式使其低速扭矩变小;二是长活塞行程不利于高转速运转。在低转速时,本来就稀薄的混合气在"反流"之后变得更少,这让此类发动机的低速扭矩表现很差,用于车辆起步显然动力不足。而较长的活塞行程确实可以充分利用燃油的能量、提升经济性,但也因此限制了转速的升高,加速性能也变差,这也是阿特金森循环发动机作为汽车动力系统没有一般的奥托循环发动机具有竞争力的主要原因。

尽管如此,在提倡环保节能的今天,阿特金森循环发动机还是有它的市场,并且随着科技的进步,阿特金森循环发动机低速扭矩差、高转速运转能力差的问题也已经被解决。电动机低速大扭矩的优势恰好能弥补阿特金森循环发动机低速扭矩小的缺陷。不少汽车厂商基于电动机与阿特金森循环发动机的组合,开发出不少油电混合动力汽车。

（2）阿特金森循环的应用

由于阿特金森循环在部分负荷时具有较高的热效率和燃油经济性,因此它正被越来越多地应用于混合动力车上。目前,使用阿特金森循环发动机的车型主要有丰田—普锐斯、福特—翼虎、雷克萨斯—RX450h、丰田—Steam、长安—志翔(中混)。

作为全球畅销的混合动力车型,丰田—普锐斯早在第二代车型上就使用了阿特金森循环。它使用的是现代阿特金森循环,没有复杂的连杆机构,且没有在普通发动机上做太大改动,只是改变了进气门开闭的时刻。丰田公司利用可变气门正时[①](VVT)实现了阿特金森循环,进气门关闭时刻随着工况是可变的。为了进一步提高阿特金森循环的热效率,第三代普锐斯在保持燃烧室形状与压缩比为 13.0 不变的情况下,把进气门关闭时刻从第二代的下止点后 72°CA～105°CA"提前"到了 62°CA～102°CA,使得阿特金森循环率上升,热效率提高,进一步改善了燃油经济性。

在普锐斯取得巨大成功后,丰田公司又将阿特金森循环用于 2010 款的雷克萨斯—RX450h。在这一新的混合动力车型上,配备了 3.5 L 带可变气门正时的阿特金森循环发动

---

① 可变气门正时:根据发动机的运行情况,调整进、排气的量和气门开闭时间、角度,使进入的空气量达到最佳值,提高燃烧效率。

机,它能够在 6000 r/min 的转速下产生 183 kW 的最大功率,汽车综合油耗为 7 L/100 km,燃油经济性得到改善。

在国外汽车厂商大力研发阿特金森循环发动机的背景下,中国国内的汽车厂商也不甘落后。长安汽车为开拓新能源汽车领域,从 2007 年开始按照强混合动力项目的需求着手进行混合动力车专用发动机的研发,在损失较小动力的情况下,尽量降低发动机油耗。在这一课题下,长安汽车结合产学研项目与北京理工大学通力合作,经过近两年的研发,在发动机 JL475Q3 的基础上采用阿特金森循环并取得了成功。2009 年 7 月,这款由长安汽车自主研发的阿特金森循环发动机在长安汽车研究院通过项目验收,各项指标均达到国际先进水平。至此,国内首例阿特金森循环发动机研制成功。长安阿特金森循环发动机主要有以下三大技术特点和优势:① 将压缩比提高到 12,并相对减小燃烧室的容积,发动机热效率更高;② 对原有的配气相位进行全新设计,在发动机膨胀比增加的同时,压缩比并没有显著增加,避免了爆燃的发生;③ 对电喷系统优化匹配、调整喷油量和点火提前角,进一步提高了发动机热效率,改善了发动机燃油消耗率。更值得一提的是,长安阿特金森循环发动机是在原有动力平台上开发的,不仅开发周期短,更具有成本低的优势。经过多次试验和测试,相比于传统循环发动机,长安阿特金森循环发动机的单点油耗最多可降低 19%,全工况平均油耗降低了 8%~10%。通过优化混合动力的控制策略,混合动力汽车还可在不提升任何制造成本的基础上进一步降低 8% 左右的油耗。

2-1　焓的物理意义是什么?

2-2　说明热和功的区别和联系。

2-3　已知某种理想气体的状态方程为 $pV=28RT$,其中 p 为压强,V 为体积,R 为气体常数,T 为绝对温度。现将该气体从一个容积为 V_1 的绝热容器 A 中,经过一个绝热过程进入另一个绝热容器 B 中,若容器 A 和 B 的压强分别为 p_1 和 p_2,且 $p_1 < p_2$,求容器 A 和 B 的体积。

2-4　一个封闭容器中有 100 g 的纯水,容器被放入一个 30 ℃ 的恒温环境中。如果开始时容器的压力为 1 个大气压,计算封闭容器中水的分子数。

2-5　热力学第一定律“能量守恒与转化定律”在宇宙中是普遍适用的,它说明了能量不能被创造或消失,只能从一种形式转化为另一种形式。请详细解释这个定律的理论基础和它在物理学中的重要性。

2-6　热力学第二定律“熵增定律”表明,在封闭系统中,过程总是朝着熵增加的方向进行,即系统总是朝着更大的混乱状态发展。请阐述这个定律的理论含义,并说明它在自然界中是普遍存在的原因。

2-7　燃气轮机循环理论的基本原理是什么?请简述其工作流程。

2-8　活塞式内燃机中的实际循环与理论循环存在哪些差异?这些差异对活塞式内燃机的性能有何影响?

2-9　在阿特金森循环中,什么是“膨胀比”?它是如何影响循环效率的?

第 3 章

动力系统传热过程

根据前一章的介绍,热力学(工程热力学、传热学)是一门研究物质的能量、能量传递和转换以及能量与物质之间普遍关系的科学。工程热力学主要研究热现象中物质平衡和热平衡之间的关系,包括平衡时的条件、平衡时的性质、平衡的关系以及参数改变后系统和外界的作用等。传热学则主要研究热量传递的规律,比如传热的方式、大小和时间等问题,不同参数对传热的影响等。

传热的应用与影响几乎遍及现代所有的工业领域。在传统的工业领域,如能源动力、冶金、化工、交通、建筑建材、机械、食品等,传热学占据非常重要的地位。

在一些高新技术领域,传热的应用范围广,有时还起着关键性作用。例如:① 电子设备中大规模集成电路的散热已成为保证设备的可靠性和安全性的重要问题。② 美国国家航空航天局(NASA)通过技术分析认为,美国航天飞机技术的关键只有"一个半",其中,"半个"是指大推力的液氢-液氧火箭发动机,"一个"是指热防护系统(TPS),即以航天飞机外表面的防热瓦为主的整个热防护结构,其被视为可反复使用的航天飞机成功与否的最大关键。航天飞机在地球轨道上将反复地经受因太阳直接辐照产生的高温和进入地球阴影时宇宙空间导致的低温,温度变化范围达到 $-157 \sim 55$ ℃;同时还要经受 1.33×10^{-4} Pa 的高真空环境。在以 7.5 km/s 的速度从 120 km 高度重返地球大气层时,飞行器表面的热流密度大约为 2.5×10^5 W/m²,气流局部温度高达 $4727 \sim 14727$ ℃(机翼前缘和头锥帽上的温度高达 1650 ℃)。此外,航天飞机必须能够经受太阳紫外线、高能粒子和微陨石可能的撞击。在严酷环境下要保证飞行安全,内部的人员、设备不受任何干扰,就必须采取特殊有效的热防护措施。目前主要采用由氧化硅纤维和氧化铝纤维组成的第三代陶瓷瓦热防护系统。

3.1 热量传递的基本方式

在日常生活中大家是否思考过这样的问题:热水瓶为什么能够保温? 铁锅为什么可以用来炒菜? 羽绒服为什么可以保暖? 冬天暖气片是如何把热量传递到房间各个角落的? 夏天晒太阳为什么会大汗淋漓? 其实,这些现象都离不开热量的传递,利用传热学知识可以加以解释。

在介绍热量传递过程的基本原理之前,先介绍几个基本概念。

3.1.1 基本概念与定义

(1) 温度场

温度场(temperature field)是某时刻空间所有各点温度分布的总称。它是时间和空间的函数,是一个标量,在直角坐标系下可表示为 $t=f(x,y,z,\tau)$。其中,t 为温度,x,y,z 为空间坐标,τ 为时间。

温度场又可以分为稳态温度场(steady-state conduction)和非稳态温度场(transient conduction)。稳态温度场是指温度不随时间变化而仅仅是空间的函数,即 $\frac{\partial t}{\partial \tau}=0$,$t=f(x,y,z)$。对于一维稳态温度场,$t=f(x)$;对于二维稳态温度场,$t=f(x,y)$;对于三维稳态温度场,$t=f(x,y,z)$。而非稳态温度场是指温度随时间而变化的温度场,其温度分布与时间有关,$t=f(x,y,z,\tau)$。图 3.1 所示为某物体某时刻的二维稳态温度场。

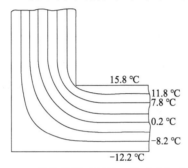

15.8 ℃
11.8 ℃
7.8 ℃
0.2 ℃
−8.2 ℃
−12.2 ℃

图 3.1 某物体某时刻的二维稳态温度场

(2) 等温面与等温线

等温面(isothermal surface)是指同一时刻、温度场中所有温度相同的点连接起来所构成的面。用一个平面与等温面相截,所得的交线称为等温线(isotherms)。为了直观地表示出物体内部的温度分布,可采用图示法,标绘出物体中的等温面(线)。等温面与等温线具有以下特点:① 温度不同的等温面或等温线彼此不能相交;② 在连续的温度场中,等温面或等温线不会中断,它们或者是物体中完全封闭的曲面(曲线),或者就终止于物体的边界。

等温线图的物理意义:等温线的疏密可反映出不同区域导热热流密度的大小。图 3.2 所示就是用等温线图表示温度场的实例。

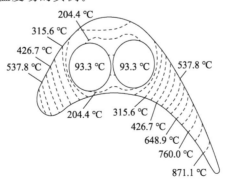

204.4 ℃
315.6 ℃
426.7 ℃
537.8 ℃
93.3 ℃ 93.3 ℃ 537.8 ℃
204.4 ℃ 315.6 ℃
426.7 ℃
648.9 ℃
760.0 ℃
871.1 ℃

图 3.2 等温线示例

（3）温度梯度

根据等温面的定义可知，同一等温面上没有温差，不会有热量传递；不同的等温面之间有温差，会有热量传递。从一个等温面上的某点出发到达另一个等温面，可以有不同的路径，不同路径上的温度变化率是不同的，温度变化率最大的路径位于该点的法线方向上。为了表示沿等温面法线方向的温度变化率，引入温度梯度（temperature gradient）的概念。在图 3.3 中，$\dfrac{\Delta t}{\Delta n} \neq \dfrac{\Delta t}{\Delta x}$，沿等温面法线方向上的温度增量与法向距离比值的极限称为温度梯度，用符号 **grad** t 表示。

$$\mathbf{grad}\ t = \lim_{\Delta n \to 0} \frac{\Delta t}{\Delta n}\boldsymbol{n} = \frac{\partial t}{\partial n}\boldsymbol{n}$$

式中，$\boldsymbol{n}$ 为等温面法线方向的单位矢量；$\dfrac{\partial t}{\partial n}$ 为温度在等温面法线方向的导数。

在直角坐标系中，

$$\mathbf{grad}\ t = \frac{\partial t}{\partial x}\boldsymbol{i} + \frac{\partial t}{\partial y}\boldsymbol{j} + \frac{\partial t}{\partial z}\boldsymbol{k}$$

式中，$\boldsymbol{i}$，$\boldsymbol{j}$，$\boldsymbol{k}$ 分别表示 x 轴、y 轴及 z 轴方向上的单位矢量。温度梯度是向量，正向朝着温度增加的方向，温度梯度的数值大小等于温度梯度方向上的导数。

当每条等温线间的温度间隔相等，即 Δt 相等时，等温线越疏，表明该区域热流密度越小；反之，热流密度越大。

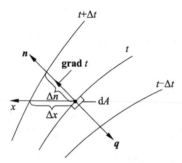

图 3.3　温度梯度示意图

（4）热流密度

单位时间、单位面积（或体积）上所传递的热量称为热流密度（heat flux）。根据定义可知，热流密度一般有面热流密度和体积热流密度，不同方向上的热流密度的大小不同。热流密度通常用符号 q 表示，单位为 $\mathrm{W/m^2}$ 或 $\mathrm{W/m^3}$。

在温度场中，作与各等温线一一正交的一组曲线，这组曲线称为热流线（heat flux lines）。热流线是表示热流方向的线。在热流线上各点作切线，则热流方向与该切线方向一致，而某点热流线的切线方向与该点等温线的法线方向是一致的，所以热流方向与等温线的法线方向一致。由于热流是从高温处流向低温处，因此热流方向与温度梯度的方向相反。可见，热流既有大小，也有方向。为此引入热流密度矢量 $\boldsymbol{q}$ 来对热流进行描述。等温面上某点，以通过该点最大热流密度的方向为热流密度方向，数值上等于沿该方向上的热流密度的矢量，称为热流密度矢量，简称热流矢量。其他方向的热流密度都是热流矢量在该方向的分量。

在直角坐标系中,热流矢量可表示为

$$q = q_x i + q_y j + q_z k$$

式中,q_x,q_y,q_z 分别为沿三个坐标轴方向的分热流。与最大热流密度方向夹角为 θ 的任意位置的热流密度为 $q_\theta = |q| \cos \theta$。

热力学第二定律指出:凡是有温度差存在的地方,就必然有热量传递。传热是自然界和工程技术领域中极普遍的一种传递过程。根据传热机理的不同,热量传递有三种基本方式:热传导、热对流和热辐射。热量传递可以其中一种方式进行,也可以两种或三种方式同时进行。在进行热量传递的过程中,有时还会出现其他形式的能量。

3.1.2　热传导

当物体内有温度差或两个不同温度的物体接触时,在物体各部分之间不发生相对位移的情况下,依靠物质微观粒子(分子、原子及自由电子等)的热运动而产生的热量传递现象称为热传导或导热。

热传导是物质的固有本质,在气体、液体和固体中均能发生,其推动力是温度差。热传导具有以下特点:

① 物体直接接触发生热传导,不发生宏观相对位移;

② 热传导过程中能量形式不变,都是热能,微观上是靠分子、原子或自由电子的振动来完成的。

热水瓶保温和铁锅炒菜都是热传导的应用实例,只不过前者是延缓热传导,后者是加速热传导。

3.1.3　热对流

热对流是指流体中温度不同的各部分之间发生相对的宏观位移而引起的热量传递现象。

热对流具有以下特点:

① 仅发生在流体内部(液体或气体),需要通过宏观位移实现;

② 热对流过程中必然伴随微观粒子热运动而产生的导热。

因此,热对流是宏观热对流与微观导热联合作用的结果,同时受到热量传递规律和流体流动规律的支配,是一种十分复杂的热量传递现象。

北宋诗人邵雍的《山村咏怀》中的诗句"一去二三里,烟村四五家"至今为世人所传颂,实际上它描述的就是热烟气与空气间的对流换热现象(convection heat transfer)。

对流换热又称对流传热,它并不是热量传递的基本方式。将流动着的流体与所接触的固体表面间由温度不同而引起的热量传递现象称为表面对流传热,简称对流传热。

对流换热的发生需要具备三个条件:

① 流体必须与固体壁面接触;

② 流体必须是流动着的;

③ 壁面和流体间存在温差。

3.1.4　热辐射

辐射是指物体通过电磁波来传递能量的方式，电磁波传递的能量为辐射能。因热而发出辐射能的现象，即由于物体内部微观粒子的热运动（内热能）而向外发射辐射能的现象，称为热辐射。

热辐射是物质的固有属性，任何温度高于 0 K 的物体都会不停地向周围空间发出辐射能。热辐射与热传导、热对流的本质区别在于：

① 不需要物体间的直接接触，就可以在真空中传递，并且在真空中辐射能的传递最有效；

② 在能量传递过程中伴随着能量形式的转换，即热能与辐射能的转换。

物体的辐射能力与物体的温度和表面性质有关。温度越高，物体的辐射能力越强；当温度相同而表面状况不同时，辐射与吸收能力也不同。

辐射换热（radiative heat transfer）：物体之间相互发射和相互吸收辐射能，物体间以热辐射的方式进行热量传递。物体之间只要有温差，就可以计算辐射换热量，但计算过程非常复杂。即使物体之间的温差消失，即辐射换热量为零，物体间的能量发射和能量吸收过程也仍在进行，即处于动态热平衡。

生活中有许多热辐射的实例。最常见的是太阳辐射，太阳能来自一亿五千万公里外的太空。坐在熊熊的炉火旁，会有强烈的灼热感，这种灼热感主要来自火焰强烈的热辐射。亮着的白炽灯泡摸起来很烫手，是因为高温下的钨丝不断地发出强烈的辐射能。

再如动物界的响尾蛇，它的视力实际上很差，但一般都在夜间出来觅食，那么它靠什么寻找目标呢？它靠自身携带的"秘密武器"——热眼，又称热感应器。田鼠、小鸟和青蛙等小动物都有体温，能够发出辐射能。响尾蛇的热感应器接收到这些辐射能，由此判断小动物的位置并将其捕获。"热眼"长在响尾蛇的眼睛和鼻孔之间叫"颊窝"的地方。颊窝一般深 5 mm，只有一粒米那么长。颊窝具有奇特的热定位功能，能感知 0.001 ℃ 的温差，反应时间不超过 100 ms。有研究表明：响尾蛇的"热眼"对波长为 0.01 mm 的红外线反应最灵敏、最强烈，而田鼠等小动物发出的波长正好在 0.01 mm 左右。著名的"响尾蛇"导弹就是根据这一原理制成的。

对于热量传递的三种基本方式，需要注意的是：① 热传导、热对流和热辐射往往不是单独出现的；② 分析传热问题时，应该先弄清楚有哪些传热方式在起作用，再按照每一种传热方式的规律进行计算；③ 如果某一种传热方式与其他传热方式相比作用非常小，那么往往可以忽略它的作用。

至此，我们可以对暖气片供热、热水瓶保温和过热器工作过程中的热量传递过程进行分析，具体如图 3.4 所示。

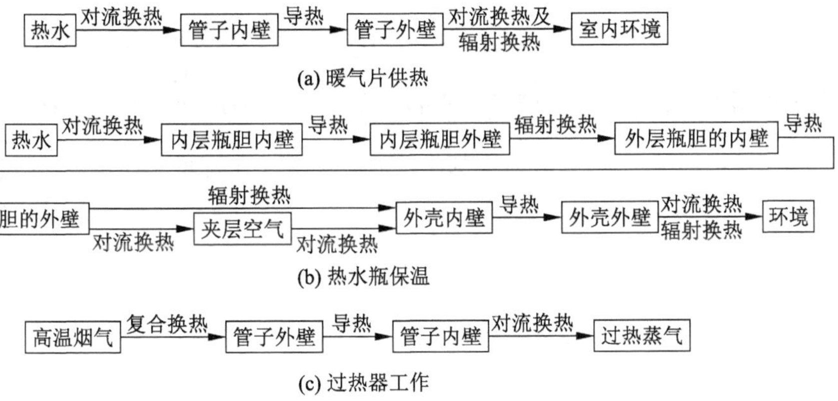

热水 --对流换热--> 管子内壁 --导热--> 管子外壁 --对流换热及辐射换热--> 室内环境

(a) 暖气片供热

热水 --对流换热--> 内层瓶胆内壁 --导热--> 内层瓶胆外壁 --辐射换热--> 外层瓶胆的内壁 --导热-->

外层瓶胆的外壁 --辐射换热/对流换热--> 夹层空气 --对流换热--> 外壳内壁 --导热--> 外壳外壁 --对流换热辐射换热--> 环境

(b) 热水瓶保温

高温烟气 --复合换热--> 管子外壁 --导热--> 管子内壁 --对流换热--> 过热蒸气

(c) 过热器工作

图 3.4　暖气片供热、热水瓶保温和过热器工作过程中的热量传递过程

3.2　导热

3.2.1　导热机理

根据前面的定义,热传导(导热)是在温度差的驱动下,通过分子相互碰撞、分子振动、电子的迁移传递热量的过程,它在气体、液体和固体中均能发生,但导热的机理却不同。在气体中,分子热运动使温度不同的相邻分子相互碰撞,产生热量传递;在液体中,分子间作用力较强,相邻分子不规则的弹性振动(弹性波)产生热量传递;在固体中,导热是由相邻分子的碰撞或电子的迁移引起的。

3.2.2　傅里叶定律

1822 年,法国数学家傅里叶(Fourier)在对固体导热实验进行总结的基础上,发现了导热基本规律——傅里叶定律(Fourier's law),指出了导热热流密度矢量与温度梯度之间的关系。如图 3.5 所示,在一个密度均匀、化学性质稳定的厚度为 δ 的固体壁面内,当壁面两侧的温度 $t_1 > t_2$ 时,热量将以导热的方式从高温壁向低温壁传递。实验证明,在稳定导热时,单位时间内通过壁面的传热量(称为导热速率)与温度梯度以及垂直于热流方向的等温面面积成正比,而热量传递的方向与温度升高的方向相反,即有

$$\phi = \frac{\lambda S(t_1 - t_2)}{\delta} = \frac{\lambda S \Delta t}{\delta} \qquad (3.1)$$

式中,ϕ 为导热速率,W;λ 为比例系数,称为导热系数,W/(m·℃)或 W/(m·K);S 为垂直于热流方向的导热面积,m^2;$\Delta t = t_1 - t_2$ 为壁面两侧的温度差,℃或 K;δ 为壁面厚度,m。

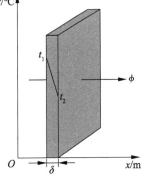

图 3.5　均匀壁面导热

在式(3.1)中体现热量传递的方向,则有

$$\frac{\phi}{S} = -\lambda \cdot \mathbf{grad}\, t = -\lambda \frac{\partial t}{\partial n}\mathbf{n} \tag{3.2}$$

将上式最左边替换为热流密度矢量 $\mathbf{q}$，则有 $\mathbf{q} = -\lambda \frac{\partial t}{\partial n}\mathbf{n}$，负号"一"正是热力学第二定律的体现。对于各向同性材料，各方向上的导热系数相等。在直角坐标系中，傅里叶定律可以展开为

$$\mathbf{q} = q_x\mathbf{i} + q_y\mathbf{j} + q_z\mathbf{k} = -\lambda\left(\frac{\partial t}{\partial x}\mathbf{i} + \frac{\partial t}{\partial y}\mathbf{j} + \frac{\partial t}{\partial z}\mathbf{k}\right) \tag{3.3}$$

对应写出各个方向上的分热流密度为

$$q_x = -\lambda\frac{\partial t}{\partial x}, q_y = -\lambda\frac{\partial t}{\partial y}, q_z = -\lambda\frac{\partial t}{\partial z} \tag{3.4}$$

工程上，一般考虑简单几何形状物体的导热。这时，热流密度常垂直于物体表面。分析问题时，常将坐标轴垂直于表面，这样，热流密度的方向就与坐标轴重合，热流密度可以不写成矢量形式，而只按坐标轴方向考虑热流密度的正负。即热流密度与坐标轴同向时为正，反向时为负。

傅里叶定律的适用条件：

① 傅里叶定律只适用于各向同性物体。对于各向异性物体（图 3.6），热流密度矢量的方向不仅与温度梯度的方向有关，还与不同方向上的热导率有关，因此热流密度矢量与温度梯度不一定在同一条直线上。

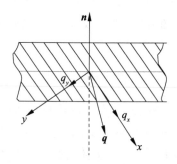

图 3.6 各向异性物体中的导热

② 傅里叶定律适用于工程技术中的一般稳态和非稳态导热问题。对于极低温（接近于 0 K）的导热问题和极短时间产生极大热流密度的瞬态导热过程，如大功率、短脉冲（脉冲宽度可达 $10^{-15}\sim10^{-12}$ s）激光瞬态加热等，傅里叶定律不再适用。

3.2.3 导热系数

导热系数 λ 为衡量物体导热能力的物理量，λ 值越大，表明该材料导热越快。同时它也是分子微观运动的一种宏观表现。其物理意义：当导热面积为 1 m^2，温度梯度为 1 K/m 时，单位时间内以导热方式传递的热量。

绝大多数材料的导热系数值都可以通过实验测得。表 3.1 所示为几种典型材料在 20 ℃ 时的导热系数。

表 3.1　几种典型材料在 20 ℃时的导热系数

材料名称		$\lambda/[W \cdot (m \cdot K)]^{-1}$	材料名称		$\lambda/[W \cdot (m \cdot K)]^{-1}$
金属（固体）	纯银	427	非金属（固体）	松木（平行木纹）	0.35
	纯铜	398		冰(0 ℃)	2.22
	黄铜(70%Cu＋30%Zn)	109	液体	水(0 ℃)	0.551
	纯铝	236		水银（汞）	7.90
	铝合金(87%Al＋13%Si)	162		变压器油	0.124
	纯铁	81.1		柴油	0.128
	碳钢（约 0.5%C）	49.8		润滑油	0.146
非金属（固体）	石英晶体(0 ℃，导热方向平行于轴)	19.4	气体（大气压力）	空气	0.026
	石英玻璃(0 ℃)	1.13		氮气	0.156
	大理石	2.70		氢气	0.177
	玻璃	0.65～0.71		水蒸气(0 ℃)	0.183
	松木（垂直木纹）	0.15			

材料导热系数的影响因素较多，主要取决于物质的种类、物质结构与物理状态。此外，温度、密度、湿度等因素对导热系数也有较大的影响。其中，温度对导热系数的影响尤为重要。不同物质的导热系数是不同的。一般情况下，纯金属的导热系数很高，气体的导热系数很小，液体的导热系数数值介于金属和气体之间。

（1）气体的导热系数

各种气体的导热系数的范围一般为 0.006～0.600 W/(m·K)，常见气体中以水蒸气的导热系数 0.183 W/(m·K)为最大，常温下空气的导热系数约为 0.026 W/(m·K)。

所有气体的导热系数均随温度的升高而增大。图 3.7 所示为几种常见气体的导热系数随温度变化的趋势。

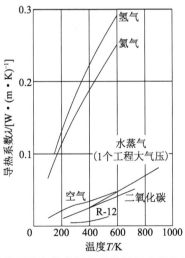

图 3.7　几种常见气体的导热系数随温度变化的关系曲线

对于气体,除非压力很低($<2.67\times10^3$ Pa)或压力很高($>2\times10^9$ Pa),否则可以认为气体的导热系数随压力的变化不大。根据气体分子运动理论,常温、常压下气体的导热系数可表示为

$$\lambda=\frac{1}{3}\bar{u}\rho l c_v \tag{3.5}$$

式中,$\bar{u}$ 为气体分子运动的均方根速度;ρ 为气体的密度;l 为气体分子在两次碰撞间的平均自由行程;c_v 为气体的比定容热容。当气体的压力升高时,气体的密度增大、平均自由行程减小,而两者的乘积保持不变。分子质量小的气体(如 H_2、He),其导热系数较大,这是因为小分子气体的分子运动速度高。

对于空气,其含水量增加后,湿空气的导热系数将增大,水蒸气的导热系数则随压力的升高而增大。

由于气体的导热系数太小,因而不利于导热,但有利于保温和绝热。工业上的保温材料,例如玻璃棉等,就是因为其空隙中有气体,所以导热系数小,适用于保温隔热。

(2)液体的导热系数

各种液体的导热系数的范围一般为 $0.07\sim0.70$ W/(m·K)。水的导热系数在所有液体(不包括金属液体和电解液)中最大,20 ℃时 $\lambda_水=0.551$ W/(m·K)。油类的导热系数较小,在 $0.01\sim0.15$ W/(m·K)之间。

如图 3.8 所示,大多数液体(水和甘油等强缔合液体除外)的导热系数随温度的升高而减小。

液体的导热系数受压力影响较大,随压力的升高而增大。

(3)固体的导热系数

固体分为金属和非金属。金属的导热与导电机理一致,所以良导电体通常也是良导热体。各种金属的导热系数的范围如下:在 0 ℃时一般为 $12\sim410$ W/(m·K),其中以银的导热系数为最高。纯金属的导热系数大于合金的导热系数,且合金的杂质含量越高,导热系数越小。这是因为合金中的杂质干扰了自由电子的运动,影响了能量的传递,合金的加工过程也会造成晶格的缺陷。一般合金的导热系数随温度的升高而增大。

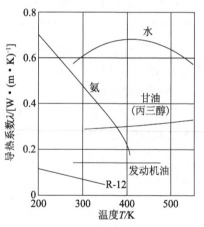

图 3.8 几种常见液体的导热系数
随温度变化的关系曲线

大部分纯金属的导热系数随温度的升高而减小,这是因为纯金属中的热传导是依靠自由电子的迁移和晶格的振动实现的,且主要依靠晶格的振动,温度升高后晶格振动的加强会干扰自由电子的运动。

大多数建筑材料和一些隔热保温材料都属于非金属材料,如砖、砂浆和混凝土等,这类材料的导热系数范围为 $0.025\sim3$ W/(m·K)。

图 3.9 所示为几种常见金属和非金属材料的导热系数随温度变化的关系曲线。

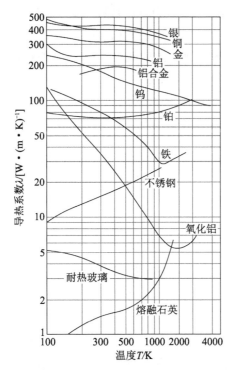

图 3.9　几种常见金属和非金属材料的导热系数随温度变化的关系曲线

按照国家标准《设备及管道绝热技术通则》(GB/T 4272—2008)的规定,平均温度为 298 K 时热导率(导热系数)不大于 $0.08\ W/(m\cdot K)$ 的材料称为保温材料,又称隔热材料或热绝缘材料。保温材料大多是呈蜂窝状结构的多孔材料,内部有很多细小的空隙,其中充满气体,因而这些材料并不是密实固体,严格意义上已不能视为连续介质。通常所说的保温材料的导热系数是指表观导热系数,即把保温材料当作连续介质时折算出的值。

保温材料的热量传递机理主要为蜂窝固体骨架结构的导热、微小孔隙中气体的导热和高温下微小孔隙壁间的辐射换热。

保温材料的导热系数随着温度的升高而增大,密度和湿度对保温材料和建筑材料导热系数的影响较大。保温材料的密度小,意味着多孔材料的孔隙多,从而材料的导热系数小;但如果密度太小,孔隙尺寸变大或孔隙连通起来,这时气体会在孔隙中发生对流,产生对流换热,反而使导热系数增大。所以,这些材料均存在一个最佳的密度,此时材料的导热系数最小。多孔材料吸收水分后,导热系数较大的水就会取代孔隙中导热系数较小的空气,使材料的导热系数增大。例如,干砖的 λ 值为 $0.35\ W/(m\cdot K)$,而湿砖的 λ 值可达 $1\ W/(m\cdot K)$。所以对建筑物的围护结构、露天热力管道和设备的保温层,应采取防水、防潮措施。

 思考

(1)同样是零下 6 ℃的气温,为什么在镇江比在北京感觉要冷一些?

(2)为什么新房子刚住进去时,都会有一种冷的感觉?

通常情况下,工程材料的导热系数与温度变化的关系并不是线性的,但在温度变化范

围不大时,对大部分材料来说,可以认为导热系数与温度是呈线性关系的(图 3.10),即

$$\lambda = \lambda_0 (1 + bt) \tag{3.6}$$

式中,t 为温度;λ_0 为该直线在纵坐标上的截距(需要注意的是,它并非温度为 0 ℃时材料的真实导热系数);b 为由实验测定的常数。

注意:式(3.6)只在一定温度范围内有效。

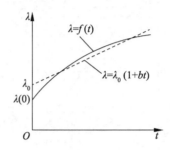

图 3.10 工程材料的导热系数随温度变化的关系曲线

对同一种物质而言,不同形态下的导热系数也不同,一般满足 $\lambda_{固} > \lambda_{液} > \lambda_{气}$。例如,大气压力下 0 ℃时,$\lambda_{冰} = 2.22$ W/(m·K),$\lambda_{水} = 0.551$ W/(m·K),$\lambda_{水蒸气} = 0.183$ W/(m·K)。

(4) 各向异性材料

不同方向上的导热系数都相同的材料称为各向同性材料,反之称为各向异性材料。例如木材、石墨等,由于它们各向的结构不同,因此不同方向上的导热系数也有较大差别。对于此类材料,给出导热系数时必须注明方向。

3.2.4　导热微分方程

在式(3.2)中,要计算热流密度的大小,就要知道物体内的温度场 $t = f(x, y, z, \tau)$。因此,确定导热体内的温度分布是研究导热理论的首要任务。导热微分方程是描述物体内温度分布的微分方程,是根据能量守恒定律(热力学第一定律)和傅里叶定律建立起来的。

(1) 导热微分方程的建立

在推导导热微分方程之前需要作以下假设:① 所研究的物体是各向同性的连续介质;② 物体的物性参数(导热系数 λ、密度 ρ 和比热容 c)均已知;③ 物体具有均匀内热源,其强度记为 q_V,即单位体积单位时间内所发出的热量。物体内放出热量时,内热源为正;物体内吸收热量时,内热源为负。

如图 3.11 所示,采用直角坐标系从物体中分割出一个微元平行六面体,微元体的边长分别为 dx, dy, dz,体积为 $dV = dx\,dy\,dz$。

取时间 $d\tau$,对微元体进行热平衡分析,根据热力学第一定律(能量守恒定律)可得

$$Q = \Delta U + W$$

当 $W = 0$ 时,$Q = \Delta U$,即有

$$\begin{bmatrix} 导入与导出微元 \\ 体的净导热量 \ Q_c \end{bmatrix} + \begin{bmatrix} 微元体内热源 \\ 的发热量 \ Q_V \end{bmatrix} = \begin{bmatrix} 微元体的热力学能 \\ 的增量 \ \Delta U \end{bmatrix} \tag{3.7}$$

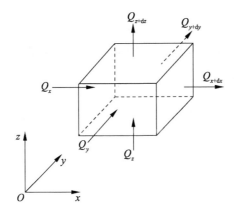

图 3.11　微元平行六面体的导热分析

接下来对各项进行逐一讨论分析。

1）导入与导出微元体的净导热量

在直角坐标系三个方向上均有热量的导入与导出，以 x 轴方向为例：

在 $d\tau$ 时间内，沿 x 轴方向，经 x 表面导入的热量为

$$Q_x = q_x \cdot dy\,dz \cdot d\tau$$

经 $x+dx$ 表面导出的热量为

$$Q_{x+dx} = q_{x+dx} \cdot dy\,dz \cdot d\tau = \left(q_x + \frac{\partial q_x}{\partial x}dx\right)dy\,dz\,d\tau$$

因此，沿 x 轴方向导入的净导热量为

$$Q_x - Q_{x+dx} = -\frac{\partial q_x}{\partial x}dx\,dy\,dz\,d\tau$$

同理可得，沿 y 轴和 z 轴方向导入的净导热量分别为

$$Q_y - Q_{y+dy} = -\frac{\partial q_y}{\partial y}dx\,dy\,dz\,d\tau$$

$$Q_z - Q_{z+dz} = -\frac{\partial q_z}{\partial z}dx\,dy\,dz\,d\tau$$

最后可得进入该微元体的净导热量为

$$Q_c = -\left(\frac{\partial q_x}{\partial x} + \frac{\partial q_y}{\partial y} + \frac{\partial q_z}{\partial z}\right)dx\,dy\,dz\,d\tau$$

根据傅里叶定律，将 $q_x = -\lambda\dfrac{\partial t}{\partial x}$，$q_y = -\lambda\dfrac{\partial t}{\partial y}$，$q_z = -\lambda\dfrac{\partial t}{\partial z}$ 代入上式可得

$$Q_c = \left[\frac{\partial}{\partial x}\left(\lambda\frac{\partial t}{\partial x}\right) + \frac{\partial}{\partial y}\left(\lambda\frac{\partial t}{\partial y}\right) + \frac{\partial}{\partial z}\left(\lambda\frac{\partial t}{\partial z}\right)\right]dx\,dy\,dz\,d\tau \tag{3.8}$$

2）微元体内热源的发热量

在 $d\tau$ 时间内，微元体内热源的发热量 Q_V 为

$$Q_V = q_V \cdot dx\,dy\,dz \cdot d\tau \tag{3.9}$$

3）微元体的内能增量

在 $d\tau$ 时间内，微元体的内能增量 ΔU 可表示为

$$\Delta U = \rho c \frac{\partial t}{\partial \tau} \mathrm{d}x\,\mathrm{d}y\,\mathrm{d}z\,\mathrm{d}\tau \tag{3.10}$$

将式(3.8)、式(3.9)和式(3.10)代入式(3.7)中,整理可得

$$\rho c \frac{\partial t}{\partial \tau} = \frac{\partial}{\partial x}\left(\lambda \frac{\partial t}{\partial x}\right) + \frac{\partial}{\partial y}\left(\lambda \frac{\partial t}{\partial y}\right) + \frac{\partial}{\partial z}\left(\lambda \frac{\partial t}{\partial z}\right) + q_v \tag{3.11}$$

式(3.11)即为笛卡儿坐标系中通用的导热微分方程,它描述了物体的温度随时间和空间变化的关系,是描述导热过程共性的数学表达式,也是求解导热问题的出发点。

关于导热微分方程式,需要注意其使用条件:各向同性的连续介质;稳态或非稳态导热过程;物性既可以是常物性,也可以是变物性;一维、二维或三维导热。但其不适用于深冷或超急速传热。

关于式(3.11)的几点说明:

① 式(3.11)是基于热力学第一定律推导而来的,所以导热问题仍服从能量守恒定律;

② 式(3.11)等号左边是单位时间内微元体内能的增量(非稳态项);

③ 式(3.11)等号右边前三项之和是界面的导热使微元体在单位时间内增加的能量(扩散项);

④ 式(3.11)等号右边最后一项是内热源项;

⑤ 若沿着其中某一坐标方向上的温度不变,该方向的净导热量为零,则相应的扩散项即从导热微分方程中消失。

(2) 导热微分方程的特殊形式

1) 常物性导热,即 ρ, c, λ 均为常数

式(3.11)等号两边同时除以 ρc,并令 $a = \frac{\lambda}{\rho c}$,则有 $\frac{\partial t}{\partial \tau} = a\left(\frac{\partial^2 t}{\partial x^2} + \frac{\partial^2 t}{\partial y^2} + \frac{\partial^2 t}{\partial z^2}\right) + \frac{q_v}{\rho c}$,引入

拉普拉斯运算符 ∇^2,令 $\nabla^2 = \frac{\partial^2}{\partial x^2} + \frac{\partial^2}{\partial y^2} + \frac{\partial^2}{\partial z^2}$,可以得到

$$\frac{\partial t}{\partial \tau} = a\,\nabla^2 t + \frac{q_v}{\rho c} \tag{3.12}$$

式中,a 称为热扩散率(thermal diffusivity)或导温系数,它也是一个热物性参数,单位为 m^2/s。热扩散率的物理意义:反映导热过程中材料的导热能力 λ 与沿途物质储热能力 ρc 之间的关系,表征材料在非稳态导热(物体被加热和冷却)时,物体内各部分的温度趋于均匀一致的能力,它是物体热惯性的度量。

在非稳态导热过程中,热扩散率大的材料温度变化快,或物体内部各处的温度差小,整块材料的温度比较均匀。所以,热扩散率又是材料传导温度变化能力大小的指标,也称为导温系数。在同样的加热条件下,物体的热扩散率越大,物体内部各处的温度差就越小。

不同材料的热扩散率相差较大。例如:木材的热扩散率为 1.5×10^{-7} m^2/s,铝的热扩散率为 9.45×10^{-5} m^2/s,铝的热扩散率是木材的 600 多倍。所以,当尺寸相同的木棒和铝棒的一端同时放入炉火中加热时,铝棒的另一端很快就会烫手,而木棒在炉火中的一端虽已着火燃烧,但另一端的温度基本不变。

热扩散率反映了导热过程的动态特性,只对非稳态过程才有意义。这是因为在稳态过

程中,温度不随时间变化,热扩散率不起作用。

热扩散率和导热系数是两个不同的物理量。热扩散率综合了材料的导热能力和单位体积的热容量大小,而导热系数仅表示材料导热能力的大小。导热系数小的材料,其热扩散率不一定小。例如,气体的导热系数很小,但它的热扩散率却和金属的相当,气体的热扩散率一般为 $15 \times 10^{-6} \sim 165 \times 10^{-6}$ m²/s,金属的热扩散率一般为 $3 \times 10^{-6} \sim 165 \times 10^{-6}$ m²/s。

2)常物性且无内热源导热

导热微分方程可简化为

$$\frac{\partial t}{\partial \tau} = a \left(\frac{\partial^2 t}{\partial x^2} + \frac{\partial^2 t}{\partial y^2} + \frac{\partial^2 t}{\partial z^2} \right) \text{或} \frac{\partial t}{\partial \tau} = a \, \nabla^2 t \tag{3.13}$$

式(3.13)又称为傅里叶(Fourier)方程。

3)常物性、稳态导热

稳态导热过程满足 $\frac{\partial t}{\partial \tau} = 0$,导热微分方程可简化为

$$\left(\frac{\partial^2 t}{\partial x^2} + \frac{\partial^2 t}{\partial y^2} + \frac{\partial^2 t}{\partial z^2} \right) + \frac{q_v}{\lambda} = 0 \text{ 或} \nabla^2 t + \frac{q_v}{\lambda} = 0 \tag{3.14}$$

式(3.14)又称为泊松(Poisson)方程。

4)常物性且无内热源的稳态导热

导热微分方程可简化为

$$\nabla^2 t = \frac{\partial^2 t}{\partial x^2} + \frac{\partial^2 t}{\partial y^2} + \frac{\partial^2 t}{\partial z^2} = 0 \tag{3.15}$$

式(3.15)又称为拉普拉斯(Laplace)方程。

思考

式(3.15)中并没有导热系数,是不是可以认为常物性、无内热源的稳态导热中导热系数与物体内温度分布和导热量无关?

(3)圆柱坐标系中的导热微分方程

式(3.11)是在笛卡儿坐标系中推导出来的,在圆柱坐标系 $t(r, \varphi, z)$ 中,同样选取一个微元体进行分析,如图 3.12 所示。

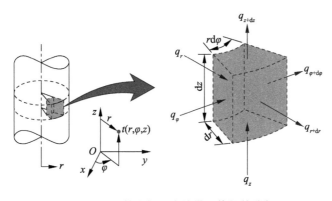

图 3.12　圆柱坐标系中的微元体导热分析

在圆柱坐标系中，$x=r\cos\varphi$，$y=r\sin\varphi$，$z=z$，各个方向的热流密度为 $q_r=-\lambda\dfrac{\partial t}{\partial r}$，$q_\varphi=-\lambda\dfrac{1}{r}\dfrac{\partial t}{\partial\varphi}$，$q_z=-\lambda\dfrac{\partial t}{\partial z}$。根据傅里叶定律可得

$$\boldsymbol{q}=-\lambda\,\mathbf{grad}\,t=-\lambda\,\nabla t=-\lambda\left(\boldsymbol{i}\,\frac{\partial t}{\partial r}+\boldsymbol{j}\,\frac{1}{r}\frac{\partial t}{\partial\varphi}+\boldsymbol{k}\,\frac{\partial t}{\partial z}\right)$$

根据热力学第一定律可得

$$\rho c\,\frac{\partial t}{\partial\tau}=\frac{1}{r}\frac{\partial}{\partial r}\left(\lambda r\,\frac{\partial t}{\partial r}\right)+\frac{1}{r^2}\frac{\partial}{\partial\varphi}\left(\lambda\,\frac{\partial t}{\partial\varphi}\right)+\frac{\partial}{\partial z}\left(\lambda\,\frac{\partial t}{\partial z}\right)+q_V \tag{3.16}$$

（4）球坐标系中的导热微分方程

在球坐标系 $t(r,\varphi,\theta)$ 中，也选取一个微元体进行分析，如图 3.13 所示。

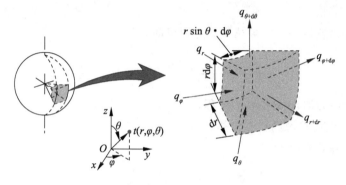

图 3.13　球坐标系中的微元体导热分析

在球坐标系中，$x=r\sin\theta\cdot\cos\varphi$，$y=r\sin\theta\cdot\sin\varphi$，$z=r\cos\theta$，各个方向的热流密度为 $q_r=-\lambda\dfrac{\partial t}{\partial r}$，$q_\theta=-\lambda\dfrac{1}{r}\dfrac{\partial t}{\partial\theta}$，$q_\varphi=-\lambda\dfrac{1}{r\sin\theta}\dfrac{\partial t}{\partial\varphi}$。根据傅里叶定律可得

$$\boldsymbol{q}=-\lambda\,\mathbf{grad}\,t=-\lambda\,\nabla t=-\lambda\left(\boldsymbol{i}\,\frac{\partial t}{\partial r}+\boldsymbol{j}\,\frac{1}{r}\frac{\partial t}{\partial\theta}+\boldsymbol{k}\,\frac{1}{r\sin\theta}\frac{\partial t}{\partial\varphi}\right)$$

根据热力学第一定律可得

$$\rho c\,\frac{\partial t}{\partial\tau}=\frac{1}{r^2}\frac{\partial}{\partial r}\left(\lambda r^2\,\frac{\partial t}{\partial r}\right)+\frac{1}{r^2\sin^2\theta}\frac{\partial}{\partial\varphi}\left(\lambda\,\frac{\partial t}{\partial\varphi}\right)+\frac{1}{r^2\sin\theta}\frac{\partial}{\partial\theta}\left(\lambda\sin\theta\,\frac{\partial t}{\partial\theta}\right)+q_V \tag{3.17}$$

对于常物性、一维稳态且无内热源的导热问题，式(3.16)和式(3.17)可分别简化为

$$\frac{\mathrm{d}}{\mathrm{d}r}\left(r\,\frac{\mathrm{d}t}{\mathrm{d}r}\right)=0$$

$$\frac{\mathrm{d}}{\mathrm{d}r}\left(r^2\,\frac{\mathrm{d}t}{\mathrm{d}r}\right)=0$$

不管是哪种形式的导热微分方程，分析导热问题实际上就是对导热微分方程的求解。而要分析某一导热问题的温度分布，必须给出表征该问题的附加条件，又称单值性条件。

3.2.5　导热过程的单值性条件

导热微分方程是描述导热过程共性的通用表达式，适用于一般导热过程，其理论基础

为傅里叶定律和热力学第一定律。但每一个具体的导热过程总是在特定条件下进行的,具有区别于其他导热过程的特点。因此,对于某一特定的导热过程,除了用导热微分方程来描述外,还需要有表达该过程特点的补充说明条件。这里引入"单值性条件"(conditions for unique solution)的概念,它是确定方程唯一解的补充说明条件。单值性条件包括几何条件、物理条件、时间条件和边界条件四个方面的内容。

因此,对具体的导热过程进行完整的数学描述,应包括**导热微分方程**和**单值性条件**两部分。

（1）几何条件

几何条件是指参与导热过程的物体的几何形状和大小。几何条件决定温度场的空间分布特点和分析时所采用的坐标系。例如,壁的形状(如平壁或圆筒壁)、厚度、直径等必要的参数都属于几何条件。

（2）物理条件

物理条件是指参与导热过程的物体的物理属性。例如,物体的物性参数 ρ, c, λ 的值,它们随温度的变化关系,有没有内热源以及内热源的大小和分布情况,各物性参数是否各向同性等。

（3）时间条件

时间条件是为了说明导热过程在时间上进行的特点,给出过程开始时刻导热体的温度分布情况。对于稳态导热过程,其过程的进行与时间无关;对于非稳态导热过程,则给出过程开始时刻导热体内的温度分布情况,该条件又称初始条件(initial conditions)。

$$t \mid_{\tau=0} = f(x, y, z) \tag{3.18}$$

最简单的初始条件是物体内温度分布均匀,即 $t \mid_{\tau=0} = f(x, y, z) = t_0 = \text{constant}$。

（4）边界条件

边界条件是为了说明导热过程在物体边界上进行的特点,给出导热物体边界上的温度或换热情况。一般情况下,参与导热的物体有几个边界,就应给出几个边界条件(boundary conditions)。

常见导热物体的边界条件有三类:

1）第一类边界条件

第一类边界条件又称温度边界条件,给出了任一瞬间物体边界上的温度值,即

$$t \mid_{s} = t_w = f(x, y, z, \tau)$$

式中,s 表示边界面,$t_w = f(x, y, z, \tau)$ 为边界面上的温度。对于稳态导热,$t_w = \text{constant}$;对于非稳态导热,$t_w = f(\tau)$。例如图 3.5 中,假设左侧壁面位于原点处:$x=0, t=t_{w1}; x=\delta, t=t_{w2}$。

2）第二类边界条件

第二类边界条件又称热流密度边界条件,给出了任何时刻物体边界上的热流密度值,即

$$q_w = f(x, y, z, \tau) \tag{3.19a}$$

根据傅里叶定律,第二类边界条件相当于已知任何时刻物体边界面法向的温度梯度值,所以有

$$\frac{\partial t}{\partial n}\bigg|_{w} = -\frac{q_w}{\lambda} \tag{3.19b}$$

对于稳态导热，$q_w = \text{constant}$；对于非稳态导热，$q_w = f(\tau)$。对于一些特殊情况，例如绝热边界条件，此时边界上 $q_w = 0$，或可表示为 $\dfrac{\partial t}{\partial n}\bigg|_{w} = 0$。

3）第三类边界条件

第三类边界条件又称对流换热边界条件。当物体壁面与流体相接触进行对流换热时，给出边界面周围流体温度 t_f 及边界面与流体之间的表面换热系数 h。物体边界上的导热量应等于物体与流体之间的对流换热量。

根据牛顿冷却定律，可有 $q_w = h(t_w - t_f)$（3.3.2 小节将做重点介绍）；根据傅里叶定律，可有 $q_w = -\lambda\dfrac{\partial t}{\partial n}\bigg|_{w}$。因此，可以得到

$$-\lambda\frac{\partial t}{\partial n}\bigg|_{w} = h(t_w - t_f) \tag{3.20}$$

式中，n 指向物体的外法线方向；$\dfrac{\partial t}{\partial n}\bigg|_{w}$ 和 t_w 都是未知的。式(3.20)对物体被加热或冷却都适用。

4）三类边界条件之间的联系

在一定条件下，第三类边界条件可转化为第一、第二类边界条件。对式(3.20)稍作变形可以得到 $\dfrac{\partial t}{\partial n}\bigg|_{w} = -\dfrac{h}{\lambda}(t_w - t_f)$。

当 $\dfrac{h}{\lambda} \to \infty$ 时，由于边界面上的温度变化率 $\dfrac{\partial t}{\partial n}\bigg|_{w}$ 只能是有限值，因此有 $(t_w - t_f) \to 0$，即物体边界温度等于流体温度 $(t_w = t_f)$，此时第三类边界条件变成第一类边界条件。

当 $h \to 0$ 时，得 $\dfrac{\partial t}{\partial n}\bigg|_{w} = 0$，所以 $q_w = -\lambda\dfrac{\partial t}{\partial n}\bigg|_{w} = 0$，即物体边界面绝热，第三类边界条件变成第二类边界条件。

5）对第三类边界条件的补充

① 当边界面上辐射和对流并存时，边界条件的表达式为

$$-\lambda\frac{\partial t}{\partial n}\bigg|_{w} = h(T_w - T_f) + \varepsilon\sigma(T_w^4 - T_{sur}^4)$$

式中，ε 是与物体表面进行辐射换热的外部环境的发射率；T_{sur} 是与物体表面进行辐射换热的外部环境的温度。

② 在太空中物体导热的第三类边界条件应为

$$-\lambda\frac{\partial t}{\partial n}\bigg|_{w} = \varepsilon\sigma T_w^4$$

3.2.6　导热问题求解

（1）求解思路

导热问题的一般求解思路如下：物理问题→数学描述→求解方程→温度分布→热量计

算。导热微分方程的求解方法通常有积分法、杜哈美尔法、格林函数法、拉普拉斯变换法 、分离变量法、积分变换法、数值计算法等。

（2）典型一维稳态导热

针对一维、稳态、常物性、无内热源情况，应考察平板和圆柱内的导热问题。

1）单层无限大平壁的导热

如图 3.14 所示，一块厚度为 δ 的单层无限大平壁，两壁面温度分别为 t_1，t_2，这一稳态导热过程的完整数学描述和求解过程如下：

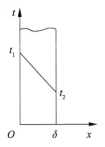

几何条件：单层无限大平壁，厚度为 δ。

物理条件：ρ，c，λ 均为已知常数，$q_V = 0$。

时间条件：稳态导热，即 $\frac{\partial t}{\partial \tau} = 0$。

图 3.14 单层无限大
平壁的导热

边界条件：第一类。

式（3.15）可简化为 $\frac{\mathrm{d}^2 t}{\mathrm{d}x^2} = 0$，结合温度边界条件 $t|_{x=0} = t_1$，$t|_{x=\delta} = t_2$，经过一次积分可得 $\frac{\mathrm{d}t}{\mathrm{d}x} = c_1$，经过两次积分可得 $t = c_1 x + c_2$，代入边界条件可求得

$$\begin{cases} c_1 = \dfrac{t_2 - t_1}{\delta} \\ c_2 = t_1 \end{cases}$$

所以，单层无限大平壁沿 x 轴方向的温度分布满足下式：

$$\begin{cases} t = \dfrac{t_2 - t_1}{\delta} x + t_1 \\ \dfrac{\mathrm{d}t}{\mathrm{d}x} = \dfrac{t_2 - t_1}{\delta} \end{cases}$$

再根据傅里叶定律可以得到热流密度和导热量：

$$\begin{cases} q = -\lambda \dfrac{t_2 - t_1}{\delta} = \dfrac{\Delta t}{\dfrac{\delta}{\lambda}} = \dfrac{\Delta t}{r} \\ Q = \dfrac{\Delta t}{\delta / S\lambda} = \dfrac{\Delta t}{R} \end{cases}$$

式中，$r = \dfrac{\delta}{\lambda}$，$R = \dfrac{\delta}{S\lambda}$。$R$ 称为热阻，是热传递过程中的阻力。借助热阻分析一维、稳态、无内热源的导热问题较为直观、便捷。

对于一块材料属性和形状、尺寸确定的平壁，如果施加的热通量已知，那么通过实验测定了平壁两侧的温差 Δt 后，便可以计算该条件下的导热系数，这便是稳态法测量导热系数的基本思想。

思考

如果给出的是第三类边界条件,即在 $x=0$ 处界面外侧流体的温度为 t_{f_1},对流换热表面换热系数为 h_1;在 $x=\delta$ 处界面外侧流体的温度为 t_{f_2},对流换热表面换热系数为 h_2,求解平壁的温度分布及通过平壁的热流密度。

解析:导热微分方程仍为 $\dfrac{d^2t}{dx^2}=0$,边界条件变为

$$\begin{cases} -\lambda\left.\dfrac{dt}{dx}\right|_{x=0}=h_1(t_{f_1}-t|_{x=0}) \\[2mm] -\lambda\left.\dfrac{dt}{dx}\right|_{x=\delta}=h_2(t|_{x=\delta}-t_{f_2}) \end{cases}$$

解得

$$q=\frac{t_{f_1}-t_{f_2}}{\dfrac{1}{h_1}+\dfrac{\delta}{\lambda}+\dfrac{1}{h_2}}=k(t_{f_1}-t_{f_2})$$

$$t_1=t_{f_1}-q\cdot\frac{1}{h_1}$$

$$t_2=t_{f_1}-q\cdot\left(\frac{1}{h_1}+\frac{\delta}{\lambda}\right)=t_{f_2}+q\cdot\frac{1}{h_2}$$

所以平壁中的温度分布为

$$t=t_1-\frac{t_1-t_2}{\delta}x$$

试想一下:对于上述常物性、无内热源、一维稳态导热问题,如果给定第二类边界条件,又会出现什么情况?

解析:给出第二类边界条件 $q|_{x=0}=c_1$ 和 $q|_{x=\delta}=c_2$。由于是无内热源、稳态导热,所以 $c_1=c_2$,这意味着上述两个条件是一致的,实际上是一个条件。根据这样一个条件,不能求出方程 $\dfrac{d^2t}{dx^2}=0$ 的通解 $t=c_1x+c_2$ 中的两个待定常数 c_1 和 c_2,问题的解为不定解。所以,对于一维稳态导热问题,必须有两个独立的边界条件才能确定唯一的解。

根据 $q=-\lambda\dfrac{dt}{dx}$ 可得 $\left.\dfrac{dt}{dx}\right|_{x=0}=\left.\dfrac{dt}{dx}\right|_{x=\delta}=c$,所以平壁内的温度分布曲线为已知斜率为 c 的一簇平行直线。

2) 多层无限大平壁的导热

房屋的墙壁通常由白灰内层、水泥砂浆层和红砖(青砖)主体层等组成,假设各层之间接触良好,即不存在接触热阻(contact thermal resistance),可以近似地认为接合面上各处的温度相等。因此,房屋墙壁的导热过程可以简化为图 3.15 所示的由几层不同材料组成的多层无限大平壁的导热。

几何条件:如图 3.15 所示。

物理条件:ρ,c,λ 均为已知常数,$q_V=0$。

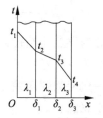

图 3.15 多层无限大平壁的导热

时间条件：稳态导热，即 $\dfrac{\partial t}{\partial \tau}=0$。

边界条件：第一类，$\begin{cases} x=0, t=t_1 \\ x=\sum\limits_{i=1}^{n}\delta_i, t=t_{n+1} \end{cases}$。

热量在沿着 x 轴方向传递的过程中满足 $Q_1=Q_2=Q_3=\cdots=Q_i=\cdots=Q$，所以有

$$Q=\dfrac{t_1-t_2}{\dfrac{\delta_1}{S\lambda_1}}=\dfrac{t_2-t_3}{\dfrac{\delta_2}{S\lambda_2}}=\cdots=\dfrac{t_n-t_{n+1}}{\dfrac{\delta_n}{S\lambda_n}}$$

引入总热阻的概念，则有

$$Q=\dfrac{t_1-t_{n+1}}{\dfrac{\delta_1}{S\lambda_1}+\dfrac{\delta_2}{S\lambda_2}+\cdots+\dfrac{\delta_n}{S\lambda_n}}=\dfrac{\sum\Delta t}{\sum R}=\dfrac{S\sum\Delta t}{\sum r}=\dfrac{总推动力}{总热阻}$$

显然，热流密度为 $q=\dfrac{t_1-t_{n+1}}{\sum\limits_{i=1}^{n}r_i}=\dfrac{t_1-t_{n+1}}{\sum\limits_{i=1}^{n}\dfrac{\delta_i}{\lambda_i}}$。现在已知 q，那么各层的右侧壁温也能计

算出来：

第一层 $q=\dfrac{\lambda_1}{\delta_1}(t_1-t_2)$，那么 $t_2=t_1-q\dfrac{\delta_1}{\lambda_1}$；

第二层 $q=\dfrac{\lambda_2}{\delta_2}(t_2-t_3)$，那么 $t_3=t_2-q\dfrac{\delta_2}{\lambda_2}$；

…………

第 i 层 $q=\dfrac{\lambda_i}{\delta_i}(t_i-t_{i+1})$，那么 $t_{i+1}=t_i-q\dfrac{\delta_i}{\lambda_i}$；

…………

工程上会遇到这样一类平壁：空斗墙、空斗填充墙、空心板墙、夹心板墙。无论是宽度还是厚度方向，它们都是由不同材料组合而成的，即为复合平壁。在复合平壁中，由于不同材料的导热系数不同，严格地说复合平壁的温度场是二维或三维的，因此当组成复合平壁的各种不同材料的导热系数相差不大时，其导热问题可近似作为一维导热问题处理。

3）单层圆筒壁的导热

圆筒因受力均匀、强度高、制造方便而在工程中常用作换热壁面，如锅筒、传热管、热交换器及其外壳。如图 3.16 所示，假设单管长度为 l，圆筒壁的外半径小于长度的 $\dfrac{1}{10}$，可按一维导热处理。单层圆筒壁的稳态热传导与平壁相比，相同点是它们都是一维稳态导热，沿轴线方向 $Q=\text{constant}$。主要区别在于：① 热流密度方向沿径向；② 沿径向的传热面积不同，$S_r=2\pi rl$；③ 径向热流密度不同。

显然，对于圆筒壁的导热采用式（3.16）分析更为方便。

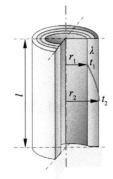

图 3.16　单层圆筒壁的导热

对于一维、稳态、无内热源、常物性导热问题，有 $\dfrac{\mathrm{d}}{\mathrm{d}r}\left(r\dfrac{\mathrm{d}t}{\mathrm{d}r}\right)=0$，应用第一类边界条件 $\begin{cases} r=r_1,t=t_1 \\ r=r_2,t=t_2 \end{cases}$。

对方程求二次积分后得到其通解为 $t=c_1\ln r+c_2$，代入边界条件可以求得两个系数为

$$\begin{cases} c_1=\dfrac{t_2-t_1}{\ln\dfrac{r_2}{r_1}} \\[4mm] c_2=t_1-(t_2-t_1)\dfrac{\ln r_1}{\ln\dfrac{r_2}{r_1}} \end{cases}$$

所以圆筒壁的径向温度分布为

$$t=t_1+\frac{t_2-t_1}{\ln\dfrac{r_2}{r_1}}\ln\frac{r}{r_1}$$

观察此式发现温度呈对数曲线分布。若 $t_1>t_2$，$\dfrac{\mathrm{d}^2t}{\mathrm{d}r^2}>0$，则温度曲线向上凹；若 $t_1<t_2$，$\dfrac{\mathrm{d}^2t}{\mathrm{d}r^2}<0$，则温度曲线向上凸。

根据傅里叶定律得到热流密度为

$$q=-\lambda\,\frac{\mathrm{d}t}{\mathrm{d}r}=\frac{\lambda}{r}\frac{t_1-t_2}{\ln\dfrac{r_2}{r_1}}$$

导热量为

$$Q=-\lambda S\frac{\mathrm{d}t}{\mathrm{d}r}=-\lambda(2\pi rl)\frac{\mathrm{d}t}{\mathrm{d}r}=2\pi l\lambda\frac{t_1-t_2}{\ln\dfrac{r_2}{r_1}}=\frac{t_1-t_2}{\left(\ln\dfrac{r_2}{r_1}\right)\Big/2\pi l\lambda}=\frac{\Delta t}{R}$$

式中，$R=\dfrac{\ln\dfrac{r_2}{r_1}}{2\pi l\lambda}$ 为热阻。可见，不同半径处的热流密度与半径成反比，而整体的热流量不随半径而变。对方程进行适当变形可得

$$Q=\frac{\lambda 2\pi l(r_2-r_1)(t_1-t_2)}{(r_2-r_1)\ln\dfrac{r_2 2\pi l}{r_1 2\pi l}}=\frac{(t_1-t_2)(S_2-S_1)}{\dfrac{r_2-r_1}{\lambda}\ln\dfrac{S_2}{S_1}}$$

定义对数平均面积 $S_m=\dfrac{S_2-S_1}{\ln\dfrac{S_2}{S_1}}$，壁厚 $b=r_2-r_1$，则 $Q=\dfrac{t_1-t_2}{\dfrac{b}{\lambda S_m}}$。

思考

如果给出的是第三类边界条件,即已知 $r=r_1$ 一侧流体的温度为 t_{f_1},对流换热表面换热系数为 h_1;$r=r_2$ 一侧流体的温度为 t_{f_2}($t_{f_1}>t_{f_2}$),对流换热表面换热系数为 h_2,求解圆筒壁内的温度分布及通过圆筒壁的导热量。

解析: 导热微分方程仍为 $\dfrac{d}{dr}\left(r\dfrac{dt}{dr}\right)=0$,在第一类边界条件中可求出圆筒壁内的温度变化率为 $\dfrac{dt}{dr}=\dfrac{1}{r}\dfrac{t_2-t_1}{\ln\dfrac{r_2}{r_1}}$ ①。根据傅里叶定律的表达式,任意半径 r 处,单位长度圆筒壁的导热量为 $q_l=-\lambda\cdot2\pi r\cdot\dfrac{dt}{dr}$,这样,可将边界条件式改写为

$$\begin{cases} q_l\big|_{r=r_1}=h_1\cdot2\pi r_1\cdot(t_{f_1}-t_1) & ② \\ q_l\big|_{r=r_2}=h_2\cdot2\pi r_2\cdot(t_2-t_{f_2}) & ③ \end{cases}$$

稳态导热过程中 $q_l\big|_{r=r_1}=q_l=q_l\big|_{r=r_2}$,在上述三个方程中(①②③)有三个未知数 q_l,t_1 和 t_2,联立解得

$$q_l=\frac{t_{f_1}-t_{f_2}}{\dfrac{1}{h_1\cdot2\pi r_1}+\dfrac{1}{2\pi\lambda}\ln\dfrac{r_2}{r_1}+\dfrac{1}{h_2\cdot2\pi r_2}}\quad(W/m)$$

也可表示为

$$q_l=k_l(t_{f_1}-t_{f_2})$$

式中,k_l 为换热系数,单位为 $W/(m\cdot K)$,表示冷、热流体之间温差为 $1\ ℃$ 时,单位时间通过单位长度圆筒壁的传热量。

单位长度圆筒壁的传热热阻为

$$R_l=\frac{1}{k_l}=\frac{1}{h_1\pi d_1}+\frac{1}{2\pi\lambda}\ln\frac{d_2}{d_1}+\frac{1}{h_2\pi d_2}\quad[(m\cdot K)/W]$$

$$t_1=t_{f_1}-q_l\frac{1}{h_1\pi d_1},\ t_2=t_{f_2}+q_l\frac{1}{h_2\pi d_2}=t_{f_1}-q_l\left(\frac{1}{h_1\pi d_1}+\frac{1}{2\pi\lambda}\ln\frac{d_2}{d_1}\right)$$

根据 $t=t_1+\dfrac{t_2-t_1}{\ln\dfrac{r_2}{r_1}}\ln\dfrac{r}{r_1}$ 可求出圆筒壁中的温度分布。

4)多层圆筒壁的导热

对于图 3.17 所示的由不同材料构成的多层圆筒壁的一维稳态导热问题,其导热量和热流密度可按总温差和总热阻计算。

热流密度(通过单位长度圆筒壁的热流量)为

$$q_L=\frac{t_1-t_{n+1}}{\sum_{i=1}^{n}\dfrac{1}{2\pi\lambda_i}\ln\dfrac{r_{i+1}}{r_i}}\quad(W/m)$$

热流量为

$$Q = \frac{t_1 - t_{n+1}}{\sum\limits_{i=1}^{n} \frac{1}{2\pi\lambda_i L} \ln \frac{r_{i+1}}{r_i}} \quad (\text{W})$$

对于多层圆筒壁，给定第三类边界条件时，热流体通过圆筒壁传给冷流体的热流量为

$$q_L = \frac{t_{f_1} - t_{f_2}}{\frac{1}{h_1 \pi d_1} + \sum\limits_{i=1}^{n} \frac{1}{2\pi\lambda_i} \ln \frac{d_{i+1}}{d_i} + \frac{1}{h_2 \pi d_{n+1}}}$$

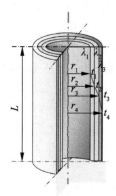

图 3.17　多层圆筒壁的导热

思考

　　工程上，为减少管道的散热损失，常在管道外侧覆盖热绝缘层（或称隔热保温层）。那么，隔热保温层是否在任何情况下都能减少热损失？隔热保温层是否越厚越好？为什么？

　　解析：首先分析圆管外覆盖有一层保温层的情况。对于冷、热流体之间的传热过程，如果给定第三类边界条件，则传热过程的热阻为

$$R_l = \frac{1}{h_1 \pi d_1} + \frac{1}{2\pi\lambda_1} \ln \frac{d_2}{d_1} + \frac{1}{2\pi\lambda_{\text{ins}}} \ln \frac{d_x}{d_2} + \frac{1}{h_2 \pi d_x}$$

　　下面分析 R_l 随保温层外径 d_x 的变化情况。R_l 中前两项热阻的值是确定的，在选定了保温材料后，λ_{ins} 也就确定了，这样 R_l 的后两项热阻的数值随保温层的外径 d_x 而变化。

　　当 d_x 增加时，$\frac{1}{2\pi\lambda_{\text{ins}}} \ln \frac{d_x}{d_2}$ 变大，即导热量减少，而 $\frac{1}{h_2 \pi d_x}$ 减小，即保温层外表面的对流换热量增加。但对于 R_l，随着 d_x 的增大（保温层加厚），R_e 先逐渐减小，后逐渐增大，有一个极小值，相应地，换热系数 k_l 先增大，后减小，k_l 有极大值；对于 q_l，随着 d_x 的增大，q_l 先增大，后减小，有一个极大值。将总热阻取极小值时的保温层外径定义为临界热绝缘直径 d_c。

　　令 $\dfrac{\mathrm{d}R_l}{\mathrm{d}d_x} = \dfrac{1}{\pi d_x}\left(\dfrac{1}{2\lambda_{\text{ins}}} - \dfrac{1}{h_2 d_x}\right) = 0$，解得 $d_x = d_c = \dfrac{2\lambda_{\text{ins}}}{h_2}$。

　　利用图 3.18 帮助分析。当 $d_2 < d_c$ 时，如果管道保温后的外径 d_x 介于 d_2 与 d_c 之间，此时管道的传热量 q_l 反而比没有保温层时更大，直到 $d_x > d_c$ 时，保温层才起到减少热损失的作用。

当 $d_2>d_c$ 时，R_l，q_l 均为关于 d_x 的单调函数，用保温层肯定能减少热损失。

d_c 的大小与 λ_{ins} 和 h_2 有关，而 h_2 主要取决于管道周围的环境，难以人为地加以控制，但可以通过选用不同的保温材料来改变 d_c 的值使 $d_c<d_2$，以达到只要使用保温材料就能保证减少热损失的目的。

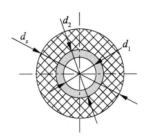

图 3.18　覆盖隔热保温层的管道

根据以上结论解释以下现象：在使用工厂一条架空敷设的电缆时发现绝缘层超温，为降温特剥去一层绝缘材料，结果发现温度更高。

解析：当电缆外径小于临界热绝缘直径时，导热热阻随半径增大的变化率小于对流换热随半径减小的变化率，使散热能力随半径的增加而增加。剥去一层绝缘材料后，半径减小，散热能力下降，绝缘层温度更高。

5）球壳的导热

假设一个空心球壳的内、外表面的温度分布均匀，对于一维、稳态、无内热源、常物性导热问题，有 $\frac{d}{dr}\left(r^2\frac{dt}{dr}\right)=0$，应用第一类边界条件 $\begin{cases}r=r_1,t=t_1\\r=r_2,t=t_2\end{cases}$。

对方程进行二次积分后得到其通解 $t=-\frac{c_1}{r}+c_2$，代入边界条件可以求得

$$\begin{cases}c_1=-\dfrac{t_1-t_2}{\dfrac{1}{r_1}-\dfrac{1}{r_2}}\\[3mm]c_2=t_1-\dfrac{t_1-t_2}{1-\dfrac{r_1}{r_2}}\end{cases}$$

所以径向温度分布为

$$t=t_1+(t_1-t_2)\frac{\dfrac{1}{r}-\dfrac{1}{r_1}}{\dfrac{1}{r_1}-\dfrac{1}{r_2}}$$

求导后可得

$$\frac{dt}{dr}=-\frac{t_1-t_2}{\dfrac{1}{r_1}-\dfrac{1}{r_2}}\frac{1}{r^2}$$

根据傅里叶定律可得热流密度为

$$q = -\lambda \frac{\mathrm{d}t}{\mathrm{d}r} = \frac{t_1 - t_2}{\dfrac{1}{r_1} - \dfrac{1}{r_2}} \frac{\lambda}{r^2}$$

热流量为

$$Q = 4\pi r^2 \cdot q = 4\pi\lambda \frac{t_1 - t_2}{\dfrac{1}{r_1} - \dfrac{1}{r_2}}$$

对方程进行适当变形可得

$$Q = \frac{t_1 - t_2}{\dfrac{1}{4\pi\lambda}\left(\dfrac{1}{r_1} - \dfrac{1}{r_2}\right)}$$

热阻为

$$R = \frac{1}{4\pi\lambda}\left(\frac{1}{r_1} - \frac{1}{r_2}\right)$$

6）变面积或变导热系数问题

求解导热问题的主要途径一般分为两步：

第一步，求解导热微分方程，获得温度场；第二步，根据傅里叶定律和已获得的温度场计算热流量。这也是解析法求解导热问题的一般步骤。

对于稳态、无内热源、第一类边界条件下的一维导热问题，可以不通过温度场而直接获得热流量。此时，一维傅里叶定律为

$$Q = -\lambda S \frac{\mathrm{d}t}{\mathrm{d}x}$$

若 $\lambda = \lambda(t)$，$S = S(x)$，则有

$$Q = -\lambda(t)S(x)\frac{\mathrm{d}t}{\mathrm{d}x}$$

由于是稳态导热，所以热流量与 x 无关，分离变量后积分得到

$$Q\int_{x_1}^{x_2}\frac{\mathrm{d}x}{S(x)} = -\int_{t_1}^{t_2}\lambda(t)\mathrm{d}t = -\frac{\int_{t_1}^{t_2}\lambda(t)\mathrm{d}t}{t_2 - t_1}(t_2 - t_1)$$

定义平均导热系数 $\bar{\lambda} = \dfrac{\int_{t_1}^{t_2}\lambda(t)\mathrm{d}t}{t_2 - t_1}$，则由上式可得

$$Q = \frac{\bar{\lambda}(t_1 - t_2)}{\int_{x_1}^{x_2}\dfrac{\mathrm{d}x}{S(x)}}$$

由此可见，用 $\bar{\lambda}(t_1 - t_2)$ 代替 $-\int_{t_1}^{t_2}\lambda(t)\mathrm{d}t$ 实际上并未受到 $S = S(x)$ 关系的限制。

当 λ 随温度呈线性变化，即 $\lambda = \lambda_0 + at$ 时，有

$$\bar{\lambda} = \lambda_0 + a\frac{t_1 + t_2}{2}$$

实际上,不论 λ 如何变化,都可以利用前文所有的定导热系数公式,只是需要将 λ 换成平均导热系数。

【例 1】　如图 3.19 所示,外直径为 50 mm 的蒸汽管道外表面温度为 400 ℃,其外包有厚度为 40 mm、导热系数为 0.11 W/(m·K) 的矿渣棉,矿渣棉外又包有厚度为 45 mm 的煤灰泡沫砖,其导热系数 λ 与砖层平均温度 $\bar{t}$ 的关系为 $λ = 0.099 + 0.0002\,\bar{t}$,煤灰泡沫砖外表面温度为 50 ℃。已知煤灰泡沫砖最高耐温为 300 ℃,试检查煤灰泡沫砖的温度是否超出最高温度,并求通过每米矿渣棉保温层的热损失。

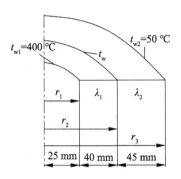

图 3.19　蒸汽管道的导热

解:本题的关键在于确定矿渣棉与煤灰泡沫砖交界处的温度。由题意可知,煤灰泡沫砖的导热系数又取决于该未知的界面温度,因此计算过程具有迭代(试凑)性质。

先假定界面温度为 t_{w},则由题意可得

$$\frac{2\pi\lambda_1(t_{\mathrm{w1}}-t_{\mathrm{w}})}{\ln\dfrac{r_2}{r_1}}=\frac{2\pi\lambda_2(t_{\mathrm{w}}-t_{\mathrm{w2}})}{\ln\dfrac{r_3}{r_2}}$$

且 $\lambda_2=0.099+0.0002\left(\dfrac{t_{\mathrm{w}}+t_{\mathrm{w2}}}{2}\right)$,$\lambda_1=0.11$ W/(m·K),$r_1=25$ mm,$r_2=65$ mm,$r_3=110$ mm,$t_{\mathrm{w1}}=400$ ℃,$t_{\mathrm{w2}}=50$ ℃。

将以上各已知条件代入方程可得

$$\frac{0.11\times(400-t_{\mathrm{w}})}{\ln\dfrac{65}{25}}=\frac{[0.099+0.0001(t_{\mathrm{w}}+50)](t_{\mathrm{w}}-50)}{\ln\dfrac{110}{65}}$$

所以

$$t_{\mathrm{w}}^{*}=400-\frac{\ln\dfrac{65}{25}}{\ln\dfrac{110}{65}}\times\frac{1}{0.11}\times[0.099+0.0001(t_{\mathrm{w}}+50)](t_{\mathrm{w}}-50)$$

$$=400-16.5113\times[0.099+0.0001(t_{\mathrm{w}}+50)](t_{\mathrm{w}}-50)$$

假设 $t_{\mathrm{w}}=160$ ℃,代入上式得到 $t_{\mathrm{w}}^{*}=182.05$ ℃,与假定不符;因此,再令 $t_{\mathrm{w}}=\dfrac{1}{2}\times(160+182.05)\approx171$ ℃,代入计算得到 $t_{\mathrm{w}}^{*}=158$ ℃,还是与假定不符;继续迭代计算,最后得到 $t_{\mathrm{w}}^{*}=167$ ℃ <300 ℃。

通过每米矿渣棉保温层的热损失即为流过的热流量：

$$Q = \frac{2\pi\lambda_1(t_{w1}-t_w)}{\ln\dfrac{r_2}{r_1}} = \frac{2\pi \times 0.11 \times (400-167)}{\ln\dfrac{65}{25}} = 168.5 \ \text{W/m}$$

（3）肋片的导热

上一小节讨论的导热过程有一个共同点：热流量在传递方向上保持不变。而在实际的工程应用中，经常会有另一种导热问题，就是沿着热传递方向，热量不断增加或减少。最典型的就是各种热交换器中肋片的导热。

肋片通常又称为翅片，是指依附于基础表面上的扩展表面。肋片有多种结构，主要是为了增大对流换热面积及辐射散热面，以强化换热。常见肋片的结构有直肋、环肋、针肋、大套片等，如图 3.20 所示。肋片的工程应用十分广泛，如汽车水箱、空调系统的蒸发器、冷凝器、锅炉的空气预热器、省煤器、散热器等。

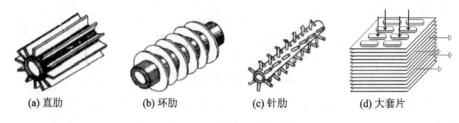

| (a) 直肋 | (b) 环肋 | (c) 针肋 | (d) 大套片 |

图 3.20　常见肋片的结构

肋片的导热有一个特点，就是在肋片伸展的方向上有表面的对流换热及辐射散热，因而肋片中沿导热热流传递的方向，热流量是不断变化的，即 $Q \neq \text{constant}$。

分析肋片导热需要解决以下两个问题：

① 确定肋片的温度沿导热热流传递的方向是如何变化的；

② 确定通过肋片的散热量有多少。

1）通过等截面直肋的导热

在图 3.20a 的结构中取出一个肋片进行分析，如图 3.21 所示。设肋片的高度为 l，宽度为 L，厚度为 δ。肋片的横截面积为 $A_L = L \times \delta$，肋片的横截面的周边长度为 $U = 2(L+\delta)$。肋基的温度为 $t_0 = \text{constant}$，金属肋片的导热系数为 λ，周围流体的温度为 t_∞，肋片与流体的对流换热表面换热系数为 h。现分析肋片中的温度分布及通过该肋片的散热量。

① 物理模型

观察发现，在笛卡儿坐标系中分析更为便捷，原点就设在肋基处。严格地说，肋片中的温度场是三维、稳态、无内热源、常物性、第三类边界条件的导热问题。但由于三维导热问题比较复杂，因此在忽略次要因素的基础上，作如下假定：

a. 沿 z 轴方向，肋片的宽度 L 很长，可以不考虑温度沿该方向的变化。因此，肋片中的温度分布可简化为二维温度场，即 $t = f(x,y)$。此时热量传递的过程如下：在 x 轴方向，即沿肋片高度方向，热量从肋基以导热方式导入，随后热量继续沿 x 轴方向传递；在 y 轴方向，通过对流换热从肋片表面向周围环境散热。

b. 导热系数 λ 和表面换热系数 h 均为常数。

c. 由于肋片的作用是增大传热,因此肋片材料的导热性能比较好(λ 较大),而环境的换热都比较差(h 较小),且从节省材料的角度出发,肋片的厚度通常远小于它的高度,即 $\delta \ll l$。因此,肋片沿厚度方向的温度变化很小,可认为任一横截面上的温度分布几乎是均匀的,截面上各点温度与截面中心的温度一致,温度只在沿肋片高度方向发生明显变化,温度分布是沿 x 轴方向的一维温度场。

d. 肋片顶端视为绝热,即 $\dfrac{\mathrm{d}t}{\mathrm{d}x}\Big|_{x=l}=0$。

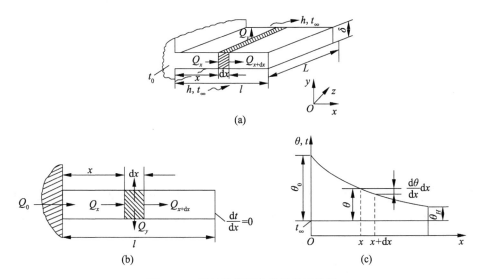

图 3.21　通过等截面直肋的热量传递

② 数学描述与分析求解

从能量平衡入手分析该问题。在距肋基 x 处,取一微元 $\mathrm{d}x$,研究该微元的能量平衡;在 x 处导入的热量 Q_x,应等于在 $x+\mathrm{d}x$ 处导出的热量 $Q_{x+\mathrm{d}x}$ 和从表面传入流体的热量 Q_c,即 $Q_x-Q_{x+\mathrm{d}x}=Q_c$。

根据傅里叶定律和牛顿冷却定律有

$$\left(-\lambda A_L \frac{\mathrm{d}t}{\mathrm{d}x}\right)-\left[-\lambda A_L \frac{\mathrm{d}t}{\mathrm{d}x}-\lambda A_L \frac{\mathrm{d}^2 t}{\mathrm{d}x^2}\mathrm{d}x\right]=hU \cdot \mathrm{d}x \cdot (t-t_\infty)$$

由于是微元段,因此认为各处温度是相同的,整理得

$$\lambda A_L \frac{\mathrm{d}^2 t}{\mathrm{d}x^2}=hU(t-t_\infty)$$

$$\frac{\mathrm{d}^2 t}{\mathrm{d}x^2}=\frac{hU}{\lambda A_L}(t-t_\infty)$$

令 $m=\sqrt{\dfrac{hU}{\lambda A_L}}$($m$ 为一个常量,单位为 m^{-1}),则

$$\frac{\mathrm{d}^2 t}{\mathrm{d}x^2}=m^2(t-t_\infty)$$

思考

为什么按有内热源来处理?

解析:肋片表面与周围流体的对流换热可表示为 $-\lambda \dfrac{\partial t}{\partial y}\Big|_{s}=h(t|_{s}-t_{\infty})$,而根据分析将温度分布简化为 $t=f(x)$,得 $\dfrac{\partial t}{\partial y}=0$,从而 $t|_{s}=t_{\infty}$,这是不合理的。所以在这种情况下,无法用导热与对流换热间的关系来描述对流换热。为了反映这部分对流换热的热量,可以把对流换热看作与导热同时存在的内热源,对流换热是从肋片带走热量,所以应为负的内热源。

上述问题也可以利用导热微分方程来分析:这里的肋片导热是常物性、有内热源、一维、稳态导热。

导热微分方程为

$$\frac{\mathrm{d}^2 t}{\mathrm{d}x^2}+\frac{q_{\mathrm{V}}}{\lambda}=0$$

由于肋片沿 x 轴方向的对流换热量是变化的,所以内热源强度也沿 x 轴方向变化。对微元段 $\mathrm{d}x$ 分析其内热源强度 q_{V}:该段的对流换热量为 $Q_{\mathrm{c}}=h(t-t_{\infty})\cdot U\cdot \mathrm{d}x$,其中 Q_{c} 是正值,则微元段 $\mathrm{d}x$ 内的热源强度为

$$q_{\mathrm{V}}=-\frac{Q_{\mathrm{c}}}{\mathrm{d}V}=-\frac{h(t-t_{\infty})\cdot U\cdot \mathrm{d}x}{A_{L}\cdot \mathrm{d}x}=-\frac{hU}{A_{L}}(t-t_{\infty})$$

描述等截面直肋的导热微分方程变为

$$\frac{\mathrm{d}^2 t}{\mathrm{d}x^2}=\frac{hU}{\lambda A_{L}}(t-t_{\infty})=m^2(t-t_{\infty})$$

边界条件为

$$\begin{cases} t|_{x=0}=t_0 \\ \dfrac{\mathrm{d}t}{\mathrm{d}x}\Big|_{x=l}=0 \end{cases}$$

为求解上述关于温度的二阶非齐次微分方程,定义过余温度 θ(excess temperature), $\theta=t-t_{\infty}$,则上述方程变为

$$\begin{cases} \dfrac{\mathrm{d}^2\theta}{\mathrm{d}x^2}=m^2\theta \\ \theta|_{x=0}=\theta_0=t_0-t_{\infty} \\ \dfrac{\mathrm{d}\theta}{\mathrm{d}x}\Big|_{x=l}=0 \end{cases}$$

解得等截面直肋的温度分布为

$$\theta=\theta_0\frac{\mathrm{e}^{m(l-x)}+\mathrm{e}^{-m(l-x)}}{\mathrm{e}^{ml}+\mathrm{e}^{-ml}}=\theta_0\frac{\mathrm{ch}[m(l-x)]}{\mathrm{ch}(ml)}$$

令 $x=l$,则肋端的过余温度为

$$\theta\big|_{x=l}=\frac{\theta_0}{\mathrm{ch}(ml)}$$

根据能量守恒定律可知,肋片散到外界的全部热流量都必须通过 $x=0$ 处的肋基截面。根据傅里叶定律可知,通过肋片散到外界的热流量为

$$Q=-\lambda A_L\frac{\mathrm{d}\theta}{\mathrm{d}x}\bigg|_{x=0}$$

而 $\dfrac{\mathrm{d}\theta}{\mathrm{d}x}=-m\theta_0\mathrm{sh}[m(l-x)]/\mathrm{ch}(ml)$,$\dfrac{\mathrm{d}\theta}{\mathrm{d}x}\bigg|_{x=0}=-m\theta_0\mathrm{th}(ml)$,所以

$$Q=-\lambda A_L[-m\theta_0\mathrm{th}(ml)]=\lambda m A_L\theta_0\mathrm{th}(ml)=\sqrt{hU\lambda A_L}\,\theta_0\mathrm{th}(ml)\quad(\mathrm{W})$$

关于上述分析的几点说明:

a. 上述推导中忽略了肋端的散热。对于一般工程计算,尤其对高而薄的肋片,可以获得较精确的结果。当必须考虑肋端对流散热时,可采用一种简便的方法,即用假想高度 $l'=l+\dfrac{\delta}{2}$ 代替实际高度 l,然后仍按照端面是绝热时的计算式来计算肋片的散热量。这种想法基于:考虑端面的散热而把端面面积铺展到侧面上去。

b. 上述分析近似认为温度场是一维的。对于肋片,定义毕渥(Biot)数 Bi,当满足 $Bi=h\delta/\lambda\leqslant0.05$ 时,这样分析引起的误差不超过 1%。但对于短而厚的肋片,温度场是二维的,上述公式并不适用。实际上,肋片表面上的表面换热系数 h 不是均匀一致的,这时需要用数值计算法。

c. 增设肋片不一定就能实现强化传热,只有满足一定的条件才能增加散热量。设计肋片时要注意这一点。

【例 2】 一铁制的矩形直肋,厚度 $\delta=5$ mm、高度 $l=50$ mm、宽度 $L=1$ m。已知肋片材料的导热系数 $\lambda=58$ W/(m·K),肋表面与周围介质之间的表面换热系数 $h=12$ W/(m²·K),肋基的过余温度 $\theta_0=80$ ℃。求肋片的散热量和肋端的过余温度。

解:因为毕渥数 $Bi=\dfrac{h\delta}{\lambda}=\dfrac{12\times0.005}{58}=0.001<0.05$,所以可以利用前面介绍的解析法进行计算。

因为 $\delta=0.005$ m$<L=1$ m,所以 $U=2(L+\delta)\approx2L$,$A_L=L\times\delta$,则有

$$m=\sqrt{\frac{hU}{\lambda A_L}}=\sqrt{\frac{2h}{\lambda\delta}}=\sqrt{\frac{2\times12}{58\times0.005}}=9.10\ \mathrm{m}^{-1}$$

假想的肋高 $l'=l+\dfrac{\delta}{2}=0.05+0.0025=0.0525$ m,可得

$$ml'=9.10\times0.0525=0.478,\mathrm{th}(ml')=\mathrm{th}(0.478)=0.4446$$

由此可得肋片的散热量为

$$Q=\lambda m A_L\theta_0\mathrm{th}(ml)=58\times9.10\times0.005\times80\times0.4446=93.86\ \mathrm{W}$$

此外有

$$ml=9.10\times0.05=0.455,\mathrm{ch}(ml)=\mathrm{ch}(0.455)=1.105$$

所以,肋端的过余温度 $\theta_l=\dfrac{\theta_0}{\mathrm{ch}(ml)}=\dfrac{80}{1.105}=72.4$ ℃。

【例 3】 如图 3.22 所示,用玻璃水银温度计测量压气机储气筒里的空气温度。已知温度计读数为 100 ℃,储气筒与温度计套管连接处的温度为 $t_0=50$ ℃,套管高 $H=140$ mm、壁厚 $\delta=1$ mm、管材导热系数 $\lambda=58.2$ W/(m·K),套管外表面的表面换热系数 $h=29.1$ W/(m²·K)。请分析:温度计的读数能否准确地代表被测地点处的空气温度? 如果不能,其误差有多大?

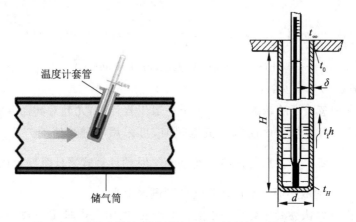

图 3.22 利用水银温度计测量压气机储气筒里的空气温度

解:温度计的感温泡与套管底部直接接触,认为温度计读数是套管顶端的温度 t_H。套管与其四周环境之间发生三种方式的热量传递,即从套管顶端向根部的导热、从压缩空气向套管外表面的对流传热和从套管外表面向储气筒筒身的辐射传热。稳态时,套管从压缩空气获得的热流量等于套管向管身的导热及向储气筒筒身的辐射传热之和。

套管中每一截面上的温度均可认为是相等的,因而温度计套管可看作截面积为 $\pi d\delta$ 的等截面直肋,测温误差就是套管顶端的过余温度 $\theta_H=t_H-t_f$。通过上述分析,可以将所研究的问题看作一维稳态等截面直肋的导热问题,采用肋片分析中的各项假定。

换热周长 U 为 πd,套管截面积 $A_c=\pi d\delta$。于是,mH 的值可根据定义求出,即

$$mH=\sqrt{\frac{hU}{\lambda A_c}}\,H=\sqrt{\frac{h}{\lambda\delta}}\,H=\sqrt{\frac{29.1}{58.2\times0.001}}\times0.14=3.13 \text{ m}$$

由数学手册查出 ch(3.13)=11.4,代入以下公式求解:

$$\theta_H=\frac{\theta_0}{\text{ch}(mH)}$$

$$t_H-t_f=\frac{t_0-t_f}{\text{ch}(mH)}$$

$$t_f=\frac{t_H\,\text{ch}(mH)-t_0}{\text{ch}(mH)-1}$$

得到 $t_f=\dfrac{100\times11.4-50}{11.4-1}=104.8$ ℃,所以测量误差为 4.8 ℃。

2) 肋片效率

根据前面对等截面直肋的导热分析可知,肋片表面温度从肋基至肋端是逐渐降低的。所以肋片表面的平均温度 t_m 必然低于肋基温度 t_0。而肋片表面平均温度的高低,直接影响肋片

表面的对流换热量。于是,人们提出了一个如何评价换热壁面加肋后的散热效果问题。

肋片效率 η_f 就是衡量肋片散热有效程度的指标,它是肋片的实际散热量 Q 与假设整个肋表面都处于肋基温度 t_0 时的理想散热量 Q_0 的比值,用符号 η_f 表示,即

$$\eta_f = \frac{Q}{Q_0} = \frac{hUl(t_m - t_f)}{hUl(t_0 - t_f)} = \frac{\theta_m}{\theta_0}$$

对于等截面直肋,有

$$Q = \lambda m A_L \theta_0 \operatorname{th}(ml)$$

$$Q_0 = hUl\theta_0$$

$$\eta_f = \frac{Q}{Q_0} = \frac{\lambda m A_L \operatorname{th}(ml)}{hUl} = \frac{m \operatorname{th}(ml)}{m^2 l} = \frac{\operatorname{th}(ml)}{ml}$$

θ_m 可由下式求得:

$$\theta_m = \theta_0 \eta_f = \frac{\theta_0}{ml} \operatorname{th}(ml)$$

可见,肋片效率是小于 1 的。

影响肋片效率的因素有肋片的几何形状和尺寸、肋片材料的导热系数、肋片表面与周围介质的表面换热系数。

利用图 3.23 进一步分析 η_f 随 ml 的变化情况:当 $ml = 2.7$ 时,$\operatorname{th}(ml) > 0.99$;当 $ml > 2.7$ 时,$\operatorname{th}(ml)$ 的值变化不大,并趋于 1。这时可以认为 η_f 与 ml 呈反比关系 $\left(\eta_f = \dfrac{1}{ml} \right)$。显然,随着 ml 值的增加,η_f 不断减小。当 m 值一定时,随着肋片高度 l 的增加,散热量先迅速增加,后逐渐减小,最后趋于一固定值。

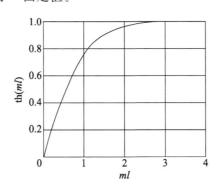

图 3.23　等截面矩形直肋的效率分析曲线

由上述分析可知,当 ml 超过 2.7 后,增加 l 对散热量没有作用,这说明肋片高度增大到一定程度后,再继续增高,就会导致肋片的效率急剧降低,达不到进一步增大肋片散热量的效果。ml 数值大的肋片,其肋端的过余温度低,导致肋片表面的 t_m 低,从而肋片的效率低。相反,当 ml 数值较小时,肋片具有较高的效率,所以当 l 值一定时,m 取较小值是有利的。因为 $m = \sqrt{\dfrac{hU}{\lambda A_L}}$,所以应尽可能选择导热系数较大的材料。另外,在 λ,h 值一定时,应确保 $\dfrac{U}{A_L}$ 取较小值,而 $\dfrac{U}{A_L}$ 的值取决于肋片的几何形状和尺寸。一般认为,$\eta_f > 80\%$ 的肋片是

经济适用的。

实际上肋片总是被成组使用的,在表面换热系数较小的一侧采用肋壁是强化传热的一种行之有效的方法。如图 3.24 所示,设此时肋片的总效率为 η_0,肋片的表面积为 A_f,两个肋片之间的根部表面积为 A_r,根部温度为 t_0,所有肋片与根部面积之和为 A,即 $A = A_f + A_r$。此时的散热量满足:

$$Q = A_r h(t_0 - t_f) + A_f \eta_f h(t_0 - t_f) = h(t_0 - t_f)(A_r + \eta_f A_f)$$

$$= Ah(t_0 - t_f)\frac{A_r + \eta_f A_f}{A_r + A_f} = h \eta_0 A(t_0 - t_f)$$

其中,$\eta_0 = \dfrac{A_r + \eta_f A_f}{A_r + A_f}$。组合肋片总效率高于单肋片效率,这在换热器设计中常被应用。

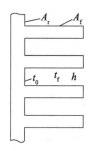

图 3.24　组合使用的肋片结构

3) 肋片的选用与最小质量

增加肋片能够增大对流换热面积,有利于减少总面积热阻,但肋片增加了固体导热热阻。因此,增加肋片是否有利取决于肋片的导热热阻与表面对流换热热阻之比,即毕渥数 $Bi = h\delta/\lambda$。对于等截面直肋,$Bi \leqslant 0.25$ 时增加肋片有利。

对于短而粗的肋片,其效率高,但面积小;而对于长而细的肋片,其效率较低,但面积大,散热量大,所以肋片的截面存在一个最佳形状。

为了减轻肋片质量、节省材料,并保持散热量基本不变,通常需要采用变截面肋片,其中包括环肋及三角形直肋、针肋等。对于变截面肋片,由于从导热微分方程推导肋片散热量计算过程相当复杂,在此不作深入探讨。

(4) 通过接触面的导热

实际固体表面不是理想平整的,所以两固体表面直接接触的界面容易出现点接触,或者只是部分的而不是完全的和平整的面接触,这就给导热带来额外的热阻。当两固体壁面具有温差时,接合处的热传递机理为接触点间的固体导热和间隙中的空气导热,对流和辐射的影响一般不大。

在推导多层壁导热的公式时,假定了两层壁面之间保持良好的接触,层间保持同一温度。而在工程实际中这个假定并不成立,因为任何固体表面之间的接触都不可能是紧密的。在这种情况下,两壁面之间只有接触的地方才直接导热,在不接触处存在空隙,如图 3.25 所示。热量是通过充满空隙的流体的导热、对流和辐射的方式传递的,因而存在传热阻力,称为**接触热阻**。接触热阻可导致接触面上出现温差,对传热不利。

接触热阻是普遍存在的,而目前对其研究又不充分,往往采用一些实际测定的经验数据。通常,对于导热系数较小的多层壁导热问题,多不考虑接触热阻,但是金属材料之间的接触热阻不容忽视。

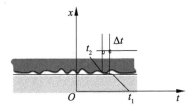

图 3.25　接触热阻存在示意图

影响接触热阻的主要因素:① 接触表面的粗糙度;② 表面接触时施加压力的大小;③ 两接触面之间形成的空隙中气体的热物性。

减小接触热阻的措施:① 减小接触表面的粗糙度;② 增加接触压力;③ 在两接触表面之间加一层具有高导热系数和高延展性的材料;④ 在接触面之间涂以具有良好导热性的油脂,从而减小气体存在空间。

(5) 多维稳态导热

工程上经常遇到二维和三维稳态导热问题,如房间墙角的传热、热网地下埋设管道的热损失、短肋片导热等。

对于无内热源、常物性、二维稳态导热问题,其导热微分方程为

$$\frac{\partial^2 t}{\partial x^2} + \frac{\partial^2 t}{\partial y^2} = 0$$

求解方法有以下几种。

1) 分析解法

分析解法中最重要的一种方法是法国物理学家傅里叶于 19 世纪发展起来的分离变量法(method of separation of variables)。该方法在使用时有一些限制条件:① 求解域结构比较简单;② 使用简单的线性边界条件;③ 物体的热物性为常量。

2) 数值计算法

随着计算机技术的飞速发展,通过计算机获得导热问题数值解的方法得以形成,但其解也只是特定计算条件下物体中典型位置的温度值,而非温度场的函数形式。数值计算法能够求解复杂形状和复杂边界条件下的导热问题。

3) 利用导热形状因子

如果只需要求解物体中所传导的热量,且两个边界的温度恒定、已知,那么可以采用导热形状因子法。

为了引入导热形状因子,比较平壁和圆筒壁导热的热流量的计算式:

$$Q = \frac{A}{\delta} \lambda (t_1 - t_2)$$

$$Q = \frac{2\pi l}{\ln \dfrac{d_2}{d_1}} \cdot \lambda (t_1 - t_2)$$

两式只有 $\dfrac{A}{\delta}$ 与 $\dfrac{2\pi l}{\ln\dfrac{d_2}{d_1}}$ 的差别,而这两项皆与几何因素有关。若将它们用一个符号 S 来

表示,则两热流量的计算式是一样的,即 $Q=S\lambda(t_1-t_2)$。

这是一维导热的情况,这种表达方式也可以推广到二维导热中。

考虑由任意一个等温表面 A_1(温度为 t_1)转移到另一个等温表面 A_2(温度为 t_2)的热流量 Q。根据傅里叶定律可得

$$Q=-\lambda\iint_{A_1}\left(\frac{\partial t}{\partial n}\right)_1\mathrm{d}A_1=\lambda\iint_{A_2}\left(\frac{\partial t}{\partial n}\right)_2\mathrm{d}A_2$$

令 $S=\dfrac{\iint_{A_1}\left(\dfrac{\partial t}{\partial n}\right)_1\mathrm{d}A_1}{t_2-t_1}=-\dfrac{\iint_{A_2}\left(\dfrac{\partial t}{\partial n}\right)_2\mathrm{d}A_2}{t_2-t_1}$,则 Q 可表示为

$$Q=S\lambda(t_1-t_2)$$

式中,S 为导热形状因子,m。

对于多维导热体,S 值应理解为平均有效导热面积 A_{m} 与两个等温壁面间的平均距离 L_{m} 之比,即 $S=\dfrac{A_{\mathrm{m}}}{L_{\mathrm{m}}}$。由此可知,导热形状因子完全取决于导热体的形状和尺寸。

对于平壁,$S=\dfrac{A}{\delta}$;对于圆筒壁,$S=\dfrac{2\pi l}{\ln\dfrac{d_2}{d_1}}$。

(6)非稳态导热

1)非稳态导热过程及其特点

物体内温度场随时间变化的导热过程为非稳态导热过程。在过程的进行中,系统内各处的温度是随时间变化的,热流量也是变化的。这反映了传热过程中系统内的能量是随时间改变的。工程上和自然界存在着大量的非稳态导热过程,如房屋墙壁内的温度场变化、炉墙加热(冷却)过程中的温度场变化、物体在炉内的加热或在环境中冷却等。

非稳态导热过程可分为两大类型:一是周期性的非稳态导热过程;二是非周期性的非稳态导热过程,通常指物体(或系统)的加热或冷却过程。非稳态导热主要研究两个方面的内容:① 确定物体在加热或冷却时其内部温度随时间和空间的变化规律;② 计算物体在加热或冷却过程中吸收或放出的热量。

图 3.26 所示为大平壁一侧受热升温,发生非稳态导热时的温度分布情况。大平壁内部各处初始温度均为 t_0,如图中直线 AD 所示。突然使其左侧表面温度升高至 t_1 并保持不变,而右侧仍与温度为 t_0 的空气接触。此时,平壁高温的那部分温度迅速上升,而其余部分仍保持初始温度 t_0,如图中曲线 HBD 所示。随着时间的推移,平壁从左到右各部分的温度也依次升高,从某一时刻开始平壁右侧的表面温度也逐渐升高,如图中曲线 HCD、HE、HF 所示。经过相当长的时间后温度达到新的稳态,温度分布保持恒定,如图中曲线 HG 所示。

在平壁右侧表面温度开始升高前,平壁右侧与周围环境并无换热,从平壁左侧得到的热量完全存储于平壁之中,用以提高自身的温度。从某一时刻开始,平壁右侧才向外散热,随着时间的推移,平壁内的温度逐渐升高,平壁左侧散热量随着壁温的升高而减小;而右侧

表面只有当其温度开始升高后才向外散热,且散热量随着右侧壁面温度的升高而增大。当两侧散热量相等时,平壁进入新的稳态导热阶段。图 3.26 中两条曲线间的面积(阴影部分)则为平壁在瞬态导热过程中所获得的热量,以热力学能的形式储存于平壁之中。**非稳态导热过程分为两个不同的阶段**:初始状况阶段和正规状况阶段。

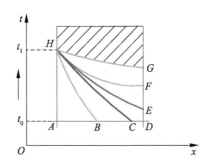

图 3.26　非稳态导热的温度分布

初始状况阶段:环境的热影响不断向物体内部扩展,即物体(或系统)仍然有部分区域受初始温度分布控制的阶段。

正规状况阶段:环境对物体的热影响已经扩展到整个物体内部,且仍然继续作用于物体,即物体(或系统)的温度分布不再受初始温度分布影响的阶段。

由于初始状况阶段受初始温度分布的影响,物体内的整体温度分布必须用无穷级数加以描述,而在正规状况阶段,由于初始温度分布影响的消失,物体内的温度分布曲线变为光滑连续的曲线,因而可以用初等函数加以描述,此时只用无穷级数的首项来表示物体内的温度分布。

从上面的分析不难看出,环境(边界条件)对系统温度分布的影响是很显著的,且在整个过程中一直在起作用。因此,分析非稳态导热过程的边界条件是十分重要的,这里以一维非稳态导热过程(也就是大平板的加热或冷却过程)为例进行分析。

图 3.27 所示为一个大平板的加热过程,曲线 a,b,c 为某一时刻三种不同边界情况的温度分布曲线。按照传热关系式 $q = \dfrac{t_\infty - t_w}{1/\alpha} \approx \dfrac{t_w - t}{\delta/\lambda}$ 作近似分析,就可得出如下结论:

曲线 a 表示平板外环境的换热热阻 $1/\alpha$ 远大于平板内的导热热阻 δ/λ,即 $1/\alpha \gg \delta/\lambda$。观察发现,物体内部的温度几乎是均匀的,也就是说物体的温度场仅仅是时间的函数,而与空间位置无关。这样的非稳态导热系统被称为集总参数系统(一个等温系统或物体)。

曲线 b 表示平板外环境的换热热阻 $1/\alpha$ 相当于平板内的导热热阻 δ/λ,即 $1/\alpha \approx \delta/\lambda$。这也是正常的第三类边界条件。

曲线 c 表示平板外环境的换热热阻 $1/\alpha$ 远小于平板内的导热热阻 δ/λ,即 $1/\alpha \ll \delta/\lambda$。观察发现,物体内部温度变化比较大,而环境与物体边界几乎无温差,此时可认为 $t_\infty = t_w$。那么,边界条件就变成了第一类边界条件,即给定物体边界上的温度。

将导热热阻与换热热阻相比较可得到一个无因次的数,即前文提到的毕渥数。那么,上述三种情况分别对应 $Bi \ll 1,Bi \approx 1$ 和 $Bi \gg 1$。毕渥数是导热分析中的一个重要的无因次准则,它表征了给定导热系统内的导热热阻与系统和环境之间的换热热阻的对比关系。

它和后文将要介绍的傅里叶数（准则）都是计算非稳态导热过程的重要参数。

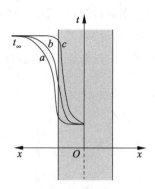

图 3.27　不同边界情况下的平板加热过程示意图

下面对一些简单的一维非稳态导热过程进行分析求解，以利于读者掌握非稳态导热过程的分析方法和进行实际的工程应用。

2）无限大平板的加热（冷却）过程

将一温度为 t_0、厚度为 δ 的无限大平板突然放入温度为 t 的环境中加热。这是一个典型的一维非稳态导热问题，如图 3.28 所示。该问题的导热微分方程和给定的初始条件、边界条件为

$$\begin{cases} \dfrac{\partial t}{\partial \tau}=a\,\dfrac{\partial^2 t}{\partial x^2} \\[2mm] \tau=0, t=t_0 \\[2mm] \tau>0, x=0, \dfrac{\partial t}{\partial x}=0 \\[2mm] \tau>0, x=\delta, \lambda\,\dfrac{\partial t}{\partial x}=-h(t-t_\infty) \end{cases}$$
写成无因次形式为
$$\begin{cases} \dfrac{\partial \Theta}{\partial F_0}=\dfrac{\partial^2 \Theta}{\partial X^2} \\[2mm] F_0=0, \Theta=\Theta_0=1 \\[2mm] X=0, \dfrac{\partial \Theta}{\partial X}=0 \\[2mm] X=1, \dfrac{\partial \Theta}{\partial X}=-Bi\Theta \end{cases}$$

式中，$a=\dfrac{\lambda}{\rho c_p}$，$\Theta=\dfrac{\theta}{\theta_0}=\dfrac{t-t_\infty}{t_0-t_\infty}$，$\Theta_0=\dfrac{\theta_0}{\theta_0}=1$，$F_0=\dfrac{h\tau}{\delta^2}$，$Bi=\dfrac{h\delta}{\lambda}$，$X=\dfrac{x}{\delta}$。

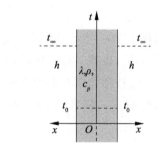

图 3.28　无限大平板加热过程模型图

上面定义的无因次时间 F_0 称为傅里叶准则或傅里叶数。其物理意义：表征给定导热系统的导热性能与其贮热（贮存热能）性能的对比关系，是给定系统的动态特征量。（可以参照热扩散系数的物理意义加以理解）

采用分离变量法求解导热微分方程可得到大平板的温度分布：

$$\Theta = 2 \sum_{n=1}^{\infty} e^{-\mu_n^2 F_0} \frac{\sin \mu_n \cos(\mu_n X)}{\mu_n + \sin \mu_n \cos \mu_n}$$

式中，μ_n 为微分方程的特征值，与边界条件密切相关，是毕渥数 Bi 的函数。因此，大平板温度分布的一般函数表达式为 $\Theta = f(Bi, F_0, X)$。

由于级数形式的解计算起来比较复杂，工程上常采用线算图（俗称诺谟图）来解决非稳态导热的计算问题。由海斯勒（Heisler）制成的线算图，能求解一维导热温度场和热流场。具体做法是将无因次温度改为

$$\Theta = \frac{\theta}{\theta_0} = \frac{\theta_c}{\theta_0} \cdot \frac{\theta}{\theta_c}$$

式中，$\theta_c = t_c - t_\infty$ 为**平板中心的过余温度**。这样划分之后，无因次中心温度 $\dfrac{\theta_c}{\theta_0} = f(Bi, F_0)$，它仅仅是毕渥数和傅里叶数的函数，而相对过余温度 $\dfrac{\theta}{\theta_c} = f(Bi, x/\delta)$ 只是毕渥数和无因次厚度的函数。再定义无因次热量，它也是毕渥数和傅里叶数的函数，即

$$\frac{Q}{Q_0} = f(Bi, F_0)$$

式中，Q 为 $0 \sim \tau$ 时间内传导的热量（内能的改变量），J；$Q_0 = \rho c_p \theta_0 V$ 为 $\tau \to \infty$ 时间内的总传导热量（物体内能改变总量），J；V 为物体的体积。

图 3.29 给出了大平板无因次中心温度、相对过余温度和无因次热量的海斯勒线算图。利用线算图可以在已知平板初始温度和环境换热系数及温度的条件下，确定平板达到某一温度所经历的时间或者经历某一段时间后平板的温度。

① 已知时间求温度的步骤：计算 Bi，F_0 和 $\dfrac{x}{\delta}$，从图 3.29 中查找 $\dfrac{\theta_c}{\theta_0}$ 和 $\dfrac{\theta}{\theta_c}$，计算出 $\dfrac{\theta}{\theta_0} = \dfrac{t - t_\infty}{t_0 - t_\infty}$，最后求出温度 t。

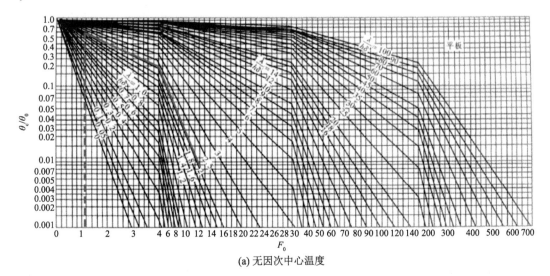

(a) 无因次中心温度

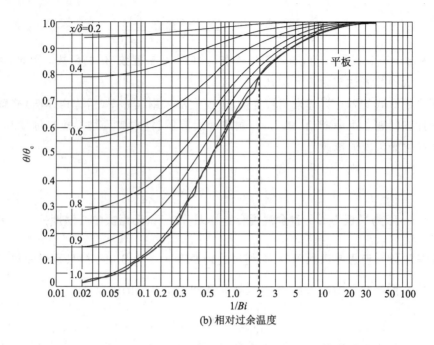

(b) 相对过余温度

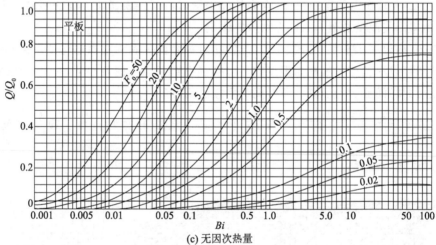

(c) 无因次热量

图 3.29 大平板无因次中心温度、相对过余温度和无因次热量的海斯勒线算图

② 已知温度求时间的步骤:计算 Bi,$\dfrac{x}{\delta}$ 和 $\dfrac{\theta}{\theta_0} = \dfrac{t-t_\infty}{t_0-t_\infty}$,从图 3.29 中查找 $\dfrac{\theta}{\theta_c}$,计算出 $\dfrac{\theta_c}{\theta_0} = \left(\dfrac{\theta}{\theta_0}\right) \Big/ \left(\dfrac{\theta}{\theta_c}\right)$,然后从图中查找 F_0,再求出时间 τ。

③ 求平板吸收(或放出)的热量的步骤:计算 $Q_0 = \rho c_p \theta_0 V$ 和 Bi,F_0,从图 3.29 中查找 $\dfrac{Q}{Q_0}$,再计算出 $Q = \left(\dfrac{Q}{Q_0}\right) \cdot Q_0$。

3)无限长圆柱体和球体的加热(或冷却)过程

无限长圆柱体在均匀环境中加热或冷却是典型的圆柱坐标系下的一维非稳态导热过程,如图 3.30 所示。通过分析求解亦可得到相应的温度分布。它同样也是无穷级数形式,

一般表达式为

$$\Theta = \frac{t - t_\infty}{t_0 - t_\infty} = f\left(Bi, F_0, \frac{r}{r_0}\right)$$

式中，r_0 为无限长圆柱体的半径，$Bi = hr_0/\lambda$，$F_0 = h\tau/r_0^2$。（注意特征尺寸 r_0 与大平板 δ 的差别）

可采用线算图来分析和计算无限长圆柱体的温度分布和传导的热量。这里同样使 $\Theta = \dfrac{\theta}{\theta_0} = \dfrac{\theta_c}{\theta_0} \cdot \dfrac{\theta}{\theta_c} = f_1(Bi, F_0) \cdot f_2(Bi, r/r_0)$，$\dfrac{Q}{Q_0} = f_3(Bi, F_0)$。于是，可以作出三个相应的线算图，从而得到无限长圆柱体非稳态导热过程的无因次中心温度、相对过余温度及无因次热量随时间和空间的变化。

无限长圆柱体非稳态导热过程的具体计算方法与无限大平板非稳态导热过程的计算方法相同。

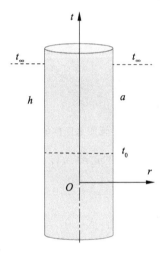

图 3.30　无限长圆柱体非稳态导热过程

球体的加热或冷却是球坐标系中的典型的一维非稳态导热过程，如图 3.31 所示。与无限长圆柱体一样，也可从导热微分方程和相应边界条件确定其温度分布，进而求得导热量。

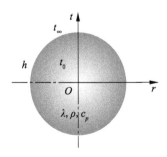

图 3.31　球体非稳态导热过程

4）半无限大固体的非稳态导热过程

半无限大系统指的是一个半无限大的空间，也就是一个从其表面可以向其深度方向无限延展的物体系统。由于作用于物体表面的热流是逐步向物体内部传递的，温度的变化也是逐步向物体内部延伸的,因而很多实际的物体在加热或冷却过程的初期都可以视为一个半无限大固体的非稳态导热过程。半无限大的概念可以给非稳态导热过程的求解带来方便。

图 3.32 所示为一个半无限大固体的导热系统,其初始温度为 t_0,而表面温度突然升高到 t_w,并一直保持不变。

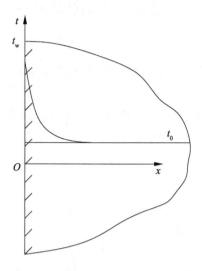

图 3.32　半无限大固体的导热系统

写出该问题的导热微分方程和相应的边界条件:

$$方程:\frac{\partial \theta}{\partial \tau}=a\,\frac{\partial^2 \theta}{\partial x^2},0<x<\infty$$

$$边界条件:\begin{cases}\tau=0,\theta=\theta_0=0\\ \tau>0,x=0,\theta=\theta_w\,;x\to\infty,\theta=\theta_0=0\end{cases}$$

式中,$\theta=t-t_0$,$\theta_w=t_w-t_0$,a 为常数。

该微分方程可以用拉普拉斯变换法求解,也可以引入相似变量将偏微分方程变换为常微分方程后分析求解,得到的温度分布为

$$\frac{\theta}{\theta_w}=1-\text{erf}\,\frac{x}{2\sqrt{a\tau}}$$

式中,erf 表示高斯误差函数,$\text{erf}\,\eta=\frac{2}{\sqrt{\pi}}\int_0^{\eta}\text{e}^{-\eta^2}\,\text{d}\eta$,定义 $\eta=\frac{x}{2\sqrt{a\tau}}$,这是针对导热问题而设定的相似参数。

根据傅里叶定律,任意位置上的热流量为

$$q_x=-\lambda A\,\frac{\partial t}{\partial x}=\frac{\lambda A\theta_w}{\sqrt{\pi a\tau}}\text{e}^{-x^2/(4a\tau)}$$

显然,边界表面上的热流量为

$$q_w=\frac{\lambda A\theta_w}{\sqrt{\pi a\tau}}$$

半无限大固体的边界条件变为第三类边界条件,即 $x=0,\lambda\dfrac{\partial\theta}{\partial x}=a(\theta-\theta_\infty)$,其中,$\theta=t-t_0,\theta_\infty=t_\infty-t_0$,此时微分方程的解为

$$\frac{\theta}{\theta_\infty}=1-\mathrm{erf}\frac{x}{2\sqrt{a\tau}}-\exp\left(\frac{hx}{\lambda}+\frac{h^2a\tau}{\lambda^2}\right)\left[1-\mathrm{erf}\left(\frac{h\sqrt{a\tau}}{\lambda}+\frac{x}{2\sqrt{a\tau}}\right)\right]$$

5)多维非稳态导热的图解法

多维导热问题的求解一般而言是较为复杂的,常常采用数值求解的方法。但对于少数几何结构简单的物体的多维非稳态导热问题,可以在分析的基础上采用一维问题的线算图来求解。

图 3.33 所示的无限长矩形柱可以看成由两个无限大平板正交构成,它们的厚度分别为 $2\delta_1$ 和 $2\delta_2$。

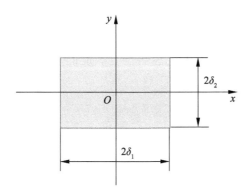

图 3.33　无限长矩形柱截面坐标选取

无限长矩形柱的导热微分方程为

$$\frac{\partial\theta}{\partial\tau}=a\left(\frac{\partial^2\theta}{\partial x^2}+\frac{\partial^2\theta}{\partial y^2}\right)$$

式中,$\theta=t-t_\infty$。

假设 $\theta(x,y,\tau)=\theta_x(x,\tau)\cdot\theta_y(y,\tau)$,并将其代入微分方程,整理后可得到

$$\theta_y\left(\frac{\partial\theta_x}{\partial\tau}-a\frac{\partial^2\theta_x}{\partial x^2}\right)=\theta_x\left(\frac{\partial\theta_y}{\partial\tau}-a\frac{\partial^2\theta_y}{\partial y^2}\right)$$

上式两边括号中的式子分别表示 x 轴方向和 y 轴方向上的一维非稳态导热问题的微分方程,且应分别为零。那么方程是恒等的,这也就表明 $\theta(x,y,\tau)=\theta_x(x,\tau)\cdot\theta_y(y,\tau)$ 的假设是成立的。

也就是说,一个二维非稳态导热问题的解可以用两个导热方向相互垂直的一维非稳态导热问题解的乘积来表示。用同样的方法可以证明,初始条件和边界条件也是能够满足上述假定的。进而推广到三维问题,也就是说,一个三维非稳态导热问题的解可以用三个导热方向相互垂直的一维非稳态导热问题解的乘积来表示。这样,求解一维非稳态导热问题的线算图就可以推广应用于简单的多维非稳态导热问题。例如:

① 矩形截面的长棱柱(正四棱柱)可看成由两个大平板正交构成,其温度分布为两个大

平板对应的温度分布的乘积,即$\dfrac{\theta}{\theta_0}=\left(\dfrac{\theta}{\theta_0}\right)_{s1}\cdot\left(\dfrac{\theta}{\theta_0}\right)_{s2}$,下标 s1 和 s2 分别表示两个坐标方向;

② 矩形块体(立方体)可看成由三个大平板正交构成,因而温度分布为三个大平板对应的温度分布的乘积,即$\dfrac{\theta}{\theta_0}=\left(\dfrac{\theta}{\theta_0}\right)_{s1}\cdot\left(\dfrac{\theta}{\theta_0}\right)_{s2}\cdot\left(\dfrac{\theta}{\theta_0}\right)_{s3}$,下标 s1,s2 和 s3 分别表示三个坐标方向;

③ 短圆柱体可看成由一个长圆柱体和一个大平板正交构成,因而温度分布为一个长圆柱体和一个大平板对应的温度分布的乘积,即$\dfrac{\theta}{\theta_0}=\left(\dfrac{\theta}{\theta_0}\right)_{s1}\cdot\left(\dfrac{\theta}{\theta_0}\right)_{c}$,下标 s1 和 c 分别表示大平板和长圆柱体;

④ 半长圆柱体可看成由一个长圆柱体和一个半无限大固体正交构成,因而温度分布为一个长圆柱体和一个半无限大固体对应的温度分布的乘积,即$\dfrac{\theta}{\theta_0}=\left(\dfrac{\theta}{\theta_0}\right)_{c}\cdot\left(\dfrac{\theta}{\theta_0}\right)_{s}$,下标 c 和 s 分别表示长圆柱体和半无限大固体。

以上几种情况如图 3.34 所示。需要强调的是,需要确定某一点的温度时,一定要先确定该点在对应的几个一维空间上的位置,再确定相应的一维温度值,最终将这些温度值相乘得出物体在该点的温度值。

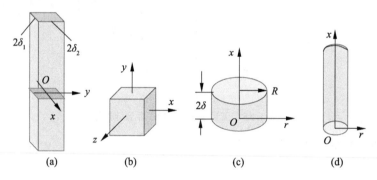

图 3.34　简单多维非稳态导热问题

3.3　对流换热

根据前文的介绍,热对流是指流体中(气体或液体)温度不同的各部分之间,由于发生相对的宏观位移而把热量由一处传递到另一处的现象。自然界不存在单一的热对流,热对流必然同时伴随着热传导。

3.3.1　对流换热概述

流体流过与其温度不同的固体壁面时发生的热量传递过程称为对流换热或对流传热。影响对流换热的因素很多,但它们的作用效果主要有两个:一是影响流动,二是影响流体中的热量传递。这些影响因素可归纳为以下五个方面。

(1) 流体流动的起因

按流体流动的起因,对流换热可分为自然对流换热(natural convection)和强制对流换热(forced convection)。

1) 自然对流换热

流体因各部分温度不同而引起的密度差异所产生的流动称为自然对流。如图 3.35a 所示,假设流体内部不同区域温度分别为 t_1 和 $t_2(t_2>t_1)$,温度的差异导致这些区域的密度也不同,显然 $\rho_2<\rho_1$,由此产生浮升力,浮升力的作用使流体产生流动。若流体的体积膨胀系数为 β,则有 $\rho_1=\rho_2[1+\beta(t_2-t_1)]$。于是,在重力场内单位体积流体由于密度不同所产生的浮升力为 $(\rho_1-\rho_2)g=\rho_2g\beta(t_2-t_1)$。如图 3.35b 所示,暖气片供暖就利用了自然对流原理。

自然对流的流动速度除取决于受热或冷却的强度外,还与流体性质、空间大小、换热壁面的位置等有关。

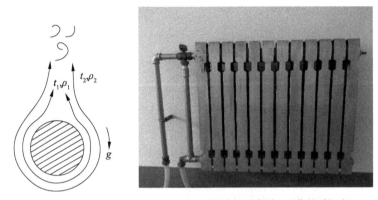

(a) 流体密度差异引起的自然对流　　(b) 依据自然对流原理工作的暖气片

图 3.35　自然对流换热

2) 强制对流换热

在外力的作用下产生的流动称为强制对流。强制对流的速度取决于外力所产生的压差、流体的性质和流道的阻力。夏天打开空调后,空调吹出的冷风使人感到凉快(图 3.36),这就是强制对流换热的典型案例。

图 3.36　强制对流换热

流动的起因不同,流体中的速度场也有差别,从而换热规律也不一样。

(2) 流体的流动状态

1883 年,雷诺在有水流动的玻璃管进口处注入有颜色的液体,发现了层流和湍流现象。

图 3.37 所示为雷诺实验示意图。

层流(laminar flow):整个流场呈一簇互相平行的流线。流体具有明显的分层流动现象,相邻两层之间不存在流体微团的混杂,只存在分子间的相互交换。

湍流(紊流)(turbulent flow):流体质点做复杂无规则的运动。流体在流动的垂直方向上出现明显而不规则的混杂现象。

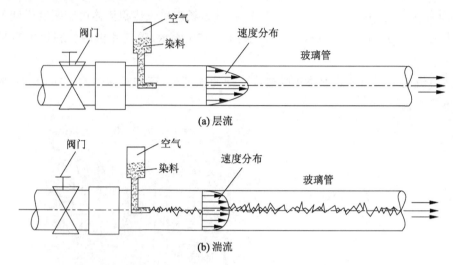

图 3.37 雷诺实验示意图

(3) 流体的热物性参数

流体的热物性参数对对流换热有较大的影响。流体的热物性参数主要包括:

① 导热系数 λ:若 λ 大,则流体内的导热热阻小,换热强。

② 比定压热容 c_p 和密度 ρ:若 ρ,c_p 大,则单位体积流体携带的热量多,热对流传递的热量多。

③ 黏度:黏度是表示流体黏性大小的物性指标,通常分为动力黏度 μ(单位:Pa·s)和运动黏度 ν(单位:m^2/s),两者之间的关系为 $\nu=\dfrac{\mu}{\rho}$。

黏性是流体的一种物理属性,μ 或 ν 的大小与流体种类有关。对同一流体,其值又随温度而异。

④ 体积膨胀系数:在自然对流中起作用。

这里定义一个确定流体物性参数值所用的温度,即定性温度(reference temperature),常用的定性温度主要有以下三种:① 流体平均温度 t_f;② 壁表面温度 t_w(有时对物性参数作某种修正时,以此作为定性温度);③ 流体与壁面的平均算术温度 $\dfrac{t_f+t_w}{2}$。

(4) 流体的相变

上述诸影响因素是针对无相变化的单相介质而言的。在传热过程中,有相变化时(如蒸气在冷壁面上冷凝以及液体在热壁面上沸腾),其换热强度比无相变时的大很多,换热有新的规律。因为相变时液体吸收汽化潜热变为蒸气,或蒸气放出汽化潜热变为液体。对于同一液体,其汽化潜热比比热容大得多,所以相变时的换热系数值比无相变时的大。

（5）换热表面几何因素

换热表面几何因素主要指影响流体的流态、流速分布及温度分布的因素,如壁面尺寸、壁面粗糙度、壁面形状、流体与壁面的相对位置等。其中,壁面尺寸和壁面粗糙度主要影响流体的流态;壁面形状(如平板、圆管等)不仅影响流体的流态,还影响流速分布;流体与壁面的相对位置(如流体在壁面内部流动或在外部流动),也会对换热产生较大影响。

这里给出定型尺寸或特征长度(characteristic length)的定义。它是指包含在准则数中的几何尺度。一般选用对对流换热的特性起决定作用的物体的几何尺度为定型尺寸。例如:流体在管内流动,取管内径;流体外掠单管,取管外径;流体外掠平板,取板长。

由以上分析可见,表面换热系数是众多因素的函数,即

$$h = f(u, t_w, t_f, \lambda, c_p, \rho, a, \mu, l)$$

研究对流换热的目的是找出 h 的具体函数式。

对流换热的分类见表 3.2。

表 3.2　对流换热的分类

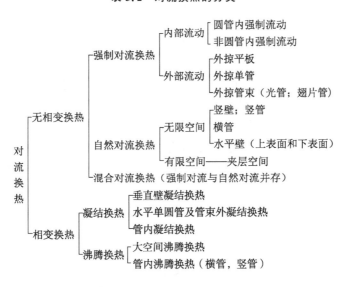

3.3.2　牛顿冷却定律

对流换热是一个复杂的传热过程,影响对流换热速率的因素很多,而且这些因素对不同的对流换热情况的影响又有差别,因此目前对对流换热的工程计算仍按半经验法处理。

根据传递过程普遍关系,壁面与流体间的对流换热速率应该等于推动力和阻力之比,即

$$对流换热速率 = \frac{对流换热推动力}{对流换热阻力} = 系数 \times 推动力$$

式中,推动力是壁面和流体间的温度差。影响阻力的因素很多,但比较明确的是阻力与壁面的表面积成反比。还应指出,在换热器中,沿流体流动方向上,流体和壁面温度一般是变化的,换热器不同位置上的对流换热速率也随之而异,所以对流换热速率方程应该用微分形式表示。

以流体和壁面间的对流换热为例,速率方程可以表示为

$$dQ = \frac{t_f - t_w}{\dfrac{1}{h\,dS}} = h(t_f - t_w)dS \tag{3.21}$$

式中,dQ 为局部对流换热速率,W;dS 为微分换热面积,m^2;t_f 为任一截面上热流体的平均温度,℃;t_w 为任一截面上与热流体相接触的一侧的壁面温度,℃;h 为比例系数,又称局部对流换热系数,$W/(m^2 \cdot ℃)$。

方程(3.21)又称牛顿冷却定律。

在换热器中,局部对流换热系数 h 随管长而变化,但是在工程计算中,常常使用平均对流换热系数(一般也用 h 表示,应注意与局部对流换热系数的区别)。此时牛顿冷却定律可以表示为

$$Q = hS(t_f - t_w) = \frac{\Delta t}{\dfrac{1}{hS}}$$

式中,h 为平均对流换热系数,$W/(m^2 \cdot ℃)$;S 为总传热面积,m^2;Δt 为流体与壁面间温度差的平均值,℃;$\dfrac{1}{hS}$ 为对流换热热阻,$℃/W$。

应注意,流体的平均温度是指将流动横截面上的流体绝热混合后测定的温度。在传热计算中,除另有说明外,流体的温度一般都是指这种横截面的平均温度。还应指出,换热器的传热面积有不同的表示方法,可以是管内侧或管外侧表面积。

牛顿冷却定律简化了复杂的对流换热问题,实质上是将矛盾集中到了对流换热系数 h 上。因此,各种对流换热情况下 h 的大小、影响因素及其计算式成为研究对流换热的核心。

3.3.3　对流换热系数

牛顿冷却定律也是对流换热系数的定义式,即

$$h = \frac{Q}{S \cdot \Delta t}$$

由此可见,对流换热系数在数值上等于单位温度差下、单位传热面积的对流换热速率,其单位为 $W/(m^2 \cdot ℃)$ 或 $W/(m^2 \cdot K)$。它反映了对流换热的快慢,h 愈大表示对流换热愈快。

对流换热系数 h 与导热系数 λ 不同,它不是流体的物理性质,而是受诸多因素影响的一个系数,反映对流换热热阻的大小。如前所述,流体有无相变化、流体流动的原因、流体流动状态、流体物性和壁面情况(换热器结构)等都可影响对流换热系数。一般来说,对于同一种流体,强制对流换热时的 h 要大于自然对流时的 h,有相变化时的 h 要大于无相变化时的 h。表3.3列出了几种对流换热情况下的 h 值,以便对其大小有数量级的概念。同时,其经验值也可作为传热分析中的重要参考。

表 3.3　几种对流换热情况下的对流换热系数值　　　　　　　　W/(m² · K)

换热方式	空气自然对流	气体强制对流	水自然对流	水强制对流	水蒸气冷凝	有机蒸气冷凝	水沸腾
对流换热系数	5～25	20～100	20～1000	1000～15000	5000～15000	500～2000	2500～25000

3.3.4　对流换热微分方程

图 3.38 表示一个简单的对流换热过程。流体以来流速度 u_∞ 和来流温度 t_f 流过一个温度为 t_w 的固体壁面。这里选取流体沿壁面流动的方向为 x 轴、垂直于壁面的方向为 y 轴。

由于黏性的作用,壁面上的流体处于不流动或不滑移的状态,也就是存在一个静止不动的流体薄层。热量将以导热的方式通过这一薄层,实现物体和流体之间的热量传递。

设壁面 x 处局部热流密度为 q_x(下标表示特定地点,不同 x 处的热流密度是不同的),单位为 W/m²。根据傅里叶定律得

$$q_x = -\lambda \left(\frac{\partial t}{\partial y} \right)_{w,x}$$

式中, $\left(\frac{\partial t}{\partial y} \right)_{w,x}$ 为 x 点贴壁处流体的温度梯度,℃/m 或 K/m,具体可由近壁处的温度场确定;λ 为流体的导热系数,W/(m · K)。

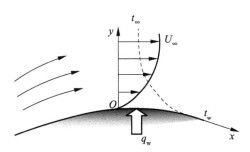

图 3.38　对流换热过程示意图

从过程的热平衡可知,这些通过壁面流体层传导的热流量最终以对流的方式传递到流体中,根据牛顿冷却定律,假定 $t_w > t_f$,则有

$$q_x = h_x (t_w - t_f)_x$$

式中,h_x 为 x 点处壁面的局部表面换热系数,W/(m² · K);$(t_w - t_f)_x$ 为 x 点处壁面温度 $t_{w,x}$ 与远离壁面处流体温度 t_f 的差。

根据能量守恒定律,

$$h_x = -\frac{\lambda}{(t_w - t_f)_x} \left(\frac{\partial t}{\partial y} \right)_{w,x} = -\frac{\lambda}{\Delta t_x} \left(\frac{\partial t}{\partial y} \right)_{w,x}$$

引入过余温度 θ,即 $\theta = t - t_w$(以壁面温度为基准),则壁面处流体的过余温度 $\theta_w = 0$,远离壁面处流体的过余温度 $\theta_f = t_f - t_w$。记 $\Delta\theta_x = (\theta_w - \theta_f)_x = (0 - t_f + t_w)_x = (t_w - t_f)_x$,则

$$h_x = -\frac{\lambda}{\Delta\theta_x} \left(\frac{\partial \theta}{\partial y} \right)_{w,x} \tag{3.22}$$

该式称为**对流换热微分方程**,它确定了对流换热表面换热系数与流体温度场之间的关系。要求解一个对流换热问题,获得该问题的对流换热系数,就必须首先获得流场的温度分布(即温度场),然后确定壁面上的温度梯度,最后计算出在参考温差下的对流换热系数。

对于附壁薄层,整个换热面上的总热流量为

$$Q = \int_A q_x \, \mathrm{d}A_x = \int_A h_x (t_w - t_f)_x \, \mathrm{d}A_x$$

若流体与表面间的温差是恒定的,则整个壁面的平均表面换热系数为

$$h = \frac{Q}{(t_w - t_f)A} = \frac{1}{A}\int_A h_x \, \mathrm{d}A_x$$

对流换热问题的边界条件有两类:第一类边界条件和第二类边界条件。

对于第一类边界条件,壁面温度 t_w 是已知的,此时要求的是壁面法向的流体温度变化率 $\left(\dfrac{\partial t}{\partial y}\right)_{w,x}$ 或 $\left(\dfrac{\partial \theta}{\partial y}\right)_{w,x}$;对于第二类边界条件,壁面局部热流密度 q_x 是已知的,相应地 $\left(\dfrac{\partial \theta}{\partial y}\right)_{w,x}$ 是已知的,此时要求的是壁面温度 $t_{w,x}$。

由于流体的运动影响着流场的温度分布,因而同时需要确定流体的速度分布(即速度场)。求解对流换热表面换热系数一般要先求解对流换热微分方程组。

对流换热过程是流体中的热量传递过程,涉及流体运动造成的热量的携带和流体分子运动产生的热量的传导(或扩散)。因此,流体的温度场与流体的流动场(速度场)密切相关。要确立温度场和速度场就必须找出支配方程组,它们是从质量守恒定律导出的连续性微分方程、从动量守恒定律导出的动量微分方程和从能量守恒定律导出的能量微分方程。从一般意义上讲,推导这些方程时限制性条件应尽量少。但是为了突出方程推导的物理实质而又不失一般性,这里选取二维不可压缩的常物性流体流场进行微分方程组的推导。

(1) 连续性微分方程

依据质量守恒定律,在单位时间内,净流入微元体的质量等于微元体内的质量增量。连续性微分方程为

$$\frac{\partial \rho}{\partial \tau} + \frac{\partial (\rho u)}{\partial x} + \frac{\partial (\rho v)}{\partial y} = 0$$

对于不可压缩黏性流体,在稳态、常物性场合下,$\dfrac{\partial \rho}{\partial \tau} = 0$,所以连续性微分方程化为

$$\frac{\partial u}{\partial x} + \frac{\partial v}{\partial y} = 0$$

(2) 动量微分方程

动量微分方程又称 N—S 方程,依据牛顿第二定律推导,即作用于微元体上的所有外力之和等于惯性力。对于不可压缩黏性流体,在稳态、常物性场合下,动量微分方程如下(直接引用流体力学推导结果):

$$x \text{ 方向}: \rho\left(\frac{\partial u}{\partial \tau} + u\frac{\partial u}{\partial x} + v\frac{\partial u}{\partial y}\right) = F_x - \frac{\partial p}{\partial x} + \mu\left(\frac{\partial^2 u}{\partial x^2} + \frac{\partial^2 u}{\partial y^2}\right)$$

y 方向：$\rho\left(\dfrac{\partial v}{\partial \tau}+u\dfrac{\partial v}{\partial x}+v\dfrac{\partial v}{\partial y}\right)=F_y-\dfrac{\partial p}{\partial y}+\mu\left(\dfrac{\partial^2 v}{\partial x^2}+\dfrac{\partial^2 v}{\partial y^2}\right)$

方程的等号左边表示惯性力,等号右边第一项表示体积力,第二项表示压力梯度,第三项表示黏滞力。

对于稳态流动,$\dfrac{\partial u}{\partial \tau}=0$,$\dfrac{\partial v}{\partial \tau}=0$;对于自然对流,$F_x=\rho g_x$,$F_y=\rho g_y$;对于强制对流,$F_x=F_y=0$。

（3）能量微分方程

能量微分方程的推导较为复杂。这里先作一些简化,二维、常物性,不可压缩牛顿流体、无内热源,不计动能、位能的变化,不计流体与壁面间的辐射换热,不计黏性耗散。根据能量守恒定律,导热引起的净热量＋热对流引起的净热量＝微元体内能的增量,即

$$Q+(q_m)_{in}\left(h+\frac{1}{2}v^2\right)_{in}=\frac{\partial U}{\partial \tau}+(q_m)_{out}\left(h+\frac{1}{2}v^2\right)_{out}$$

所以,$Q=\dfrac{\partial U}{\partial \tau}+(q_m)_{out}h_{out}-(q_m)_{in}h_{in}$。

令 $H_x=(q_m)_{in}h_{in,x}=\rho u\,dy c_p t=\rho c_p ut\,dy$,$H_{x+dx}=H_x+\dfrac{\partial H_x}{\partial x}dx=H_x+\dfrac{\partial(\rho c_p ut\,dy)}{\partial x}dx=H_x+\rho c_p\left(u\dfrac{\partial t}{\partial x}+t\dfrac{\partial u}{\partial x}\right)dx\,dy$。

因而,$H_{x+dx}-H_x=\rho c_p\left(u\dfrac{\partial t}{\partial x}+t\dfrac{\partial u}{\partial x}\right)dx\,dy$;同理可得 $H_{y+dy}-H_y=\rho c_p\left(v\dfrac{\partial t}{\partial y}+t\dfrac{\partial v}{\partial y}\right)dx\,dy$,而 $\dfrac{\partial U}{\partial \tau}=\dfrac{\partial}{\partial \tau}(\rho c_p t)dx\,dy$。

结合傅里叶定律,$Q=\lambda\left(\dfrac{\partial^2 t}{\partial x^2}+\dfrac{\partial^2 t}{\partial y^2}\right)dx\,dy$,可以得到

$$\underbrace{\frac{\partial t}{\partial \tau}}_{\text{非稳态项}}+\underbrace{\left(u\frac{\partial t}{\partial x}+v\frac{\partial t}{\partial y}\right)}_{\text{对流项}}=\underbrace{\frac{\lambda}{\rho c_p}\left(\frac{\partial^2 t}{\partial x^2}+\frac{\partial^2 t}{\partial y^2}\right)}_{\text{扩散项}} \tag{3.23}$$

在对流换热过程中,热量传递除了依靠流体流动所产生的对流项外,还有导热引起的扩散项,对流与导热综合传递热量。

如果加入内热源 q_V,则方程（3.23）变为

$$\frac{\partial t}{\partial \tau}+\left(u\frac{\partial t}{\partial x}+v\frac{\partial t}{\partial y}\right)=\frac{\lambda}{\rho c_p}\left(\frac{\partial^2 t}{\partial x^2}+\frac{\partial^2 t}{\partial y^2}\right)+\frac{q_V}{\rho c_p} \tag{3.24}$$

当 $u=v=0$ 时,方程（3.23）变为纯导热微分方程,因此对流换热能量微分方程是导热微分方程的推广。

综上可得,二维、常物性、不可压缩牛顿流体、无内热源时的对流换热微分方程组为

$$\begin{cases} \dfrac{\partial u}{\partial x}+\dfrac{\partial v}{\partial y}=0 \\[2mm] \rho\left(\dfrac{\partial u}{\partial \tau}+u\,\dfrac{\partial u}{\partial x}+v\,\dfrac{\partial u}{\partial y}\right)=F_x-\dfrac{\partial p}{\partial x}+\mu\left(\dfrac{\partial^2 u}{\partial x^2}+\dfrac{\partial^2 u}{\partial y^2}\right) \\[2mm] \rho\left(\dfrac{\partial v}{\partial \tau}+u\,\dfrac{\partial v}{\partial x}+v\,\dfrac{\partial v}{\partial y}\right)=F_y-\dfrac{\partial p}{\partial y}+\mu\left(\dfrac{\partial^2 v}{\partial x^2}+\dfrac{\partial^2 v}{\partial y^2}\right) \\[2mm] \rho c_p\left(\dfrac{\partial t}{\partial \tau}+u\,\dfrac{\partial t}{\partial x}+v\,\dfrac{\partial t}{\partial y}\right)=\lambda\left(\dfrac{\partial^2 t}{\partial x^2}+\dfrac{\partial^2 t}{\partial y^2}\right) \\[2mm] h_x=-\dfrac{\lambda}{t_w-t_f}\left(\dfrac{\partial t}{\partial y}\right)_{w,x} \end{cases}$$

该方程组中有 5 个方程和 5 个未知量,从理论上来讲,方程组是可解的。但对于大多数对流换热问题,尤其是流体流动状态从层流转变为湍流之后的换热问题,采用直接计算微分方程的分析办法几乎是不可能的。因此,对流换热问题的求解往往是一件较为复杂的工作。1904 年,德国科学家普朗特(Prandtl)提出了边界层的概念,使对流换热问题的求解得到发展。利用边界层求解方程主要针对一些简单问题,如二维的边界层层流流动、库特流动和管内层流流动换热等。

3.3.5　边界层换热微分方程组的解

由于流体黏性作用,靠近壁面处的流体速度和温度会发生显著变化。流体速度和温度发生显著变化的薄层称为边界层,分为速度(流动)边界层和温度(热)边界层。图 3.39 所示为空气绕某一翼型的流动,整个流场可分为边界层、边界层脱离翼型物面后形成的尾流,以及边界层和尾流以外的势流。

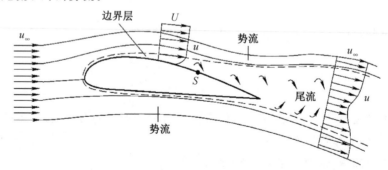

U—壁面附近主流速;u—边界层内任一流速;u_∞—远端流速。

图 3.39　翼型绕流

(1) 速度边界层

边界层流动可以是层流或湍流。实际工程中更一般的是混合边界层,即边界层前缘为层流,经过过渡区(称为转捩区)后转变为湍流;在湍流区,紧接物面的还有层流底层。图 3.40 所示为一均匀来流绕过平板一侧所形成的边界层流动。

在图 3.40 中,靠近壁面处的流体速度发生显著变化的薄层称为速度(流动)边界层 (flow boundary layer)。规定达到主流速度 99% 处至固体壁面的垂直距离为速度(流动)边界层厚度,记为 δ。

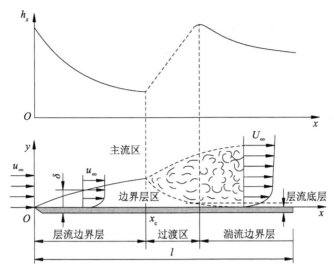

图 3.40　平板边界层流动

速度边界层理论的基本论点：

① 流场分为主流区和边界层区。只有在边界层区才考虑黏性的影响，需用黏性流体的微分方程描述其流动过程；在主流区，可将流体视为理想流体，用伯努利方程（在流体力学部分介绍）描述其流动过程。

② 速度边界层厚度 δ 远小于壁面定型尺寸 l，$\delta = \delta(x)$。

③ 在边界层内，流动状态分为层流、过渡流和湍流；湍流边界层内紧贴壁面处仍有一极薄层保持层流状态，称为层流底层。

（2）热边界层

如图 3.41 所示，当流体流过固体表面，且固体表面的温度 t_w 与来流流体的温度 t_f 不相等时，在壁面上方形成的温度发生显著变化的薄层，称为热边界层（thermal boundary layer）。当壁面与流体之间的温差（$\theta = t - t_w$）达到壁面与来流流体之间的温差（$\theta_f = t_f - t_w$）的 0.99 倍，即 $\theta = 0.99\theta_f$ 时，此处为热边界层的外边缘，而该点到壁面之间的距离则是热边界层的厚度，记为 δ_t（δ_t 与 δ 一般不相等）。

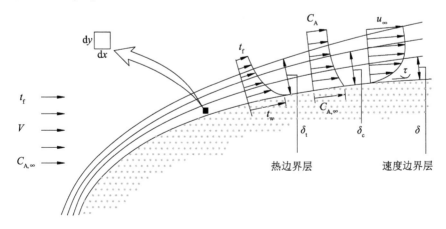

图 3.41　流体在固体壁面的流动

热边界层理论的基本论点：

① 温度场分为主流区和热边界层区。

② 热边界层厚度远小于壁面定型尺寸,热边界层很薄。

热边界层外, $\frac{\partial \theta}{\partial y} \approx 0$,可视为等温流动,因此主流区的传热可忽略不计(主流区流体间无热量传递);热边界层内,越靠近壁面处,温度梯度 $\frac{\partial t}{\partial y}$ 越大。

理论解求解途径：

① 精确解:将对流换热微分方程组简化成对流换热边界层微分方程组,在适当的边界条件下求得分析解或数值解,最后计算对流换热系数。

② 近似解:根据边界层理论,利用对流换热边界层积分方程组得到速度、温度分布,最后计算对流换热系数。

(3) 数量级分析与边界层微分方程组

如何将对流换热微分方程组简化成对流换热边界层微分方程组？常用的一种方法是数量级分析。

数量级分析是指通过比较方程中各项量级的相对大小,保留数量级较大的项而舍去数量级较小的项,从而实现方程的合理简化。

采用数量级分析法时,相关符号的意义如下：① "∼"表示"相当于";② $O(1)$ 表示"数量级为 1";③ $O(\delta)$ 表示"数量级为 δ",指数量级远远小于 $O(1)$ 的量。

对对流换热微分方程组进行数量级分析时,可首先确定 5 个基本量的数量级：① 主流速度 $u_\infty \sim O(1)$；② 主流温度 $t_\infty \sim O(1)$；③ 壁面定型尺寸 $l \sim O(1)$；④ 速度边界层厚度 $\delta \sim O(\delta)$；⑤ 热边界层厚度 $\delta_t \sim O(\delta)$。

为了说明问题的实质,分析的对象选为稳态、二维、重力场忽略的强制对流换热问题。写出各方程并标出各量的量级。

$$\frac{\partial u}{\partial x} + \frac{\partial v}{\partial y} = 0$$

$$\frac{1}{1} \qquad \frac{\delta}{\delta}$$

$$x \text{ 方向}: \rho \left(u\frac{\partial u}{\partial x} + v\frac{\partial u}{\partial y} \right) = -\frac{\partial p}{\partial x} + \mu \left(\frac{\partial^2 u}{\partial x^2} + \frac{\partial^2 u}{\partial y^2} \right)$$

$$1 \left[1\frac{1}{1} \quad \delta\frac{1}{\delta} \right] \qquad 1 \qquad \delta^2 \left[\frac{1}{1} \quad \frac{1}{\delta^2} \right]$$

$$y \text{ 方向}: \rho \left(u\frac{\partial v}{\partial x} + v\frac{\partial v}{\partial y} \right) = -\frac{\partial p}{\partial y} + \mu \left(\frac{\partial^2 v}{\partial x^2} + \frac{\partial^2 v}{\partial y^2} \right)$$

$$1 \left[1\frac{\delta}{1} \quad \delta\frac{\delta}{\delta} \right] \qquad \delta \qquad \delta^2 \left[\frac{\delta}{1} \quad \frac{\delta}{\delta^2} \right]$$

$$\rho c_p \left(u\frac{\partial t}{\partial x} + v\frac{\partial t}{\partial y} \right) = \lambda \left(\frac{\partial^2 t}{\partial x^2} + \frac{\partial^2 t}{\partial y^2} \right)$$

$$1 \left[1\frac{1}{1} \quad \delta\frac{1}{\delta_t} \right] \quad \delta_t^2 \left[\frac{1}{1} \quad \frac{1}{\delta_t^2} \right]$$

用上述 5 个基本量的量级来衡量上述方程中的各量,可知:

① x 与 l 相当,故 $x \sim O(1)$,x 的变化为从 0 至 l,$\dfrac{1}{l}\displaystyle\int_0^l x\,\mathrm{d}x = \dfrac{l}{2}$。

② 在边界层中,y 的变化为从 0 到 δ,即 $0 \leqslant y \leqslant \delta$,故 $y \sim O(\delta)$,$\dfrac{1}{\delta}\displaystyle\int_0^\delta y\,\mathrm{d}y = \dfrac{\delta}{2}$。

③ u 在 0 至 u_∞ 间变化,故 $u \sim O(1)$。

④ $\dfrac{\partial u}{\partial x} \sim O(1)$。

⑤ $\dfrac{\partial t}{\partial x} \sim O(1)$。

⑥ 根据连续性微分方程,得 $\dfrac{\partial v}{\partial y} = -\dfrac{\partial u}{\partial x}$,等式两边应有同样的数量级,所以 $\dfrac{\partial v}{\partial y} \sim O(1)$。

⑦ $\dfrac{\partial u}{\partial y} \sim \left| \dfrac{1}{\delta}\displaystyle\int_0^\delta \dfrac{\partial u}{\partial y}\,\mathrm{d}y \right| = \left| \dfrac{1}{\delta}\displaystyle\int_0^{u_\infty} \mathrm{d}u \right| = \dfrac{u_\infty}{\delta} \sim \dfrac{1}{\delta}$。

⑧ $\dfrac{\partial^2 u}{\partial y^2} \sim \dfrac{1}{\delta} \cdot \dfrac{1}{\delta} = \dfrac{1}{\delta^2}$。

⑨ $v \sim O(\delta)$。

⑩ 在速度边界层中,黏滞力与惯性力的数量级相同,若密度 ρ 的数量级定为 $O(1)$,则 $\mu \sim O(\delta^2)$。

⑪ 在热边界层中,导热项与对流项的数量级相等,若 $\rho c_p \sim O(1)$,则 $\lambda \sim O(\delta_t^2)$。

⑫ 在 y 方向动量微分方程中,黏滞力和惯性力的数量级为 $O(\delta)$,因此在等式中还有 $\dfrac{\partial p}{\partial y} \sim O(\delta)$。

分析 x 方向的动量微分方程可知,$\dfrac{\partial p}{\partial x}$ 的数量级将等于或小于 $O(1)$,这表明边界层中的压力梯度只沿 x 方向发生变化,沿壁面法线方向无压力梯度 $\left(\dfrac{\partial p}{\partial y} = 0 \right)$。因此,边界层内任一 x 截面的压强与 y 无关,等于主流压强,可将 $\dfrac{\partial p}{\partial x}$ 写为 $\dfrac{\mathrm{d}p}{\mathrm{d}x}$。由伯努利方程 $\left(p + \dfrac{\rho u_\infty^2}{2} = \text{constant} \right)$ 可得,$-\dfrac{\mathrm{d}p}{\mathrm{d}x} = \rho u_\infty \dfrac{\mathrm{d}u_\infty}{\mathrm{d}x}$,此即边界层中的压力分布方程。

y 方向动量微分方程中各量的数量级都是 $O(\delta)$,而 x 方向动量微分方程中各量的数量级都是 $O(1)$,对两者进行比较,y 方向动量微分方程可以从方程组中舍去。如:

在 x 方向动量微分方程中,$\mu \dfrac{\partial^2 u}{\partial x^2} \sim O(\delta^2)$ 与 $\mu \dfrac{\partial^2 u}{\partial y^2} \sim O(1)$ 相比,可以舍去。

在能量微分方程中,$\lambda \dfrac{\partial^2 t}{\partial x^2} \sim O(\delta_t^2)$ 与 $\lambda \dfrac{\partial^2 t}{\partial y^2} \sim O(1)$ 相比,可以舍去。

这样就得到用边界层概念简化的**边界层对流换热微分方程组**:

$$\begin{cases} \dfrac{\partial u}{\partial x} + \dfrac{\partial v}{\partial y} = 0 \\[3mm] u\,\dfrac{\partial u}{\partial x} + v\,\dfrac{\partial u}{\partial y} = -\dfrac{1}{\rho}\dfrac{\mathrm{d}p}{\mathrm{d}x} + \nu\,\dfrac{\partial^2 u}{\partial y^2} \\[3mm] u\,\dfrac{\partial t}{\partial x} + v\,\dfrac{\partial t}{\partial y} = a\,\dfrac{\partial^2 t}{\partial y^2} \end{cases}$$

其中,第二个方程为普朗特边界层方程(1904 年),ν 为常数,$\dfrac{\mathrm{d}p}{\mathrm{d}x}$ 由伯努利方程确定。因此,上述方程组中只有三个未知量:u,v,t。

对于层流外掠平板,此时主流区中 $u_\infty = \mathrm{constant}$,则 $\dfrac{\mathrm{d}p}{\mathrm{d}x} = -\rho u_\infty \dfrac{\mathrm{d}u_\infty}{\mathrm{d}x} = 0$,动量微分方程可简化为

$$u\,\frac{\partial u}{\partial x} + v\,\frac{\partial u}{\partial y} = \nu\,\frac{\partial^2 u}{\partial y^2}$$

利用边界层的概念,原来应在整个流场中求解动量微分方程和能量微分方程的问题,就简化为求解边界层方程(边界层区)和伯努利方程(主流区)。

注意:在 $u_\infty = \mathrm{constant}$ 时,$u\,\dfrac{\partial u}{\partial x} + v\,\dfrac{\partial u}{\partial y} = \nu\,\dfrac{\partial^2 u}{\partial y^2}$ 与 $u\,\dfrac{\partial t}{\partial x} + v\,\dfrac{\partial t}{\partial y} = a\,\dfrac{\partial^2 t}{\partial y^2}$ 具有相同的形式,只是 ν 和 a 不同。这表明,在 $u_\infty = \mathrm{constant}$ 的情况下,动量传递与热量传递有相似的规律。当 $\nu = a$ 时,速度场和温度场相同,且 $\delta = \delta_t$。

为了方便,定义以下无量纲参数:

$$X = \frac{x}{l},\ Y = \frac{y}{l},\ P = \frac{p}{\rho u_\infty^2},\ U = \frac{u}{u_\infty},\ V = \frac{v}{u_\infty},\ \Theta = \frac{t - t_w}{t_f - t_w}$$

各无量纲参数的数值均在 0~1 之间。

此时,方程组化为

$$\begin{cases} \dfrac{\partial U}{\partial X} + \dfrac{\partial V}{\partial Y} = 0 \\[3mm] U\,\dfrac{\partial U}{\partial X} + V\,\dfrac{\partial U}{\partial Y} = -\dfrac{\mathrm{d}P}{\mathrm{d}X} + \dfrac{1}{Re}\dfrac{\partial^2 U}{\partial Y^2} \\[3mm] U\,\dfrac{\partial \Theta}{\partial X} + V\,\dfrac{\partial \Theta}{\partial y} = \dfrac{1}{Re \cdot Pr}\dfrac{\partial^2 \Theta}{\partial Y^2} \end{cases}$$

式中,$Pr = \dfrac{\nu}{a}$ 为普朗特数;$Re = \dfrac{u_\infty l}{\nu}$。

虽然边界层中的速度分布与多个变量有关,但对参数无量纲化后自变量的数目就减少了。无量纲化的优点是扩大了方程的概括能力和计算结果的适用性。

微分方程组经过简化后,由于动量微分方程和能量微分方程分别略去了主流方向上的动量扩散项和热量扩散项,因此呈现上出游影响下游而下游不影响上游的物理特征。这就使得动量微分方程和能量微分方程变成抛物型的非线性微分方程,且动量微分方程由两个变成一个,$\dfrac{\mathrm{d}p}{\mathrm{d}x}$ 项可在边界层的外边缘上利用伯努利方程求解,方程组在给定的边值条件下

就可以进行分析求解了。

（4）外掠平板层流换热边界层微分方程组分析解

常物性流体外掠平板层流换热边界层微分方程组为

$$\begin{cases} \dfrac{\partial u}{\partial x} + \dfrac{\partial v}{\partial y} = 0 \\[2mm] u\,\dfrac{\partial u}{\partial x} + v\,\dfrac{\partial u}{\partial y} = \nu\,\dfrac{\partial^2 u}{\partial y^2} \\[2mm] u\,\dfrac{\partial t}{\partial x} + v\,\dfrac{\partial t}{\partial y} = a\,\dfrac{\partial^2 t}{\partial y^2} \\[2mm] h_x \Delta t = -\lambda \left(\dfrac{\partial t}{\partial y} \right)_{y=\mathrm{w},x} \end{cases}$$

解此方程组得出边界层的速度场、温度场，进而求出局部表面换热系数。对于层流，求解得到的结论如下：

① 边界层厚度 δ 及局部摩擦系数 $C_{\mathrm{f},x}$ 分别为

$$\frac{\delta}{x} = 5.0 Re_x^{-\frac{1}{2}} , \quad C_{\mathrm{f},x} = 0.664 Re_x^{-\frac{1}{2}}$$

式中，$Re_x = \dfrac{u_\infty x}{\nu}$。

② 常壁温（$t_{\mathrm{w}} = \mathrm{constant}$）平板局部表面换热系数为

$$h_x = 0.332 \frac{\lambda}{x} \cdot Re_x^{\frac{1}{2}} \cdot Pr^{\frac{1}{3}}$$

引入无量纲准则关联式：

$$Nu_x = \frac{h_x \cdot x}{\lambda} = 0.332 Re_x^{\frac{1}{2}} \cdot Pr^{\frac{1}{3}}$$

求解长为 l 的一段平板的表面平均换热系数 h：

$$h = \frac{1}{l} \int_0^l h_x \mathrm{d}x = 2 \times 0.332 \frac{\lambda}{l} \cdot Re^{\frac{1}{2}} \cdot Pr^{\frac{1}{3}} = 2 h_l$$

可以发现，平均换热系数 h 是 l 处局部换热系数 h_l 的 2 倍，则

$$h = 0.664 \frac{\lambda}{l} \cdot Re^{\frac{1}{2}} \cdot Pr^{\frac{1}{3}} \quad \text{或} \quad Nu = 0.664 Re^{\frac{1}{2}} \cdot Pr^{\frac{1}{3}}$$

式中，$Re = \dfrac{u_\infty l}{\nu}$；$Pr = \dfrac{\nu}{a} = \dfrac{\mu/\rho}{\lambda/\rho c_p} = \dfrac{\mu c_p}{\lambda}$（$Pr$ 为物性准则）；$Nu = \dfrac{hl}{\lambda}$，反映流体与固体表面之间对流换热的强弱。

定性温度：取边界层平均温度 $t_{\mathrm{m}} = \dfrac{t_{\mathrm{f}} + t_{\mathrm{w}}}{2}$。

③ $h_x = 0.332 \dfrac{\lambda}{x} \cdot Re_x^{\frac{1}{2}} \cdot Pr^{\frac{1}{3}}$，表明流体物性以 $Pr^{\frac{1}{3}}$ 影响换热。

④ $\dfrac{\delta_{\mathrm{t}}}{\delta} = Pr^{\frac{1}{3}}$。

对于 $Pr = 1$ 的流体，边界层无量纲速度曲线与无量纲温度曲线重合，且 $\delta = \delta_{\mathrm{t}}$；当 $Pr > 1$

时,$\nu>a$,黏性扩散效应大于热量扩散效应,$\delta>\delta_t$;当 $Pr<1$ 时,$\nu<a$,黏性扩散效应小于热量扩散效应,$\delta<\delta_t$。

⑤ 对流换热表面换热系数可以用有关准则数来表示,这样可以把影响 h 的众多因素用几个准则数来概括,使变量大为减少。例如 $h=f(Re,Pr)$,这对问题的分析、实验研究及数据整理具有普遍指导意义。

思考

对流换热边界层微分方程组是否适用于黏度很大的油和 Pr 数很小的液态金属?

解析: 对于黏度很大的油,Re 数很小,速度边界层的厚度 δ 与 x 为同一数量级,因而动量微分方程中 $\dfrac{\partial^2 u}{\partial x^2}$ 与 $\dfrac{\partial^2 u}{\partial y^2}$ 为同一数量级,不可忽略,且此时由于 $\delta \sim x$,速度 u 与 v 为同一数量级,y 轴方向的动量微分方程不能忽略。

对于液态金属,Pr 数很小,速度边界层的厚度 δ 与热边界层厚度 δ_t 相比,$\delta \ll \delta_t$,在边界层内,$\dfrac{\partial^2 t}{\partial x^2} \sim \dfrac{\partial^2 t}{\partial y^2}$,因而能量微分方程中 $\dfrac{\partial^2 t}{\partial x^2}$ 不可忽略。

3.3.6 边界层换热积分方程组及求解

描述对流换热的微分方程组是建立在微元控制体的质量、动量和能量守恒的基础上的。它们在一定的假设条件下准确地描述了对流换热现象。但也应看到,即使是一个极其简单的平板对流换热问题,其微分方程组的求解也是相当困难的。一种近似的计算方法是建立和求解边界层换热积分方程。边界层换热积分方程是把有限控制体扩展到整个边界层,在有限控制体内(而不是微元控制体上),满足质量、动量和能量守恒。

(1) 边界层动量积分方程

如图 3.42 所示,分析常物性、不可压缩牛顿流体的二维稳态强制流动边界层,可以得到以下方程:

$$\rho \frac{\mathrm{d}}{\mathrm{d}x}\left[\int_0^\delta (u_\infty - u)u\,\mathrm{d}y\right] + \rho \frac{\mathrm{d}u_\infty}{\mathrm{d}x}\left[\int_0^\delta (u_\infty - u)\,\mathrm{d}y\right] = \tau_w \quad (3.25)$$

式中,τ_w 为壁面局部黏滞应力。

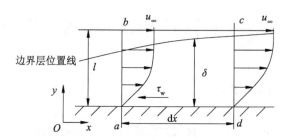

图 3.42　二维稳态强制流动边界层示意图

方程(3.25)是卡门在1921年推导出的边界层动量积分方程,该方程具有以下特点:
① 既适用于层流,也适用于湍流。

② 动量积分方程只包含一个变量 x。推导积分方程时,忽略 y 方向上的参量变化,只注意 x 方向上的参量变化;微分方程则把两个方向上的参量均考虑在内。

③ 积分方程的解是近似的。

积分方程只要求控制体在进出口截面处整体上满足守恒定律,即只要求在进出口截面上的积分平均满足守恒定律,而不深究每个流体质点是否满足守恒定律,微分方程则要求每个流体质点都满足守恒定律。例如,在积分方程的推导过程中,图 3.42 中流入 ab 的质量流量为 $\rho \int_0^l u \mathrm{d}y$,它只要与流出 cd 的质量流量 $\int_0^l u \mathrm{d}y$ 相等(即图 3.43 中两条速度曲线与 y 轴围成的面积相等),就认为流入、流出的流量无差别。实际速度分布与图 3.42 中并不相同,这就是积分方程的解被称为近似解的原因。

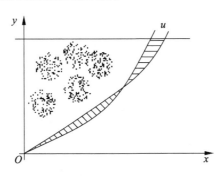

图 3.43 二维稳态强制流动速度分布

④ 要求解方程,就必须先给出边界层速度分布函数 $u = f(y)$ 的表达式,且表达式尽量精确,否则将影响积分结果。

(2) 外掠平板层流边界层厚度及摩擦系数

对于 u_∞ 为常数的常物性流体外掠平板层流流动:

$$u_\infty = \mathrm{constant} \Rightarrow \frac{\mathrm{d}u_\infty}{\mathrm{d}x} = 0$$

$$\tau_\mathrm{w} = \mu \left(\frac{\mathrm{d}u}{\mathrm{d}y} \right)_\mathrm{w}$$

则式(3.25)可改写为

$$\rho \frac{\mathrm{d}}{\mathrm{d}x} \left[\int_0^\delta (u_\infty - u) u \, \mathrm{d}y \right] = \mu \left(\frac{\mathrm{d}u}{\mathrm{d}y} \right)_\mathrm{w}$$

可见,只要边界层内的速度分布确定,上式便可求解。计算结果的准确程度取决于速度分布函数的精确性。

选用以下有 4 个待定常数的多项式作为速度分布的表达式:

$$u = a + by + cy^2 + dy^3$$

式中 4 个待定常数由边界条件及边界层特性来确定。

由边界层特性可知,$u = f(y)$ 应满足以下边界条件:

① 当 $y = 0$ 时,$u = 0$。

$y = 0$ 处,$u = 0$,$v = 0$,由 $u \dfrac{\partial u}{\partial x} + v \dfrac{\partial u}{\partial y} = \nu \dfrac{\partial^2 u}{\partial y^2}$ 得 $\left(\dfrac{\mathrm{d}^2 u}{\mathrm{d}y^2} \right)_\mathrm{w} = 0$。

② 当 $y = \delta$ 时,$u = u_\infty$。

$y = \delta$ 处,$\tau = \mu \dfrac{\mathrm{d}u}{\mathrm{d}y} = 0$,得 $\left(\dfrac{\mathrm{d}u}{\mathrm{d}y} \right)_\delta = 0$。

根据上述边界条件,求得

$$a = 0, b = \frac{3}{2} \frac{u_\infty}{\delta}, c = 0, d = -\frac{1}{2} \frac{u_\infty}{\delta^3}$$

于是速度分布表达式为

$$\frac{u}{u_\infty} = \frac{3}{2} \frac{y}{\delta} - \frac{1}{2} \left(\frac{y}{\delta} \right)^3$$

$$\left(\frac{\mathrm{d}u}{\mathrm{d}y} \right)_w = \frac{3}{2} \frac{u_\infty}{\delta} - \frac{3}{2\delta} \left(\frac{y}{\delta} \right)^2 u_\infty = \frac{3}{2} \frac{u_\infty}{\delta}$$

$$\tau_w = \mu \left(\frac{\mathrm{d}u}{\mathrm{d}y} \right)_w = \frac{3}{2} \mu \frac{u_\infty}{\delta}$$

再对动量方程进行积分,得

$$\frac{39}{280} \rho u_\infty^2 \frac{\mathrm{d}\delta}{\mathrm{d}x} = \mu \frac{3u_\infty}{2\delta} \Rightarrow \delta \mathrm{d}\delta = \frac{140}{13} \frac{\nu}{u_\infty} \mathrm{d}x$$

注意到 $x = 0$ 时 $\delta = 0$,对上式两边积分,得

$$\int_0^\delta \delta \mathrm{d}\delta = \int_0^x \frac{140}{13} \frac{\nu}{u_\infty} \mathrm{d}x \Rightarrow \delta = 4.64 \sqrt{\frac{\nu x}{u_\infty}}$$

其无量纲表达式为

$$\frac{\delta}{x} = 4.64 \sqrt{\frac{\nu}{u_\infty x}} = \frac{4.64}{\sqrt{Re_x}} \ \text{(微分方程的解为} \frac{\delta}{x} = 5.0 Re_x^{-\frac{1}{2}}\text{)}$$

式中,$Re_x = \dfrac{u_\infty x}{\nu}$。

壁面局部切应力 τ_w 为

$$\tau_w = \frac{3}{2} \mu \frac{u_\infty}{\delta} = \frac{0.323 \mu u_\infty^{\frac{3}{2}}}{\sqrt{\nu x}}$$

在工程计算中,常使用局部切应力与流体动压头之比这个无量纲量,并称其为摩擦系数,亦称范宁摩擦系数,即

$$C_{f,x} = \frac{\tau_w}{\dfrac{\rho u_\infty^2}{2}} = \frac{0.646}{\sqrt{Re_x}} \text{(微分方程的解为} C_{f,x} = 0.664 Re_x^{-\frac{1}{2}}\text{)}$$

长度为 l 的平板上的层流平均摩擦系数为

$$C_f = \frac{1}{l} \int_0^l C_{f,x} \mathrm{d}x = 2C_{f,l} = \frac{1.292}{\sqrt{Re}}$$

(3)边界层能量积分方程

把能量守恒定律应用于控制体,可推导出边界层能量积分方程。如图 3.42 所示,控制体 $abcd$ 在 x 方向上的长为 $\mathrm{d}x$,在 y 方向上大于速度边界层及热边界层厚度,在 z 方向上

为单位长度。为简化方程的推导,设定换热条件如下:

① 壁温为 t_w,主流温度为 t_f,主流速度为 u_∞,稳态对流换热从 $x=0$ 开始;

② 流体为常物性,且 $Pr>1$,即 $\delta_t<\delta$,工程常用流体满足此条件;

③ 流体无内热源,流速不高,不考虑黏性耗散热。

在边界层数量级分析中已经得出 $\dfrac{\partial^2 t}{\partial x^2}\ll\dfrac{\partial^2 t}{\partial y^2}$ 的结论,所以推导中仅考虑 y 方向的导热。

分析控制体的热平衡,单位时间进入控制体的热量等于单位时间流出控制体的热量。

$$\frac{\mathrm{d}}{\mathrm{d}x}\left[\int_0^{\delta_t}(t_f-t)u\,\mathrm{d}y\right]=a\left(\frac{\partial t}{\partial y}\right)_w$$

上式为常物性流体边界层能量积分方程。

边界层能量积分方程与边界层动量积分方程一起组成对流换热边界层积分方程组。

(4) 外掠平板层流热边界层厚度及表面换热系数

以稳态、常物性流体外掠常壁温平板层流换热为讨论对象。

为求解边界层能量积分方程,不仅要确定边界层中的速度分布规律,还要确定边界层中的温度分布规律。

选用多项式作为边界层温度分布的表达式,则有

$$t=a+by+cy^2+dy^3$$

热边界层中的边界条件如下:

① 当 $y=0$ 时,$t=t_w$。

$y=0$ 处,$u=0$,$v=0$,由 $u\dfrac{\partial t}{\partial x}+v\dfrac{\partial t}{\partial y}=\nu\dfrac{\partial^2 t}{\partial y^2}$ 得 $\left(\dfrac{\mathrm{d}^2 t}{\mathrm{d}y^2}\right)_w=0$。

② 当 $y=\delta_t$ 时,$t=t_f$。

因为 $y=\delta$ 处,$-\lambda\left(\dfrac{\mathrm{d}t}{\mathrm{d}y}\right)_{\delta_t}=h(t_f-t_f)=0$,所以 $\left(\dfrac{\mathrm{d}t}{\mathrm{d}y}\right)_{\delta_t}=0$。

根据上述边界条件,求得

$$a=t_w,b=\frac{3}{2}\frac{t_f-t_w}{\delta_t},c=0,d=-\frac{1}{2}\frac{t_f-t_w}{\delta_t^3}$$

引入过余温度 θ:$\theta=t-t_w$,$\theta_f=t_f-t_w$,于是边界层中温度分布的表达式为

$$\frac{\theta}{\theta_f}=\frac{3}{2}\frac{y}{\delta_t}-\frac{1}{2}\left(\frac{y}{\delta_t}\right)^3$$

根据上式及边界层中的速度分布,求解边界层能量积分方程可以得到热边界层厚度和局部表面换热系数。

1) 热边界层厚度

$$\frac{\delta_t}{\delta}=\frac{1}{1.025}Pr^{-\frac{1}{3}}\approx Pr^{-\frac{1}{3}}$$

这个结论是在 $Pr>1$ 的前提下得到的,对 $Pr>1$ 的流体适用。对于空气,$Pr=0.7$,上式也可以近似适用;对于液态金属($Pr\ll1$)和油类(Pr 数较高),上式则不适用。

进一步理解 $Pr=\dfrac{\nu}{a}$ 的物理意义:ν 表示流体分子传递动量的能力,a 表示流体分子传

递热量的能力。二者的比值反映流体的动量传递能力与热量传递能力之比的大小。Pr 越大,表示流体分子传递动量的能力越大。

2)局部表面换热系数 h_x

$$h_x = -\frac{\lambda}{t_w - t_f}\left(\frac{\mathrm{d}t}{\mathrm{d}y}\right)_w = -\frac{\lambda}{t_w - t_f} \cdot \frac{3}{2}\frac{\theta_f}{\delta_t} = 0.332\frac{\lambda}{x}Re_x^{\frac{1}{2}} \cdot Pr^{\frac{1}{3}}$$

其无量纲表达形式为

$$Nu_x = 0.332Re_x^{\frac{1}{2}} \cdot Pr^{\frac{1}{3}} \text{(与微分方程所得的精确解一致)}$$

引入斯坦登准则,则有

$$St_x = \frac{Nu_x}{Re_x \cdot Pr} = \frac{h_x}{\rho c_p u_\infty}$$

斯坦登准则是 Nu, Re, Pr 三者的综合准则,$St_x \cdot Pr^{\frac{2}{3}} = 0.332Re_x^{-\frac{1}{2}}$。

长度为 l 的平板上的平均表面换热系数 h 为

$$h = \frac{1}{l}\int_0^l h_x \mathrm{d}x = 2h_l = 0.664\frac{\lambda}{l} \cdot Re^{\frac{1}{2}} \cdot Pr^{\frac{1}{3}}$$

式中,$Re = \dfrac{u_\infty l}{\nu}$。

计算物性参数用的定性温度为边界层平均温度 $t_m = \dfrac{t_w + t_f}{2}$。

3.3.7 动量传递与热量传递的类比

比拟理论:利用两个不同物理现象之间在控制方程方面的类似性,通过测定其中一种现象的规律而获得另一种现象基本关系的方法。湍流换热研究的难度要远大于层流换热研究的难度,因此通常基于比拟理论,利用类比原理对湍流换热进行辅助分析。

湍流流动时,流动阻力系数的实验数据相对比较容易确定。而热量传递和动量传递具有类比性,因此可利用湍流阻力系数来推算湍流换热系数。类比原理可应用于层流、湍流及分离流。

(1)湍流动量传递和热量传递

湍流传递过程中,除了有和层流一样的分子扩散传递作用外,还存在流体质点脉动所引起的动量和热量传递的作用。湍流时,动量传递和热量传递的强化就是依靠流体质点脉动实现的。

1)脉动引起的动量传递

单位时间通过垂直于 v' 的单位面积传递的动量即为脉动传递的动量,可表示为 $-\rho v'u'$($v'u'$ 分别为 y 方向和 x 方向的脉动速度)。

湍流动量传递的净效果可用此量的时均值表示为 $\tau_t = -\rho\overline{v'u'}$。其中,$\tau_t$ 为湍流切应力,又称为雷诺应力(Reynolds stress),N/m^2,下标 t 表示湍流。

通常脉动值难以进行确切表达,使用起来并不方便,所以通常仿照层流黏滞应力计算式的形式,将湍流黏滞应力与局部时均速度变化率联系起来,表示为

$$\tau_t = -\rho\overline{v'u'} = \rho\varepsilon_m\frac{du}{dy}$$

式中，ε_m 为湍流动量扩散率（turbulent momentum diffusivity），或称为湍流黏度，m^2/s，可通过实验测定；$\frac{du}{dy}$ 为湍流时均速度梯度，$1/s$。

2）脉动引起的热量传递

脉动传递的热量可表示为 $\rho c_p v't'$。

湍流热量传递的净效果可用此量的时均值表示为 $q_t = \rho c_p\overline{v't'}$。

为了不使用脉动值直接表达，通常仿照层流导热计算式的形式（$q_1 = -\lambda\frac{dt}{dy} = -\rho c_p a\frac{dt}{dy}$）表示为

$$q_t = \rho c_p\overline{v't'} = -\rho c_p\varepsilon_h\frac{dt}{dy}$$

式中，ε_h 为湍流热扩散率（turbulent thermal diffusivity），m^2/s；$\frac{dt}{dy}$ 为湍流时均温度梯度，K/m。

需要注意的是：ε_m 和 ε_h 虽分别与运动黏度 ν 和热扩散率 a 相对应，也具有扩散率的单位 m^2/s，但它们不是流体的物性，只反映湍流的性质，与雷诺数、湍流强度及到壁面的距离有关。

定义湍流普朗特准则（turbulent Prandtl number），$Pr_t = \frac{\varepsilon_m}{\varepsilon_h}$，它的数值随湍流边界层中的位置有所变化，一般在 $0.9\sim1.6$ 之间。如果 $Pr_t = 1$，则意味着动量和热量的湍流传递相同，无量纲速度场与无量纲温度场重合。

综上所述，湍流总黏滞应力为层流黏滞应力 τ_1 与湍流黏滞应力 τ_t 之和，即

$$\tau = \tau_1 + \tau_t = \rho(\nu + \varepsilon_m)\frac{du}{dy} \tag{3.26}$$

湍流总热流密度为层流导热量 q_1 与湍流传递热量 q_t 之和，即

$$q = q_1 + q_t = -\rho c_p(a + \varepsilon_h)\frac{dt}{dy} \tag{3.27}$$

式（3.26）和式（3.27）即为湍流传递过程分析的基本关系式。

（2）雷诺类比（Reynolds analogy）

雷诺利用不同物理现象之间在控制方程方面的相似性，通过测定其中一种现象的规律而获得另一种现象的基本关系，这种方法称为**雷诺类比**。

进行雷诺类比主要基于两个假设：$Pr = 1$，$Pr_t = 1$。

1）雷诺类比应用于层流

由 $\varepsilon_m = 0$ 和 $\varepsilon_h = 0$ 可得 $q = q_1 = -\rho c_p a\frac{dt}{dy}$，$\tau = \tau_1 = \rho\nu\frac{du}{dy}$，所以

$$\frac{q_1}{\tau_1} = -\frac{\lambda}{\mu}\cdot\frac{dt}{du} = -\frac{\lambda}{\mu}\cdot\frac{dt}{du}\cdot\frac{\rho c_p/dy}{\rho c_p/dy} = -\frac{\lambda}{\mu c_p}\cdot\frac{\frac{d(\rho c_p t)}{dy}}{\frac{d(\rho u)}{dy}} = -\frac{1}{Pr}\cdot\frac{\frac{d(\rho c_p t)}{dy}}{\frac{d(\rho u)}{dy}} \tag{3.28}$$

式中，$\dfrac{\mathrm{d}(\rho c_p t)}{\mathrm{d}y}$ 为热量梯度，决定热量交换的速率；$\dfrac{\mathrm{d}(\rho u)}{\mathrm{d}y}$ 为动量梯度，决定动量交换的速率。

式(3.28)表达了层流热量和动量传递的类比关系。令 $Pr=1$，上式可改写为

$$\frac{q_1}{\tau_1}=-c_p\frac{\mathrm{d}t}{\mathrm{d}u}$$

2) 雷诺类比应用于湍流

雷诺的分析采用一个很粗糙的一层模型，假定整个流场由单一的湍流层构成，即认为不存在层流底层(即在雷诺考虑的湍流流场内，湍流传递作用远大于分子扩散作用，$\nu\ll\varepsilon_\mathrm{m}$，$a\ll\varepsilon_\mathrm{h}$)。此时，$\tau=\tau_\mathrm{t}=\rho\varepsilon_\mathrm{m}\dfrac{\mathrm{d}u}{\mathrm{d}y}$，$q=q_\mathrm{t}=-\rho c_p\varepsilon_\mathrm{h}\dfrac{\mathrm{d}t}{\mathrm{d}y}$，所以 $\dfrac{q}{\tau}=-c_p\cdot\dfrac{\varepsilon_\mathrm{h}}{\varepsilon_\mathrm{m}}\cdot\dfrac{\mathrm{d}t}{\mathrm{d}u}$。取 $Pr_\mathrm{t}=\dfrac{\varepsilon_\mathrm{m}}{\varepsilon_\mathrm{h}}=1$，则有

$$\frac{q}{\tau}=-c_p\frac{\mathrm{d}t}{\mathrm{d}u}\quad(t\text{ 和 }u\text{ 都取时均值}) \tag{3.29}$$

式(3.29)表达了湍流热量传递和动量传递的类比关系。

显然，当 $Pr=Pr_\mathrm{t}=1$ 时，层流和湍流的热量与动量的类比关系形式一致。

3) 湍流表面换热系数与摩擦系数的关系

在雷诺的一层模型中，认为 $\dfrac{q}{\tau}$ 等于壁面的比值 $\dfrac{q_\mathrm{w}}{\tau_\mathrm{w}}$，并作常数处理，则

$$\frac{q_\mathrm{w}}{\tau_\mathrm{w}}=-c_p\frac{\mathrm{d}t}{\mathrm{d}u}$$

分离变量得

$$q_\mathrm{w}\mathrm{d}u=-\tau_\mathrm{w}c_p\mathrm{d}t$$

上式两边同时积分得

$$\int_0^{u_\infty}q_\mathrm{w}\mathrm{d}u=-\int_{t_\mathrm{w}}^{t_\mathrm{f}}\tau_\mathrm{w}c_p\mathrm{d}t$$

$$q_\mathrm{w}u_\infty=-\tau_\mathrm{w}c_p(t_\mathrm{f}-t_\mathrm{w})$$

$$q_\mathrm{w}=-\tau_\mathrm{w}c_p\frac{t_\mathrm{f}-t_\mathrm{w}}{u_\infty}=\tau_\mathrm{w}c_p\frac{t_\mathrm{w}-t_\mathrm{f}}{u_\infty}$$

结合 $q_\mathrm{w}=h(t_\mathrm{w}-t_\mathrm{f})$ 求得 $h=\tau_\mathrm{w}c_p\dfrac{1}{u_\infty}$。对等式稍作变形得到 $\dfrac{h}{\rho c_p u_\infty}=\dfrac{\tau_\mathrm{w}}{\rho u_\infty^2}$，即 $St=\dfrac{C_\mathrm{f}}{2}$，这就是雷诺类比的解。

对于局部换热系数 h_x 和局部摩擦系数 $C_{\mathrm{f},x}$，则有 $St_x=\dfrac{C_{\mathrm{f},x}}{2}$。

以上解表达了湍流表面换热系数和摩擦系数间的关系，称为**简单雷诺类比**。这样，已知摩擦系数，就可推算表面换热系数了。

注意：上面的解只适用于 $Pr=1$ 的流体，当 $Pr\neq1$ 时，用 $Pr^{\frac{2}{3}}$ 修正 St，则有 $St\cdot Pr^{\frac{2}{3}}=\dfrac{C_\mathrm{f}}{2}$，此式即为**柯尔棚类比**，或称为**修正雷诺类比**(modified Reynolds analogy)，定性温度为

$t_{\mathrm{m}}=\dfrac{t_{\mathrm{w}}+t_{\mathrm{f}}}{2}$,适用于 $Pr=0.5\sim50$ 的流体。

（3）外掠平板湍流换热

流体平行流过平板的流动换热过程如图 3.44 所示,这是典型的边界层流动问题。对于边界层层流流动换热,可以通过求解边界层微分方程组获得相应的准则关系式;而对于湍流问题,则可以通过求解边界层积分方程组得出相应的准则关系式。这里不对求解过程进行详细的分析,而是给出其结果。层流与湍流的区分依据是雷诺数的大小,定义由层流向湍流转变的临界雷诺数 $Re_{\mathrm{c}}=5\times10^{5}$。

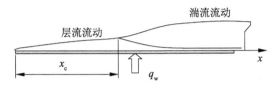

图 3.44　流体平行流过平板的流动换热过程示意图

采用雷诺类比进行分析,对于光滑平板,平板湍流局部摩擦系数为 $C_{\mathrm{f},x}=0.0592Re_{x}^{-\frac{1}{5}}$（适用范围 $5\times10^{5}\leqslant Re\leqslant10^{7}$）,则常壁温外掠平板湍流局部表面换热系数关联式为 $Nu_{x}=0.0296Re_{x}^{\frac{4}{5}}\cdot Pr^{\frac{1}{3}}$。全板平均表面换热系数为

$$
\begin{aligned}
h &= \frac{1}{l}\int_{0}^{l}h_{x}\,\mathrm{d}x = \frac{1}{l}\left(\int_{0}^{x_{\mathrm{c}}}h_{x,l}\,\mathrm{d}x + \int_{x_{\mathrm{c}}}^{l}h_{x,t}\,\mathrm{d}x\right)\\
&= \frac{1}{l}\left(\int_{0}^{x_{\mathrm{c}}}0.332\frac{\lambda}{x}Re_{x}^{\frac{1}{2}}Pr^{\frac{1}{3}}\,\mathrm{d}x + \int_{x_{\mathrm{c}}}^{l}0.0296\frac{\lambda}{x}Re_{x}^{\frac{4}{5}}Pr^{\frac{1}{3}}\,\mathrm{d}x\right)\\
&= \frac{\lambda}{l}\left(0.664\frac{u_{\infty}^{\frac{1}{2}}x_{\mathrm{c}}^{\frac{1}{2}}}{\nu^{\frac{1}{2}}} + 0.037\frac{u_{\infty}^{\frac{4}{5}}l^{\frac{4}{5}}}{\nu^{\frac{4}{5}}} - 0.037\frac{u_{\infty}^{\frac{4}{5}}x_{\mathrm{c}}^{\frac{4}{5}}}{\nu^{\frac{4}{5}}}\right)Pr^{\frac{1}{3}}\\
&= \frac{\lambda}{l}(0.037Re^{\frac{4}{5}}-871)Pr^{\frac{1}{3}}
\end{aligned}
$$

则 $Nu=(0.037Re^{0.8}-871)Pr^{\frac{1}{3}}$（适用于 $0.6\leqslant Pr\leqslant60$,$5\times10^{5}\leqslant Re\leqslant10^{8}$ 的流体）。

以上局部换热的无量纲准则的特征尺寸为 x,表示平板前沿的 $x=0$ 到平板 x 处的距离。计算整个平板的换热,则特征尺寸为 $x=l$,特征流速为 u_{∞},定性温度为壁面与流体的平均温度,即 $t_{\mathrm{m}}=\dfrac{t_{\mathrm{w}}+t_{\mathrm{f}}}{2}$。

3.3.8　相似理论基础

绝大多数对流换热系数是通过实验得到的。在进行实验研究时,会遇到三个困难:① 在实验中应测哪些量?是否所有的物理量都要测?② 实验的结果如何表达整理?③ 如何将实验结果运用到其他的实际现象中,或者说什么现象可以应用实验的结果?

相似理论可以回答上述三个问题。相似理论在传热学中的一个重要应用是指导实验的安排及实验数据的整理。

（1）基本概念

1）物理现象相似

几何相似：对应边成比例。

物理相似：物理量场相似（温度、速度、密度、黏度、导热系数等），对应点物理量成比例。

2）单值性条件相似

边界条件相似：对应边界点物理量场相似。

时间条件相似：对应时间物理量场相似。

（2）相似原理

相似原理（similarity principle）阐述了三方面的内容：物理现象相似的性质、相似准则间的关系、判别相似的条件。

1）物理现象相似的性质

相似第一定理：彼此相似的现象，它们的同名相似准则必定相等。

相似分析法：根据相似现象的基本定义——各个物理量场对应成比例，对与过程有关的量引入两个现象之间的一系列比例系数（称为相似倍数），然后应用描述该过程的一些数学关系式导出制约这些相似倍数间的关系，从而得出相应的相似准则数。

将物性量、几何量和过程量按物理过程的特征组合成无量纲的数，这些无量纲数通常称为准则。下面运用相似分析法对壁面对流换热进行分析。

① 建立壁面对流换热微分方程 $h = -\dfrac{\lambda}{\Delta t}\left(\dfrac{\partial t}{\partial y}\right)_{\text{w}}$。

两对流换热现象相似，根据对流换热微分方程，可导出努塞尔准则：$Nu = \dfrac{hl}{\lambda}$。两对流换热现象相似，则 Nu 必定相等。

该准则的物理意义：表征壁面法向流体无量纲过余温度梯度的大小，反映给定流场的换热能力与其导热能力的对比关系以及对流换热的强弱。Nu 是一个在对流换热计算中必须加以确定的准则。

德国杰出的传热学家努塞尔（Nusselt）对传热学做出了两大贡献：一是用无量纲化整理了以往的对流换热实验数据；二是用分析解的方法求得了膜状凝结的换热系数。

$$h_x = -\frac{\lambda}{\Delta \theta_x}\left(\frac{\partial \theta}{\partial y}\right)_{\text{w},x} = -\frac{\lambda}{t_{\text{w}} - t_{\text{f}}}\left[\frac{\partial(t - t_{\text{w}})}{\partial y}\right]_{\text{w},x}$$

上式两边同乘 l/λ，并略去下标 x 得到 $\dfrac{hl}{\lambda} = \left[\dfrac{\partial\left(\dfrac{t - t_{\text{w}}}{t_{\text{f}} - t_{\text{w}}}\right)}{\partial\left(\dfrac{y}{l}\right)}\right]_{\text{w}}$，定义无量纲过余温度 $\Theta = \dfrac{t - t_{\text{w}}}{t_{\text{f}} - t_{\text{w}}}$

和无量纲距离 $Y = \dfrac{y}{l}$，则可得到 $\dfrac{hl}{\lambda} = \left(\dfrac{\partial \Theta}{\partial Y}\right)_{\text{w}}$。

这里需要注意 Nu 与 Bi 的差别：从表达式看，二者似乎是一样的；实际上，如图 3.45 所示，Nu 中的 l 为流场的特征尺寸，λ 为流体的导热系数，而 Bi 中的 l 为固体系统的特征尺寸，λ 为固体的导热系数。它们虽然都表示边界上的无量纲温度梯度，但一个在流体侧，另一个在固体侧。因此，它们的物理意义完全不同，不能混淆。

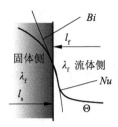

图 3.45　Nu 准则与 Bi 准则的物理意义

② 从动量微分方程可以导出雷诺准则：$Re = \dfrac{ul}{\nu}$。若两流体的运动现象相似，则 Re 必相等。

雷诺准则的物理意义：反映流体流动时惯性力与黏滞力的相对大小。

③ 从能量微分方程可以导出贝克利准则：$Pe = \dfrac{ul}{a} = \dfrac{\nu}{a}\dfrac{ul}{\nu} = Pr \cdot Re$。若两热量传递现象相似，则 Pe 必相等。

贝克利（Peclet）法国物理学家。贝克利准则的物理意义：反映了流场的热对流能力与其热传导能力的对比关系。它在能量微分方程中的作用相当于雷诺数在动量微分方程中的作用。

④ 对于自然对流流动，动量微分方程中需增加体积力项，体积力与压力梯度合并成浮升力：

$$浮升力 = (\rho_0 - \rho)g = \rho \alpha \Delta t g$$

式中，α 为流体的容积膨胀系数，K^{-1}；Δt 为流体与壁面的温差。

因此，适用于自然对流的动量微分方程为

$$u\frac{\partial u}{\partial x} + v\frac{\partial u}{\partial y} = g\alpha\Delta t + \nu\frac{\partial^2 u}{\partial y^2}$$

对上式进行相似分析，得出一个新的准则：$Gr = \dfrac{g\alpha\Delta t l^3}{\nu^2}$。这个准则称为格拉晓夫（Grashof）准则。

格拉晓夫（Grashof），德国工程师。格拉晓夫准则的物理意义：反映浮升力与黏滞力的相对大小。流体自然对流状态是浮升力与黏滞力相互作用的结果。Gr 数增大，表明浮升力作用相对增大。在准则关联式中，Gr 数表示自然对流对换热的影响。

以上导出的 Nu，Re，Pe，Gr 准则是研究稳态无相变对流换热问题所常用的准则。

⑤ 斯坦登准则：$St = \dfrac{Nu}{Re \cdot Pr} = \dfrac{h}{\rho c_p u_\infty}$。

其物理意义：表征流体对流换热的热流密度与流体可传递的最大热流密度的比值。

将该准则写成 $St = \dfrac{h}{\rho u_\infty c_p} \cdot \dfrac{\Delta t}{\Delta t}$（$\Delta t$ 为对流换热温差），则该式的分子为对流换热热流密度，分母为流体可传递的最大热流密度（因为流体最多从温度 t_f 被加热或冷却到 t_w）。

根据物理现象相似，它们的同名相似准则必定相等的性质，在实验中只需要测量各准则中所包含的量,就可得到描述目标现象的量,从而避免实验测量的盲目性,解决在实验中测量什么量的问题。

2）相似准则间的关系

物理现象中的物理量不是单个对物理过程起作用,而是由其组成的准则联合对物理过程起作用。

相似第二定理:描述物理过程的物理量组成的各准则之间存在一定的函数关系。物理现象的解原则上都是准则关联式,所以对流换热问题的解一般都表示成准则关联式的形式。

下面针对稳态无相变的对流换热现象列出各类常见的准则关联式。

① 对于无相变、强制、稳态对流换热,当自然对流不能忽略时,准则关联式为

$$Nu = f(Re, Pr, Gr)$$

② 对于无相变、强制、稳态对流换热,当自然对流可忽略时,准则关联式为

$$Nu = f(Re, Pr)$$

③ 对于空气,Pr 可作为常数处理,当空气强制湍流换热时,准则关联式为

$$Nu = f(Re)$$

④ 针对自然对流换热,从微分方程组相似分析中可以得到 Re, Pr, Nu, Gr 四个准则,但因 $Re = f(Gr)$ 不是一个独立的准则,所以准则关联式应为

$$Nu = f(Gr, Pr)$$

在对流换热的准则关联式中,待定量表面换热系数 h 包含在 Nu 数中,所以 Nu 是个待定准则。对于 h 的求解,其他准则中所包含的量都是已知量,所以 Re, Gr, Pr 称为已定准则。已定准则是决定现象的准则,已定准则的数值确定后,待定准则也就确定了。

注意:定性温度与定型尺寸的选取方法不同,准则的数值也就不同。因此,在利用准则关联式进行计算时,必须使用准则方程所指定的定性温度与定型尺寸,否则计算结果的误差就会比较大。

根据相似准则间的关系,实验数据应整理成准则关联式的形式,即把测量的全部有量纲的物理量整理成相关的待定准则量与已定准则量,并将待定准则与已定准则之间关联成一定的函数式——准则关联式。

将实验结果整理成准则关联式的好处:

① 可以减少变量数目。例如外掠平板层流换热,即 $Nu_x = 0.332Re_x^{\frac{1}{2}} \cdot Pr^{\frac{1}{3}}$,以 Nu_x 为变量,式中有 2 个自变量。

它的展开式为 $h_x = 0.332\lambda^{2/3}c_p^{1/3}\rho^{1/2}u_\infty^{1/2}x^{-1/2}\mu^{-1/6}$,即 $h_x = f(\lambda, c_p, \rho, u_\infty, x, \mu)$,式中有 6 个自变量和 1 个因变量,共 7 个变量。

整理数据时,2 个自变量要比 6 个自变量容易得多。

② 便于制定试验方案。

$y = f(x_1, x_2)$,式中有 2 个自变量,假定一个自变量变化 10 次,另一个不变,则需要做 $10^2 = 100$ 次试验。如果 $y = f(x_1, x_2, x_3, x_4, x_5, x_6)$,式中有 6 个自变量,那么需要做 10^6 次试验。所以整理后可以极大减少试验次数。

③ 个别数据按照准则整理后,整理出的结果具有普遍意义。

3)判别相似的条件

相似第三定理:凡同类现象,如果同名已定准则相等,且单值性条件相似(边界、时间),那么这两个现象一定相似。

单值性条件是指影响过程进行特点的那些条件,它包含了已定准则中的各已知物理量。

对于对流换热问题,单值性条件如下:

① 几何条件:换热壁面的几何形状和尺寸,流体与壁面的相对几何关系(如流体平行于壁面、垂直于壁面),壁面的粗糙度等。(相似现象发生在几何相似的空间,这是现象相似的基础,失去了几何相似,"对应点"也就无从谈起)

② 物理条件:流体的种类和物性等。

③ 边界条件:进出口温度,壁面温度或壁面的热流密度,流体速度。

④ 时间条件:现象中各物理量随时间变化的关系。

【例 4】　空气在长光滑圆管内稳态强制对流换热。已知两个现象的条件分别如下:管径 $d_1 = 100$ mm,$d_2 = 50$ mm,流速 $u_1 = 30$ m/s,$u_2 = 54$ m/s,流体温度 $t_1 = 80$ ℃,$t_2 = 60$ ℃,壁温 $t_{w_1} = 120$ ℃,$t_{w_2} = 90$ ℃,请判断两个现象是否相似。

解 对照判断相似的条件:

空气在长光滑圆管内稳态强制对流换热,两者是同类现象。

几何条件:长光滑圆管,流体在管内流动。物理条件:流体均为空气,在空间对应点上,物性参数成比例。边界条件:空间各对应点上的流体温度,壁温、速度场成比例。时间条件:均为稳态对流换热,时间条件一致。所以,单值性条件相似。

当定性温度 $t_1 = 80$ ℃时,空气的运动黏度 $\nu_1 = 21.09 \times 10^{-6}$ m^2/s,当 $t_2 = 60$ ℃时,空气的运动黏度 $\nu_2 = 18.97 \times 10^{-6}$ m^2/s,则 $Re_1 = \dfrac{u_1 d_1}{\nu_1} = \dfrac{30 \times 0.1}{21.09 \times 10^{-6}} = 1.42 \times 10^5 > 10^4$,流体在管内的流动属于管内湍流。而 $Re_2 = \dfrac{u_2 d_2}{\nu_2} = \dfrac{54 \times 0.05}{18.97 \times 10^{-6}} = 1.42 \times 10^5 > 10^4$,所以 $Re_1 = Re_2$。

当空气温度变化范围不大时,可认为 Pr 不变,即 $Pr_1 = Pr_2$。

以上分析说明,两个现象的同名准则数相等。

根据空气强制湍流换热时的准则关联式 $Nu = f(Re)$,由于 $Re_1 = Re_2$,所以 $Nu_1 = Nu_2$,说明两个现象的流动与换热相似(流动决定换热)。如果通过实验已知其中一个现象的 Nu,那么可知另一个现象的 Nu。

相似判别除了指导模型实验外,也使由实验得到的关联式推广应用到实验范围之内的其他相似现象。实验时应测量各相似准则中包含的全部物理量,其中物性由实验系统中的定性温度确定;实验结果整理成准则关联式;实验结果可以推广应用到相似的现象。实验准则关联式的每一个物理量可作为无数个相似现象的代表。

以流体在长管内对流换热为例,说明相似理论对实验研究的指导意义。

按相似第二定理:$Nu = f(Re, Pr)$,与对流换热有关的准则为 $Nu = \dfrac{hl}{\lambda}$,$Re = \dfrac{ul}{\nu}$,$Pr =$

$\dfrac{\nu}{a}$，它们包含的物理量有 6 个，分别为 h,u,λ,ν,a,l，其中 λ,ν,a 为物性参数，由定性温度 t_w,t_f 确定。实验应测的物理量有 4 个，分别为 h,u,t_w,t_f。

实验通常针对几种工质，在不同流速和温度下进行实验，使实验结果有较大的 Re 和 Pr 使用范围。

按相似第二定理：将实验数据整理为 $Nu=f(Re,Pr)$。

按相似第三定理：实验结果可以应用于任何同类现象。只要 Re 和 Pr 在实验范围内，即可用实验关联式计算 Nu 数和表面换热系数。

（3）实验数据的整理方法

在对流换热研究中，准则函数通常整理为幂函数的形式，如 $Nu=C\cdot Re^n$，$Nu=C\cdot Re^n\cdot Pr^m$，$Nu=C\cdot(Gr\cdot Pr)^n$，其中 C,n,m 等常数由实验数据确定。

对某些特定范围的换热问题，有时也将表面换热系数直接与一些主要因素关联成幂函数（而不用准则关联式的形式），如空气自然对流换热：$h=C\left(\dfrac{\Delta t}{l}\right)^n$。

幂函数形式的关联式有一个突出的优点：在纵、横坐标都是对数的双对数坐标图上会得到一条直线。各常数可由图解法、平均值法或最小二乘法确定。

如图 3.46 所示，以准则关联式 $Nu=C\cdot Re^n$ 为例，对它取对数可得到直线方程的形式：

$$\lg Nu=\lg C+n\lg Re$$

式中，n 为双对数坐标图上直线的斜率，$n=\tan\varphi$；$\lg C$ 为截距，$C=Nu/Re^n$。

注意：这里 Nu 与 Re 是关联线上任一点的坐标，而非实验点的数据。在有大量的实测数据点的情况下，由最小二乘法确定各常数比较可靠。

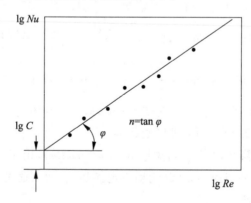

图 3.46　准则关系图

3.3.9　凝结换热

（1）凝结换热的基本概念

1）凝结换热现象

当蒸气与低于其饱和温度的壁面接触时，将汽化潜热释放给固体壁面，并在壁面上形成凝结液的过程，称为凝结换热现象。

2）凝结换热的分类

根据凝结液与壁面浸润能力的不同,凝结换热分为膜状凝结和珠状凝结两类,如图 3.47 所示。

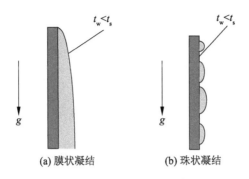

图 3.47　凝结换热分类

① 膜状凝结

定义:凝结液体能很好地润湿壁面,并能在壁面上均匀铺展成膜的凝结形式,称为膜状凝结。

特点:壁面上有一层液膜,凝结放出的相变热(潜热)须穿过液膜才能传到冷却壁面上,此时液膜成为主要的换热热阻。

② 珠状凝结

定义:凝结液体不能很好地润湿壁面,但能在壁面上形成一个个小液珠的凝结形式,称为珠状凝结。

特点:凝结放出的潜热无须穿过液膜的阻力即可传到冷却壁面上。

在其他条件相同时,珠状凝结的表面换热系数大于膜状凝结的表面换热系数。一般情况下,工业冷凝器形成膜状凝结,珠状凝结的形成比较困难且不持久。

3）凝结产生的条件

固体壁面温度 t_w 必须低于蒸气的饱和温度 t_s,即 $t_w < t_s$。

（2）膜状凝结分析

1）纯净蒸气层流膜状凝结分析解

1916 年,努塞尔提出的简单膜状凝结换热分析是近代膜状凝结理论和传热分析的基础。后来,人们针对努塞尔分析的限制性假设进行修正和发展,并形成各种实用的计算方法。

假设:① 常物性;② 蒸气静止;③ 忽略液膜的惯性力;④ 气液界面上无温差,即液膜温度等于饱和温度;⑤ 膜内温度呈线性分布,即热量传递方式只有导热;⑥ 忽略液膜的过冷度;⑦ 忽略蒸气密度;⑧ 液膜表面平整无波动。

根据以上假设,从边界层微分方程组推导出简化的努塞尔微分方程组,从而保持对流换热理论的统一性。凝结液膜的流动和换热符合边界层的薄层性质。

以竖壁的膜状凝结为例,x 方向为重力方向,如图 3.48 所示。

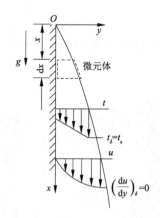

图 3.48　努塞尔理论分析坐标系与边界条件

在稳态情况下,凝结液膜流动的微分方程组为

$$\begin{cases} \dfrac{\partial u}{\partial x} + \dfrac{\partial v}{\partial y} = 0 & (3.30\text{a}) \\[3mm] \rho_1\left(u\,\dfrac{\partial u}{\partial x} + v\,\dfrac{\partial u}{\partial y}\right) = -\dfrac{\mathrm{d}p}{\mathrm{d}x} + \rho_1 g + \mu_1\,\dfrac{\partial^2 u}{\partial y^2} & (3.30\text{b}) \\[3mm] u\,\dfrac{\partial t}{\partial x} + v\,\dfrac{\partial t}{\partial y} = a_1\,\dfrac{\partial^2 t}{\partial y^2} & (3.30\text{c}) \end{cases}$$

方程中的下标"1"表示液相。

根据假设①,若以 ρ_v 表示蒸气密度,$\dfrac{\mathrm{d}p}{\mathrm{d}x}$ 为液膜在 x 方向的压力梯度,可按 $y=\delta$ 处液膜表面蒸气压力梯度计算,则有 $\dfrac{\mathrm{d}p}{\mathrm{d}x}=\rho_v g$。假设③忽略液膜的惯性力,所以 $\rho_1\left(u\,\dfrac{\partial u}{\partial x}+v\,\dfrac{\partial u}{\partial y}\right)=0$,加之假设⑦忽略蒸气密度,因此 $\dfrac{\mathrm{d}p}{\mathrm{d}x}=0$。根据假设⑤,膜内温度呈线性分布,即热量传递方式只有导热,$u\,\dfrac{\partial t}{\partial x}+v\,\dfrac{\partial t}{\partial y}=0$。式(3.30b)、式(3.30c)中只有未知量 u,v,不必补充其他方程求解,所以式(3.30a)可舍去,由此可得简化的努塞尔微分方程组为

$$\begin{cases} \rho_1 g + \mu_1\,\dfrac{\partial^2 u}{\partial y^2} = 0 \\[3mm] a_1\,\dfrac{\partial^2 t}{\partial y^2} = 0 \end{cases}$$

其边界条件为 $y=0$ 时,$u=0$,$t=t_w$;$y=\delta$ 时,$\left.\dfrac{\mathrm{d}u}{\mathrm{d}y}\right|_\delta=0$,$t=t_s$。

努塞尔微分方程组理论解求解的基本思路:

① 从简化的微分方程组出发获得包括液膜厚度 δ 在内的流速 u 及温度 t 分布的表达式;

② 利用 $\mathrm{d}x$ 一段距离上凝结液体的质量平衡关系获得液膜厚度的表达式;

③ 根据对流换热微分方程,利用傅里叶定律求出表面换热系数的表达式。

求解过程较为复杂,这里直接给出计算结果:

① 液膜厚度为

$$\delta = \left[\frac{4\mu_1\lambda_1(t_s-t_w)x}{g\rho_1^2\gamma}\right]^{1/4}$$

定性温度 $t_m = \dfrac{t_s+t_w}{2}$；汽化潜热 γ 按 t_s 确定。

② 局部对流换热系数为

$$h_x = \left[\frac{g\gamma\rho_1^2\lambda_1^3}{4\mu_1(t_s-t_w)x}\right]^{1/4}$$

整个竖壁的平均表面换热系数为

$$h_V = \frac{1}{l}\int_0^l h_x\,\mathrm{d}x = 0.943\left[\frac{g\gamma\rho_1^2\lambda_l^3}{\mu_1 l(t_s-t_w)}\right]^{1/4}$$

定性温度 $t_m = \dfrac{t_s+t_w}{2}$；汽化潜热 γ 按 t_s 确定。

实验表明，由于液膜表面波动，凝结换热得到强化，因此 h_V 的实验值比公式计算得出的理论值高 20% 左右。修正后的 $h_V = 1.13\left[\dfrac{g\gamma\rho_1^2\lambda_1^3}{\mu_1 l(t_s-t_w)}\right]^{1/4}$。

对于倾斜壁，用 $g\sin\theta$ 代替以上各式中的 g 即可，θ 为壁的倾角。

③ 努塞尔的理论分析可推广到水平圆管及球表面上的层流膜状凝结，它们的平均表面换热系数分别为

$$h_H = 0.729\left[\frac{g\gamma\rho_1^2\lambda_1^3}{\mu_1 d(t_s-t_w)}\right]^{1/4} \quad (\text{水平圆管})$$

$$h_S = 0.826\left[\frac{g\gamma\rho_1^2\lambda_1^3}{\mu_1 d(t_s-t_w)}\right]^{1/4} \quad (\text{球表面})$$

式中，下标"H"表示水平圆管；"S"表示球；d 为水平圆管或球的直径；定性温度 $t_m = \dfrac{t_s+t_w}{2}$。

横管与竖管的特征长度和平均表面换热系数不同，若特征长度和表面换热系数完全相同，则有 $\dfrac{h_H}{h_V} = 0.77\left(\dfrac{l}{d}\right)^{1/4}$。

2）膜层中凝结液的流动状态

凝结液体流动也分层流和湍流，其判断依据是膜层雷诺数 Re。膜层雷诺数是根据膜层的特点取当量直径为特征长度的雷诺数。如图 3.49 所示，以竖壁为例，在离开液膜起始处（即 $x=l$ 处）的膜层雷诺数为

$$Re = \frac{d_e\rho u_1}{\mu_1}$$

式中，u_1 为 $x=l$ 处液膜层的平均流速；d_e 为该截面处液膜层的当量直径。

在图 3.49 中，$d_e = 4A_c/P = 4b\delta/b = 4\delta$（$A_c$ 和 P 分别为截面积和湿周长度），所以 $Re = \dfrac{4\delta\rho u_1}{u_1} = \dfrac{4q_{ml}}{u_1}$。其中，$q_{ml} = \delta\rho u_1$，它是 $x=l$ 处宽为 1 m 的截面上凝结液的质量流量，单位为 kg/(m·s)。因此，在高为 l，宽为 1 m 的整个竖壁上的换热量为 $q_{ml}\gamma$。

根据牛顿冷却定律得

$$h(t_s - t_w)l = \gamma q_{ml}$$

所以

$$Re = \frac{4hl(t_s - t_w)}{\mu_1 \gamma}$$

对于水平圆管,用 πd 代替上式中的 l 即可。一般水平圆管都处于层流状态。

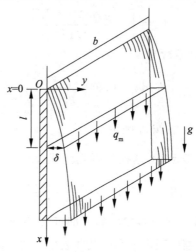

图 3.49　竖壁上层流液膜的质量流量

3) 湍流膜状凝结换热

液膜从层流转变为湍流的临界雷诺数一般为 1600。水平圆管因直径较小,实践上均在层流范围。

对于湍流液膜,除了靠近壁面的层流底层仍依靠导热来传递热量外,层流底层之外以湍流传热为主,换热大为增强。

对于竖壁的湍流膜状凝结换热,其沿整个壁面的平均表面换热系数为

$$h = h_1 \frac{x_c}{l} + h_t \left(1 - \frac{x_c}{l}\right)$$

式中,h_1 为层流段的换热系数;h_t 为湍流段的换热系数;x_c 为层流转变为湍流时转折点的高度;l 为竖壁的总高度。

根据分析,整理得到实验关联式:

$$Nu = Ga^{1/3} \frac{Re}{58 Pr_s^{-1/2} \left(\frac{Pr_w}{Pr_s}\right)^{1/4} (Re^{3/4} - 253) + 9200}$$

式中,$Nu = hl/\lambda$;$Ga = gl^3/v^2$。除 Pr_w 用壁温 t_w 计算外,其余物理量的定性温度均为 t_s。

(3) 影响膜状凝结的因素

上文讨论了理想条件下饱和蒸气膜状凝结换热的计算,但在工程实际中,膜状凝结受很多复杂因素的影响,主要有以下几个方面。

1) 不凝结气体

蒸气中含有不凝结的气体,即使含量极微,也会对凝结换热产生十分不利的影响。例

如,水蒸气中质量分数占 1% 的空气能使换热系数下降 60%。这是因为在靠近液膜表面的蒸气侧,随着蒸气的凝结,蒸气分压力下降,而不凝结气体的分压力上升,液体在抵达液膜表面进行凝结前,必须以扩散方式穿过积聚在界面附近的不凝结气体层。因此,不凝结气体的存在增加了传递过程(凝结)的阻力。蒸气分压力的下降,使相应的饱和温度下降,凝结的驱动力减小,也使得凝结过程受到影响。

2)蒸气流速

努塞尔的理论分析忽略了蒸气流速的影响,因此其结论只适用于蒸气流速较低的场合。当蒸气流速高时(大于 10 m/s),蒸气流在液膜表面会产生明显的黏滞应力,该应力影响程度与蒸气流向与重力场方向的关系以及流速是否导致液膜撕破有关。若蒸气流向与液膜重力场方向一致,则液膜变薄,h 增大;若蒸气流向与液膜重力场方向相反,则蒸气阻滞液膜流动,液膜增厚,h 减小。

3)过热蒸气

前述分析是针对饱和蒸气的,对于过热蒸气,应对汽化潜热进行修正,即用过热蒸气与饱和液的焓差代替式中的汽化潜热。

4)液膜过冷度及温度分布的非线性影响

努塞尔的理论分析忽略了液膜过冷度及温度分布的非线性影响,只须用下式中的 γ' 代替 γ(对汽化潜热进行修正)即可减小二者的影响。

$$\gamma' = \gamma + 0.68 c_p (t_s - t_w)$$

5)管子排数

管束的几何布置、流体物性都会影响凝结换热。前面推导的水平圆管凝结换热的公式只适用于单根水平圆管。当沿流动方向有 n 排管时,应对公式进行修正。理论上,用 nd 代替特征长度 d;实际上,计算结果大于理论结果,这是因为上排凝结液落在下排管子上时,会产生飞溅及对液膜的冲击扰动。

6)管内冷凝

对于冷凝器(如冰箱中的制冷剂蒸气冷凝器),蒸气在压差作用下流经管子内部时会产生凝结,此时的换热与蒸气的流速有关。

以水平圆管为例,当蒸气流速低时,凝结液主要积聚在管子下部,蒸气位于上部,h 较大,如图 3.50a 所示;当蒸气流速增大时,凝结液则分布于管子周围,形成环状流动,而中心为蒸气核,随着流动的进行,液膜厚度不断增厚以至于凝结完时占据整个截面,h 急剧减小,如图 3.50b 所示。

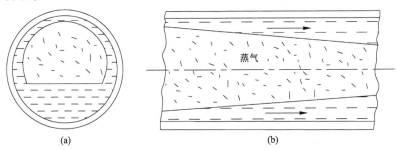

图 3.50　蒸气流速对膜状凝结的影响

7）凝结表面的几何形状

凝结表面的几何形状不同,其换热能力差别很大。那么如何才能通过改变表面几何形状提高凝结换热的效果?

强化凝结换热的原则是尽量减薄黏滞在换热表面上的液膜的厚度。具体的实现方法:① 用各种带有尖峰的表面使冷凝在其上的液膜拉薄;② 使已凝结的液体尽快从换热表面排出。

提高水平圆管凝结换热的方法有:① 采用锯齿或低肋管(图 3.51a,b),这类管的表面属高效冷凝表面;② 使液膜在下流过程中分段排出或采用加速排出法(图 3.51c,d)。

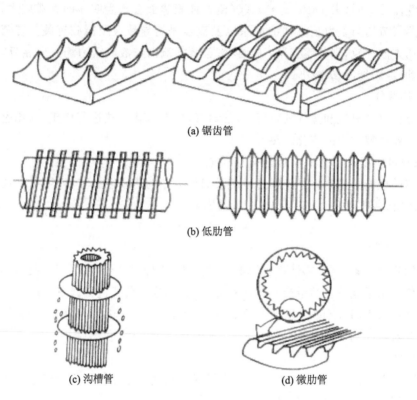

(a) 锯齿管

(b) 低肋管

(c) 沟槽管　　　　　　　　　　(d) 微肋管

图 3.51　强化凝结换热表面

3.3.10　沸腾换热

（1）沸腾换热的基本概念

沸腾的定义:液体吸热后在其内部产生气泡的汽化过程。

沸腾的特点:① 液体汽化吸收大量的汽化潜热;② 由于气泡形成和脱离时带走热量,加热表面不断受到冷流体的冲刷和强烈的扰动,所以沸腾换热强度远大于无相变的换热强度。

沸腾的分类:沸腾的分类很多,这里仅介绍常见的大容器沸腾(池内沸腾)和强制对流沸腾,每种沸腾又分为过冷沸腾和饱和沸腾。

① 大容器沸腾:指加热壁面沉浸在具有自由表面的液体中所发生的沸腾。主要特点:产生的气泡能自由浮升,穿过液体自由面进入容器空间。

② 强制对流沸腾:强制对流与沸腾现象共存。

③ 过冷沸腾:指液体主流尚未达到饱和温度,即处于过冷状态,而壁面上开始产生气泡的沸腾。

④ 饱和沸腾:指液体主流达到饱和温度,而壁面温度高于饱和温度所发生的沸腾。饱和沸腾的主要特点:随着壁面过热度的增大,出现 4 个换热规律完全不同的阶段。

理论分析与实验证明,产生沸腾的条件有:① 液体必须过热;② 要有汽化核心。

实验表明,通常情况下,沸腾时气泡只出现在加热面的某些点,而不是整个加热面上,这些产生气泡的点被称为汽化核心。较普遍的看法认为,壁面上的凹穴和裂缝易残留气体,是最好的汽化核心,如图 3.52 所示。

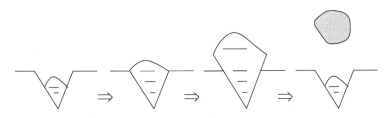

图 3.52　气泡的成长过程

(2) 大容器饱和沸腾曲线

图 3.53 所示为饱和水在水平加热面上沸腾的典型曲线($p=1.013\times10^5$ Pa),横坐标为壁面过热度 Δt(对数坐标),纵坐标为热流密度 q。该曲线表征了大容器饱和沸腾的全部过程,随着壁面过热度 Δt 的增大,共出现了 4 个换热规律不同的阶段:自然对流、核态沸腾、过渡沸腾和稳定膜态沸腾。

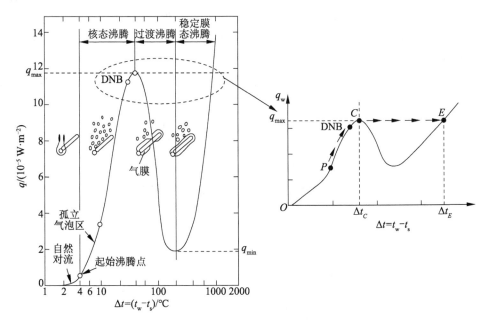

图 3.53　饱和水在水平加热面上沸腾的典型曲线

各阶段的主要特征如下:

① 单相自然对流(液面汽化)。

当 Δt 较小($\Delta t < 4\ ℃$)时,沸腾尚未开始,换热服从单相自然对流规律。

② 核态沸腾(饱和沸腾)。

随着 Δt 的增大,在加热面的一些特定点上开始出现汽化核心,并形成气泡,该特定点对应温度称为起始沸腾点。开始阶段,汽化核心产生的气泡互不干扰,此时的汽化核心区称为孤立气泡区;随着 Δt 的增大,汽化核心增加,生成的气泡数量增加,气泡互相影响并合成汽块及汽柱,此时的汽化核心区称为相互影响区。

由图 3.53 可见,在汽化核心区内,随着 Δt 的增大,q 也不断增加,当 Δt 增大到一定值时,q 增加到最大值 q_{max},气泡扰动剧烈,汽化核心对换热起决定作用。该阶段称为核态沸腾(泡状沸腾)。

上述热流密度的峰值 q_{max} 有重大意义,称为临界热流密度,亦称烧毁点。对于依靠控制热流密度来改变工况的加热设备,一旦 $q > q_{max}$,工况将沿 q_{max}(虚线)跳至稳定膜态沸腾阶段($C \rightarrow E$),壁面温度与饱和蒸气温度温差将猛增,可能导致设备烧毁,所以必须严格监控 q 的变化,一般用核态沸腾转折点 DNB(departure from nucleate boiling)作为监视接近 q_{max} 的警戒点。这个点对热流密度可控和温度可控这两种情况都非常重要。

③ 过渡沸腾。

从最大负荷点(点 q_{max})开始,随着 Δt 的增大($25\ ℃ < \Delta t \leqslant 200\ ℃$),气泡的生长速度大于气泡跃离加热面的速度,使气泡积聚覆盖在加热面上,形成一层蒸气膜,而蒸气排出过程恶化,热流密度 q 减小;当 Δt 增大到一定值时,热流密度减小到 q_{min}。这一阶段称为过渡沸腾。该阶段属于不稳定过程。

④ 稳定膜态沸腾。

从 q_{min} 开始,随着 Δt 的增大($\Delta t > 200\ ℃$),气泡生长速度与跃离速度趋于相等。此时,在加热面上形成稳定的蒸气膜层,产生的蒸气有规律地脱离膜层,使得当 Δt 增大时,热流密度 q 也增大。此阶段称为稳定膜态沸腾。

该阶段的主要特点:气膜中的热量传递方式不仅有导热,而且有对流换热;辐射热量随着 Δt 的增大而剧增,使热流密度大大增加;稳定膜态沸腾在物理上与膜状凝结具有共同点,前者热量必须穿过热阻大的气膜,后者热量必须穿过热阻相对较小的液膜。

(3)汽化核心分析

在核态沸腾区,气泡的扰动对换热起支配作用,而气泡一般在汽化核心处产生。所以分析汽化核心起作用的条件以及汽化核心的数目与壁面过热度的关系,有助于对核态沸腾现象及其换热规律的理解。

如图 3.54 所示,流体中形成的气泡必须与周围液体处于力平衡和热平衡。

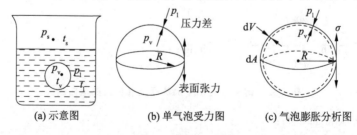

(a) 示意图　　　　(b) 单气泡受力图　　　　(c) 气泡膨胀分析图

图 3.54　蒸气泡的力平衡

气泡受到表面张力 σ 和内外压差 p_v-p_1 的作用,表面张力使气泡表面积缩小,要使气泡长大,气泡内压力需克服表面张力对外做功。

假设气泡体积膨胀了微元体积 dV,相应地表面积增加了 dA,那么做功量为

$$dW=(p_v-p_1)dV-\sigma dA$$

当气泡处于平衡状态时,$dW=0$,即 $(p_v-p_1)dV=\sigma dA$。对于球形气泡,气体体积和表面积分别为 $V=\dfrac{4}{3}\pi R^3,A=4\pi R^2$,所以可以得到

$$(p_v-p_1)\cdot 4\pi R^2 dR=\sigma \cdot 8\pi R dR$$

因此,$p_v-p_1=\dfrac{2\sigma}{R}$。这就是气泡能够存在而不消失的条件。若气泡半径小于 R,表面张力大于内外压差,则气泡内蒸气凝结,气泡不能形成;若气泡半径大于 R,界面上气泡不断蒸发,气泡才能不断形成。

（4）沸腾换热的计算式

沸腾换热也是对流换热的一种,因此牛顿冷却定律仍然适用,即 $q=h(t_w-t_s)=h\Delta t$,沸腾换热的表面换热系数有许多不同的计算公式。

1）大容器饱和核态沸腾

根据前面的分析,影响核态沸腾的因素主要是过热度和汽化核心数,而汽化核心数受表面材料、表面状况、压力等因素的影响,所以沸腾换热的情况比较复杂,导致各沸腾换热的计算公式结果差异较大。目前,主要存在两种计算公式:一种针对水,另一种广泛适用于各种液体。

① 适用于水的米海耶夫计算式

对于水,在 $10^5\sim 4\times 10^6$ Pa 压力下,大容器饱和核态沸腾,推荐采用米海耶夫计算式:

$$h=C_1\Delta t^{2.33}p^{0.5}$$

式中,h 为沸腾换热表面换热系数,$W/(m^2\cdot K)$;p 为沸腾绝对压力,N/m^2;Δt 为壁面过热度,K;$C_1=0.122$ $W/(m\cdot N^{0.5}\cdot K^{3.33})$,根据牛顿冷却定律,$h=C_2q^{0.7}p^{0.15}$,$C_2=0.533$ $W^{0.3}/(m^{0.3}\cdot N^{0.15}\cdot K)$;$q$ 为热流密度,W/m^2。

② 罗森诺公式——广泛适用的强制对流换热公式

既然沸腾换热也属于对流换热,那么 $St=f(Re,Pr)$ 也应该适用。罗森诺正是基于这种思路,通过大量实验得出了如下实验关联式:

$$St^{-1}=C_{wl}\cdot Re^{0.33}\cdot Pr_1^S$$

式中,$St=\dfrac{Nu}{Re\cdot Pr}=\dfrac{\gamma}{c_{p1}\cdot \Delta t}$,$Re=\dfrac{q}{\mu_1 r}\sqrt{\dfrac{\sigma}{g(\rho_1-\rho_v)}}$,$Pr_1=\dfrac{c_{p1}\mu_1}{\lambda_1}$。其中,$\gamma$ 为汽化潜热;c_{p1} 为饱和液体的比定压热容;g 为重力加速度;μ_1 为饱和液体的动力黏度;C_{wl} 是取决于加热表面-液体组合情况的经验常数,可根据表 3.4 进行选择;q 为沸腾传热的热流密度;S 为经验指数,对于水,$S=1$,对于其他液体,$S=1.7$;ρ_1 为饱和液体的密度;ρ_v 为饱和蒸气的密度;λ_1 为饱和液体的导热系数。

表 3.4 各种表面–液体组合情况的 C_{wl} 值

表面–液体组合情况		C_{wl}
铜–水	烧焦的铜–水	0.0068
	抛光的铜–水	0.0130
黄铜–水		0.0060
铂–水		0.0130
不锈钢–水	磨光并抛光的不锈钢–水	0.0060
	化学腐蚀的不锈钢–水	0.0130
	机械抛光的不锈钢–水	0.0130
铬–苯		0.101
铬–乙醇		0.0027

这里的 Re 是以 $\dfrac{q}{\gamma}$ 为特征流速的雷诺数;$\sqrt{\dfrac{\sigma}{g(\rho_1-\rho_v)}}$ 为特征长度,它正比于气泡脱离表面时的直径。

因此,可得到热流密度

$$q=\mu_1\gamma\left[\frac{g(\rho_1-\rho_v)}{\sigma}\right]^{1/2}\left[\frac{c_{p1}\Delta t}{C_{wl}\gamma Pr_1^s}\right]^3$$

可见 $q\sim(\Delta t)^3$。由于沸腾换热的复杂性,沸腾换热准则式与实验数据偏差较大。有时根据上述计算公式得到的 q 值与实验值的偏差高达 $\pm100\%$,但是已知 q 计算 Δt 时,可以将偏差缩小到 $\pm33\%$,这一点在辐射换热中更为明显。

2)大容器沸腾的临界热流密度

根据气膜的泰勒不稳定性原理推得:$q_{max}=\dfrac{\pi}{24}\gamma\rho_v^{1/2}\left[g\sigma(\rho_1-\rho_v)\right]^{1/4}$。

3)大容器膜态沸腾

膜态沸腾中,气膜的流动和换热类似于膜状凝结中液膜的流动和换热。可用简化的边界层理论对流动和换热过程分析,平均表面换热系数分析解与膜状凝结的分析解相似。

① 水平圆管的膜态沸腾

对于水平圆管的膜态沸腾换热,只需将凝结式中的 λ_1 改为蒸气的物性 λ_v,μ_1 改为 μ_v,用 $\rho_v(\rho_1-\rho_v)$ 代替 ρ_1^2,并用系数 0.62 代替 0.729,即

$$h=0.62\left[\frac{g\gamma\rho_v(\rho_1-\rho_v)\lambda_v^3}{\mu_v d(t_s-t_w)}\right]^{1/4}$$

式中,除了 γ 和 ρ_1 的值由蒸气饱和温度 t_s 决定外,其余物性均以平均温度 $t_m=\dfrac{t_s+t_w}{2}$ 为定性温度,特征长度为管的外径 d。如果加热表面为球面,那么将上式中的系数 0.62 改为 0.67。

② 考虑热辐射作用

由于膜态换热时,壁面温度一般较高,因此,有必要考虑热辐射的影响,它的影响有两

方面：一是直接增加换热量；二是增大气膜厚度，从而减少换热量。因此，必须综合考虑热辐射效应。

勃洛姆来建议采用如下超越方程来计算平均表面换热系数：

$$h^{4/3} = h_c^{4/3} + h_r^{4/3}$$

式中，h_c 为对流换热系数；h_r 为辐射换热系数；$h_r = \dfrac{\varepsilon\sigma(T_w^4 - T_s^4)}{T_w - T_s}$，$T_w$ 为壁面温度，T_s 为蒸气饱和温度。

（5）影响沸腾换热的因素

沸腾换热现象比较复杂，影响因素也较多，这里主要介绍大容器沸腾换热的影响因素。

1）不凝结气体

与膜状凝结换热不同，液体中的不凝结气体会使沸腾换热得到某种程度的强化。

2）过冷沸腾

如果在大容器沸腾中流体主要部分的温度低于相应压力下的饱和温度，那么称这种沸腾为过冷沸腾。对于大容器沸腾，过冷沸腾只对核态沸腾的起始点的区域有影响，而对其他区域无任何影响。这是因为在起始段，自然对流占主要地位，而自然对流时 $h \propto (t_w - t_f)^n$，所以过冷会使该区域的换热增强。

3）液位高度

当传热表面上的液位足够高时，沸腾换热的表面换热系数与液位高度无关。但是，当液位降到一定程度时，表面换热系数会明显地随着液位的下降而升高，如图 3.55 所示。这一液位值称为临界液位。

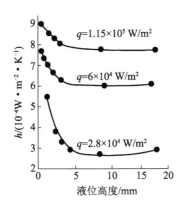

图 3.55　沸腾换热的表面换热系数与液位高度的关系（介质为一个大气压下的水）

4）重力加速度

随着航空航天技术的发展，超重力和微重力条件下的换热规律得到蓬勃发展，但目前还不够成熟，现有的成果表明：在 $0.1 \sim 100 \times 9.8$ m/s^2 的范围内，重力加速度对核态沸腾换热规律没有影响，但对自然对流换热规律有影响，重力加速度增加时，换热加强。

5）沸腾表面的结构

沸腾表面上的微小凹坑最容易产生汽化核心，因此，凹坑多，汽化核心多，换热就会得到强化。近几十年来，关于强化沸腾换热的研究主要是增加表面凹坑，目前有两种常用的手段:① 用烧结、钎焊、火焰喷涂、电离沉积等物理与化学手段,在换热表面上形成多孔结构;② 用机械加工方法。图 3.56 所示为沸腾换热强化管表面结构示意图。

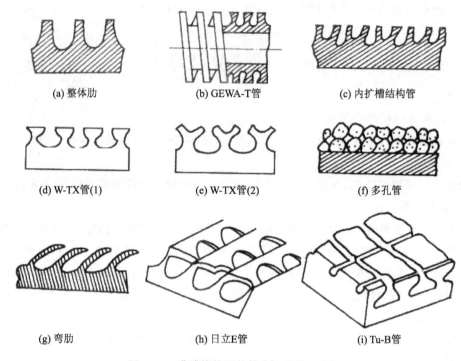

(a) 整体肋　　　　　(b) GEWA-T管　　　　　(c) 内扩槽结构管

(d) W-TX管(1)　　　　　(e) W-TX管(2)　　　　　(f) 多孔管

(g) 弯肋　　　　　(h) 日立E管　　　　　(i) Tu-B管

图 3.56　沸腾换热强化管表面结构示意图

3.4　辐射换热

辐射换热是热量传递的基本方式之一,是物体之间通过相互辐射和吸收进行的热量传递过程。根据前文的介绍,辐射换热的机理与导热、对流换热有根本的不同。导热和对流换热分别是由组成物质的微观粒子的热运动和物体的宏观运动来进行的,而辐射换热传递热量靠的是电磁波。辐射换热问题在工程领域和科学研究中普遍存在,如热力管道和设备的辐射散热。辐射换热在高温物体传热、红外加热技术、航空航天工程、太阳能利用等领域占有非常重要的地位。

3.4.1　热辐射基本概念

（1）热辐射的本质

辐射是物体以电磁波向外发射能量的过程。电磁辐射的波长范围很广,从长达数百米的无线电波到小于 10^{-14} 米的宇宙射线。理论上来说,波长的范围应该是 $0 \sim \infty$。图 3.57 所示为各种电磁波的波长分布。

热辐射是辐射的一种形式,与其他辐射的区别仅在于电磁波波长不同。热辐射从本质上来说,是由于物体内部微观粒子热运动状态改变,而将物体的热能转换成电磁能向外发射的过程。热辐射产生的电磁波称为热射线,波长范围主要在 $0.1 \sim 100~\mu m$ 之间,包含部分紫外线、全部可见光和红外线。工程上经常遇到的热辐射都是温度在 2000 K 以下的物体所发出的,大部分能量集中在波长 0.76～40 μm 之间。因此,传热学中处理的热辐射主要是指红外线辐射。热辐射(红外线辐射)和太阳辐射(可见光辐射)在辐射特性上具有非常大的区别。

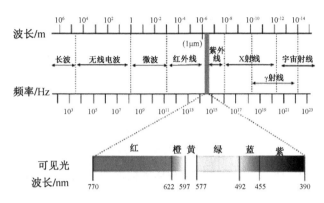

图 3.57　电磁波波谱

(2) 辐射能的吸收、反射和透射

热辐射投射到物体表面时,能量会被物体吸收一部分、反射一部分和穿透一部分,如图 3.58 所示。

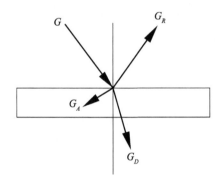

图 3.58　物体对热射线的吸收、反射和透射

假定单位时间内,外界投射到物体单位表面的辐射能量为 $G(\mathrm{W/m^2})$,被物体表面吸收的部分为 G_A、反射部分为 G_R、穿透部分为 G_D,则根据能量守恒定律得

$$G_A + G_R + G_D = G$$

上式两端同除以 G 可得

$$A + R + D = 1$$

式中,$A = \dfrac{G_A}{G}$ 为物体的吸收率;$R = \dfrac{G_R}{G}$ 为物体的反射率;$D = \dfrac{G_D}{G}$ 为物体的透射率;A,R,D 都是无因次量,其数值在 0～1 之间变化。

① 当 $A = 1$,$R = D = 0$ 时,说明物体能将周围环境投射到它表面的辐射能全部吸收,该物体称为黑体。

② 当 $R = 1$,$A = D = 0$ 时,表明物体能将周围环境投射到它表面的辐射能全部反射。

反射有镜面反射和漫反射两种,反射类型取决于表面粗糙程度。当物体表面十分光滑时,形成镜面反射,即入射角等于反射角。如果物体表面粗糙,即当表面粗糙度大于波长时,反射即为漫反射,且反射是向半球空间均匀地反射,可理解为辐射能被物体吸收后又辐射出来,如图 3.59 所示。

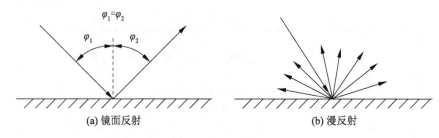

图 3.59　镜面反射和漫反射

③ 当 $D=1,A=R=0$ 时,表明投射到物体表面的辐射能全部穿过物体,这种物体称为透明体。

显然,自然界并不存在这些理想化的物体,这些都是由于研究的需要而假定的理想物体。实际物体的吸收率、反射率和透射率相差很大。一般地讲,对固体和液体来说,热射线穿过物体表面后,在很短的距离内就被完全吸收。这个距离,金属约为 $1~\mu m$,非导电材料也只有 1 mm 左右。因此,对于一般固体和液体,$A+R=1$。由于物体对热射线的反射和吸收仅在表面上进行,所以其吸收、反射特性受物体表面状况影响较大,而与物体内部状况无关。对气体来说,几乎不能反射投射到其表面的辐射能,即 $A+D=1$。显然,气体对热射线的吸收和透射不是在气体表面上,而是在整个气体容积内进行的,所以气体的吸收和透射特性与气体内部特征密切相关,而与其表面状况无关。

（3）基本物理量

物体向外界发射的辐射能量用辐射力表示。辐射力是物体在单位时间内,由单位表面积向半球空间发射的全部波长的总辐射能量,记为 E,单位是 W/m^2。辐射力表征物体发射辐射能本领的大小,也称自身辐射。相同温度下,黑体的辐射力最大。

在热辐射的整个波谱内,不同波长发射出的辐射能是不同的,用单色辐射力来描述。单位时间内,单位表面积的物体向半球空间发射的某一特定波长的辐射能,称为单色辐射力,用符号 E_λ 表示,单位为 W/m^3。

$$E_\lambda = \frac{dE}{d\lambda}$$

$$E = \int_0^\infty E_\lambda \, d\lambda$$

为了描述辐射能按空间的分布,需要引入方向辐射力的概念。方向辐射力是指物体在单位时间内,由单位表面积向空间某一方向的单位立体角内发射的全部波长的辐射能量,用符号 E_θ 表示,单位为 $W/(m^2 \cdot sr)$。

$$E_\theta = \frac{dE}{d\omega}$$

$$E = \int_0^{2\pi} E_\theta \, d\omega$$

除了用方向辐射力表示辐射能在空间的分布外,还可以用辐射强度来表示。物体在单位时间内,与辐射方向垂直的单位表面积向空间某一方向的单位立体角内发射的全部波长的辐射能量称为辐射强度,用符号 I_θ 表示,单位为 W/(m²·sr)。

$$I_\theta = \frac{\mathrm{d}E}{\cos\theta\,\mathrm{d}\omega}$$

$$E_\theta = I_\theta \cos\theta$$

热辐射是一切物体的固有属性,温度高于 0 K 的物体都会向外发射辐射能,将周围环境单位时间投射到物体单位表面积上的辐射能称为投射辐射,记为 G。热辐射投射到物体表面时,必然会被物体吸收一部分、反射一部分。单位时间内,物体单位表面积吸收的辐射能,即物体表面对投射辐射的吸收,称为吸收辐射,记为 AG;单位时间内,物体单位表面积反射出的辐射能,即物体表面对投射辐射的反射,称为反射辐射,记为 RG。

物体表面除了因本身的温度特性向外界发出辐射能外,还有对周围环境投射辐射的反射。单位时间内,物体单位表面积发出的辐射能总和称为物体的有效辐射,包括自身辐射和反射辐射,记为 J,单位为 W/m²。这就是利用热流计测量的物体表面的辐射热流密度,这个物理量在非黑体表面的辐射换热的分析与计算中非常重要,因为在非黑体表面之间的辐射换热,必须考虑表面对投射辐射的多次反射与吸收,这一复杂的过程由于有效辐射的引入而大大简化。

3.4.2　黑体辐射的基本定律

黑体是辐射性质最简单的理想辐射体,对黑体辐射规律的研究是研究实际物体辐射的基础。自然界中不存在黑体,但用人工方法可以制造出十分接近于黑体的模型。图 3.60 所示为人工黑体模型示意图。

图 3.60　人工黑体模型示意图

对于腔壁上有小孔的空腔,从小孔进入的辐射能经过多次吸收和反射,从小孔离开空腔的辐射能微乎其微,可以认为投入的辐射能全部被空腔吸收。小孔具有与黑体表面一样的性质。若小孔面积与空腔面积之比为 0.6%,当内壁吸收率为 60% 时,计算表明,小孔的吸收率可大于 99.6%,如果小孔的面积进一步缩小,小孔的吸收率将更接近于 1。下面介绍黑体辐射的基本定律,黑体的相关物理量用下标"b"表示。

（1）普朗克定律

普朗克定律揭示了黑体辐射能量按波长分布的规律。根据量子理论，普朗克给出了黑体的单色辐射力 $E_{b\lambda}$ 与波长 λ 和绝对温度 T 的关系式：

$$E_{b\lambda} = \frac{c_1 \lambda^{-5}}{\exp\left(\dfrac{c_2}{\lambda T}\right) - 1}$$

式中，λ 为波长，m；T 为黑体表面的绝对温度，K；c_1 为普朗克第一常数，$c_1 = 3.742 \times 10^{-16}$ W/m^2；c_2 为普朗克第二常数，$c_2 = 1.4388 \times 10^{-2}$ m·K。

黑体辐射能量按波长分布的规律如图 3.61 所示。黑体的单色辐射力随波长连续变化；随着温度的升高，黑体的单色辐射力和辐射力迅速增加。当黑体的温度固定，$\lambda \to 0$ 或 $\lambda \to \infty$ 时，$E_{b\lambda} = 0$。

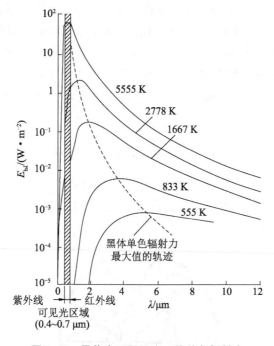

图 3.61　黑体在不同温度下的单色辐射力

每一温度对应的曲线都有一个最大值，对应的波长为 $\lambda_{\max}$。由图可见，随着温度的增加，峰值（即黑体的最大单色辐射力 $E_{b\lambda_{\max}}$）左移，即向着波长较短的方向移动。$\lambda_{\max}$ 和曲线所对应的温度的乘积为常数，表达式为

$$\lambda_{\max} T = 2897.6 \ \mu m \cdot K \tag{3.31}$$

式（3.31）称为维恩偏移定律，图 3.61 中的虚线即表示该定律。虽然现在可以通过普朗克定律对波长求一阶偏导并令其等于零，方便地得到维恩偏移定律，但是在历史上，维恩偏移定律先于普朗克定律，是通过热力学理论得到的。普朗克定律也为加热金属时呈现的不同颜色（即所谓色温）提供了解释的依据。当金属温度低于 500 ℃ 时，由于实际上没有可见光辐射，所以无法观察到金属颜色的变化。随着温度进一步升高，金属将相继呈现暗红（600 ℃左右）、亮红（800 ℃左右）、橘黄（1000 ℃左右）等颜色，当温度超 1300 ℃时将出现"白炽"。

这是随着温度的升高,热辐射中可见光部分不断增加而形成的。因此,可以直接利用色温判断被加热物体的温度,而不需要在灼热的物体上安装测温元件。

【例 5】　计算 1800 K 和 5200 K 时黑体的最大单色辐射力所对应的波长。

解:此题可以利用维恩偏移定律,根据式(3.31)可得

$$T = 1800 \text{ K 时}, \lambda_{\max} = \frac{2897.6}{1800} \approx 1.61 \ \mu\text{m}$$

$$T = 5200 \text{ K 时}, \lambda_{\max} = \frac{2897.6}{5200} \approx 0.56 \ \mu\text{m}$$

（2）斯蒂芬-玻尔兹曼定律

进行辐射换热计算时,需要计算物体的辐射力,黑体的辐射力可以通过普朗克定律求积分得到,即

$$E_b = \int_0^\infty E_{b\lambda} \, \mathrm{d}\lambda = \int_0^\infty \frac{c_1 \lambda^{-5}}{\exp\left(\dfrac{c_2}{\lambda T}\right) - 1} \, \mathrm{d}\lambda = \sigma_0 T^4 \tag{3.32}$$

式(3.32)即为斯蒂芬-玻尔兹曼定律,σ_0 为斯蒂芬-玻尔兹曼常数,$\sigma_0 = 5.67 \times 10^{-8}$ W/(m^2 · K^4)。

斯蒂芬-玻尔兹曼定律表明,黑体的辐射力与黑体绝对温度的四次方成正比,所以也称其为四次方定律。由斯蒂芬-玻尔兹曼定律可知,如果黑体的绝对温度增加 1 倍,黑体辐射力就会增加 16 倍。这也是辐射换热与导热和对流换热的一个重要区别,导热和对流换热两种热交换的热量与物体温度差的一次方成正比,因此体系的温度差对辐射换热量的影响更加明显,这说明随着温度的升高,辐射换热越来越重要,在某些情况下可作为主要的热交换方式。

为了便于计算,通常将斯蒂芬-玻尔兹曼定律表示为

$$E_b = C_0 \left(\frac{T}{100}\right)^4 \tag{3.33}$$

式中,C_0 为黑体表面的辐射系数,$C_0 = 5.67$ W/(m^2 · K^4)。

3.4.3　实际物体的辐射和吸收特性

前面讨论的是黑体的辐射和吸收特性,但是在工程上所用的材料并非都是黑体,它们有着与黑体不同的辐射和吸收特性。实际物体的辐射和吸收大多是在物体的表面进行的,具有表面辐射特性。接下来将以黑体辐射规律为依据来分析实际物体表面的辐射和吸收特性。

（1）实际物体的热辐射性能

实验结果表明,实际物体表面的热辐射性能弱于黑体表面的热辐射性能。图 3.62 所示为相同温度下黑体和实际物体的单色辐射力随波长变化的曲线。可以看出,黑体的单色辐射力曲线为服从普朗克定律的光滑曲线,且位置最高,曲线下面积最大,表示同温度时黑体的辐射力最大。实际物体的单色辐射力曲线总是位于黑体曲线的下方,且变化很不规律,但总体与黑体具有相似性。

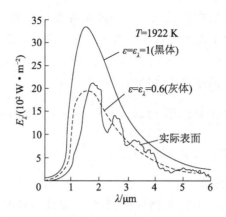

图 3.62　黑体与实际物体的单色辐射力对比

实际物体的辐射力 E 与同温度下黑体的辐射力 E_b 的比值称为该物体的发射率,也称为黑度,用符号 ε 表示:

$$\varepsilon = \frac{E}{E_b}$$

同理,单色发射率 ε_λ 为实际物体的单色辐射力与同温度下黑体在同一波长的单色辐射力的比值,用符号 ε_λ 表示:

$$\varepsilon_\lambda = \frac{E_\lambda}{E_{b\lambda}}$$

根据斯蒂芬-玻尔兹曼定律,给出实际物体的发射率的定义式:

$$\varepsilon = \frac{E}{E_b} = \frac{\int_0^\infty \varepsilon_\lambda E_{b\lambda} \, d\lambda}{\sigma_0 T^4}$$

物体的发射率表征实际物体的辐射本领接近于黑体辐射的程度,所以所有实际物体的 ε 都介于 0 和 1 之间。物体的发射率只与产生辐射的物体本身有关,而不涉及外界条件。一般来说,ε 取决于物体的种类、表面温度和表面状况等因素,具体数值由实验确定。

（2）实际物体的吸收特性

由于黑体能够全部吸收不同方向、不同波长的辐射能,因此其吸收率 $A=1$。但实际物体存在或多或少的反射,吸收率总小于 1。我们将物体对某一特定波长的辐射能所吸收的份额称为单色吸收率 A_λ,而物体对波长在 $0\sim\infty$ 内的投射辐射所能吸收的份额称为该物体的总吸收率,即前面介绍的吸收率 A。吸收率 A 与单色吸收率 A_λ 的关系表示为

$$A = \frac{G_A}{G} = \frac{\int_0^\infty A_\lambda G_\lambda \, d\lambda}{\int_0^\infty G_\lambda \, d\lambda} \tag{3.34}$$

$$A_\lambda = \frac{G_{A\lambda}}{G_\lambda}$$

式中,G_λ 为波长为 λ 的单色投射辐射能。

实际物体的单色吸收率与投射辐射的波长有关,即 A_λ 对投射辐射的波长有选择性。这表明实际物体的吸收取决于两方面的因素:一是吸收物体自身的表面状况与温度;二是

发出投射辐射的物体表面状况与温度。因此,实际物体的吸收特性较辐射特性更复杂。对于不同波长的投射辐射,物体的单色吸收率不同,即 $A_\lambda = f(\lambda)$。

为了研究和计算方便,在热辐射理论中引入灰体这一概念。所谓灰体,是指单色吸收率与波长无关的物体。无论投射辐射是何种情况,灰体的总吸收率 $A = A_\lambda =$ 定值。图 3.62 表明,灰体的单色辐射力与同温度黑体的单色辐射力随波长变化的曲线相似,只是各波长下的单色辐射力与黑体相比均以相同比例缩小。因此,灰体也是一种理想化的物体。

工业上所遇到的热辐射,其主要波长位于红外线范围内。在此范围内,大部分工程材料可近似看作灰体,这种简化处理将给辐射换热计算带来很大方便。

（3）基尔霍夫定律

在辐射换热计算中,既要计算物体本身发射出去的辐射能,又要计算物体对投射辐射的吸收。基尔霍夫定律揭示了实际物体的辐射能力与吸收能力之间的理论关系。

图 3.63 所示为两块平行放置且距离很近的大平板,其中:平板 1 是黑体表面,温度为 T_1,辐射力为 E_b,吸收率为 1;平板 2 为实际表面,温度为 T_2,吸收率为 A,辐射力为 E。由于两块平板相距很近,所以物体发出的辐射能全部投射到黑体上,黑体表面发出的辐射能也全部投射到物体表面上。

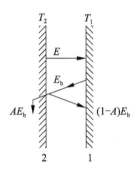

图 3.63　平行平板间的辐射换热

基尔霍夫定律可以从以上条件下的能量收支平衡导出。对黑体表面来说,平板 2 发出的能量 E 全部落到平板 1（黑体）上并被吸收;对物体来说,平板 1 发出的能量 E_b 全部落到平板 2 上,其中 AE_b 被吸收,$(1-A)E_b$ 被反射回平板 1,又被平板 1 全部吸收。两平板之间的辐射换热量等于任一平板失去与得到的能量之差。以平板 2 为例,两平板之间辐射换热的净热量为

$$q = E - AE_b$$

当系统处于热平衡状态,即 $T_1 = T_2 = T$ 时,$q = 0$,联系物体的发射率 ε 可得

$$E/E_b = A = \varepsilon \tag{3.35}$$

因为假定实际物体为任意物体,所以上式对任何物体都成立。

式(3.35)为基尔霍夫定律的数学表达式。不难看出,该定律的适用条件有两个:① 有一个表面为黑体表面;② 两表面间为热平衡状态。在这种条件下任何物体的吸收率等于同温度下该物体的发射率。由该定律可知,物体的辐射力越大,其吸收率也越大,黑体的吸收率等于 1,所以同温度条件下,黑体的辐射力最大。对于单色辐射,同样可以推出 $A_\lambda = \varepsilon_\lambda$,这是基尔霍夫定律的另一表达式,适用于漫辐射表面。所谓漫辐射表面,是指物体表面的

辐射特性与空间方向无关,沿半球空间各个方向的辐射强度相等。黑体和灰体是典型的漫辐射表面。

在实际辐射换热计算中,不能满足基尔霍夫定律的使用条件,为此引入了灰体的概念。如前所述,灰体的单色吸收率与波长等外界条件无关,只取决于自身情况。所以,对于灰体,不论辐射源是否与灰体处于热平衡,也不论辐射源是否为黑体,灰体的吸收率均等于同温度下自身的发射率。这给工程辐射换热计算中吸收率的确定带来了实质性的简化。

3.4.4 角系数

在讨论物体表面间的辐射换热时,物体自身发射的辐射能可以利用斯蒂芬-玻尔兹曼定律计算,物体表面对投射辐射的吸收可以利用基尔霍夫定律计算,那么如何计算有多少投射辐射落到物体表面上?这就引出了辐射换热的重要几何因子——角系数。角系数是纯几何参数,它反映了辐射表面的几何形状、大小、距离及相对位置对表面间辐射换热的影响。

(1)角系数的定义及性质

两个任意放置的物体表面,将表面 1 投射到表面 2 的辐射能量 $Q_{1\to2}$ 占离开表面 1 的总辐射能 Q_1 的份额称为表面 1 对表面 2 的角系数,记为 φ_{12}。

$$\varphi_{12} = \frac{Q_{1\to2}}{Q_1} = \frac{1}{F_1} \int_{F_2} \int_{F_1} \frac{\cos\theta_1 \cos\theta_2}{\pi r^2} \mathrm{d}F_1 \mathrm{d}F_2$$

同理可得

$$\varphi_{21} = \frac{Q_{2\to1}}{Q_2} = \frac{1}{F_2} \int_{F_2} \int_{F_1} \frac{\cos\theta_1 \cos\theta_2}{\pi r^2} \mathrm{d}F_1 \mathrm{d}F_2$$

以上两式中,F_1,F_2 分别为表面 1,2 的总辐射面积;θ_1,θ_2 分别为表面 1,2 的辐射角。根据角系数的定义,可以得到以下性质。

1)相对性

$$\varphi_{ij}F_i = \varphi_{ji}F_j \tag{3.36}$$

式(3.36)称为角系数的相对性。可见,已知一个角系数,利用相对性可求得另一个角系数。

2)完整性

图 3.64 所示为由 n 个等温表面组成的封闭空间,根据能量守恒定律,该封闭空间任一表面投射到各表面上的辐射能之和等于它所发射的总辐射能,即

$$Q_{1\to1} + Q_{1\to2} + Q_{1\to3} + \cdots + Q_{1\to n} = Q_1$$

因此,其中任一表面对其余各表面的角系数之和等于 1,则

$$\sum_{j=1}^{n} \varphi_{ij} = \varphi_{i1} + \varphi_{i2} + \cdots + \varphi_{ii} + \cdots + \varphi_{in} = 1 \tag{3.37}$$

式(3.37)即称为角系数的完整性。

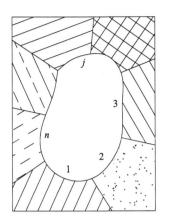

图 3.64　n 个等温表面组成的封闭空间

3）和分性

如图 3.65 所示，根据能量守恒定律，如果 $F_{(1+2)}=F_1+F_2$（两表面没有重叠部分），则 F_3 发出的辐射能到达 $F_{(1+2)}$ 的能量，等于 F_3 发出的辐射能到达 F_1 和 F_2 的能量之和，即

$$\varphi_{3(1+2)}=\frac{Q_{3\to(1+2)}}{Q_3}=\frac{Q_{3\to1}+Q_{3\to2}}{Q_3}=\frac{Q_{3\to1}}{Q_3}+\frac{Q_{3\to2}}{Q_3}=\varphi_{31}+\varphi_{32}$$

$$\varphi_{(1+2)3}F_{(1+2)}=\varphi_{3(1+2)}F_3=\varphi_{31}F_3+\varphi_{32}F_3=\varphi_{13}F_1+\varphi_{23}F_2$$

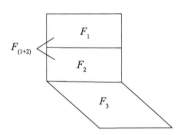

图 3.65　和分性原理

（2）代数分析法确定角系数

代数分析法是利用角系数的性质，通过代数运算求所需角系数的方法。这种方法简单，可以避免复杂的积分运算，扩大使用范围。采用代数分析法时，要求各表面都是不透明的，而表面间的介质是透明的。下面列举几种简单的、工业上常见的情况来说明这种方法。

① 两个不可自见面（无法吸收自身辐射的能量）组成的封闭系统，如无限大平行平板（图 3.66）、距离很近的同轴管壁的夹层等。

图 3.66　两个不可自见面组成的封闭系统

由于两个表面距离很近，且面积足够大，或管足够长，因此从四周逸出的能量可以忽略不计，两个表面组成的系统可看作封闭系统。由于是不可自见面，所以每个表面辐射出的能量全部都落在另一个表面上，根据角系数的定义有 $\varphi_{11}=\varphi_{22}=0$，由角系数的完整性可得

$$\varphi_{11}+\varphi_{12}=1,\varphi_{21}+\varphi_{22}=1$$

所以 $\varphi_{12}=1,\varphi_{21}=1$。

② 一个可自见面和一个不可自见面组成的封闭系统,即常说的一个凹面和一个凸面,一般情况下,凹面为可自见面,凸面为不可自见面,如图 3.67 所示。

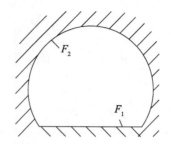

图 3.67　一个可自见面和一个不可自见面组成的封闭系统

图 3.67 中,1 面为不可自见面,面积为 F_1,$\varphi_{11}=0$;2 面为可自见面,面积为 F_2。由角系数的完整性有

$$\varphi_{12}=1,\varphi_{21}+\varphi_{22}=1$$

由角系数的相对性可得

$$\varphi_{21}=\frac{F_1}{F_2},\varphi_{22}=1-\frac{F_1}{F_2}$$

③ 两个可自见面组成的封闭系统,在两个凹面交界处假想有一个平面 f,则 f 分别与 1 面、2 面组成两个封闭体系,这两个体系均是由一个平面和一个凹面组成的封闭系统,如图 3.68 所示。

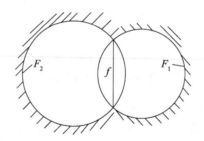

图 3.68　两个可自见面组成的封闭系统

直接利用上面的结果,可得

$$\varphi_{12}=\varphi_{1f}=\frac{f}{F_1},\varphi_{21}=\varphi_{2f}=\frac{f}{F_2}$$

根据角系数的完整性可得

$$\varphi_{11}=1-\frac{f}{F_1},\varphi_{22}=1-\frac{f}{F_2}$$

④ 三个不可自见面组成的封闭系统,对于图 3.69 所示的三个不可自见面组成的封闭系统(三个不可自见面在垂直于纸面方向无限长),可忽略两端辐射出的热量。

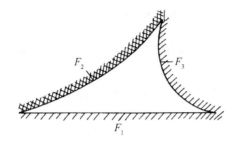

图 3.69　三个不可自见面组成的封闭系统

因三个表面均不可自见，即 $\varphi_{ii}=0$。由角系数的完整性可得

$$\begin{cases} \varphi_{12}+\varphi_{13}=1 \\ \varphi_{21}+\varphi_{23}=1 \\ \varphi_{31}+\varphi_{32}=1 \end{cases}$$

将以上三式分别乘 F_1，F_2 和 F_3，再根据相对性原理，可得

$$\begin{cases} \varphi_{12}F_1+\varphi_{13}F_1=F_1 \\ \varphi_{12}F_1+\varphi_{23}F_2=F_2 \\ \varphi_{13}F_1+\varphi_{23}F_2=F_3 \end{cases}$$

求解以上方程组，得到三个未知的角系数：

$$\begin{cases} \varphi_{12}=\dfrac{F_1+F_2-F_3}{2F_1} \\[2mm] \varphi_{13}=\dfrac{F_1+F_3-F_2}{2F_1} \\[2mm] \varphi_{23}=\dfrac{F_2+F_3-F_1}{2F_2} \end{cases}$$

然后根据相对性原理，即可求出另外的三个角系数。

3.4.5　两个黑体表面间的辐射换热

图 3.70 所示为两个平行放置的黑体表面，面积分别为 F_1，F_2，温度分别为 T_1，T_2，且 $T_1>T_2$，现分析两个黑体表面间的辐射换热量。

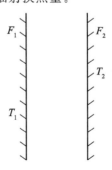

图 3.70　两个黑体表面间的辐射换热

从表面 1 发出落到表面 2 上的能量为 $Q_{1\rightarrow2}=E_{b1}F_1\varphi_{12}$，从表面 2 发出落到表面 1 上的

能量为 $Q_{2\to1}=E_{b2}F_2\varphi_{21}$，利用角系数的相对性，得出两个表面间净交换的热量为

$$Q_{12}=Q_{1\to2}-Q_{2\to1}=(E_{b1}-E_{b2})F_1\varphi_{12}=\frac{E_{b1}-E_{b2}}{\dfrac{1}{F_1\varphi_{12}}} \tag{3.38}$$

式(3.38)即为封闭系统中两个黑体表面之间的辐射换热量计算公式。

3.4.6 灰体表面间的辐射换热

由于灰体的吸收率小于1,灰体对投射辐射要经过无数次的吸收和反射,因此在分析计算中灰体相对黑体来说要复杂得多。因此,必须先求得各灰体表面的有效辐射 J_i,在此基础上才可以求解灰体表面的净辐射热流和表面间的辐射换热量。为简化分析,假定辐射换热是稳态的,各灰体表面温度均匀且为漫辐射表面,同时灰体表面间充满了透明介质,不参与辐射与吸收。

(1) 辐射网络的基本网络单元

辐射网络法是求解 J_i 的简便方法,是利用热量传递与电量传递的类似关系,将辐射换热系统模拟成相应的电路网络,通过电路分析求解辐射换热的网络方法。表面网络单元和空间网络单元是辐射网络的基本单元,不同的辐射换热系统均可由它们构成相应的辐射网络。对于一些简单的辐射换热问题,可由辐射网络法直接导出辐射换热量的计算公式。

1) 表面网络单元

图 3.71 所示的任一表面,其发射率为 ε,吸收率为 A,辐射换热面面积为 F。该表面单位面积向外界发出的自身辐射为 εE_b,外界投射到其表面的辐射能为 G,被表面吸收的辐射能为 AG,被反射的辐射能为 $(1-A)G$,则该表面的有效辐射为 $J=\varepsilon E_b+(1-A)G$。现将该表面与外界的辐射换热量从两方面进行研究。

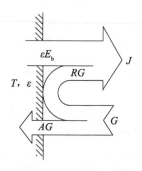

图 3.71　表面辐射换热示意图

从物体与外界的热平衡看,从表面辐射出去的净热流量为 $Q=(J-G)F$;

从物体内部的热平衡看,从表面辐射出去的净热流量为 $Q=(\varepsilon E_b-AG)F$。

整理以上各式可得

$$J=\frac{\varepsilon}{A}E_b+\left(1-\frac{1}{A}\right)\frac{Q}{F}=\frac{\varepsilon}{A}E_b+\left(1-\frac{1}{A}\right)q$$

$$Q=\frac{\varepsilon E_b-AJ}{\dfrac{1-A}{F}}$$

对于灰体,$A=\varepsilon$,可以写成

$$J=E_b+\left(1-\frac{1}{\varepsilon}\right)\frac{Q}{F}=E_b+\left(1-\frac{1}{\varepsilon}\right)q$$

$$Q=\frac{E_b-J}{\dfrac{1-\varepsilon}{\varepsilon F}}$$

式中,分子 E_b-J 为辐射位势差,分母 $\dfrac{1-\varepsilon}{\varepsilon F}$ 为表面辐射热阻。可以看出,表面辐射热阻是由于表面为非黑体或表面积不是无限大而形成的。对于黑体,表面辐射热阻为零,即黑体的有效辐射等于自身辐射。由该表面辐射热阻算出的辐射热流量是通过此灰体表面的净热流量。如果算出的辐射热流量为正值,说明该灰体表面净失去热量,反之则说明该灰体表面净得到热量。任一表面辐射换热的模拟电路图称为表面网络单元,如图 3.72 所示。

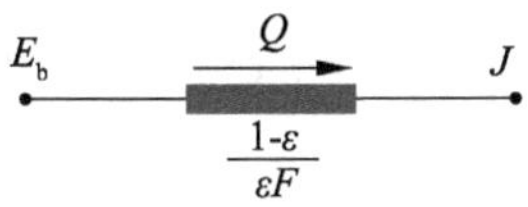

图 3.72　表面网络单元

2) 空间网络单元

式(3.38)为黑体表面间的辐射换热量计算公式。式中,分子 $E_{b1}-E_{b2}$ 为黑体表面的辐射位势差;分母 $\dfrac{1}{F_1\varphi_{12}}$ 称为空间辐射热阻,它取决于表面间的几何关系,与表面的温度与辐射特性无关。图 3.73 所示为式(3.38)的模拟电路图,称为空间网络单元。

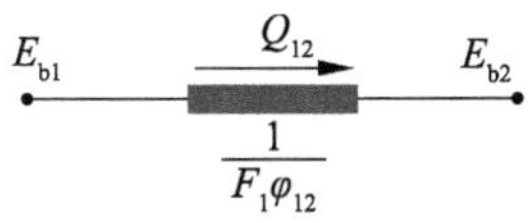

图 3.73　黑体表面之间的空间网络单元

对于封闭系统中灰体表面之间的空间网络单元,只需将式(3.38)中的黑体的自身辐射 E_b 用灰体的有效辐射 J 代替即可,则式(3.38)可改写为

$$Q_{12}=\frac{J_1-J_2}{\dfrac{1}{F_1\varphi_{12}}} \tag{3.39}$$

式(3.39)的等效电路图称为灰体表面之间的空间网络单元,如图 3.74 所示。

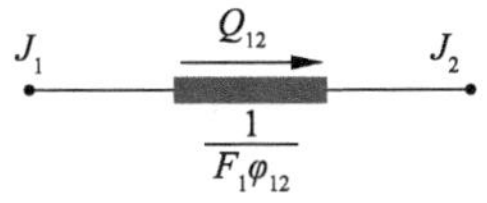

图 3.74　灰体表面之间的空间网络单元

(2) 两个灰体表面组成的封闭系统的辐射换热

由任意两个灰体表面组成的封闭系统,它们的表面积分别为 F_1,F_2,温度分别为 T_1,T_2,且 $T_1>T_2$,发射率分别为 ε_1 和 ε_2。下面采用辐射网络法求解两个灰体表面之间的辐

射换热问题。

利用表面热阻和空间热阻的概念便于绘制两个灰体表面之间的辐射网络图,如图 3.75 所示。它由两个表面网络单元、一个空间网络单元串联而成。

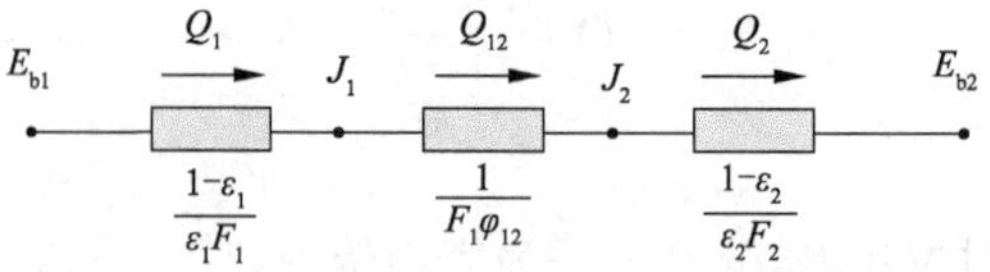

图 3.75   两个灰体表面之间的辐射网络图

按串联电路的计算方法,两个灰体表面之间的辐射换热量为

$$Q_{12} = \frac{E_{b1} - E_{b2}}{\dfrac{1-\varepsilon_1}{\varepsilon_1 F_1} + \dfrac{1}{\varphi_{12} F_1} + \dfrac{1-\varepsilon_2}{\varepsilon_2 F_2}} \tag{3.40}$$

式(3.40)即为两个灰体表面组成封闭系统时辐射换热的一般计算式。对于一些特殊情况,可对式(3.40)做一定的简化。

① 两个相距很近的平行平面之间的辐射换热。

在该条件下,$F_1 = F_2 = F$,$\varphi_{12} = \varphi_{21} = 1$,所以有

$$Q_{12} = \frac{(E_{b1} - E_{b2})F}{\dfrac{1}{\varepsilon_1} + \dfrac{1}{\varepsilon_2} - 1}$$

② 一个凹面与一个凸面或一个平面之间的辐射换热。

由于 $\varphi_{12} = 1$,$\varphi_{21} = F_1/F_2$,所以有

$$Q_{12} = \frac{(E_{b1} - E_{b2})F_1}{\dfrac{1}{\varepsilon_1} + \varphi_{21}\left(\dfrac{1}{\varepsilon_2} - 1\right)}$$

如果 $F_2 \gg F_1$,如铸件在车间内辐射散热,空气管道中测温热电偶与管壁间的辐射换热等情况,此时 $\varphi_{21} \approx 0$,上式可进一步简化为

$$Q_{12} = \varepsilon_1 (E_{b1} - E_{b2})F_1$$

【例 6】   在金属铸模中浇铸平板铁铸件,已知平板铁铸件的长和宽分别为 300 mm 及 200 mm,铸件和铸型的表面温度分别为 1200 ℃和 500 ℃,黑度分别为 0.4 和 0.8。由于铸件凝固收缩,铸型受热膨胀,在铸件和铸型之间形成气隙,若气隙中的气体为透明气体,试求此时铸件和铸型之间的辐射换热量。

解:根据题意可以直接套用公式求解

$$Q_{12} = \frac{(E_{b1} - E_{b2})F}{\dfrac{1}{\varepsilon_1} + \dfrac{1}{\varepsilon_2} - 1} = \frac{C_0\left(\dfrac{T_1}{100}\right)^4 - C_0\left(\dfrac{T_2}{100}\right)^4}{\dfrac{1}{\varepsilon_1} + \dfrac{1}{\varepsilon_2} - 1} F$$

$$= \frac{5.67}{\dfrac{1}{0.4} + \dfrac{1}{0.8} - 1} \times \left[\left(\frac{1200+273}{100}\right)^4 - \left(\frac{500+273}{100}\right)^4\right] \times (0.2 \times 0.3) = 5382.2 \text{ W}$$

（3）多个灰体表面组成的封闭系统的辐射换热

三个或三个以上灰体表面组成的封闭系统的辐射换热仍可用辐射网络法求解。在封闭系统中，每个表面都有一个表面热阻，每两个表面之间又各有一个空间热阻，这些表面热阻和空间热阻以串联或并联的方式构成封闭系统的辐射网络图。下面以三个灰体表面构成的封闭系统为例介绍该系统辐射换热的求解过程。其辐射换热网络图如图 3.76 所示。

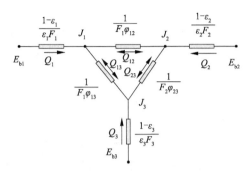

图 3.76　三个灰体表面之间的辐射换热网络图

可见，各个表面的净辐射热流量即该表面与外界辐射换热放出或吸收的热量，分别为

$$Q_1 = \frac{E_{b1} - J_1}{\dfrac{1-\varepsilon_1}{\varepsilon_1 F_1}}, \quad Q_2 = \frac{E_{b2} - J_2}{\dfrac{1-\varepsilon_2}{\varepsilon_2 F_2}}, \quad Q_3 = \frac{E_{b3} - J_3}{\dfrac{1-\varepsilon_3}{\varepsilon_3 F_3}}$$

各表面之间的辐射换热量为

$$Q_{12} = \frac{J_1 - J_2}{\dfrac{1}{\varphi_{12} F_1}}, \quad Q_{13} = \frac{J_1 - J_3}{\dfrac{1}{\varphi_{13} F_3}}, \quad Q_{23} = \frac{J_2 - J_3}{\dfrac{1}{\varphi_{23} F_2}}$$

如果要计算每个表面在整个换热系统中的净辐射热流量及每两个表面之间的辐射换热量，就必须解出 J 的值。J 的值可根据类似于电路的基尔霍夫定律求出，即稳态传热时，汇入节点的热量之和为零。

$$节点\ 1: \frac{E_{b1} - J_1}{\dfrac{1-\varepsilon_1}{\varepsilon_1 F_1}} + \frac{J_2 - J_1}{\dfrac{1}{\varphi_{12} F_1}} + \frac{J_3 - J_1}{\dfrac{1}{\varphi_{13} F_1}} = 0$$

$$节点\ 2: \frac{E_{b2} - J_2}{\dfrac{1-\varepsilon_2}{\varepsilon_2 F_2}} + \frac{J_1 - J_2}{\dfrac{1}{\varphi_{12} F_1}} + \frac{J_3 - J_2}{\dfrac{1}{\varphi_{23} F_2}} = 0$$

$$节点\ 3: \frac{E_{b3} - J_3}{\dfrac{1-\varepsilon_3}{\varepsilon_3 F_3}} + \frac{J_2 - J_3}{\dfrac{1}{\varphi_{23} F_2}} + \frac{J_1 - J_3}{\dfrac{1}{\varphi_{13} F_1}} = 0$$

联立求解上述三个方程即可求得未知数 J_1, J_2, J_3，从而求出各个表面的净辐射热流量及每两个表面间的辐射换热量。

通过以上分析，采用辐射网络法求解多个灰体组成的封闭系统的辐射换热的步骤如下：

第一步，分析封闭系统中哪些表面之间有辐射换热；

第二步,画出辐射网络图;

第三步,写出各表面的净辐射热流量和表面间的辐射换热量计算式;

第四步,依据辐射网络图,由电学中的基尔霍夫定律写出各节点 J_i 处的方程;

第五步,计算各表面的有效辐射 J_i;

第六步,利用第三步给出的热流公式求得各表面的净辐射热流量及每两个表面之间的辐射换热量。

在实际辐射换热问题中,有一种表面被称为重辐射面。比如在六面体空腔的加热炉中,顶面布满电热丝为加热面,底面布满被加热物体为受热面,四个侧面温度均匀(看成一个面)且绝热良好,这样,在稳态传热时,就不会有热量净流入侧面,否则侧面要么温度上升,要么会向外散热,稳态传热时的侧面就称为重辐射面。由于通过重辐射面的表面净热流为零,因此重辐射面的作用就是将投射到其表面的热射线重新反射回去,从而影响其他两个面的辐射换热量,这就是重辐射面名称的由来。稳态传热时重辐射面的表面净热流为零,因此必有 $J_3 = E_{b3}$。有重辐射面时的辐射换热网络图可简化为图 3.77。

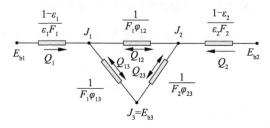

图 3.77　有重辐射面时两个灰体表面之间的辐射换热网络图

表面 1 和表面 2 之间的辐射换热可以表示为

$$Q_{12} = \frac{E_{b1} - E_{b2}}{\dfrac{1-\varepsilon_1}{\varepsilon_1 F_1} + R_{eq} + \dfrac{1-\varepsilon_2}{\varepsilon_2 F_2}}$$

式中,$\dfrac{1}{R_{eq}} = \dfrac{1}{\dfrac{1}{\varphi_{12} F_1}} + \dfrac{1}{\dfrac{1}{\varphi_{13} F_1} + \dfrac{1}{\varphi_{23} F_2}} = \varphi_{12} F_1 + \dfrac{1}{\dfrac{1}{\varphi_{13} F_1} + \dfrac{1}{\varphi_{23} F_2}}$。

3.4.7　气体辐射

前面讨论固体表面之间的辐射换热时,均未涉及固体表面之间的介质对辐射换热的影响,即认为固体表面之间的介质既不吸收也不辐射能量,是热的透明体。事实上,不是所有介质都是这样的。在工业常用温度范围内,单原子气体和对称双原子气体(如氧气、氮气、氢气等)的辐射和吸收能力都很微弱,可以认为它们无辐射和吸收能力,但是二氧化碳、水蒸气、甲烷、一氧化碳等多原子以及结构不对称的双原子气体,一般都具有较强的辐射和吸收能力,计算时必须考虑,这种气体称为吸收性介质。

(1) 气体的辐射与吸收特性

与固体、液体辐射相比,气体的辐射和吸收具有以下显著特点:

1）气体的辐射和吸收与气体的分子结构有关

单原子气体和对称双原子气体的辐射和吸收能力较小，实际处理中可以忽略不计。不对称双原子气体和多原子气体属于辐射性气体，在计算辐射换热时需要考虑。

2）气体的辐射和吸收对波长具有选择性

气体不像固体、液体那样具有连续的辐射光谱，而是只在某些波段内才具有辐射和吸收能力，这些波段称为光带。在光带之外，气体无辐射和吸收能力，这就是说气体的辐射光谱和吸收光谱是不连续的，其辐射和吸收对波长具有强烈的选择性，所以一般不能把气体看作灰体。

3）气体的辐射属于体积辐射

固体、液体的辐射和吸收是在表面很薄的一层内进行的，透射率一般为零，具有表面辐射特点。对于气体，外来射线总是穿透整个气体层，并被沿途碰到的气体分子所吸收而能量减弱，最后只有部分能量穿透整个气体层。

（2）气体的辐射力与发射率

实验表明，气体的辐射力不服从四次方定律，如 E_{CO_2} 与 $T_g^{3.5}$ 成正比。但为了计算方便，仍利用四次方定律计算，将其偏差计入气体发射率内，气体的辐射力为

$$E_g = \varepsilon_g C_0 \left(\frac{T_g}{100} \right)^4$$

式中，T_g 为气体温度；ε_g 为气体发射率。

在热平衡的情况下，ε_g 等于同温度下气体的吸收率 A_g，气体的发射率也是气体温度、分压和射线行程长度的函数：

$$\varepsilon_g = A_g = f(T_g, p, s)$$

计算时，s 值取平均射线行程长度，它与容器形状和大小有关，即

$$s = \frac{3.6V}{A}$$

式中，V 为容器体积；A 为包围气体的容器表面积。

（3）气体与固体壁面之间的辐射换热

炉子或通道内充满具有辐射能力的气体时，气体将与周围壁面之间发生辐射换热。设有一内表面面积为 F 的空腔，里面充满辐射性气体。假定空腔壁为灰体，温度为 T_w、发射率为 ε_w、吸收率为 A_w；气体的温度为 $T_g (T_g > T_w)$、发射率为 ε_g、吸收率为 A_g。

气体的自身辐射和投射辐射之和称为气体的有效辐射 J_g。

$$J_g = \varepsilon_g E_{bg} + (1 - A_g) G_g = \varepsilon_g E_{bg} + (1 - A_g) J_w$$

$$J_w = E_{bw} + \left(1 - \frac{1}{\varepsilon_w} \right) \frac{Q_w}{F}$$

$$J_g = \frac{\varepsilon_g}{A_g} E_{bg} + \left(1 - \frac{1}{A_g} \right) \frac{Q_g}{F}$$

$$\frac{Q_{gw}}{F} = J_g - J_w$$

$$Q_g = -Q_w = Q_{gw}$$

整理可得

$$Q_{gw}=\frac{1}{\frac{1}{A_g}+\frac{1}{\varepsilon_w}-1}\left(\frac{\varepsilon_g}{A_g}E_{bg}-E_{bw}\right)F=\frac{C_0}{\frac{1}{A_g}+\frac{1}{\varepsilon_w}-1}\left[\frac{\varepsilon_g}{A_g}\left(\frac{T_g}{100}\right)^4-\left(\frac{T_w}{100}\right)^4\right]F$$

【例 7】 在直径为 2.4 m、长为 10 m 的烟道中,有温度为 1030 ℃、总压力为 100 kPa 的烟气通过。如果烟道壁温为 530 ℃、黑度为 0.8,烟气的发射率和吸收率分别为 0.267 和 0.37,试求烟气和烟道壁之间的辐射换热量。

解: 根据题意,可以直接套用公式计算

$$Q_{gw}=\frac{C_0}{\frac{1}{A_g}+\frac{1}{\varepsilon_w}-1}\left[\frac{\varepsilon_g}{A_g}\left(\frac{T_g}{100}\right)^4-\left(\frac{T_w}{100}\right)^4\right]F$$

$$=\frac{5.67}{\frac{1}{0.37}+\frac{1}{0.8}-1}\times\left[\frac{0.267}{0.37}\times\left(\frac{1030+273}{100}\right)^4-\left(\frac{530+273}{100}\right)^4\right]\times3.14\times2.4\times10$$

$$=1.92\times(0.722\times28825.55-4157.79)\times75.36=2409724.44\text{ W}$$

3.5 车用动力系统中的传热过程

3.5.1 内燃机中的传热过程

在内燃机中,导热主要发生在发动机的壳体、气缸体、活塞、气门、曲轴和连杆等部件上。发动机的壳体和气缸体是内燃机的最外层,通常由铸铁或铝合金制成,具有较好的热传导性能。通过发动机的壳体和气缸体,热量可以传递到发动机外部的空气中,起到散热的作用。同时,壳体和气缸体也需要承受高温,因此需要采用一些特殊的散热设计,例如在表面加装散热片、设置散热通道等。气缸内的活塞、气门和连杆等部件也会受到高温的影响。为了保证这些部件的正常工作,也需要采用一些特殊的材料和散热设计,例如在气门上加装散热管,使其能够更快地散热。

对流传热主要发生在发动机内部的冷却液中,冷却液通过散热器和水泵循环流动,将发动机产生的热量带走。冷却液流动的速度和温度分布对内燃机的散热效率有重要的影响。一般来说,冷却液流速越快,散热效率越高,但流速过快也会造成液压损失和水垢等问题。因此,在冷却系统的设计中,需要考虑流速和冷却液的流动路径,以提高散热效率并保证冷却系统的正常运行。

辐射传热主要发生在燃烧室和排气管等高温表面上。这些表面温度很高,会发射出辐射能,向周围的物体传递热量。

内燃机运转时,与高温燃气相接触的零件强烈受热,不加以适当的冷却会使其过热,导致充量系数下降,点燃式发动机燃烧不正常(爆燃、早燃等),机油变质,零件的强度、刚度下降,摩擦损失增加,磨损加剧,甚至热变形和损坏,结果造成内燃机的动力性、经济性、可靠性和耐久性全面恶化。但是内燃机过冷时,对汽油机来说会导致混合气形成不良;对柴油机来说会导致燃烧粗暴、CO 和碳氢化合物排放量增加、热损失和摩擦损失加大,尤其是气

缸的磨损会成倍增加。内燃机冷却系统的任务是在任何条件下都能保证内燃机在最适宜的温度状态下工作。为了维持这样的温度状态,冷却系统的散热能力必须与内燃机的使用工况和气候条件相适应。但是,在水泵、风扇均由曲轴定速比驱动的传统冷却系统中,散热需求与散热能力之间并不能永远协调。内燃机在气温高的条件下低速、大负荷运转时,散热需求大,但水泵、风扇转速低,供水量和扇风量均很小,气温又高,使散热器的散热温差减小,冷却系统的散热能力小,内燃机易于过热。相反,在气温低的条件下高速、小负荷运转时,内燃机易于过冷。实际上仅按照最不利工况设计冷却系统避免过热,将导致其他工况下冷却能力的浪费。于是人们采用可调百叶窗来调节散热器的散热能力,用节温器来调节冷却水的循环流量,但调节范围有限,最终结果是内燃机机械效率下降,燃料经济性恶化。现在越来越多的变工况内燃机开始采用各种结构的可调风扇,如硅油离合风扇、电磁离合风扇等,以缓和上述冷却不协调问题,减小冷却系统的功率损失。采用由水温自动控制的电动冷却风扇的效果更好。电动冷却风扇布置自由度大,自动控制使风扇工作更灵活,适应性更好。近年来,内燃机开始采用多回路冷却。这是因为内燃机气缸盖需要强烈的冷却以免局部过热,而气缸并不需要强烈冷却,在大部分情况下更需要的是保温。增压空气需要最强烈的冷却使空气温度尽可能低。多回路冷却能使各部分都各得其所。

3.5.2　动力电池传热过程

纯电动汽车和混合动力汽车的电池包和前舱电子电器的热问题显著影响电池以及相关系统的性能和循环寿命。为了使电池包在理想的参数范围内工作,需要在纯电动汽车和混合动力汽车中引入热管理系统(TMS)来减小电池工作范围与最佳运行条件之间的差异。这种系统可以提高电池的效率,保持电池温度在所需的范围内。因此,这种系统可以避免电池电化学系统的冻结和过热,防止电池容量、充放电能力降低和电池过早老化。大多数纯电动汽车和混合动力汽车的热管理系统由四个不同的回路组成,将相关部件保持在理想的温度范围内,以便安全、高效运行。尽管不同车辆的这些回路的组成和结构可能有所不同,但其目的通常是相同的:创建一个高效、稳健、不受内部和环境温度变化影响的系统。一般来说,整车热管理系统由散热器回路、电力电子冷却回路、驱动单元冷却回路、空调回路组成。

(1) 散热器回路

在散热器回路中,利用水与防冻液的混合液体来冷却发动机,冷却液通过水泵进入发动机机体以吸收多余的热量,同时降低风险部位的温度。过热的发动机冷却液离开发动机机体后将重新流回到散热器。散热器内部有非常大的表面积,冷却液的热量通过散热器的壁面向外散出。

当车辆移动时,穿过汽车前部进气格栅的空气,会使散热器冷却。这个回路还包括一个储液用的膨胀箱,它在散热器内压力短暂上升时提供额外的冷却液并吸收突然上升的压力。冷却水泵将保持冷却液在散热器回路中运转。当发动机关闭时,加热模块可以用来加热冷却液。这个回路的一部分热量也可通过加热器芯体传送到乘员舱。

(2) 电力电子冷却回路

电力电子冷却回路主要用于冷却电池充电器和功率逆变器模块,以确保发动机舱电力电子部件在使用过程中不会过热。功率逆变器模块将高压动力电池的直流电(DC)转化成三相交流电(AC)驱动电机运行。该模块还负责将再生制动 AC 转换为 DC,为电池充电。

在这些运行过程中,系统会产生大量的热。为了防止过热,回路采用大流量电子水泵控制冷却液循环,冷却液流经电池充电器总成,之后流经散热器、功率逆变器模块,最后流回电子泵。这个循环中还包括水泵和除气壶,以确保冷却液流经主要的电子元器件而没有任何气泡,防止影响冷却性能。

(3) 驱动单元冷却回路

驱动单元冷却回路用于冷却驱动车辆运行的两个驱动单元和驱动装置中的电子设备。这些设备使用电力驱动。

同时该冷却回路为各种相关部件提供润滑。驱动单元正常工作时以高功率水平运行,会产生大量的热,因此驱动单元使用加压的自动变速器油冷却回路中的电子系统,特别是电动机发电机组,以防止过热。

此外,电池冷却也可以用集成相变材料(PCM)的冷却系统来完成。由于相变材料设计简单、质量轻、体积小、安全、成本相对较低,且对于热管理系统(TMS)具有显著优势,尤其在集成相变材料时添加泡沫铝和散热片,散热效果会得到改善。相变材料能够在恶劣运行条件下保持单体温度的稳定性和均匀性,而且不需要复杂的系统。热量传导与所添加的相变材料性质有关,单体电池可防止当电池温度达到临界水平时热失控的传播。此外,相变材料可以降低电池组热管理系统的复杂性和成本。

3.5.3　混合动力系统的传热过程

混合动力系统中的传热过程涉及多个部分,包括发动机冷却、电动机散热、电池组温度控制等。传热过程的目的是将产生的热量从热源传递到冷源,从而维持系统的正常运行。在混合动力系统中,传热过程对于系统的稳定性、效率和可靠性具有重要意义。

在混合动力车辆中,发动机通常采用液冷方式进行冷却。发动机冷却液在循环过程中,通过散热器将发动机产生的热量散发出去。因此,在混合动力系统中,冷却液的循环和散热器的设计对保证发动机的正常运行至关重要。通常,发动机冷却液循环的速度越快,传热效果越好。

混合动力系统中的电动机和电池组也需要进行散热处理。电动机和电池组的工作过程中会产生大量的热,如果不及时散热,会影响其寿命和性能。电动机通常采用液冷方式散热,通过循环冷却液将产生的热量散发出去。电池组通常采用空气冷却或液冷方式进行温度控制,通过散热器将产生的热量散发出去。因此,液冷和空气冷却系统的设计对保证电动机和电池组的正常运行和使用寿命至关重要。通常,液冷系统需要充分考虑冷却液的流量、散热面积、散热器材质等因素,以实现最佳的传热效果;空气冷却系统需要充分考虑散热器的设计和位置等因素,以实现最佳的散热效果。

除了上述传热过程外,混合动力系统中还有一些其他涉及传热的部分,如热管理系统和排气管的设计等。热管理系统可以控制系统的温度分布,避免过热或过冷对系统性能产生影响。排气管则可以通过设计优化,改善废气的流动条件和热力学特性,从而提高发动机的效率和动力输出。

（1）混合动力系统的能量分析

能量分析对理解混合动力汽车高效运行的原理、正确设计和评估能量管理策略是十分必要的。以传统燃油车为例，发动机通过将燃料中的化学能转换为机械能，在汽车行驶过程中产生所需的全部动力。发动机产生的机械功率可用于驱动传动系统中所有部件及其附件（如转向助力装置、交流发电机、空调等），以驱动车辆行驶。根据驾驶员的输入（加速踏板和制动踏板）和驾驶条件（速度、路面等），发动机的工作状态（转速与转矩）由单个自由度（变速器传动比）决定，发动机能量管理策略就是选择合适的传动比。相反，在混合动力汽车中，总的功率需求是由发动机（热路径或燃料路径）和蓄电池或其他能量储存设备（电气路径）的输出功率共同来满足的。每条路径产生的功率流之比，构成了额外的自由度，从而允许优化发动机的工作状态，以提高其效率和燃油经济性。此外，电动机的功率是可逆的，其转矩可为负值。因此，电动机可作为车辆减速装置，替代或补充机械制动。电动机也可成为发电机产生电能，这些电能可以储存到电池中供后续使用。这种工作模式就是所谓的再生制动，可以在较长的时间内大幅度提高整车效率。混合动力系统中额外的自由度，使得能量管理策略无论是在短时间内回收制动能量并保证整车动力性能和瞬时经济性方面，还是在长时间范围内保证可充电储能系统（RESS）在需要时有足够的能量储备并实现燃油经济性的提高方面，都成为必要的研究内容。因此，考虑到整车的能量存储和更长时间跨度的瞬时功率管理，能量管理策略的需求随之出现。

能量管理策略根据瞬时约束（如驾驶员需求的总功率输出）、全局约束（如将 RESS 剩余能量保持在安全范围内）、全局目标（如在行车中使燃料消耗量最小化）等，在每一时刻确定发动机和 RESS 之间的功率分配。

（2）混合动力系统的能量管理

混合动力汽车的控制基本包括两层控制任务：一种是底层控制，也称为部件层控制，一般使用经典的反馈控制方法对动力系统中每一个部件进行相应控制；另一种是上层控制，也称为监督层控制，负责优化车辆中的能量流，同时将电池的荷电状态维持在一定的范围内。监督层控制系统也被称作能量管理系统（energy management system，EMS），用于接收和处理来自车辆（发动机、电动机和变速器的转速）和驾驶员（车速、加速度和转向角）的信息，同时将最优设定值传输至底层的执行器。此外，EMS 还能选择动力系统的最佳工作模式，包括启/停模式、功率分流模式和纯电动起步模式。

混合动力汽车在燃油经济性方面可实现的改善空间，从轻度混合的 10% 到重度混合的 30% 以上不等。这样的节能潜力只能通过复杂的控制系统对车辆中的能量流优化来实现。人们已经认识到，采用基于系统模型的优化方法，利用有意义的目标函数来改进 EMS，将有助于在设计 EMS 时获得接近最优的结果。

在传统（非混合动力）车辆中，不需要制定能量管理策略：驾驶员通过制动踏板和加速踏板就可以决定需要传递的瞬时功率，在手动变速器车辆中，还需在不同工况时对挡位进行选择。驾驶员的意图能够直接转化为底层控制的控制行为，例如在给定需求转矩的情况下，发动机控制单元（engine control unit，ECU）能够决定当前的燃油喷射量；变速器控制单元（transmission control unit，TCU）中的自动变速器控制器可以根据当前发动机的工作情况和车辆速度等来决定换挡时刻。

然而,在混合动力汽车中,需要制定一个额外的决策:每一个车载能量源应该传递多少功率?这也是所有混合动力汽车都需配备 EMS 的原因,以进行驾驶员和部件控制器之间的协调。如前所述,使用 EMS 的目的是确定车载能量源间的最优功率分配。最优控制决策取决于具体的应用:大多数情况下,以燃油消耗量最小为控制目标,但也可以是污染物排放量最小、电池寿命最长,或者是上述几个控制目标的结合。

3-1　在固体中,热传导的主要机制是什么?固体与液体和气体中的热传导机制有何不同?

3-2　简述热传导和热对流、热辐射之间的区别与联系。

3-3　在不同的材料中,导热的方式和速度有何不同?请举例说明。

3-4　已知某种材料的导热系数为 20 W/(m·K),求该材料厚度为 0.5 cm 时,每平方米面积上的热阻是多少?

3-5　对于相同的流体和传热表面,强制对流和自然对流的换热系数有何不同?这种差异是如何产生的?

3-6　有一个平壁,其长度为 2 m,宽度为 1 m,两面与空气接触,两面与水接触。空气温度为 30 ℃,水的温度为 50 ℃,求平壁各面的平均温度。假设各面对空气和对水的对流换热系数相同,均为 5 W/(m^2·K)。

3-7　辐射换热的基本原理是什么?列举出三种常见的辐射换热方式。

3-8　假设有两个表面,一个表面温度为 1000 ℃,另一个表面温度为 0 ℃,它们之间的距离为 1 m。假设两个表面都发射红外线,并且发射率相同。请问这两个表面之间的辐射换热量是多少?

3-9　内燃机中的热损失主要包括哪些方面?这些损失对内燃机的性能有何影响?如何减少这些损失?

3-10　在动力电池中,如何利用热力学原理来分析传热过程?请举例说明。

3-11　燃料电池在工作时会产生大量的热,这些热量如果不能及时散出,会对电池性能产生什么影响?如何设计燃料电池的热管理系统,以保证电池的正常运行?

第 4 章

动力系统中的工质流动

流体力学作为经典力学的一个重要分支,其发展与数学、力学的发展密不可分。它同样是人类在长期与自然灾害做斗争的过程中逐步认识和掌握自然规律,逐渐发展形成的,是人类集体智慧的结晶。早在几千年前,劳动人民为了生存,修水利、除水害,在治河防洪、农田灌溉、河道航运、水能利用等方面总结了丰富的经验。秦代李冰父子根据"深淘滩,低作堰"的工程经验,设计修建的四川都江堰工程具有相当高的科学水平,反映出当时人们对明渠流和堰流的认识已经达到较高水平。隋代修建的京杭大运河工程,全长超过1000 km,大大改善了我国南北运输的条件,至今为人称颂。早在秦汉时期,我国劳动人民就不断改进水磨、水车和水力鼓风设备,汉代张衡还创造了利用水力驱动的浑天仪,说明当时水力机械已经有了很大进展。

流体力学是很多工业的基础,最突出的例子是航空、航天工业。毫不夸大地说,没有流体力学的发展,就没有今天的航空、航天技术。当然,航空、航天工业的需要,也是流体力学,特别是空气动力学发展的最重要的推动力。以亚音速的民航机为例,一架波音747飞机乘载400多个乘客,总重量超过300吨,总面积约有大半个足球场大的飞机,竟是由比鸿毛还轻的空气托举着,这是令任何人都不得不惊叹的流体力学的成就。

现如今,计算流体力学已发展成熟,出现了有限差分、有限元、有限分析、谱方法和辛算法等,它们构成计算流体力学的完整理论体系。计算流体力学在高速气体动力学和湍流的直接数值模拟中发挥了重大作用,在高速气体动力学中主要用于航天飞机的设计,在湍流的数值模拟中要求分辨率高、计算工作量大,需要借助计算机完成。

本章将介绍流体力学相关的基础知识和理论。

4.1 流体性质及基本参数

流体是指没有固定的形状、易于流动的物质,即液体和气体。

流体与固体的差别表现为:固体既能承受压力,也能承受拉力与抵抗拉伸变形,固体的变形与受力的大小成正比;流体只能承受压力,一般不能承受拉力与抵抗拉伸变形,在极小切应力下就会出现连续的变形流动。

液体和气体的区别在于:液体难于压缩,而气体易于压缩;液体有一定的体积,存在一个自由液面,而气体能充满任意形状的容器,无一定的体积,不存在自由液面;液体的流动性小于气体。

液体和气体均具有易流动性,即在任何微小切应力作用下都会发生变形或流动,故二者统称为流体。

在研究流体静止和运动之前,首先要了解流体的内在属性,即流体的物理性质,包括密度、可压缩性、膨胀性、黏性等。其中,黏性是流体物理性质中最重要的特性。

4.1.1 流体的主要物理性质

(1) 惯性与密度

惯性(inertia)是物体所具有的反抗改变原有运动状态的物理性质,它主要取决于质量。质量越大,惯性就越大,运动状态也就越难改变。一切物质都具有质量,流体也不例外。质量是物质的基本属性之一,是物质惯性大小的量度。

单位体积流体的质量称为流体密度。设流体的体积为 V(单位为 m^3),流体的质量为 m(单位为 kg),则该流体的密度 ρ(单位为 kg/m^3)为

$$\rho = \lim_{\Delta V \to 0} \frac{\Delta m}{\Delta V} \tag{4.1}$$

由于流体介质是连续的,故式(4.1)的极限存在。

单位体积流体的重量叫作流体重度。设流体的体积为 ΔV(单位为 m^3),流体的重量为 ΔG(单位为 N),则该流体的重度 γ(单位为 N/m^3)为

$$\gamma = \lim_{\Delta V \to 0} \frac{\Delta G}{\Delta V}$$

密度和重度之间通过重力加速度 g 来联系:

$$\gamma = \rho g$$

(2) 可压缩性和膨胀性

作用在流体上的压力变化可引起流体的体积变化或密度变化,这一现象称为流体的**可压缩性**(compressibility)。可压缩性可用**体积压缩率** α 或**体积模量** K 来量度。

体积压缩率(coefficient of volume compressibility)为流体体积的相对缩小值与压强增大值之比,即当压强增大一个单位值时,流体体积相对减小一个单位值,可表示为

$$\alpha = -\frac{\frac{dV}{V}}{dp} = \frac{\frac{d\rho}{\rho}}{dp}$$

流体的可压缩性在工程上往往用体积模量来表示,体积模量 K (bulk modulus of elasticity)是体积压缩率的倒数,即

$$K = \frac{1}{\alpha} = -\frac{dp}{\frac{dV}{V}} = \frac{dp}{\frac{d\rho}{\rho}}$$

通常,K 随温度和压强而变化,但变化甚微。根据体积压缩率和体积模量的定义可知:

① K 越大,表示流体越不易被压缩,当 $K \to \infty$ 时,表示该流体绝对不可压缩;

② 流体的种类不同,其 α 与 K 值不同;

③ 同一种流体的 α 和 K 值随温度、压强的变化而变化。

一般工程设计中,水的 $K = 2 \times 10^9$ Pa,说明当 Δp 为 1 个大气压时,$\dfrac{\Delta V}{V} = \dfrac{1}{20000}$。在 Δp 不大的条件下,水的压缩性可忽略,相应地,水的密度可视为常数。

【例 1】　水的压强增大多少时才能使其体积减小 0.1%,1%?($K = 2000$ MPa)

解:根据体积模量的定义式 $K = -\dfrac{\mathrm{d}p}{\mathrm{d}V/V}$ 可以得到

$$\mathrm{d}p = -K \frac{\mathrm{d}V}{V}$$

当体积减小 0.1% 时,应增加的压强为

$$\mathrm{d}p = -K \frac{\mathrm{d}V}{V} = -2000 \times (-0.1\%) = 2.0 \ (\mathrm{MPa})$$

同理,当体积减小 1% 时,应增加的压强为

$$\mathrm{d}p = -K \frac{\mathrm{d}V}{V} = -2000 \times (-1\%) = 20 \ (\mathrm{MPa})$$

液体的体积模量随温度和压强的变化而变化,随温度变化不显著。液体的 K 值很大,除非压强变化很剧烈、很迅速,一般可不考虑压缩性,做不可压缩流体假设,即认为液体的 K 值为无穷大,密度为常数。但若考虑水下爆炸、水击问题,则必须考虑压缩性。

流体的膨胀性(expansibility)通常用体积膨胀系数 β 来表示。所谓**体积膨胀系数** β,是指在一定压强下,温度升高 $\mathrm{d}T$ 所引起的体积变化率(单位为 K^{-1}),即

$$\beta = \frac{\mathrm{d}V/V}{\mathrm{d}T} = \frac{\mathrm{d}\rho/\rho}{\mathrm{d}T}$$

β 值越大,则流体的膨胀性也越大。水的膨胀性很小,一般情况下可以忽略不计,只有在某些特殊情况下才需要考虑。例如,在考察冬季供暖热水循环系统等问题时需要考虑水的膨胀性。

气体的压缩性和膨胀性比液体大,一般情况下,其密度变化不能忽略。

(3)黏滞性

液体对切力的抗阻很小,微小的切应力都能使液体发生变形和流动,液体的流动性和易变形性是统一的概念,流动性和易变形性是液体运动的根本特征。但各种不同的液体在相同切应力下变形和运动的能力不同,这主要取决于液体的黏滞性。

液体的黏滞性是指液体本身所具有的抵抗液体发生变形或相对运动的特性,简称黏性(viscosity)。

由于黏性的存在,当液体内部发生变形,液体不同流层之间发生相对运动时,会产生阻碍液体变形或阻碍其相对变形的切向力,称为**黏滞力**或**内摩擦力**。

1686 年,牛顿通过大量的实验总结出"牛顿内摩擦定律",又称牛顿黏性定律。图 4.1 所示为两个水平放置的平行平板,其间距为 h,两平板间充满着某种液体,使上板以速度 v 向右运动,下板不动。由于液体与板之间存在着附着力,故紧邻上板的液体必以速度 v 向右运动,而紧邻下板的液体依然静止不动。在一定范围内,实际测得流体的速度在 y 方向上为线性分布。两板间的液体做平行于平板的流动,可以看成许许多多无限薄层的液体做

平行运动,而内摩擦力正是在设想的这种有相对运动的薄层之间产生的。

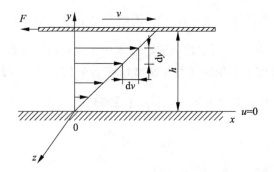

图 4.1 平板间的液体内摩擦力与速度梯度

牛顿通过实验测出平板所受黏性阻力(数值上等于使平板保持向右匀速运动所必需的拉力)的大小与各参数之间存在着如下关系:

$$F = \mu A \frac{v-0}{h} = \mu A \frac{v}{h}$$

将上式写成一般的数学形式:

$$F = \mu A \frac{\mathrm{d}v}{\mathrm{d}h} \tag{4.2}$$

式(4.2)即为牛顿内摩擦定律的数学表达式。式中,F 为内摩擦力;A 为摩擦面积;$\dfrac{\mathrm{d}v}{\mathrm{d}h}$ 为速度梯度,常写成 $\dfrac{\mathrm{d}u}{\mathrm{d}h}$;$\mu$ 是与液体有关的比例系数,称为动力黏滞系数(黏度),单位为 $(\mathrm{N \cdot s})/\mathrm{m}^2$ 或 $\mathrm{Pa \cdot s}$。

动力黏滞系数与密度的比值 $\nu = \dfrac{\mu}{\rho}$ 称为运动黏滞系数,同样能够反映液体黏滞性大小,单位为 m^2/s。

动力黏滞系数、运动黏滞系数与液体的压强和温度有关,受温度影响较大。

对于水,可以使用以下公式计算运动黏滞系数:

$$\nu = \frac{0.01775}{1 + 0.0337t + 0.000221t^2} \tag{4.3}$$

式中,t 为水的温度,℃;ν 的单位是 cm^2/s。

牛顿内摩擦定律说明,液体(牛顿流体)的内摩擦力大小和摩擦面积成正比,和速度梯度成正比。运动着的液体的速度梯度在数值上等于直角变形速度。

推广到所有流体,单位表面积上的内摩擦力称为黏滞应力,用 τ 表示:

$$\tau = \mu \frac{\mathrm{d}u}{\mathrm{d}h}$$

然而,并不是所有的流体都满足牛顿内摩擦定律。满足牛顿内摩擦定律的流体称为牛顿流体,工程流体力学和水力学只研究牛顿流体,牛顿流体与非牛顿流体的黏滞应力与速度梯度的关系如图4.2所示。

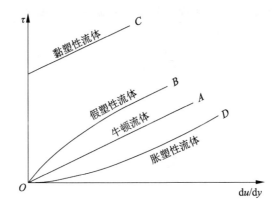

图 4.2　牛顿流体与非牛顿流体黏滞应力与速度梯度的关系

① 假塑性流体：黏度随速度梯度的增大而减小。几乎所有高分子溶液或溶体都属于假塑性流体。

② 胀塑性流体：黏度随速度梯度的增大而增大。淀粉、硅酸盐等悬浮液属于胀塑性流体。

③ 黏塑性流体：当驱动力低于屈服应力 τ_0 时，不流动；当驱动力高于屈服应力 τ_0 时，其流动与牛顿流体一样。例如，纸浆、牙膏、污水泥浆等。

④ 触变性流体：黏度随时间的延长而减小，如油漆等。

⑤ 黏弹性流体：既有黏性，又有弹性。当流体从大容器口挤出时，挤出物会自动胀大，塑料和纤维生产中都存在这种现象。

（4）表面张力特性

在液体与气体的分界面上以及液体与固体的接触面上，分界面两侧分子作用力不平衡，使分界面上的液体分子受到一个微小的分子引力，在宏观上表现为表面张力（surface tension）。它使液体表面拉紧收缩，使表面积有尽量缩小的趋势，从而对液流的运动状况产生影响。

表面张力大小可用表面张力系数（coefficient of surface tension）来度量。表面张力系数是指自由面上单位长度所受的拉力，单位为 N/m。通常表面张力系数数值很小，一般来说对液体的宏观运动影响不大，可以忽略不计，只有在某些特殊情况下，才有影响。

4.1.2　作用在流体上的力

液体无论处于平衡还是运动状态，都受到各种力的作用。这些力按其物理性质的不同可以分为惯性力、重力、黏滞力、弹性力和表面张力等。

作用在液体上的力，根据力的作用方式可以分为表面力和质量力。

（1）表面力

作用于液体表面并与作用面的表面积成正比的力称为表面力，如压力、黏滞力等。表面力的大小可用总作用力来表示，也常用单位面积上所受的表面力（即应力）来表示。如图 4.3 所示的分离体，在其边界面 S 上取一包含点 M' 的微元面积 ΔS，$\boldsymbol{n}$ 为 ΔS 的单位外法向量。作用在 ΔS 上的表面力为 $\Delta \boldsymbol{P}$，则 ΔS 收缩至点 M' 时的极限为

$$\boldsymbol{p}_n = \lim_{\Delta S \to 0} \frac{\Delta \boldsymbol{P}}{\Delta S} = \frac{\mathrm{d}\boldsymbol{P}}{\mathrm{d}S}$$

p_n 称为点 M' 处的切应力。若表面力和作用面垂直,则此切应力称为压应力或压强。作用在整个边界面上的表面力为

$$P = \iint_S p_n \, \mathrm{d}S$$

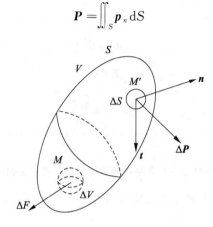

图 4.3　表面力和质量力

黏性流体中,既存在法向应力(normal stress),也存在剪切应力(shear stress),所以一点处的应力方向与该点处的法向量(normal vector)方向并不一致。将应力沿法线方向(normal direction)和切线方向(tangential direction)投影,分别得到法向应力和切应力。

$$p_{nn} = p_n \cdot n$$

$$\tau = p_n \cdot t$$

在分离体的边界面上,过一点可以作无数个面,每个面的应力都不同,也就是说,空间一点处的应力与点的位置、方位和时间都有关系。实际上,黏性流体内部一点处的应力是一个二阶张量。应力场是一个张量场。

理想流体中没有切应力,且流体不能承受拉力,所以理想流体的表面力只有法向压应力。

$$p = -p_n \cdot n$$

式中的负号表示压力指向外法向量的反方向。这个法向压应力就是压强,在流体力学中称为压力。

(2) 质量力

外界作用在流体的质心上的力称为质量力(mass force),或者说外界作用在流体质点上的力称为质量力。例如,重力、惯性力等。

在均质液体中,质量和体积是成正比的,所以质量力又称为体积力(body force)。

流体是连续分布的,研究的区域可能是无穷大的,因此质量力常用单位质量流体的质量力来表示。单位质量力是指作用在单位质量液体上的质量力。

在流体中取分离体,体积为 V,边界为 S。在分离体内任取一微元体积 ΔV,其质量为 Δm,承受的质量力为 ΔF,$M(x,y,z)$ 是 ΔV 内的一点,则 ΔV 收缩到点 M 时流体的单位质量力为

$$f(x,y,z) = \lim_{\Delta m \to 0} \frac{\Delta F}{\Delta m} = \frac{1}{\rho} \lim_{\Delta V \to 0} \frac{\Delta F}{\Delta V} = \frac{\mathrm{d}F}{\rho \, \mathrm{d}V}$$

根据牛顿第二定律:$\mathrm{d}F = \mathrm{d}m \cdot a$,所以单位质量力 $f = a$。

由此可见,单位质量力的大小等于质量力引起的加速度大小。在重力场中,单位质量

力就是重力加速度,即 $f = g$。

在直角坐标系中,单位质量力可表示为分量形式:$\boldsymbol{f} = f_x \boldsymbol{i} + f_y \boldsymbol{j} + f_z \boldsymbol{k}$。

作用在分离体上的总的质量力为

$$\boldsymbol{F} = \iiint_V \rho \boldsymbol{f}(x, y, z) \mathrm{d}V$$

4.1.3　流体静压力及其特性

流体静力学主要研究流体在静止状态下的平衡规律及其工程应用。因为静止状态下流体之间及流体与物面之间的作用是通过静压力的形式来表现的,所以本节重点介绍静止状态下静压力的分布规律,进而确定静止流体作用在物面上的总压力,用以解决工程实际问题。

流体静力学中的静止是指流体质点间没有相对运动的状态。所以,流体的静止包含以下两种情况:流体整体对地球没有相对运动,称为绝对静止;流体整体对地球有相对运动,但流体质点之间没有相对运动,称为相对静止。

流体静止时,流体质点之间没有相对运动,所以黏滞性在静止流体中显现不出来。因此,本节所得到的流体平衡规律对理想流体和实际流体均适用。

(1) 静压力

在静止流体中,不存在切应力。因此,流体中的表面力就是沿受力面法线方向的正压力或法向应力。设作用在微元面积 ΔS 上的法向力为 ΔP,则极限 $p = \lim\limits_{\Delta S \to 0} \dfrac{\Delta P}{\Delta S}$ 就是流体单位面积上所受到的垂直于该表面的力,即物理学中的压强,称为流体静压力,简称静压力,用符号 p 表示。其单位为帕斯卡,简称帕(Pa)。作用在某一面积上的静压力的合力称为总压力,用符号 P 表示,其单位为牛顿(N)。

常用的压力单位有帕(Pa)、巴(bar)、标准大气压(atm)、毫米汞柱(mmHg)、米水柱($\mathrm{mH_2O}$),其换算关系为:1 bar$=1 \times 10^5$ Pa;1 atm$=1.01325 \times 10^5$ Pa;1 atm$=760$ mmHg;1 atm$=10.336$ $\mathrm{mH_2O}$;1 mmHg$=133.32$ Pa;1 $\mathrm{mH_2O} = 9800$ Pa。由此可见,静压力的数值非常小,所以在工程实际中常用的单位是 kPa(10^3 Pa)或 MPa(10^6 Pa)。

(2) 静压力的两个重要特性

特性一:静压力的方向沿着作用面的内法线方向,即垂直地指向作用面。

证明:一方面,流体静止时只有法向应力,没有切应力,静压力的方向只能沿着法线方向;另一方面,流体不能承受拉力,只能承受压力。所以,静压力唯一可能的方向就是内法线方向。

由这一特性可知,在流体与固体的接触面上,静压力将垂直于接触面,如图 4.4 所示。

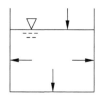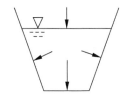

图 4.4　静压力垂直于作用面

特性二：静止流体中任何一点上各个方向的静压力大小相等，与作用方向无关。

某一瞬时，在静止流体中取如图 4.5 所示的微元四面体 $ABCD$，其三条棱与坐标轴平行，并取为 $\mathrm{d}x, \mathrm{d}y, \mathrm{d}z$，体积为 ΔV。

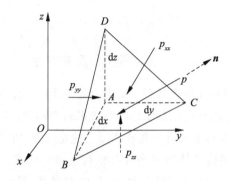

图 4.5　理想流体中的微元四面体 ABCD

作用在微元四面体上的力有质量力、惯性力和表面力。

直角坐标系下，质量力的分量为 $f_x \rho \Delta V, f_y \rho \Delta V, f_z \rho \Delta V$。

再考虑表面力，设与坐标面平行的三个表面上的平均压力分别为 p_{xx}, p_{yy}, p_{zz}，倾斜面上的平均压力为 p，则各微元面积上的压力为 $p_{xx} \cdot S_{\triangle ACD}, p_{yy} \cdot S_{\triangle ABD}, p_{zz} \cdot S_{\triangle ABC}, p \cdot S_{\triangle BCD}$。

最后考虑惯性力，设微元四面体的运动速度在坐标轴上的分量为 u, v, w，则惯性力的分量为 $-\dfrac{\mathrm{d}u}{\mathrm{d}t} \rho \Delta V, -\dfrac{\mathrm{d}v}{\mathrm{d}t} \rho \Delta V, -\dfrac{\mathrm{d}w}{\mathrm{d}t} \rho \Delta V$。

微元四面体所受各种外力应该平衡，各坐标轴方向的合力应该为零，所以得到

$$
\begin{cases}
f_x \rho \Delta V + p_{xx} \cdot S_{\triangle ACD} - p \cdot S_{\triangle BCD} \cdot \cos(n, x) - \dfrac{\mathrm{d}u}{\mathrm{d}t} \rho \Delta V = 0 \\[2mm]
f_y \rho \Delta V + p_{yy} \cdot S_{\triangle ABD} - p \cdot S_{\triangle BCD} \cdot \cos(n, y) - \dfrac{\mathrm{d}v}{\mathrm{d}t} \rho \Delta V = 0 \\[2mm]
f_z \rho \Delta V + p_{zz} \cdot S_{\triangle ABC} - p \cdot S_{\triangle BCD} \cdot \cos(n, z) - \dfrac{\mathrm{d}w}{\mathrm{d}t} \rho \Delta V = 0
\end{cases}
$$

以 x 方向为例

$$
f_x \rho \Delta V + p_{xx} \cdot S_{\triangle ACD} - p \cdot S_{\triangle BCD} \cdot \cos(n, x) - \dfrac{\mathrm{d}u}{\mathrm{d}t} \rho \Delta V = 0
$$

对于微元四面体，存在如下关系：$S_{\triangle ACD} = S_{\triangle BCD} \cdot \cos(n, x) = \dfrac{1}{2} \mathrm{d}y \mathrm{d}z$，$\Delta V = \dfrac{1}{6} \mathrm{d}x \mathrm{d}y \mathrm{d}z$，代入上式可得

$$
f_x \rho \frac{1}{6} \mathrm{d}x \mathrm{d}y \mathrm{d}z + p_{xx} \frac{1}{2} \mathrm{d}y \mathrm{d}z - p \frac{1}{2} \mathrm{d}y \mathrm{d}z - \frac{\mathrm{d}u}{\mathrm{d}t} \rho \frac{1}{6} \mathrm{d}x \mathrm{d}y \mathrm{d}z = 0
$$

将微元四面体向点 A 收缩，即 $\mathrm{d}x \mathrm{d}y \mathrm{d}z \rightarrow 0$，由此可得 $p_{xx} = p$。

同理可以推出 $p_{xx} = p_{yy} = p_{zz} = p$。

上式表明：静止流体中任一点上各方向的静压力大小相同，与作用面的方位无关，仅与

作用点的空间位置和时间有关。所以,压力是空间坐标和时间变量的函数。

$$p = p(x, y, z, t)$$

根据静止流体的这一性质,已知物体的形状和物面上流体压力的分布函数,即可求出流体对物体的作用力和力矩。

4.1.4　流体平衡方程

（1）流体平衡微分方程

通过分析静止流体中流体微团的受力,可以建立平衡微分方程,然后通过积分便可得到各种不同情况下流体静压力的分布规律。现在讨论在平衡状态下作用在流体上的力应满足的关系,建立平衡条件下的流体平衡微分方程。

在静止流体中任取一棱长分别为 $\mathrm{d}x, \mathrm{d}y, \mathrm{d}z$ 的微元正六面体,并建立如图 4.6 所示的直角坐标系。

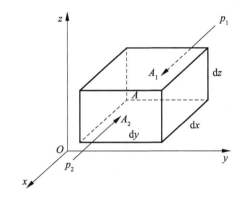

图 4.6　微元正六面体受力分析

首先分析作用在这个微元六面体内流体上的力在 x 方向上的分量。由于微元六面体以外的流体作用于其上的表面力均与作用面相垂直,因此只有与 x 方向相垂直的前后两个面上的总压力在 x 轴上的分量不为零。设六面体中心点 A 处的静压力为 $p(x, y, z)$,则作用在点 A_1 和 A_2 的压力可以表示为

$$p_1 = p - \frac{\partial p}{\partial x}\frac{\mathrm{d}x}{2}, \quad p_2 = p + \frac{\partial p}{\partial x}\frac{\mathrm{d}x}{2}$$

所以,作用在点 A_1 和 A_2 所在面上的总压力分别为 $\left(p - \dfrac{1}{2}\dfrac{\partial p}{\partial x}\mathrm{d}x\right)\mathrm{d}y\mathrm{d}z$ 和 $\left(p + \dfrac{1}{2}\dfrac{\partial p}{\partial x}\mathrm{d}x\right)\mathrm{d}y\mathrm{d}z$。

微元六面体内流体所受质量力在 x 方向的分力为 $X\rho\mathrm{d}x\mathrm{d}y\mathrm{d}z$,由于流体处于平衡状态,则

$$\left(p - \frac{1}{2}\frac{\partial p}{\partial x}\mathrm{d}x\right)\mathrm{d}y\mathrm{d}z - \left(p + \frac{1}{2}\frac{\partial p}{\partial x}\mathrm{d}x\right)\mathrm{d}y\mathrm{d}z + X\rho\mathrm{d}x\mathrm{d}y\mathrm{d}z = 0$$

用 $\rho\mathrm{d}x\mathrm{d}y\mathrm{d}z$ 除上式后进行简化,并结合 y, z 方向可得到

$$\begin{cases} X - \dfrac{1}{\rho}\dfrac{\partial p}{\partial x} = 0 \\[2mm] Y - \dfrac{1}{\rho}\dfrac{\partial p}{\partial y} = 0 \\[2mm] Z - \dfrac{1}{\rho}\dfrac{\partial p}{\partial z} = 0 \end{cases} \tag{4.4}$$

式中,X,Y,Z 分别为单位质量流体所受质量力。式(4.4)是 1755 年由欧拉建立的流体平衡微分方程,又称欧拉平衡方程。根据这个方程可以解决流体静力学中的许多基本问题。该方程在流体静力学中具有重要地位,既适用于绝对静止状态,也适用于相对静止状态;同时,推导中也没有考虑整个空间密度 ρ 是否变化及如何变化,所以它不但适用于不可压缩流体,而且适用于可压缩流体。该方程的物理意义:当流体处于平衡状态时,作用在单位质量流体上的质量力与压力的合力相平衡。

将式(4.4)中的三个方程分别乘以 i,j,k 再相加,可得流体平衡微分方程的矢量形式,即

$$f = \frac{1}{\rho}\nabla p \tag{4.5}$$

(2) 等压面

在充满平衡流体的空间里,静压力相等的各点所组成的面称为**等压面**。液体的自由液面便是一个特殊的等压面。

将式(4.4)中的三个方程分别乘以 dx,dy,dz 再相加,整理后可得

$$dp = \rho(X\,dx + Y\,dy + Z\,dz) \tag{4.6}$$

由于等压面上的静压力处处相等,所以等压面微分方程为

$$X\,dx + Y\,dy + Z\,dz = 0 \tag{4.7}$$

等压面最重要的一个性质是:等压面与质量力垂直。现证明如下:设 $dl = dx\,i + dy\,j + dz\,k$ 是等压面上的任意微元矢量,作用在单位质量流体上的质量力为 $f = Xi + Yj + Zk$。将 dl 与 f 做数量积,则有

$$dl \cdot f = X\,dx + Y\,dy + Z\,dz = dp = 0$$

由矢量分析可知,dl 与 f 互相垂直。由于质量力与等压面内任意的微元矢量互相垂直,所以等压面与质量力相互垂直。

由此可知,根据质量力的方向可以确定等压面的形状,也可以根据等压面的形状确定质量力的方向。例如,对只受重力作用的静止的流体,因为重力的方向总是垂直向下的,所以其等压面必定是水平面。读者可试着分析液体在匀加速水平直线运动容器中和绕中心轴等角速度旋转的容器内的等压面的形状。

(3) 流体静力学基本方程

图 4.7 所示为一敞口容器,其中盛有静止的均质液体,其密度恒定,液体所受的质量力只有重力。

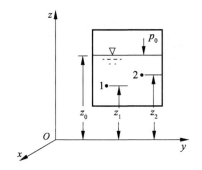

图 4.7　重力作用下流体的平衡

在图 4.7 所示的坐标系中，单位质量流体所受到的质量力可表示为

$$X=Y=0, Z=-g$$

代入式(4.6)可得 $\mathrm{d}p=-\rho g\,\mathrm{d}z$ 或 $\mathrm{d}p+\rho g\,\mathrm{d}z=0$。

对于均质流体，密度 ρ 为常数，则有 $\mathrm{d}(p+\rho gz)=0$，所以

$$p+\rho gz=c$$

式中，c 为积分常数。

上式两端同除以 ρg，则有

$$z+\frac{p}{\rho g}=c' \tag{4.8a}$$

对于如图 4.7 所示的静止流体中的任意两点，上式可写成

$$z_1+\frac{p_1}{\rho g}=z_2+\frac{p_2}{\rho g} \tag{4.8b}$$

式(4.8)称为静力学基本方程。其适用条件是：重力作用下静止的均质流体。对于分装在互不相同的两个容器内的流体或装在同一容器中的不同密度的两种流体之间，流体静力学基本方程不成立。

（4）流体静力学基本方程的意义

1）几何意义

在一个容器侧壁上打一个小孔，接上与大气相通的玻璃管，这样就形成一根测压管。如果容器中装的是静止流体，液面为大气压，则测压管内液面与容器内液面是平齐的，如图 4.8 所示。

从图中可以看出，测压管液面到基准面高度由 z 和 $p/\rho g$ 组成，z 表示点 1、2 到基准面的高度，$p/\rho g$ 表示该点压力折算的液柱高度。在流体力学中，约定俗成地将

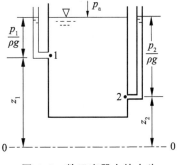

图 4.8　敞口容器中的水头

高度称为"水头"，z 称为位置水头，$p/\rho g$ 称为压力水头，而 $z+p/\rho g$ 称为测压管水头。因此，流体静力学基本方程的几何意义是：静止流体中测压管水头为常数。

如果容器内液面压力 p_0 大于或小于大气压 p_a，则测压管液面会高于或低于容器液面，但不同点的测压管水头仍是常数，如图 4.9 所示。

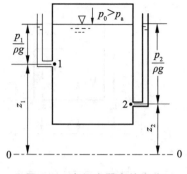

图 4.9　密闭容器中的水头

2）物理意义

如果质量为 m 的流体处在 z 高度时所具有的位置势能为 mgz，那么单位重力流体所具有的位置势能为 $\dfrac{mgz}{mg}=z$。因此，流体力学中也将 z 称为比位能。

力学中能够相加的两项应该具有相同的物理意义，所以 $p/\rho g$ 也应是单位重力流体所具有的某种能量。如果流体中某点的压力为 p，那么在该处接测压管后，在压力作用下液面会上升 $p/\rho g$ 高度，压力势能变为位置势能。因此，$p/\rho g$ 代表单位重力流体所具有的压力势能，简称比压能。

对单位重力的流体来说，比位能与比压能之和称为静止流体的比势能或总比能。因此，流体静力学基本方程的物理意义是：静止流体中总比能为常数。

4.1.5　流体静力学基本公式及其应用

流体平衡微分方程建立了流体静压力与质量力之间的微分关系，揭示了流体平衡时所遵循的普遍规律，它对在任何有势质量力作用下的平衡流体均适用。在解决工程实际问题时，必须求解出特定质量力作用下以及特定边界条件下的流体平衡微分方程的特解，即静压力的分布规律的解析表达式，进而通过积分等数学方法求解出物面上的总压力。在工程实际中，最常见的流体平衡是质量力仅为重力下的平衡，即绝对静止。下面分析绝对静止流体中静压力的分布规律。

（1）流体静力学基本公式

如图 4.10 所示，现要确定静止流体中某一点 A 处的静压力，由 $z=0$ 时的边界条件 $p=p_0$ 可确定 $p+\rho gz=c$ 中的常数 $c=p_0$，则静压力的分布规律可表示为

$$p_A = p_0 - \rho gz$$

在流体静力学中，习惯上用深度坐标来计算静压力，即用 $h=-z$ 表示点 A 在液面以下的垂直深度，则上式可变为

$$p_A = p_0 + \rho gh \tag{4.9}$$

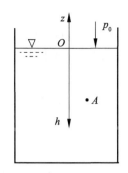

图 4.10 静止流体中某一点的静压力

对于图 4.7 中的任意两点 1 和 2,上式也可以表示为

$$p_1 = p_2 + \rho g(z_2 - z_1) = p_2 + \rho g \Delta h \qquad (4.10)$$

式(4.9)和式(4.10)称为流体静力学基本公式。它表明:① 重力作用下的均质流体内部的静压力与深度呈线性关系,因此,水坝都设计成上窄下宽的形状;② 静止流体内部任意点的静压力由液面上的静压力 p_0 与液柱所形成的静压力 $\rho g h$ 两部分组成,深度相同的点静压力相等;③ 静止流体边界上压力的变化将均匀地传递到流体中的每一点,这就是著名的帕斯卡定律。

(2) 流体静压力的测量

在流体试验中,经常需要直接测量某一点的压力或两点之间的压差。测量点压力或两点之间压差的仪器有很多,目前经常采用的有压力表(金属测压计)、压力传感器(电子测压计)和液式测压计等。液式测压计是基于流体静力学的基本原理设计的,下面介绍几种典型的液式测压计。

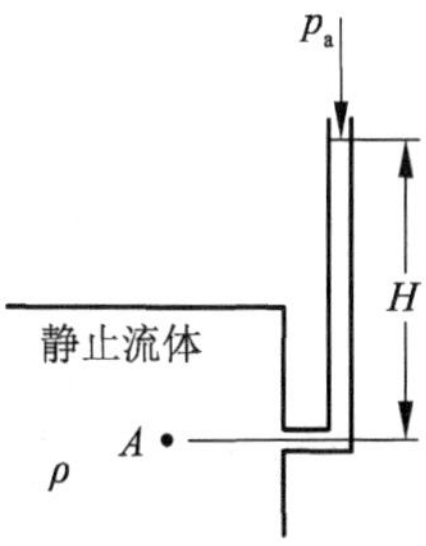

1) 简单测压管

简单测压管如图 4.11 所示。在测压点处开一测压孔,外接一根透明的细长测压管,测压管的上端与大气相通,测压管内液面的高度为 H,则测压点处的表压为

图 4.11 简单测压管

$$p_A = \rho g H$$

显然,简单测压管的优点是结构简单、精度较高、造价低廉。其缺点主要有以下两方面:一是量程较小,这主要是因为测压管内工作液的密度是一定的,如果压力很大,那么 H 也会很大,测量起来就会非常不方便;二是不能测量气体的压力。

2) U 形测压管

图 4.12 所示的 U 形测压管克服了简单测压管内工作液密度不可改变,以及不能测量气体压力等缺点。利用 U 形测压管分析这类问题时建议采用等压面法,即取图中通过点 B 的等压面,首先分别找出左右两个支管的压力与点 B 压力的关系,然后列出如下方程:

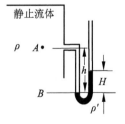

图 4.12 U 形测压管

$$p_A + \rho g h = p_B = \rho' g H$$

所以点 A 的表压为

$$p_A = \rho' g H - \rho g h$$

如果被测流体为气体,其密度与工作液的密度相比可以忽略不计,则上式变为

$$p_A = \rho' g H$$

【例 2】 油罐内装有相对密度为 0.8 的油品,外接一个 U 形测压管(内装水银),如图 4.13 所示。求油面的高度 H 及液面压力 p_0。

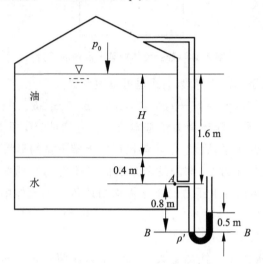

图 4.13 外接 U 形测压管的储油罐

解:点 A 的压力可用自由液面的压力 p_0 及 U 形测压管左、右两支管的压力来表示,即

$$p_0 + \rho_0 g H + 0.4 \rho_w g = p_A = p_0 + 1.6 \rho_w g$$

由上式可得 $H = \dfrac{1.2\rho_w}{\rho_0} = 1.2 \times \dfrac{1}{0.8} = 1.5$ m。

为了计算液面压力 p_0,取 $B-B$ 为等压面,点 B 的压力可表示为

$$p_0 + (1.6 + 0.8)\rho_w g = p_B = 0.5\rho_{汞} g$$

所以,$p_0 = 0.5\rho_{汞}g - 2.4\rho_w g = 43120$ Pa。

3) U 形压差计

如图 4.14 所示,利用 U 形压差计测量管道上 A,B 两点的压差,取 $0-0$ 为等压面,则有

$$p_A + \rho g(x + H) = p_0 = p_B + \rho g x + \rho' g H$$

整理后可得 A,B 两点的压差为

$$\Delta p = p_A - p_B = (\rho - \rho')gH$$

从上式可以看出,在 U 形压差计尺寸一定的情况下,被测流体的密度与工作液的密度直接决定了 U 形压差计的量程和精度。

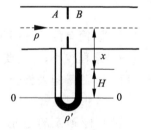

图 4.14 U 形压差计

 思考

如果 A,B 两点不在同一水平面上,压差计算公式又是什么样的?

4.1.6　几种质量力作用下的流体平衡

当流体随容器一起运动且流体质点之间没有相对运动时,尽管流体在运动,但因为流体相邻层之间没有相对运动,所以流体像固体一样整块地运动。这便是前面提到的相对静止,根据达朗贝尔原理[①],可以假想把惯性力加在运动流体上,列出力的平衡方程。下面就以两个典型例子分析相对静止情况下的压力分布规律。

(1) 等加速水平运动容器中流体的相对平衡

有一个盛有液体的长方体容器沿水平面以加速度 a 做等加速直线运动,为便于讨论,把坐标系固定在容器上,坐标原点取在容器尚未运动时的自由液面中心 O 处,x 轴的方向和加速度方向相同,z 轴垂直向上,如图 4.15 所示。根据达朗贝尔原理,液体处于相对平衡时,作用在液体质点上的质量力,除了重力以外,还要虚加一个大小为 $-ma$、方向与加速度方向相反的惯性力。此时,作用在单位质量液体上的质量力为

$$X=-a\,;Y=0\,;Z=-g$$

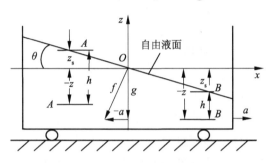

图 4.15　水平运动容器中液体的平衡

1) 流体静压力分布规律

将单位质量力的分力代入式(4.6)可得

$$\mathrm{d}p=\rho(-a\,\mathrm{d}x-g\,\mathrm{d}z)$$

对上式积分得到

$$p=-\rho(ax+gz)+c$$

根据边界条件,当 $x=0,z=0$ 时,$p=p_0$,可求得积分常数 $c=p_0$,于是有

$$p=p_0-\rho(ax+gz) \tag{4.11}$$

这就是等加速水平运动容器中液体的静压力分布公式,它表明压力 p 不仅随 z 的变化而变化,而且还随 x 的变化而变化。

2) 等压面方程

将单位质量力的分力代入等压面微分方程式(4.7)得

$$a\,\mathrm{d}x+g\,\mathrm{d}z=0$$

同样,对上式积分可以得到 $ax+gz=c$,这就是等压面方程。

等加速水平运动容器中液体的等压面已经不是水平面,而是一簇平行的斜面,不同的

---

① 达朗贝尔原理:对于任意物理系统,所有惯性力或施加的外力,经过符合约束条件的虚位移所做的虚功的总和等于零。达朗贝尔原理是法国数学家和物理学家达朗贝尔于 1743 年提出的,它是求解约束系统动力学问题的一个普遍原理。

积分常数代表着不同的等压面,等压面与水平面的夹角大小为

$$\theta = \mathrm{arctg}\, \frac{a}{g}$$

自由液面是一个特殊的等压面,由 $x=0$ 时 $z=0$ 这一边界条件可确定自由液面对应的积分常数为 $c=0$,于是可得自由液面方程为 $ax+gz_s=0$ 或 $z_s=-\dfrac{a}{g}x$,式中 z_s 表示自由液面上点的 z 坐标。

对式(4.11)所表示的压力分布进行分析:

$$p = p_0 - \rho(ax+gz) = p_0 + \rho g\left(-\frac{a}{g}x - z\right) = p_0 + \rho g(z_s - z)$$

结合图 4.15 中 A,B 两点的 z_s-z 可得

$$p = p_0 + \rho g h \tag{4.12}$$

式中,$h=z_s-z$ 为压力计算点在自由液面的铅直深度。

由此可见,等加速水平运动容器中液体的静压力计算公式(4.12)与绝对静止流体的静压力计算公式(4.9)完全相同,即流体内静压力等于液面上的静压力 p_0 加上液柱所形成的压力 $\rho g h$。这一结论也可以采用物理学中的隔离体方法通过分析液柱的受力平衡关系得出,请读者试着证明。

(2)等角速旋转容器中流体的相对平衡

假设盛有液体的敞口圆柱形容器以定转速 ω 绕其中心轴旋转,如图 4.16 所示。待运动稳定后,各质点都具有相同的角速度,液面形成一个漏斗形的旋转面。现将坐标系固定在运动着的容器上与容器一起旋转,此时液体相对于坐标系处于静止状态。根据达朗贝尔原理,作用在液体质点上的质量力除了重力 mg 以外,由于存在着向心加速度,所以 xOy 平面内还应存在虚加的惯性离心力 $m\omega^2 r$,作用在单位质量流体上的惯性离心力为 $\omega^2 r$,将 $\omega^2 r$ 在 xOy 平面内分解,则可得单位质量流体所受到的质量力 f 的三个分量为

$$\begin{cases} X = \omega^2 r \cos\alpha = \omega^2 x \\ Y = \omega^2 r \sin\alpha = \omega^2 y \\ Z = -g \end{cases}$$

1)流体静压力分布规律

将单位质量力的分力代入式(4.6)可得

$$\mathrm{d}p = \rho(\omega^2 x\,\mathrm{d}x + \omega^2 y\,\mathrm{d}y - g\,\mathrm{d}z)$$

对上式积分得到

$$p = \rho\left(\frac{\omega^2 x^2}{2} + \frac{\omega^2 y^2}{2} - gz\right) + c = \rho\left(\frac{\omega^2 r^2}{2} - gz\right) + c$$

根据边界条件,当 $r=0$,$z=0$ 时,$p=p_0$,可得积分常数 $c=p_0$,进而可得

$$p = p_0 + \rho g\left(\frac{\omega^2 r^2}{2g} - z\right) \tag{4.13}$$

这就是等角速旋转容器中液体的静压力分布公式,在同一高度上,液体静压力沿径向按半径二次方增长。

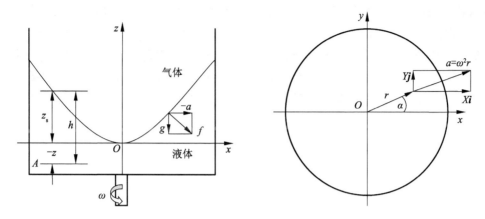

图 4.16　旋转容器中液体的平衡

2）等压面方程

将单位质量力的分力代入等压面微分方程式（4.7），可得等压面方程为

$$\omega^2 x \, \mathrm{d}x + \omega^2 y \, \mathrm{d}y - g \, \mathrm{d}z = 0$$

对上式积分可得

$$\frac{\omega^2 x^2}{2} + \frac{\omega^2 y^2}{2} - gz = c \quad \text{或} \quad \frac{\omega^2 r^2}{2} - gz = c$$

从上式可看出，等压面是一簇绕 z 轴的旋转抛物面。在自由液面上，当 $r=0$ 时，$z=0$，可求得积分常数 $c=0$，于是可得自由液面方程为

$$\frac{\omega^2 r^2}{2} - gz_s = 0; z_s = \frac{\omega^2 r^2}{2g}$$

式中，z_s 为自由液面上点的 z 坐标。

对式（4.13）所表示的压力分布进行分析：

$$p = p_0 + \rho \left(\frac{\omega^2 r^2}{2} - gz \right) = p_0 + \rho g (z_s - z)$$

结合图 4.16 中的 $z_s - z$ 可得

$$p = p_0 + \rho g h$$

式中，$h = z_s - z$ 为压力计算点在自由液面的铅直深度。

这一结论与水平运动容器中液体的静压力分布公式完全相同。需要注意的是：以上讨论的两种情况有一个共同点，即惯性力均与重力相垂直。

 思考

在惯性力不垂直于重力的情况下，压力分布是怎样的？

4.1.7　静止流体作用在平面上的总压力

流体静力学的主要研究内容包括两部分：一是前面讨论的压力分布规律；二是静止流体作用在物面上的总压力。总压力的计算主要用于设计水箱、油罐等设备时的受力分析及强度校核。最简单的物面就是平面,本小节将讨论静止流体作用于平面上的总压力。

(1) 总压力的大小和方向

静止流体中有一块任意形状的平面,它与水平面的倾斜角为 α,面积为 A。坐标系如图 4.17 所示,x 轴垂直于纸面且位于水平面内,z 轴垂直向上。为了看清平面的形状,将平面绕 Oy 轴旋转 $90°$,转到纸面上。在平面上取一微元面积 dA,液面深为 h,作用在微元面积 dA 上的总压力为

$$dP = p\,dA = \rho g h\,dA = \rho g y \sin \alpha\,dA$$

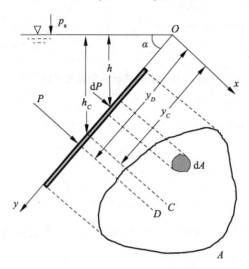

图 4.17 作用在平面上的总压力

尽管平面上各点的静压力大小不同,但它们都垂直于平面,组成平行力系,根据力学原理,流体总压力 P 可表示为

$$P = \int_A dP = \rho g \sin \alpha \int_A y\,dA$$

式中,$\int_A y\,dA$ 为面积 A 对 Ox 轴的面积矩,等于面积 A 与其形心坐标 y_C 的乘积,即

$$\int_A y\,dA = A y_C$$

所以有

$$P = \rho g y_C \sin \alpha A = \rho g h_C A = p_C A$$

式中,p_C 代表形心 C 处的压力。这一公式表明:作用在任意形状平面上的总压力大小等于该平面的面积与其形心 C 处的压力的乘积。

由于总压力是作用在各个微元面积上与平面相垂直的平行力系的积分,所以总压力 P 的作用方向必然是垂直于这个作用面的。

(2) 压力中心

总压力的作用点称为压力中心。流体力学中比较关心的是压力中心的 y 坐标。根据理论力学中的合力矩定理,各分力对某一轴的力矩之和等于合力对该轴的力矩,可写成

$$P y_D = \int_A y\,dP$$

即 $\rho g y_C \sin \alpha A y_D = \rho g \sin \alpha \int_A y^2 \mathrm{d}A$，化简后可得

$$y_D = \frac{\int_A y^2 \mathrm{d}A}{y_C A}$$

式中的积分称为面积 A 对 Ox 轴的惯性矩，用 J_x 表示。根据理论力学中的平行移轴定理 $J_x = J_C + y_C^2 A$，可得

$$y_D = y_C + \frac{J_C}{y_C A} \tag{4.14}$$

因为 $J_C / y_C A$ 恒为正值，所以 $y_D > y_C$，说明压力中心 D 永远低于平面形心 C。但是，这一结论对水平放置的平面不适用，此时的压力中心与形心重合。

在应用上述计算公式时应该注意以下两点：

① 上述计算公式没有考虑大气压的影响。

这主要是因为工程实际中容器外也会受到大气压的作用，容器内、外的大气压力相互抵消，所以在计算液体内总压力时不考虑大气压的影响，而只考虑液体形成的总压力。

② 在压力中心的计算公式中 y 坐标原点的取法。

式（4.14）只适用于液面压力为大气压时的情形，即 y 的坐标原点位于自由液面与平面延长线的交点处，如图 4.17 所示。但是，当自由液面上的压力不是大气压时，式（4.14）中 y 坐标原点只能在等效自由液面与平面延长线的交点处。

那么什么是等效自由液面呢？

现在考察图 4.18 所示的两种情形，左图为液面绝对压力大于大气压的情形，其液面绝对压力为 $p_0' = p_a + \rho g h$，右图为将原有液面升高了 $h = (p_0' - p_a)/\rho g$，且液面绝对压力等于大气压时的情形，两者对平面 AB 形成了完全相同的压力分布规律，同时两者作用在平面上的总压力是完全相同的。因此，称右图中的自由液面为左图中液面的等效自由液面。在计算过程中，不可将左图中的点 O' 作为 y 坐标原点，而应取右图中的点 O 作为 y 坐标的原点。也就是说，在进行压力中心位置计算时，应该将液面绝对压力不等于大气压的液面转换成等效自由液面，然后重新找出 y 坐标原点进行计算。对液面绝对压力低于大气压的情形应该用类似的方法来处理，请读者思考具体的处理方法。

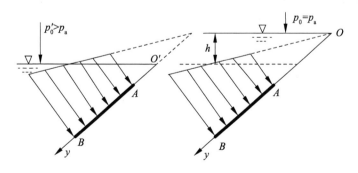

图 4.18　等效自由液面

各种常见的规则平面图形的面积、形心位置和通过形心的轴的惯性矩如表 4.1 所示。

表 4.1 各种常见的规则平面图形的面积、形心位置和通过形心的轴的惯性矩

图形	A	y_c	J_c
正方形	a^2	$\dfrac{a}{2}$	$\dfrac{a^2}{12}$
矩形	BH	$\dfrac{H}{2}$	$\dfrac{BH^3}{12}$
等腰三角形	$\dfrac{BH}{2}$	$\dfrac{2H}{3}$	$\dfrac{BH^3}{36}$
正梯形	$\dfrac{H}{2}(B+b)$	$\dfrac{H(b+2B)}{3(b+B)}$	$\dfrac{H^3(B^2+4Bb+b^2)}{36(B+b)}$
圆形	$\dfrac{\pi D^2}{4}$	$\dfrac{D}{2}$	$\dfrac{\pi D^4}{64}$
椭圆形	πab	a	$\dfrac{\pi a^3 b}{4}$

【**例 3**】 如图 4.19 所示,矩形闸门两面受到水的压力,左边水深 $H_1=4.5$ m,右边水深 $H_2=2.5$ m,闸门与水平面成 $\alpha=45°$ 的倾斜角,闸门宽度 $b=1$ m,试求作用在闸门上的总压力及其作用点距闸门下端的距离。

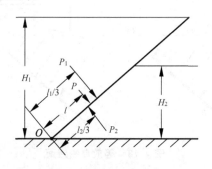

图 4.19 矩形闸门受力

解:作用在闸门上的总压力为左、右两侧液体总压力之差,即

$$P = P_1 - P_2$$

因为 $h_{C1} = H_1/2$,$A_1 = bl_1 = bH_1/\sin\alpha$,$h_{C2} = H_2/2$,$A_2 = bl_2 = bH_2/\sin\alpha$,

所以 $P = \rho g h_{C1} A_1 - \rho g h_{C2} A_2 = \rho g \dfrac{H_1}{2} b \dfrac{H_1}{\sin\alpha} - \rho g \dfrac{H_2}{2} b \dfrac{H_2}{\sin\alpha} = 97030 \ \text{N}$。

对于液面与闸门上边线平齐的矩形平面而言,压力中心坐标为

$$y_D = y_C + \frac{J_C}{y_C A} = \frac{l}{2} + \frac{bl^3/12}{(l/2)bl} = \frac{2}{3}l$$

根据合力矩定理,对点 O 取矩可得

$$Pl = P_1 \frac{l_1}{3} - P_2 \frac{l_2}{3} = P_1 \frac{H_1}{3\sin\alpha} - P_2 \frac{H_2}{3\sin\alpha}$$

代入已知数据可解得

$$l = 2.54 \ \text{m}$$

这就是作用在闸门上的总压力的作用点距闸门下端的距离。

4.1.8　静止流体作用在曲面上的总压力

在工程实际中常见的一些储液容器如水塔、油罐、分离器、锅炉、蒸馏塔等,是由圆柱、圆锥、半球、球冠等曲面组成的。计算静止流体对这些器壁的作用力,就属于静止流体作用在曲面上的总压力问题。作用在曲面上的各点流体静压力都垂直于器壁,这就形成了复杂的空间力系,求流体作用在曲面上的总压力问题便成为空间力系的合成问题。

工程上的曲面是各种各样的,这里先以二维曲面为例进行研究,再将结果推广到三维曲面。设有一个承受液体压力的二维柱状曲面,其母线水平,面积为 A,令坐标系 y 轴与二维曲面的母线平行,则该曲面在 xOz 系平面上的投影便为曲线 ab,如图 4.20 所示。

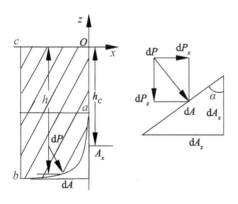

图 4.20　曲面总压力

在曲线 ab 上任意取一微元面积 dA,它的沉没深度为 h,则流体作用在微元面积 dA 上的总压力为

$$dP = \rho g h \, dA$$

将 dP 分解为水平与垂直的两个微元分力,然后分别在整个面积上进行积分,便可求得

作用在曲面上的总压力的水平分力与垂直分力,进而求出总压力大小、方向及作用点。

(1) 压力大小

设微元面积 $\mathrm{d}A$ 的法线与 x 轴的夹角为 α,则作用在微元面积上的总压力在 x 方向上的分量可表示为

$$\mathrm{d}P_x = \mathrm{d}P\cos\alpha = (\rho gh\,\mathrm{d}A)\cos\alpha = \rho gh(\mathrm{d}A\cos\alpha) = \rho gh\,\mathrm{d}A_x$$

式中,$\mathrm{d}A_x$ 是微元面积 $\mathrm{d}A$ 在 x 方向上的投影。

对上式积分可得

$$P_x = \rho g\int_{A_x} h\,\mathrm{d}A_x$$

式中的积分部分为曲面 A 在 yOz 坐标面上(即沿 x 方向)的投影面积 A_x 对 y 轴的面积矩。根据面积矩的性质可得

$$P_x = \rho gh_C A_x \tag{4.15}$$

式中,h_C 为 A_x 的形心在液面以下的垂直深度。式(4.15)表明:静止流体作用在曲面上的总压力在某一水平方向上的分力等于曲面沿该方向的投影面所受到的总压力,其作用线通过投影面的压力中心。

由此可得,总压力在 y 方向及任一水平方向 s 上的分量分别为

$$P_y = \rho gh_C A_y,\ P_s = \rho gh_C A_s \tag{4.16}$$

作用在微元面积 $\mathrm{d}A$ 上的总压力在垂直方向上的分量可表示为

$$\mathrm{d}P_z = (\rho gh\,\mathrm{d}A)\sin\alpha = \rho gh(\mathrm{d}A\sin\alpha) = \rho gh\,\mathrm{d}A_z$$

式中,$\mathrm{d}A_z$ 为微元面积 $\mathrm{d}A$ 在 z 方向上的投影。

对上式积分可得总压力在垂直方向上的分量为

$$P_z = \rho g\int_{A_z} h\,\mathrm{d}A_z$$

式中,$\int_A h\,\mathrm{d}A_z = V$,它相当于从曲面向上引至液面的若干微小柱体的体积总和,即图 4.20 中的阴影部分($abcO$)的体积——压力体,故上式可表示为

$$P_z = \rho gV$$

即流体作用在曲面上的总压力的垂直分量等于压力体内的液体所受的重力,它的作用线通过压力体的形心。

综上所述,作用在曲面上的总压力可表示为

$$\boldsymbol{P} = P_x\boldsymbol{i} + P_y\boldsymbol{j} + P_z\boldsymbol{k}$$

总压力的大小为

$$P = \sqrt{P_x^2 + P_y^2 + P_z^2}$$

(2) 压力体

压力体可以表述为:压力体是由受力曲面、液体的自由表面(或其延长面)以及两者间的铅垂面所围成的封闭体积。压力体是由积分式 $\int_A h\,\mathrm{d}A_z$ 得到的,它是一个纯数学的概念,与这一体积内是否充满液体无关。图 4.21 是两个典型的压力体。比较图中的两个压力体,不难发现两者有着明显的区别:① 压力体所形成的总压力方向不同,图 4.21a 中的压力体

所形成的总压力方向向下,图 4.21b 中的压力体所形成的总压力方向向上。② 两种压力体与液体所处的位置不同,图 4.21a 中的压力体与液体位于曲面的同一侧;图 4.21b 中的压力体与液体则不在曲面的同一侧。

由此可以引入定义:若压力体与形成压力的液体在曲面的同侧,则称这样的压力体为实压力体,用(＋)来表示;若压力体与形成压力的液体在曲面的异侧,则称这样的压力体为虚压力体,用(－)来表示。图 4.21a 中的压力体是实压力体,它对曲面形成向下的压力;图 4.21b 中的压力体是虚压力体,它对曲面形成向上的浮力。

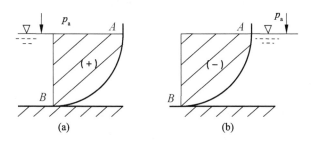

图 4.21　压力体的虚实

需要注意的是:以上两个压力体给人的感觉是实压力体就是内部充满液体的压力体,虚压力体就是内部没有液体的压力体。其实压力体的虚实与其内部是否充满液体无关,例如图 4.22 中 FG 曲面的压力体是实压力体,但压力体的上半部分却没有充满液体。图 4.22 中 CDE 曲面的压力体的画法对初学者来说有一定的难度,具体方法是:把曲面划分为 CD 和 DE 两部分,先画出 CD 部分的压力体,即图中的画右斜线部分,这部分压力体为虚压力体;再画出 DE 部分的压力体,即图中的左斜线部分,这部分压力体为实压力体;最后将两者合成,交叉部分的压力体虚实相抵后剩下的凸出部分便是 CDE 曲面的压力体,其为实压力体,压力体对曲面的作用力是向下的压力。图 4.22 中 HIJ 曲面的压力体的画法与 CDE 的画法完全相同,合成后的压力体为内凹部分的体积,是虚压力体,压力体对曲面的作用力是向上的浮力。

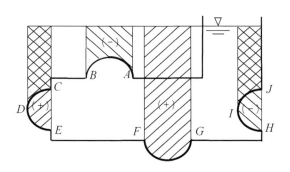

图 4.22　压力体的合成

与平面总压力相似,讨论曲面上的压力时也没有考虑液面上大气压力的影响。当液面上的压力不为大气压时也应采用平面总压力中介绍的方法,先找出等效自由液面,再画压力体。

综上所述,压力体的画法可以归纳为以下几步:

① 将受力曲面根据具体情况分成若干段;

② 找出各段的等效自由液面;

③ 画出每一段的压力体并确定虚实;

④ 根据虚实相抵的原则将各段的压力体合成,得到最终的压力体。

(3) 总压力的方向和作用点

在图 4.23 中,由于曲面 AB 铅直分力的作用线通过压力体的中心,且方向铅直向下,而水平分力的作用线通过投影面 A_x 的压力中心,且水平地指向作用面,所以曲面总压力的作用线必然通过这两条作用线的交点 D' 而指向作用面,总压力矢量的延长线与曲面的交点 D 就是总压力在作用面上的作用点。

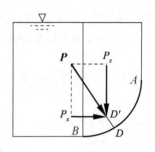

图 4.23　总压力的作用点

【例 4】 如图 4.24 所示,有一圆柱扇形水闸门,已知 $H=5$ m, $\alpha=60°$,闸门宽度 $B=10$ m,求作用于曲面 ab 上的总压力。

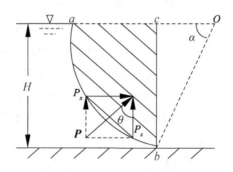

图 4.24　圆柱扇形水闸门受力图

解:闸门在垂直坐标面上的投影面积 $A_x=BH$,其形心深 $h_C=H/2$,代入式(4.16)得

$$P_x=\rho g h_C A_x=\rho g \frac{H}{2}BH=\frac{1}{2}\rho g BH^2=1225000 \text{ N}$$

受压曲面 ab 的压力体为 $V=BA_{abc}$。面积 A_{abc} 为扇形 aOb 面积与三角形 cOb 面积之差,所以有

$$P_z=\rho g BA_{abc}=\rho g B\left[\frac{\alpha}{360}\pi(\frac{H}{\sin \alpha})^2-\frac{1}{2}H \cdot \frac{H}{\tan \alpha}\right]$$

$$=9800\times10\times\left[\frac{3.14\times60°}{360°}(\frac{5}{\sin 60°})^2-\frac{1}{2}\frac{5^2}{\tan 60°}\right]=1002384 \text{ N}$$

故总压力大小、方向分别为

$$P=\sqrt{P_x^2+P_z^2}=\sqrt{1225000^2+1002384^2}=1582845 \text{ N}$$

$$\tan \theta=\frac{P_x}{P_z}=\frac{1225000}{1002384}=1.222$$

$$\theta=50°42'$$

4.1.9　物体在液体中的潜浮原理

在生产实践中经常遇到物体浸入液体的情况。为了求解这类问题,需讨论液体对物体的浮力的计算方法,分析物体在总压力作用下的稳定性。

漂浮在液面上的物体称为浮体,完全浸没在液体中的物体称为潜体。无论是浮体还是潜体,总压力的水平分力都应为 0,否则推进船舶就不需要螺旋桨了。又由阿基米德定律可知,总压力在铅直方向上的分力应等于物体所排开的液体所受的重力,这个力称为浮力。

(1)潜体的潜浮与平衡

当物体受到的重力 G 大于其所受到的浮力 P 时,物体所受到的合力方向向下,物体下潜;当物体受到的重力 G 等于其所受到的浮力 P 时,物体所受到的合力为 0,物体稳定在一个水平面上;当物体受到的重力 G 小于其所受到的浮力 P 时,物体所受到的合力方向向上,物体上浮。潜艇就是按照这一原理,通过调整艇内水箱中的水量实现上浮和下潜的。

潜体处于稳定平衡状态时,其重力与浮力必须作用在同一条直线上,而且一定是浮心在重心之上(图 4.25)。潜艇等水下航行器因为水流等因素的作用会产生一定的摆动,但摆动后浮力与重力所产生的力矩又会使其恢复到平衡位置。

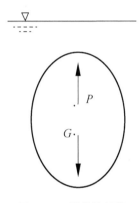

图 4.25　潜体的平衡

(2)浮体的平衡

当潜体的浮力大于其所受的重力时便会浮出水面,潜体就变成了浮体。对浮体来说,平衡时浮力与重力相等,并且作用线在同一条直线上。与潜体的平衡不同,浮体的平衡有两种情况:一种是重心在浮心之下的平衡,另一种是重心在浮心之上的平衡。前者如图 4.26a 所示,后者如图 4.26b 所示,如果不仔细分析就会认为后者这种重心在浮心之上的浮体一遇到水流和气流等外界的干扰就会产生 180°的翻转,其实不然。下面结合图 4.26b,c 分析水面船舶的平衡问题。

实际上,图 4.26a 所示的船舶是很少见到的,因为船舶的甲板之上还有许多的建筑和设施,其重心多在水面之上。如果想使其重心降低,就必须在船底人为地加上多余的重物,但这样一方面会加大其吃水深度,增加航行阻力,另一方面这些人为添加的重物会减小船舶的有效载荷。这时在外界横向载荷的作用下,船体会发生一定的倾斜,但倾斜后其浮心的位置也会发生变化(图 4.26c),此时的浮力与重力就会形成一个力矩使船舶恢复到原来的平衡状态,如图 4.26b 所示。这就是船舶会在风浪中不停摇摆的原因。

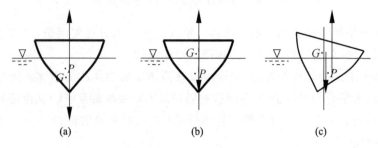

(a)   (b)   (c)

图 4.26　浮体的平衡

【**例 5**】　如图 4.27 所示,一盛汽油的容器,底上有一直径 $d_1=0.02$ m 的圆阀,该阀用一条细绳系于直径 $d_2=0.1$ m 的圆柱形浮子上。设浮子及圆阀的总重力 $G=0.9806$ N,汽油密度 $\rho=750$ kg/m^3,绳长 $z=15$ cm,试求汽油液面达到什么高度时圆阀开启。

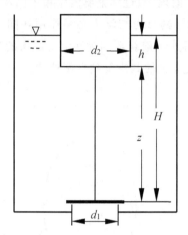

图 4.27　盛汽油的容器

解:设汽油液面距离圆阀的高度为 H 时圆阀开启,此时圆阀所受到的汽油的总压力、浮子与圆阀的重力、浮子所受到的浮力的代数和应为 0。如果以 P_z 代表浮子的浮力,以 P 代表汽油作用在圆阀上的总压力,则有

$$P_z-(G+P)=0$$

因为 $P_z=\rho g h \dfrac{\pi d_2^2}{4}$,$h=H-z$,$P=\rho g H \dfrac{\pi d_1^2}{4}$,代入上式可得

$$\rho g (H-z)\frac{\pi d_2^2}{4}=G+\rho g H \frac{\pi d_1^2}{4}$$

所以,$H=\dfrac{4G}{\rho g \pi(d_2^2-d_1^2)}+\dfrac{d_2^2 z}{d_2^2-d_1^2}=\dfrac{4\times 0.9806}{750\times 9.81\times 3.14\times(0.1^2-0.02^2)}+\dfrac{0.1^2\times 0.15}{0.1^2-0.02^2}=$ 0.174 m。

4.2　流体动力学基础

流体动力学主要讨论流体的运动参数(如速度和加速度)和运动描述等问题。运动是物体的存在形式,也是物体的本质特征。流体的运动无时不在,百川归海、风起云涌是自然界流体运动的壮丽景色。而在工程实际中,很多领域都需要对流体运动规律进行分析和研究。因此,相对于流体静力学,流体动力学的研究具有更加深刻和广泛的意义。

4.2.1 描述流体运动的方法

为研究流体运动,首先需要建立描述流体运动的方法。从理论上说,有两种可行的方法:拉格朗日(Lagrange)方法和欧拉(Euler)方法。描述流体运动的各物理量如位移、速度、加速度等称为流体的流动参数。对流体运动进行描述需要建立流动参数的数学模型,这个数学模型能反映流动参数随时间和空间的变化情况。拉格朗日方法是一种"质点跟踪"方法,即通过描述各质点的流动参数来描述整个流体的流动情况。欧拉方法则是一种"观察点"方法,它通过分布于各处的观察点,记录流体质点通过这些观察点时的流动参数,描述整个流体的流动情况。下面分别介绍这两种方法。

(1)拉格朗日方法

这是一种基于流体质点的描述方法,通过描述各质点的流动参数变化规律来确定整个流体的变化规律。无数的质点运动组成流体运动,那么如何区分每个质点呢?方法是根据它们的初始位置来区分。这是因为在初始时刻($t=t_0$),每个质点所占的初始位置(a,b,c)各不相同,所以可以据此区别。这就像在比赛前为长跑运动员编号一样,以便于在任何时刻都可区分他们。当经过 Δt 时间后,$t=t_0+\Delta t$,初始位置为(a,b,c)的某质点到达了新的位置(x,y,z),因此,拉格朗日方法需要跟踪质点的运动,以确定该质点的流动参数。在直角坐标系中采用拉格朗日方法将位移描述为

$$\begin{cases} x=x(a,b,c,t) \\ y=y(a,b,c,t) \\ z=z(a,b,c,t) \end{cases} \tag{4.17}$$

式中,初始坐标(a,b,c)与时间变量 t 无关,(a,b,c,t)称为拉格朗日变量。类似地,任一物理量 N 都可以描述为

$$N=N(a,b,c,t)$$

显然,对于流体,使用拉格朗日方法困难较大,不太合适。

(2)欧拉方法

欧拉描述方法适应流体的运动特点,在流体力学上获得了广泛的应用。欧拉方法利用了流场的概念。所谓流场,是指流动的空间充满了连续的流体质点,而这些质点的某些物理量分布在整个流动空间,形成物理量的场,如速度场、加速度场、温度场等,这些场统称为流场。通过在流场中的不同空间位置(x,y,z)设立许多"观察点",对流体的流动情况进行观察,来确定经过该观察点时流体质点的流动参数,得到物理量随时间变化的函数(x,y,z,t),这个函数称为欧拉变数。在直角坐标系中,利用欧拉方法将位移描述为

$$\begin{cases} x=x(x,y,z,t) \\ y=y(x,y,z,t) \\ z=z(x,y,z,t) \end{cases} \tag{4.18}$$

类似地,任一物理量 N 都可以描述为

$$N = N(x, y, z, t) \tag{4.19}$$

需要注意的是,"观察点"的空间位置(x, y, z)是固定的,当质点从一个观察点运动到另一个观察点时,质点的位移是时间t的函数(同样地,其他物理量也是),只不过这种函数是以观察点和时间t为变量,即用欧拉变数(x, y, z, t)表示出来的。因此,欧拉变数(x, y, z, t)中的x, y, z不是独立变量,它们也是t的函数,即有

$$\begin{cases} x = x(t) \\ y = y(t) \\ z = z(t) \end{cases} \tag{4.20}$$

现将采用欧拉方法描述流场的表达式举例如下:

① 描述速度场的表达式。

$u = u(a, b, c, t)$,或写成分量形式:

$$\begin{cases} u_x = u_x(x, y, z, t) \\ u_y = u_y(x, y, z, t) \\ u_z = u_z(x, y, z, t) \end{cases}$$

② 描述压强场的表达式。

$$p = p(x, y, z, t)$$

③ 描述密度场的表达式。

$$\rho = \rho(x, y, z, t)$$

④ 描述温度场的表达式。

$$T = T(x, y, z, t)$$

可以用河流上的水文站来理解欧拉方法。为测绘河流的水情,需要在河流沿线设立许多水文站,即水情观察点,综合各水文站的数据,即可知道整个河流的水文情况(如水位分布、流速分布等)。

如果将观察点的区域适当扩大,这样的观察点又称为控制体。与观察点一样,控制体的空间坐标和形状一经确定,即固定不变。控制体的表面称为控制面,流体质点经过控制面进出控制体。控制体是研究流体运动的常用方法。

(3) 拉格朗日方法与欧拉方法的等价关系

尽管上述两种方法的着眼点不同,但实质上它们是等价的。如果编号为(a, b, c)的质点在t时刻正好到达空间位置(x, y, z),那么根据式(4.17)有

$$N = N(x, y, z, t) = N[x(a, b, c, t), y(a, b, c, t), z(a, b, c, t)] = N(a, b, c, t)$$

因此,用一种方式描述的质点流动规律完全可以转化为另一种方式。本书中主要用欧拉方法描述流体运动。

4.2.2　流体动力学中的基本概念

(1) 定常场与非定常场

若流场中的各物理量的分布与时间t无关,即

$$\frac{\partial u}{\partial t} = \frac{\partial p}{\partial t} = \frac{\partial \rho}{\partial t} = \frac{\partial T}{\partial t} = \cdots = 0$$

则称这种流场为**定常场**或**定常流动**。定常场中各物理量的分布具有时间不变性。若流场中任何一个物理量的分布不具有时间不变性,则称这种流场为**非定常场**或非定常流动。

（2）均匀场与非均匀场

若流场中的各物理量的分布与空间无关,即

$$\frac{\partial u}{\partial x}=\frac{\partial u}{\partial y}=\frac{\partial u}{\partial z}=\frac{\partial p}{\partial x}=\frac{\partial p}{\partial y}=\frac{\partial p}{\partial z}=\frac{\partial \rho}{\partial x}=\frac{\partial \rho}{\partial y}=\frac{\partial \rho}{\partial z}=\frac{\partial T}{\partial x}=\frac{\partial T}{\partial y}=\frac{\partial T}{\partial z}=\cdots=0$$

则称这种流场为**均匀场**或**均匀流动**。均匀场中各物理量的分布具有空间不变性。若流场中任何一个物理量的分布不具有空间不变性,则称这种流场为**非均匀场**或非均匀流动。

（3）质点导数

将式(4.19)对时间 t 求导,因其中的变量 x,y,z 又是 t 的复合函数,如式(4.20)所示,故有

$$\frac{\mathrm{d}N}{\mathrm{d}t}=\frac{\partial N}{\partial x}\frac{\mathrm{d}x}{\mathrm{d}t}+\frac{\partial N}{\partial y}\frac{\mathrm{d}y}{\mathrm{d}t}+\frac{\partial N}{\partial z}\frac{\mathrm{d}z}{\mathrm{d}t}+\frac{\partial N}{\partial t}$$

上式称为质点导数。

考虑到位移对时间的导数就是速度,即

$$\frac{\mathrm{d}x}{\mathrm{d}t}=u_x,\frac{\mathrm{d}y}{\mathrm{d}t}=u_y,\frac{\mathrm{d}z}{\mathrm{d}t}=u_z$$

所以质点导数又可写成

$$\frac{\mathrm{d}N}{\mathrm{d}t}=u_x\frac{\partial N}{\partial x}+u_y\frac{\partial N}{\partial y}+u_z\frac{\partial N}{\partial z}+\frac{\partial N}{\partial t} \tag{4.21}$$

若令 $\nabla=\boldsymbol{i}\frac{\partial}{\partial x}+\boldsymbol{j}\frac{\partial}{\partial y}+\boldsymbol{k}\frac{\partial}{\partial z}$,则式(4.21)又可以写成

$$\frac{\mathrm{d}N}{\mathrm{d}t}=(\boldsymbol{u}\cdot\nabla)N+\frac{\partial N}{\partial t} \tag{4.22}$$

式中,∇ 称为哈密顿(Hamilton)算子。

分析式(4.22)可知,质点导数由两部分组成:

① $\frac{\partial N}{\partial t}$ 称为当地导数,反映物理量随时间的变化率。在定常场中,各物理量均不随时间变化,故当地导数必为零。

② $u_x\frac{\partial N}{\partial x}+u_y\frac{\partial N}{\partial y}+u_z\frac{\partial N}{\partial z}$ 或 $(\boldsymbol{u}\cdot\nabla)N$ 称为迁移导数,反映物理量随空间的变化率。在均匀场中,各物理量均不随空间变化,故迁移导数必为零。

下面以物理量速度 $\boldsymbol{u}$ 为例,进一步说明质点导数的物理意义。

由式(4.22)可知,速度 $\boldsymbol{u}$ 的质点导数为

$$\frac{\mathrm{d}\boldsymbol{u}}{\mathrm{d}t}=(\boldsymbol{u}\cdot\nabla)\boldsymbol{u}+\frac{\partial \boldsymbol{u}}{\partial t}$$

在直角坐标系中,上式也可写成

$$\begin{cases} \dfrac{\mathrm{d}u_x}{\mathrm{d}t} = (\boldsymbol{u} \cdot \nabla)u_x + \dfrac{\partial u_x}{\partial t} = u_x\dfrac{\partial u_x}{\partial x} + u_y\dfrac{\partial u_x}{\partial y} + u_z\dfrac{\partial u_x}{\partial z} + \dfrac{\partial u_x}{\partial t} \\[3mm] \dfrac{\mathrm{d}u_y}{\mathrm{d}t} = (\boldsymbol{u} \cdot \nabla)u_y + \dfrac{\partial u_y}{\partial t} = u_x\dfrac{\partial u_y}{\partial x} + u_y\dfrac{\partial u_y}{\partial y} + u_z\dfrac{\partial u_y}{\partial z} + \dfrac{\partial u_y}{\partial t} \\[3mm] \dfrac{\mathrm{d}u_z}{\mathrm{d}t} = (\boldsymbol{u} \cdot \nabla)u_z + \dfrac{\partial u_z}{\partial t} = u_x\dfrac{\partial u_z}{\partial x} + u_y\dfrac{\partial u_z}{\partial y} + u_z\dfrac{\partial u_z}{\partial z} + \dfrac{\partial u_z}{\partial t} \end{cases} \tag{4.23}$$

式(4.23)中,速度的质点导数就是质点的加速度,它同样由当地导数(当地加速度)和迁移导数(迁移加速度)组成。例如,在 x 方向,当地导数 $\dfrac{\partial u_x}{\partial t}$ 表示 u_x 随时间 t 的变化率,即由时间引起的加速度。迁移导数是三项之和,其中的 $u_x\dfrac{\partial u_x}{\partial x}$ 表示由 x 方向位移引起的加速度,$u_y\dfrac{\partial u_x}{\partial y}$ 表示由 y 方向位移引起的加速度,$u_z\dfrac{\partial u_x}{\partial z}$ 表示由 z 方向位移引起的加速度。

由此可见,在用欧拉方法描述流体运动时,质点加速度不再是简单的速度对时间求导,还要包含位移引起的加速度。图4.28所示装置可以说明质点加速度的概念。装在水箱中的水经过水箱底部的一段等径管路 a 及变径喷嘴段 b,由喷嘴喷出。除速度和加速度外不考虑其他物理量,也不考虑管路截面上的流动,则流动方向只有沿管路的 s 方向,u 是流体经过管路的平均速度。在水位高度 h 维持不变的条件下,流体在管路 a 段的速度是不变的,即速度与时间 t 和空间位置 s 无关,形成的流场是定常场和均匀场,因空间位置 s 改变引起的迁移加速度和因时间 t 引起的当地加速度都是零。流体在管路 b 段的速度沿 s 方向逐渐加快,但不随时间 t 改变,因此形成的流场是定常场和非均匀场,因空间位置 s 改变引起的迁移加速度不为零,因时间 t 引起的当地加速度是零。可以依此分析在水位高度 h 持续下降的情况下,a,b 两段的迁移加速度和当地加速度的情况。

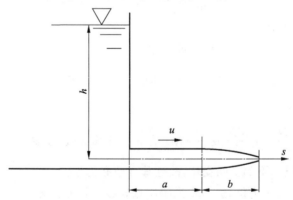

图4.28　当地加速度与迁移加速度

（4）迹线与流线

迹线是流体质点的运动轨迹线,是拉格朗日方法描述的几何基础。用此方法描述时,迹线的表达式就是式(4.17)。

流线是人们在流场中假想的这样一条曲线:某一时刻,位于该曲线上的所有流体质点的运动方向都与这条曲线相切。可见,流线是欧拉方法描述的几何基础。同一时刻,流场中会有多条流线（流线簇）构成流动图，称为流线谱或流谱。

　　虽然流线是假想的，但是采用流场可视化技术仍然可以观察到流线的存在。比如，在流场中均匀投入适量的轻金属粉末，用合适的曝光时间拍摄照片，可看到许多首尾依次相连的短线组成流场中的流线谱。图 4.29 所示为流体通过两种不同的管中窄口处出现的流线形状。

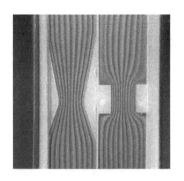

图 4.29　流线谱中显示的流线形状

　　在流场中任取一点（1 点），绘出某时刻通过该点的流体质点的流速矢量 u_1，再画出距 1 点很近的 2 点在同一时刻通过该处的流体质点的流速矢量 u_2，……，如此继续下去，得到一折线 $1234\cdots n$，若各点无限接近，则点的位置极限就是某时刻的流线，如图 4.30 所示。

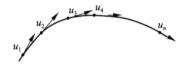

图 4.30　流线的绘制

　　在图 4.30 中取某一质点 A，画出其流线如图 4.31 所示，则点 A 的瞬时速度为

$$u = u_x i + u_y j + u_z k$$

流线上微小线段长度的矢量为

$$ds = dx i + dy j + dz k$$

　　根据流线定义，速度矢量 u 与流线矢量 ds 方向一致，矢量的叉积为零，于是有

$$u \times ds = 0$$

写成投影形式为

$$\frac{dx}{u_x} = \frac{dy}{u_y} = \frac{dz}{u_z}$$

　　这就是最常用的流线微分方程。

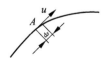

图 4.31　点 A 的流线

【例 6】 已知流场中质点的速度为 $\begin{cases} u_x = kx \\ u_y = -ky(y \geqslant 0) \\ u_z = 0 \end{cases}$，试求流场中质点的加速度及流线方程。

解：由 $u_z = 0$ 和 $y \geqslant 0$ 知，流体运动只限于 Oxy 平面的上半部分，质点速度为

$$u = \sqrt{u_x^2 + u_y^2} = k\sqrt{x^2 + y^2} = kr$$

由式(4.23)可得质点的加速度为

$$a_x = \frac{\mathrm{d}u_x}{\mathrm{d}t} = u_x \frac{\partial u_x}{\partial x} = k^2 x$$

$$a_y = \frac{\mathrm{d}u_y}{\mathrm{d}t} = u_y \frac{\partial u_y}{\partial y} = k^2 y$$

$$a_z = 0$$

$$a = \sqrt{a_x^2 + a_y^2} = k^2 \sqrt{x^2 + y^2} = k^2 r$$

从流线微分方程 $\dfrac{\mathrm{d}x}{kx} = \dfrac{\mathrm{d}y}{-ky}$ 中消去 k，积分得

$$\ln x = -\ln y + \ln C$$

即

$$xy = C$$

绘制流线方程 $xy = C$ 的曲线，如图 4.32 所示。该曲线是双曲线，质点离原点越近，即 r 越小，其速度与加速度均越小，在点 $r = 0$ 处，速度与加速度均为零。流体力学上称速度为零的点为驻点(或滞止点)，如图 4.32 中的点 O。

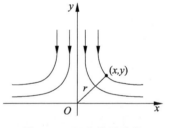

图 4.32　双曲线型流线

在 $r \to \infty$ 的无穷远处，质点速度与加速度均趋于无穷。流体力学上称速度趋于无穷的点为奇点。

驻点和奇点是流场中的两种极端情况，一般流场中不一定存在。

流线具有以下性质：

① 在定常流动中，流线形状不随时间变化，而且流体质点的迹线与流线重合。

定常流动时，质点经过空间各点的速度不随时间变化，因而形成的流线簇图必然固定不变。如图 4.30 所示，如果有一质点在初始时刻的位置处于 1 点，因流线的切线方向是其运动的方向，在经过时间 Δt 后，这个质点必然运动到相邻点 2 点。依此类推，质点必然沿流线运动，也就是说，迹线和流线重合。但是在非定常流动的情况下，流线的形状随时间而改变，迹线没有固定的形状，两者不会重合。

② 在实际流场中，除了驻点和奇点以外，流线既不能相交，也不能突然转折。

如图 4.33 所示，若某时刻流场中存在两条相交流线 l_1 和 l_2，则流经交点 A 处的质点此时有两种速度，一种速度沿 l_1 的切线方向，另一种速度沿 l_2

图 4.33　流线不能相交或转折

的切线方向。但是在牛顿力学中,在某一时刻,一个质点只可能以一种速度运动,故流线不可能相交。若流线在点 B 突然转折,因点 B 处不存在切线,故流经点 B 的质点速度方向可以是任意方向,这显然也是不可能的。

若流场中存在奇点或驻点,则在奇点或驻点处流线可以相交,这是一种特例。如图 4.34所示,子弹在大气中飞行,在前缘尖 A 处,空气被子弹推动一起运动,形成驻点,此处流线相交。这可以解释为驻点处的空气不可能被无限推动下去(否则将导致空气被无限压缩),在某个时刻空气将发生流动,但方向是向上还是向下(仅从平面上看)是由偶然因素确定的,这样就形成了相交的两条流线。在子弹的尾部,流线不能转折,因此形成涡流,涡流旋转的能量消耗了子弹运行的部分能量,即增大了子弹运行的阻力。为了减少流体对运动物体的阻力,需要把物体表面设计成"流线形",使其表面曲线符合流线的性质。

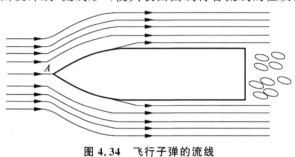

图 4.34　飞行子弹的流线

（5）流管与流束

在流场中任意取出一个有流线从中通过的封闭曲线,如图 4.35 中的 l,l 上的所有流线围成一个封闭管状曲面,称为流管。流管内所包含的所有流体称为流束。当流管的横断面积无穷小时,所包含的流束称为元流,最小的元流即一条流线。若封闭曲线取在管道内壁周线上,则流束就是管道内部的全部流体,这种情况称为总流。

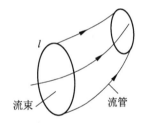

图 4.35　流管与流束

（6）过流截面、流量和净通量

流管内与流线处处垂直的截面称为过流截面(或过流断面)。过流截面可以是平面或曲面,如图 4.36 所示。

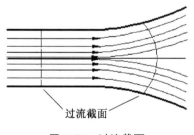

图 4.36　过流截面

单位时间内流过过流截面的流体体积称为体积流量,简称流量。若流过的流体按质量计量,则称其为质量流量。

选择用来计算流量的截面称为控制面。当控制面为过流截面时(不论是平面还是曲

面),因为速度方向与控制面垂直,所以流量的计算式如下:

在微元面积 $\mathrm{d}A$ 上质点速度大小为 u,则 $\mathrm{d}A$ 上的流量为

$$\mathrm{d}q_V = u\,\mathrm{d}A$$

当控制面是平面时,

$$q_V = \int_A u\,\mathrm{d}A$$

当控制面是曲面时,

$$q_V = \iint_A u\,\mathrm{d}A$$

如图 4.37 所示,若控制面微元与质点速度方向的夹角为 θ,则 $\mathrm{d}A$ 上的流量为

$$\mathrm{d}q_V = u\,\mathrm{d}A\cos\theta = \boldsymbol{u}\cdot\mathrm{d}\boldsymbol{A} = \boldsymbol{u}\cdot\boldsymbol{n}\,\mathrm{d}A$$

当控制面是平面时,

$$q_V = \int_A \boldsymbol{u}\cdot\mathrm{d}\boldsymbol{A} = \int_A \boldsymbol{u}\cdot\boldsymbol{n}\,\mathrm{d}A$$

当控制面是曲面时,

$$q_V = \iint_A \boldsymbol{u}\cdot\mathrm{d}\boldsymbol{A} = \iint_A \boldsymbol{u}\cdot\boldsymbol{n}\,\mathrm{d}A$$

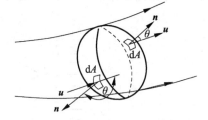

图 4.37 流量与净通量计算示意图

在图 4.37 中,如果控制面取为封闭曲面,这时整个控制面上有流体流入,同时也有流体流出。控制面微元的法向量与质点速度方向的夹角为 θ,则 $\mathrm{d}A$ 上的流量 $\mathrm{d}q_V$ 即为 $\boldsymbol{u}\cdot\boldsymbol{n}\,\mathrm{d}A$。可见,当流体流出时 $\mathrm{d}q_V \geqslant 0$,当流体流入时 $\mathrm{d}q_V < 0$。整个封闭控制面上的流量为

$$q_V = \oiint_A u\,\mathrm{d}A\cos(\boldsymbol{u},\boldsymbol{n}) = \oiint_A \boldsymbol{u}\cdot\mathrm{d}\boldsymbol{A} = \oiint_A \boldsymbol{u}\cdot\boldsymbol{n}\,\mathrm{d}A$$

称 q_V 为封闭曲面上的体积净通量(简称净通量或净流量)。

同理,质量净通量为

$$q_m = \oiint_A \rho\boldsymbol{u}\cdot\boldsymbol{n}\,\mathrm{d}A$$

净通量 q_V 反映了微面积上流出、流入流量的代数和,$q_V > 0$ 表示流出大于流入,控制体内流体减少;$q_V < 0$ 表示流出小于流入,控制体内流体增加;$q_V = 0$ 则表示流出等于流入,控制体内流体质量不变。

(7) 平均速度

流体在流场中流动,一般情况下空间各点的速度都不相同,而且速度分布函数 $u = u(x,y,z)$ 有时难以确定,即使在图 4.38 所示的简单等径管道中,由于黏性、摩擦、质点碰撞等原因,速度分布规律也是不容易确定的。在工程实际中,有时也没有必要弄清楚精确的速度分布。为简化计算,可以用平均速度代替各点的瞬时速度。若过流截面的面积为 A,流量为 q_V,则定义平均速度为

$$\bar{u} = \frac{q_V}{A}$$

式中,q_V 值可以通过测量获得。

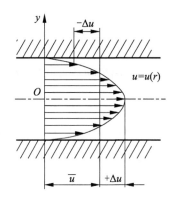

图 4.38　简单等径管道中的速度分布

在图 4.38 中,从几何上看,以平均速度 $\overline{u}$ 为基准线,质点速度 u 超过 $\overline{u}(u=\overline{u}+\Delta u)$ 的阴影部分面积以及质点速度低于 $\overline{u}(u=\overline{u}-\Delta u)$ 的白色部分面积应该正好相抵。这是因为

$$q_V=\int_A u\,\mathrm{d}A=\int_A(\overline{u}+\Delta u)\mathrm{d}A=\overline{u}A+\int_A \Delta u\,\mathrm{d}A$$

考虑到 $q_m=\oiint_A \rho\boldsymbol{u}\cdot\boldsymbol{n}\,\mathrm{d}A$,所以有

$$\int_A \Delta u\,\mathrm{d}A=0 \tag{4.24}$$

一般情况下,不会出现所有质点速度全都相同的情形,故总有 $(\Delta u)^2>0$,所以

$$\int_A (\Delta u)^2\,\mathrm{d}A>0 \tag{4.25}$$

利用分部积分和式(4.24)可以得到

$$\int_A(\Delta u)^3\,\mathrm{d}A=\int_A(\Delta u)^2(\Delta u\,\mathrm{d}A)=\Delta u^2\int_A\Delta u\,\mathrm{d}A-\int\left[\int_A\Delta u\,\mathrm{d}A\right]\mathrm{d}(\Delta u)^2=0 \tag{4.26}$$

（8）动能修正系数和动量修正系数

单位时间内,若微元面积 $\mathrm{d}A$ 上通过的质点的动能为 $\frac{1}{2}\rho u^3\,\mathrm{d}A$,则通过截面 A 的流体质点的总动能 E 为

$$E=\int_A\frac{1}{2}\rho u^3\,\mathrm{d}A=\int_A\frac{1}{2}\rho(\overline{u}+\Delta u)^3\,\mathrm{d}A=\frac{\rho}{2}\int_A(\overline{u}^3+3\overline{u}^2\Delta u+3\overline{u}\Delta u^2+\Delta u^3)\mathrm{d}A$$

$$=\frac{\rho}{2}\overline{u}^3A\left(1+\frac{3}{\overline{u}^2A}\int_A\Delta u^2\,\mathrm{d}A\right)=\alpha\,\frac{\rho}{2}\overline{u}^3A$$

式中,$\alpha=1+\dfrac{3}{\overline{u}^2A}\displaystyle\int_A\Delta u^2\,\mathrm{d}A\,(\alpha>1)$,是用平均速度代替瞬时质点速度计算动能时的一个系数,称为动能修正系数。

单位时间内,若微元面积 $\mathrm{d}A$ 上通过的质点的动量为 $\rho u^2\,\mathrm{d}A$,则通过截面 A 的流体质点的总动量 M 为

$$M=\int_A\rho u^2\,\mathrm{d}A=\int_A\rho(\overline{u}+\Delta u)^2\,\mathrm{d}A=\rho\int_A(\overline{u}^2+2\overline{u}\Delta u+u^2)\mathrm{d}A$$

$$= \rho \overline{u}^2 A \left(1 + \frac{1}{\overline{u}^2 A}\int_A \Delta \overline{u}^2 \mathrm{d}A\right) = \beta \rho \overline{u}^2 A$$

式中，$\beta = 1 + \frac{1}{\overline{u}^2 A}\int_A \Delta \overline{u}^2 \mathrm{d}A(\alpha > 1)$，是用平均速度代替瞬时质点速度计算动量时的一个系数，称为动量修正系数。

动能修正系数 α 和动量修正系数 β 的具体取值与流体流态有关：管中层流时取 $\alpha = 2$，$\beta = \frac{4}{3}$；管中湍流时取 $\alpha = 1.06 \approx 1, \beta = 1.02 \approx 1$。

（9）三元流、二元流和一元流

除时间 t 外，若流场中的流动参数依赖空间的三个坐标，则称这样的流动为三元流动。若流场中的流动参数依赖空间的两个坐标，则称这样的流动为二元流动。若流场中的流动参数依赖空间的一个坐标（可以是曲线坐标），则称这样的流动为一元流动。

相比较而言，一元流动的情形最为简单。因此，工程实际中常常将流动问题简化为一元流动来解决。

4.2.3 流体质点的运动特点、有旋流和无旋流

（1）流体质点的运动特点

刚体的运动是由平移和绕某瞬时轴的转动两部分组成的，如图 4.39a 所示。而流体质点的运动，一般除了平移、转动外，还会发生变形（角变形和线变形），如图 4.39b 所示。

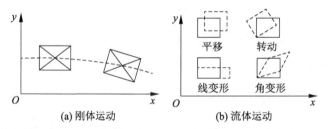

图 4.39 刚体和流体运动特点

（2）角速度的数学表达式

流体质点的旋转用角速度表征，习惯上将原来互相垂直的两邻边的角速度平均值定义为流体质点绕自身轴旋转的角速度。在图 4.40 中，Oxy 平面内的质点 $ABCD$ 经过 t 时间后到达 $A'B'C'D'$，点 A 在 Oxy 平面上初始位置的流速为 u_x 和 u_y。

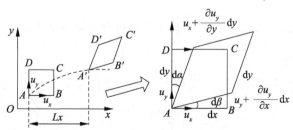

图 4.40 流体质点角速度的表示

在图 4.40 中，转角 α 和 β 满足 $\mathrm{d}\alpha \approx \tan(\mathrm{d}\alpha) = \dfrac{\dfrac{\partial u_x}{\partial y}\mathrm{d}y\,\mathrm{d}t}{\mathrm{d}y} = \dfrac{\partial u_x}{\partial y}\mathrm{d}t$，$\mathrm{d}\beta \approx \tan(\mathrm{d}\beta) = \dfrac{\dfrac{\partial u_y}{\partial x}\mathrm{d}x\,\mathrm{d}t}{\mathrm{d}x} = \dfrac{\partial u_y}{\partial x}\mathrm{d}t$，顺时针 $\mathrm{d}\alpha$ 为负，逆时针 $\mathrm{d}\beta$ 为正。

角速度：$\omega_\alpha = \dfrac{\mathrm{d}\alpha}{\mathrm{d}t} = \dfrac{\partial u_x}{\partial y}$（顺时针），$\omega_\beta = \dfrac{\mathrm{d}\beta}{\mathrm{d}t} = \dfrac{\partial u_y}{\partial x}$（逆时针）。

质点 $A(x,y,z)$ 的角速度为

$$
\begin{cases}
\omega_x = \dfrac{1}{2}(\omega_\alpha + \omega_\beta) = \dfrac{1}{2}\left(\dfrac{\partial u_y}{\partial x} - \dfrac{\partial u_x}{\partial y}\right) \\[2mm]
\omega_y = \dfrac{1}{2}\left(\dfrac{\partial u_x}{\partial z} - \dfrac{\partial u_z}{\partial x}\right) \\[2mm]
\omega_z = \dfrac{1}{2}\left(\dfrac{\partial u_z}{\partial y} - \dfrac{\partial u_y}{\partial z}\right)
\end{cases}
$$

（3）有旋流和无旋流

根据流体质点是否绕自身轴旋转，流动可分为有旋流和无旋流，如图 4.41 所示。

有旋流（vortex）亦称涡流。流体质点（微团）在运动中不仅会发生平动（或形变），而且会绕自身的瞬时轴线做旋转运动，如旋风（即为空气的涡流）。当流体速度变化较大时，受流体黏滞阻力、压强不均匀等因素的影响，就容易形成涡流。

无旋流亦称势流（potential flow）、有势流。流体在运动中，它的微小单元只有平动或变形，但不发生旋转运动，即流体质点不绕任意自身轴转动。

注意：无旋流和有旋流取决于流体质点本身是否旋转，而与运动轨迹无关。

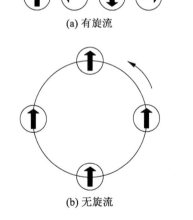

(a) 有旋流

(b) 无旋流

图 4.41　有旋流与无旋流

若 $\omega_x = \omega_y = \omega_z = 0$，即 $\dfrac{\partial u_y}{\partial x} = \dfrac{\partial u_x}{\partial y}$，$\dfrac{\partial u_x}{\partial z} = \dfrac{\partial u_z}{\partial x}$，$\dfrac{\partial u_z}{\partial y} = \dfrac{\partial u_y}{\partial z}$，则流动为无旋流；若 ω_x，ω_y，ω_z 中任意一个或全部不等于零时，流动为有旋流，此时流体质点绕自身轴旋转。与通常的旋转不同，流场内流体质点具有绕任意自身轴旋转的角速度。

有旋流的特征是存在角速度。角速度是一个矢量,所以如同用流线描述流动一样,可用涡线描述流动的旋转变化。在同一瞬时线上各质点的角速度方向都与涡线相切。

无旋流一般存在于无黏性理想流体中。有旋流一般存在于有黏性实际流体中,但黏性流体中的层状渗流也可看作无旋流。

【例 7】 已知流体流动的流速场为 $u_x = ax$,$u_y = by$,$u_z = 0$,请判断该流动是无旋流还是有旋流。

解:根据已知条件,可计算得到 $\omega_x = \dfrac{1}{2}\left(\dfrac{\partial u_y}{\partial x} - \dfrac{\partial u_x}{\partial y}\right) = 0$,$\omega_y = \dfrac{1}{2}\left(\dfrac{\partial u_x}{\partial z} - \dfrac{\partial u_z}{\partial x}\right) = 0$,$\omega_z = \dfrac{1}{2}\left(\dfrac{\partial u_z}{\partial y} - \dfrac{\partial u_y}{\partial z}\right) = 0$,故该流动是无旋流。

 思考

黏性流有可能是无旋流吗?为什么?

解析:黏性流有可能是无旋流。例如,水和空气静止时是无涡的,因为它们的黏滞性很小,当它们由静止过渡到运动时,在短距离内可以认为是无涡运动。又如,水从水库或水箱流入容器时可以认为是无涡流动。再如,在很宽的矩形顺坡渠道中,在距渠壁较远的纵剖面上,液体质点的流动也可以认为是无旋流。

4.2.4 稳定流动的连续性方程

(1)积分形式的连续性方程

如图 4.42 所示,在流场中取任意形状的控制体,则有流线穿入或穿出该控制体。如前所述,控制体一经取定,其形状、大小和空间位置就不再改变。

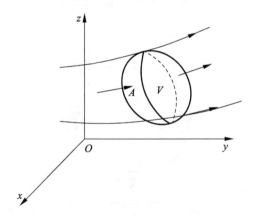

图 4.42 流场中的控制体

设控制体体积为 V,表面积为 A,控制体内含有的流体质量 m 用体积积分表示为

$$m = \iiint\limits_{V} \rho \mathrm{d}V$$

m 随时间 t 的变化率记为

$$\frac{\partial m}{\partial t} = \frac{\partial}{\partial t}\iiint\limits_{V}\rho\,\mathrm{d}V$$

根据质量守恒定律，m 的变化必有原因。当控制体不变时，影响其内部流体质量增减的唯一因素就是通过表面 A 流入、流出的质量差值。在单位时间内，当流出大于流入时，m 必减小，反之则增大，且 m 增大或减小的质量就是流出与流入的质量之差。利用质量净通量的定义可得

$$\oiint\limits_{A}\rho\boldsymbol{u}\cdot\boldsymbol{n}\,\mathrm{d}A = -\frac{\partial}{\partial t}\iiint\limits_{V}\rho\,\mathrm{d}V$$

或者写成

$$\oiint\limits_{A}\rho\boldsymbol{u}\cdot\boldsymbol{n}\,\mathrm{d}A + \frac{\partial}{\partial t}\iiint\limits_{V}\rho\,\mathrm{d}V = 0 \tag{4.27}$$

根据质量净通量的意义，$\oiint\limits_{A}\rho\boldsymbol{u}\cdot\boldsymbol{n}\,\mathrm{d}A > 0$ 表示 A 上流出质量大于流入质量，则控制体内质量减小，故 $\dfrac{\partial}{\partial t}\iiint\limits_{V}\rho\,\mathrm{d}V < 0$，二者符号相反；反之亦然。

式(4.27)就是质量守恒定律在运动流体中的数学表示，称为**积分形式的连续性方程**，简称**连续性方程**或**连续方程式**。实际应用时需要使用其简化形式，常用的简化形式如下。

1）定常流动

在定常流动中，流场任何空间点处的密度不随时间改变，故微元的质量也不改变，进而整个控制体内的质量也不变，即 $\dfrac{\partial}{\partial t}\iiint\limits_{V}\rho\,\mathrm{d}V = 0$。因此，式(4.27)简化为

$$\oiint\limits_{A}\rho\boldsymbol{u}\cdot\boldsymbol{n}\,\mathrm{d}A = 0 \tag{4.28}$$

上式的意义是：对于定常流动，在单位时间内，从控制体的表面流出的质量与流入的质量相等。值得注意的是，该式对可压缩的和不可压缩的流体都适用。

2）不可压缩的流体流动

当流体不可压缩时，流场中密度处处相等且为恒量，又考虑到控制体 V 不变，故有

$$\frac{\partial}{\partial t}\iiint\limits_{V}\rho\,\mathrm{d}V = \rho\,\frac{\partial}{\partial t}\iiint\limits_{V}\mathrm{d}V = 0$$

因此，式(4.27)可简化为

$$\oiint\limits_{A}\boldsymbol{u}\cdot\boldsymbol{n}\,\mathrm{d}A = 0 \tag{4.29}$$

上式的意义是：当流体不可压缩时，在单位时间内，从控制体的表面流出的体积与流入的体积相等。值得注意的是，该式对定常流动和非定常流动都适用。

3）一元流动

如图 4.43 所示，当流体在流管 l（工程实际中的管道可以视为流管）内流动时，流体只能从过流断面 A_1 流入，A_2 流出。在断面上取微元 $\mathrm{d}A_1 - \mathrm{d}A_2$，则微元内的流动就是一元流动。

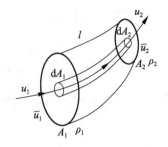

图 4.43 一元流动

在定常场中,其极限情形是流体沿流线流动。如果将整个流管内的流动都视为一元流动,那么式(4.28)可以写成

$$\oiint_{A} \rho \boldsymbol{u} \cdot \boldsymbol{n} \, dA = \int_{A_2} \rho \boldsymbol{u} \cdot \boldsymbol{n} \, dA_2 - \int_{A_1} \rho \boldsymbol{u} \cdot \boldsymbol{n} \, dA_1 = 0$$

这就是**一元流动时的连续性方程**。

在定常场中,用平均流速代替真实流速、平均密度代替真实密度,则上式可简化为

$$\rho_2 \overline{u}_2 A_2 - \rho_1 \overline{u}_1 A_1 = 0 \tag{4.30}$$

对定常流动的不可压缩流体,$\rho_1 = \rho_2 = C$,故式(4.30)可以更简单地表示为

$$\overline{u}_1 A_1 = \overline{u}_2 A_2 \tag{4.31}$$

在实际工程中,式(4.31)经常被直接使用。

(2) 微分形式的连续性方程

微分形式的连续性方程可以用两种方法导出:微元控制体分析法和有限控制体分析法。

1) 微元控制体分析法

采用微元控制体分析法的前提是流场中流体物理量时时处处连续可微,对于不同的坐标系,还要求选定相适应的控制体形状。当采用直角坐标系时,选取控制体形状为立方体。如图 4.44 所示,在 t 时刻的流场中,任选一点 $A(x,y,z)$,以 A 为角点作一个立方体,各面都与相应的坐标面平行,三条边长分别为 dx,dy,dz。设该时刻点 A 的速度为 $\boldsymbol{u} = (u_x, u_y, u_z)$,密度为 ρ,由于 dx, dy, dz 很小,可以认为交于点 A 的三个面上的速度和密度都和点 A 相同,而其他三个面上的速度和密度则由多元函数的泰勒展开式略去二阶以上无穷小量得到。例如,在 x 方向上,平面 $ABCD$ 上的速度为 u_x,平面 $EFGH$ 上的速度则为 $u_x + \dfrac{\partial u_x}{\partial x} dx$。

现在分析立方控制体内的质量变化。先考察 x 方向:在 t 时刻,从平面 $ABCD$ 流入控制体的质量为 $\rho u_x \, dy \, dz$,从平面 $EFGH$ 流出的质量为 $\left[\rho u_x + \dfrac{\partial(\rho u_x)}{\partial x} dx \right] dy \, dz$。这样就可以得到单位时间内在 x 方向控制体的净流出质量为

$$\frac{\partial(\rho u_x)}{\partial x} dx \, dy \, dz$$

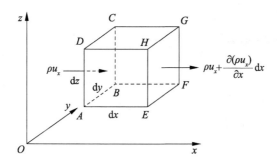

图 4.44　立方形微元控制体

同理,可以得到单位时间内在 y,z 方向控制体的净流出质量分别为

$$\frac{\partial(\rho u_y)}{\partial y}\mathrm{d}x\,\mathrm{d}y\,\mathrm{d}z\,,\frac{\partial(\rho u_z)}{\partial z}\mathrm{d}x\,\mathrm{d}y\,\mathrm{d}z$$

三者之和为

$$\left[\frac{\partial(\rho u_x)}{\partial x}+\frac{\partial(\rho u_y)}{\partial y}+\frac{\partial(\rho u_z)}{\partial z}\right]\mathrm{d}x\,\mathrm{d}y\,\mathrm{d}z \tag{4.32}$$

与此同时,因为控制体的体积是不变的,所以控制体内流体质量的流失必然造成控制体密度的减小。在单位时间内,由于密度减小,控制体内的质量减少了

$$-\frac{\partial\rho}{\partial t}\mathrm{d}x\,\mathrm{d}y\,\mathrm{d}z \tag{4.33}$$

负号表示增量的变化方向与式(4.32)相反,即流出质量为正值时,控制体内的质量增量为负值。根据质量守恒定律,式(4.32)与式(4.33)应该相等,即

$$\left[\frac{\partial(\rho u_x)}{\partial x}+\frac{\partial(\rho u_y)}{\partial y}+\frac{\partial(\rho u_z)}{\partial z}\right]\mathrm{d}x\,\mathrm{d}y\,\mathrm{d}z=-\frac{\partial\rho}{\partial t}\mathrm{d}x\,\mathrm{d}y\,\mathrm{d}z$$

化简得

$$\frac{\partial\rho}{\partial t}+\frac{\partial(\rho u_x)}{\partial x}+\frac{\partial(\rho u_y)}{\partial y}+\frac{\partial(\rho u_z)}{\partial z}=0 \tag{4.34}$$

上式即为**直角坐标系中微分形式的连续性方程**,适用于可压缩流体的三元流动和非定常流动。

若流体的流动为定常流动,则流场中各点的密度不随时间而变化,则式(4.34)可简化为

$$\frac{\partial(\rho u_x)}{\partial x}+\frac{\partial(\rho u_y)}{\partial y}+\frac{\partial(\rho u_z)}{\partial z}=0 \tag{4.35}$$

若流体为不可压缩流体,密度为常数,则式(4.34)可简化为

$$\frac{\partial u_x}{\partial x}+\frac{\partial u_y}{\partial y}+\frac{\partial u_z}{\partial z}=0 \tag{4.36}$$

2)有限控制体分析法

利用高等数学中的基础知识对式(4.27)中的两项进行改写。

① 将对面积的曲面积分 $\oiint\limits_{A}\rho\boldsymbol{u}\cdot\boldsymbol{n}\,\mathrm{d}A$ 转化为对坐标的曲面积分,利用奥—高公式再转化

为三重积分,过程如下:

$$\oiint_A \rho \boldsymbol{u} \cdot \boldsymbol{n} \, \mathrm{d}A = \oiint_A (\rho u_x \, \mathrm{d}y \, \mathrm{d}z + \rho u_y \, \mathrm{d}x \, \mathrm{d}z + \rho u_z \, \mathrm{d}x \, \mathrm{d}y)$$

$$= \iiint_V \left[\frac{\partial(\rho u_x)}{\partial x} + \frac{\partial(\rho u_y)}{\partial y} + \frac{\partial(\rho u_z)}{\partial z} \right] \mathrm{d}x \, \mathrm{d}y \, \mathrm{d}z \qquad (4.37)$$

② 利用控制体与时间无关的特性,将 $\dfrac{\partial}{\partial t} \iiint_V \rho \, \mathrm{d}V$ 中的积分、微分顺序颠倒,即有如下变化过程:

$$\frac{\partial}{\partial t} \iiint_V \rho \, \mathrm{d}V = \iiint_V \frac{\partial \rho}{\partial t} \mathrm{d}V = \iiint_V \frac{\partial \rho}{\partial t} \mathrm{d}x \, \mathrm{d}y \, \mathrm{d}z \qquad (4.38)$$

由式(4.27)、式(4.37)和式(4.38)可得

$$\iiint_V \left[\frac{\partial \rho}{\partial t} + \frac{\partial(\rho u_x)}{\partial x} + \frac{\partial(\rho u_y)}{\partial y} + \frac{\partial(\rho u_z)}{\partial z} \right] \mathrm{d}x \, \mathrm{d}y \, \mathrm{d}z = 0$$

由于控制体是在流场中任取的,且被积函数处处连续,故要使上式成立,必然有被积函数为零,即

$$\frac{\partial \rho}{\partial t} + \frac{\partial(\rho u_x)}{\partial x} + \frac{\partial(\rho u_y)}{\partial y} + \frac{\partial(\rho u_z)}{\partial z} = 0 \qquad (4.39)$$

上式与式(4.34)完全相同。

(3)圆柱坐标系和球坐标系中的连续性方程

在许多实际的流动问题中,运动物体可能是一种轴对称体或球体,流场的边界可能是曲面或曲线,此时利用曲线坐标系更为方便,其中圆柱坐标系和球坐标系是最常用的坐标系。为避免烦琐的推导,这里直接给出圆柱坐标系和球坐标系中的连续性方程。

1)圆柱坐标系

圆柱坐标系通常用坐标 (r,θ,z) 来表示,如图 4.45 所示,易得它与直角坐标系中的坐标 (x,y,z) 之间的关系:

$$\begin{cases} x = r\cos\theta \\ y = r\sin\theta \\ z = z \end{cases} \quad 或 \quad \begin{cases} r = \sqrt{x^2 + y^2} \\ \theta = \arctan \dfrac{y}{x} \\ z = z \end{cases}$$

连续性方程为

$$\frac{\partial(\rho u_r)}{\partial r} + \frac{\partial(\rho u_\theta)}{r \partial \theta} + \frac{\partial(\rho u_z)}{\partial z} + \frac{\rho u_r}{r} + \frac{\partial \rho}{\partial t} = 0 \qquad (4.40)$$

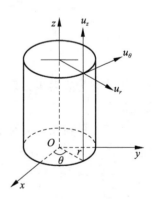

图 4.45 圆柱坐标系

2)球坐标系

球坐标系通常用坐标 (r,θ,φ) 来表示,如图 4.46 所示,易得它与直角坐标系 (x,y,z) 的关系:

$$\begin{cases} x = r\sin\theta\cos\varphi \\ y = r\sin\theta\sin\varphi \\ z = r\cos\theta \end{cases} \quad 或 \quad \begin{cases} r = \sqrt{x^2+y^2+z^2} \\ \theta = \arccos\dfrac{z}{\sqrt{x^2+y^2+z^2}} \\ \varphi = \arctan\dfrac{y}{z} \end{cases}$$

连续性方程为

$$\frac{\partial\rho}{\partial t} + \frac{1}{r^2}\frac{\partial}{\partial r}(\rho r^2 u_r) + \frac{1}{r\sin\varphi}\frac{\partial}{\partial\varphi}(\rho u_z\sin\varphi) + \frac{1}{r\sin\varphi}\frac{\partial}{\partial\theta}(\rho u_\theta) = 0 \tag{4.41}$$

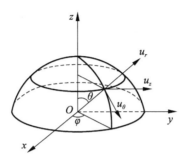

图 4.46　球坐标系

4.2.5　欧拉运动微分方程

欧拉运动微分方程是由瑞士著名科学家欧拉(Euler)在 1755 年提出的,它描述的是理想、不可压缩流体的速度(加速度)与受力关系,所以又称为理想不可压缩流体运动微分方程。

自然界中存在的所有真实流体都具有黏性,但是流体力学的发展过程表明,如果任何情形下都考虑流体的黏性,那么绝大多数的流体力学问题会因数学上的复杂性而难以求解,甚至无法求解。大量的理论分析和实验结果表明,在一些流动情形下忽略流体黏性的影响在工程上是可以接受的,这样可使问题容易求解。

对于理想流体,当流体在流动时,由于没有黏性的影响,因此流体只能承受法向应力。如图 4.47 所示,取长方体微元研究,在直角坐标系下,微元在 x,y,z 方向的长度分别为 $\mathrm{d}x,\mathrm{d}y,\mathrm{d}z$,中心点 $M(x,y,z)$ 处的速度、压强和单位质量力分别为 $\boldsymbol{u},p,\boldsymbol{f}$,流体的密度为 ρ,则沿 x 方向应用牛顿第二定律可得

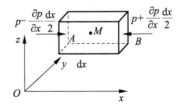

图 4.47　长方体微元 x 方向受力分析

$$\rho f_x\,\mathrm{d}x\,\mathrm{d}y\,\mathrm{d}z + \left(p - \frac{1}{2}\frac{\partial p}{\partial x}\mathrm{d}x\right)\mathrm{d}y\,\mathrm{d}z - \left(p + \frac{1}{2}\frac{\partial p}{\partial x}\mathrm{d}x\right)\mathrm{d}y\,\mathrm{d}z = \rho\,\frac{\mathrm{d}u_x}{\mathrm{d}t}\mathrm{d}x\,\mathrm{d}y\,\mathrm{d}z$$

整理得

$$\frac{\mathrm{d}u_x}{\mathrm{d}t} = f_x - \frac{1}{\rho}\frac{\partial p}{\partial x}$$

同理,y,z 方向的方程分别为

$$\frac{\mathrm{d}u_y}{\mathrm{d}t} = f_y - \frac{1}{\rho}\frac{\partial p}{\partial y}$$

$$\frac{\mathrm{d}u_z}{\mathrm{d}t} = f_z - \frac{1}{\rho}\frac{\partial p}{\partial z}$$

综合上述三式,即可得欧拉运动微分方程:

$$\begin{cases} \dfrac{\mathrm{d}u_x}{\mathrm{d}t} = f_x - \dfrac{1}{\rho}\dfrac{\partial p}{\partial x} \\[2mm] \dfrac{\mathrm{d}u_y}{\mathrm{d}t} = f_y - \dfrac{1}{\rho}\dfrac{\partial p}{\partial y} \\[2mm] \dfrac{\mathrm{d}u_z}{\mathrm{d}t} = f_z - \dfrac{1}{\rho}\dfrac{\partial p}{\partial z} \end{cases} \tag{4.42}$$

根据式(4.28),可将式(4.42)写成

$$\begin{cases} f_x - \dfrac{1}{\rho}\dfrac{\partial p}{\partial x} = u_x\,\dfrac{\partial u_x}{\partial x} + u_y\,\dfrac{\partial u_x}{\partial y} + u_z\,\dfrac{\partial u_x}{\partial z} + \dfrac{\partial u_x}{\partial t} \\[2mm] f_y - \dfrac{1}{\rho}\dfrac{\partial p}{\partial y} = u_x\,\dfrac{\partial u_y}{\partial x} + u_y\,\dfrac{\partial u_y}{\partial y} + u_z\,\dfrac{\partial u_y}{\partial z} + \dfrac{\partial u_y}{\partial t} \\[2mm] f_z - \dfrac{1}{\rho}\dfrac{\partial p}{\partial z} = u_x\,\dfrac{\partial u_z}{\partial x} + u_y\,\dfrac{\partial u_z}{\partial y} + u_z\,\dfrac{\partial u_z}{\partial z} + \dfrac{\partial u_z}{\partial t} \end{cases} \tag{4.43}$$

或将式(4.42)写成矢量式:

$$\frac{\mathrm{d}\boldsymbol{u}}{\mathrm{d}t} = \boldsymbol{f} - \frac{1}{\rho}\mathbf{grad}\,p \tag{4.44}$$

其中,$\mathbf{grad}\,p$ 表示压强梯度。若加速度 $\dfrac{\mathrm{d}\boldsymbol{u}}{\mathrm{d}t}=0$,则上式可转化为欧拉平衡微分方程。

式(4.42)的三个分量方程中包含三个轴向流速分量 u_x, u_y, u_z 和压强 p,若再补充一个方程(通常是连续性方程),即可使方程组封闭。从理论上说,理想不可压缩流体的动力学问题是完全可解的,但实际上,除极少数情形外,一般很难得到这个非线性微分方程组的解析解。

4.2.6 纳维-斯托克斯方程

纳维-斯托克斯方程考虑了流体的黏性,即针对真实流体而建立的运动微分方程。下面给出其简略推导过程。

(1)真实流体微元应力分析

如图 4.48 所示,取长方体微元 $ABCDEFGH$,分析其六个面上的压强和切向应力。与点 A 邻近的三个面上,面 $ADHE$ 受切向应力 τ_{xy}, τ_{xz} 和法向压强 p_{xx} 作用,面 $ABCD$ 受切向应力 τ_{yx}, τ_{yz} 和法向压强 p_{yy} 作用,面 $ABFE$ 受切向应力 τ_{zx}, τ_{zy} 和法向压强 p_{zz} 作用。省略二阶以上无穷小,对这三个面上的应力按泰勒展开式简化处理后分别得到

$$\tau_{xy} + \frac{\partial \tau_{xy}}{\partial x}\mathrm{d}x,\ \tau_{xz} + \frac{\partial \tau_{xz}}{\partial x}\mathrm{d}x,\ p_{xx} + \frac{p_{xx}}{\partial x}\mathrm{d}x$$

$$\tau_{yx} + \frac{\partial \tau_{yx}}{\partial y}\mathrm{d}y,\ \tau_{yz} + \frac{\partial \tau_{yz}}{\partial y}\mathrm{d}y,\ p_{yy} + \frac{p_{yy}}{\partial y}\mathrm{d}y$$

$$\tau_{zx} + \frac{\partial \tau_{zx}}{\partial z}\mathrm{d}z, \tau_{zy} + \frac{\partial \tau_{zy}}{\partial z}\mathrm{d}z, p_{zz} + \frac{p_{zz}}{\partial z}\mathrm{d}z$$

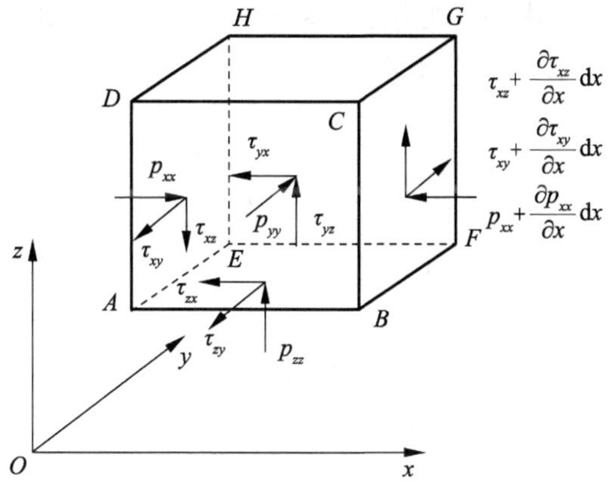

图 4.48　真实流体微元受应力分析

（2）广义牛顿黏性定律

前文介绍了牛顿内摩擦定律（牛顿黏性定律），得到 $\tau = \mu\dfrac{\mathrm{d}u}{\mathrm{d}y}$。那么，流体在空间流动时，可以得到

$$\begin{cases} \tau_{xy} = \tau_{yx} = 2\mu\varepsilon_{xy} = \mu\left(\dfrac{\partial u_y}{\partial x} + \dfrac{\partial u_x}{\partial y}\right) \\[2mm] \tau_{yz} = \tau_{zy} = 2\mu\varepsilon_{yz} = \mu\left(\dfrac{\partial u_z}{\partial y} + \dfrac{\partial u_y}{\partial z}\right) \\[2mm] \tau_{zx} = \tau_{xz} = 2\mu\varepsilon_{zx} = \mu\left(\dfrac{\partial u_x}{\partial z} + \dfrac{\partial u_z}{\partial x}\right) \end{cases} \tag{4.45}$$

上式表示的是剪切应力与剪切应变速度之间的关系，可以看成一元牛顿黏性定律在三维空间的推广。

真实流体内某点的压强不像无黏性流体那样具有各向同性。运动状态下的真实（或实际）流体，因流体层间有相对运动，黏性会产生切应力，这时同一点上各向法应力不再相等。在直角坐标系中，由于黏性的阻碍作用，各轴向压强存在一个黏性影响值，因此法向压强可以表示为

$$\begin{cases} p_{xx} = p - 2\mu\varepsilon_{xx} = p - 2\mu\dfrac{\partial u_x}{\partial x} \\[2mm] p_{yy} = p - 2\mu\varepsilon_{yy} = p - 2\mu\dfrac{\partial u_y}{\partial y} \\[2mm] p_{zz} = p - 2\mu\varepsilon_{zz} = p - 2\mu\dfrac{\partial u_z}{\partial z} \end{cases} \tag{4.46}$$

合并式（4.45）和式（4.46）并用矩阵表示为

$$\begin{bmatrix} p_{xx} & \tau_{xy} & \tau_{xz} \\ \tau_{yx} & p_{yy} & \tau_{yz} \\ \tau_{zx} & \tau_{zy} & p_{zz} \end{bmatrix} = \begin{bmatrix} p & 0 & 0 \\ 0 & p & 0 \\ 0 & 0 & p \end{bmatrix} + 2\mu\begin{bmatrix} -\varepsilon_{xx} & \varepsilon_{xy} & \varepsilon_{xz} \\ \varepsilon_{yx} & -\varepsilon_{yy} & \varepsilon_{yz} \\ \varepsilon_{zx} & \varepsilon_{zy} & -\varepsilon_{zz} \end{bmatrix} \tag{4.47}$$

这就是广义牛顿黏性定律,它全面地反映了牛顿流体的应力与应变速度之间的关系,这种方程称为本构方程。

关于真实不可压缩流体内一点的压强,将式(4.46)中三项相加,再考虑流体不可压缩时微元在空间的体膨胀率应为 0,因此可得

$$p = \frac{1}{3}(p_{xx} + p_{yy} + p_{zz}) \tag{4.48}$$

上式表明,各向同性的压强值(静压强)等于各向异性压强值(真实不可压缩的流动流体压强)的算术平均值。因此,工程计算时可以用各向同性压强值来推算各向异性压强值。

(3) 纳维-斯托克斯方程

流体微元除受六个面上的 9 个应力外,还受质量力 $\boldsymbol{f}$ 的作用。根据牛顿第二定律 $\sum \boldsymbol{F} = m\boldsymbol{a}$,列出微元在 x 方向的运动方程:

$$f_x \rho \, \mathrm{d}x \, \mathrm{d}y \, \mathrm{d}z + p_{xx} \, \mathrm{d}y \, \mathrm{d}z - \left(p_{xx} + \frac{\partial p_{xx}}{\partial x} \mathrm{d}x\right) \mathrm{d}y \, \mathrm{d}z - \tau_{yx} \, \mathrm{d}x \, \mathrm{d}z + \left(\tau_{yx} + \frac{\partial \tau_{yx}}{\partial y} \mathrm{d}y\right) \mathrm{d}x \, \mathrm{d}z -$$

$$\tau_{yz} \, \mathrm{d}y \, \mathrm{d}z + \left(\tau_{yz} + \frac{\partial \tau_{yz}}{\partial x} \mathrm{d}x\right) \mathrm{d}y \, \mathrm{d}z - \tau_{zx} \, \mathrm{d}x \, \mathrm{d}y + \left(\tau_{zx} + \frac{\partial \tau_{zx}}{\partial z} \mathrm{d}z\right) \mathrm{d}x \, \mathrm{d}y = \frac{\mathrm{d}u_x}{\mathrm{d}t} \rho \, \mathrm{d}x \, \mathrm{d}y \, \mathrm{d}z$$

两边同除以 $\rho \, \mathrm{d}x \, \mathrm{d}y \, \mathrm{d}z$,可得

$$f_x - \frac{1}{\rho}\left(\frac{\partial p_{xx}}{\partial x} - \frac{\partial \tau_{yx}}{\partial y} - \frac{\partial \tau_{yz}}{\partial x} - \frac{\partial \tau_{zx}}{\partial z}\right) = \frac{\mathrm{d}u_x}{\mathrm{d}t}$$

将式(4.45)、式(4.46)中的 $p_{xx}, \tau_{yx}, \tau_{yz}, \tau_{zx}$ 代入,得

$$f_x - \frac{1}{\rho}\frac{\partial p}{\partial x} + \nu\left(\frac{\partial^2 u_x}{\partial x^2} + \frac{\partial^2 u_x}{\partial y^2} + \frac{\partial^2 u_x}{\partial z^2}\right) + \nu\frac{\partial}{\partial x}\left(\frac{\partial u_y}{\partial z} + \frac{\partial u_z}{\partial y} + 2\right) = \frac{\mathrm{d}u_x}{\mathrm{d}t}$$

对于不可压缩流体,微元在空间的体膨胀率应为 0,可得

$$f_x - \frac{1}{\rho}\frac{\partial p}{\partial x} + \nu\left(\frac{\partial^2 u_x}{\partial x^2} + \frac{\partial^2 u_x}{\partial y^2} + \frac{\partial^2 u_x}{\partial z^2}\right) = \frac{\mathrm{d}u_x}{\mathrm{d}t}$$

同理,对 y, z 方向可以推出另外两个分量式。综合可得

$$\begin{cases} f_x - \dfrac{1}{\rho}\dfrac{\partial p}{\partial x} + \nu\left(\dfrac{\partial^2 u_x}{\partial x^2} + \dfrac{\partial^2 u_x}{\partial y^2} + \dfrac{\partial^2 u_x}{\partial z^2}\right) = \dfrac{\mathrm{d}u_x}{\mathrm{d}t} \\[3mm] f_y - \dfrac{1}{\rho}\dfrac{\partial p}{\partial y} + \nu\left(\dfrac{\partial^2 u_y}{\partial x^2} + \dfrac{\partial^2 u_y}{\partial y^2} + \dfrac{\partial^2 u_y}{\partial z^2}\right) = \dfrac{\mathrm{d}u_y}{\mathrm{d}t} \\[3mm] f_z - \dfrac{1}{\rho}\dfrac{\partial p}{\partial z} + \nu\left(\dfrac{\partial^2 u_z}{\partial x^2} + \dfrac{\partial^2 u_z}{\partial y^2} + \dfrac{\partial^2 u_z}{\partial z^2}\right) = \dfrac{\mathrm{d}u_z}{\mathrm{d}t} \end{cases} \tag{4.49}$$

引入拉普拉斯算子:

$$\nabla^2 = \nabla \cdot \nabla = \frac{\partial^2}{\partial x^2} + \frac{\partial^2}{\partial y^2} + \frac{\partial^2}{\partial z^2}$$

根据式(4.23)可得

$$f_x - \frac{1}{\rho}\frac{\partial p}{\partial x} + \nu \ \nabla^2 u_x = \frac{\mathrm{d}u_x}{\mathrm{d}t} = u_x \ \frac{\partial u_x}{\partial x} + u_y \ \frac{\partial u_x}{\partial y} + u_z \ \frac{\partial u_x}{\partial z} + \frac{\partial u_x}{\partial t}$$

$$f_y - \frac{1}{\rho}\frac{\partial p}{\partial y} + \nu \ \nabla^2 u_y = \frac{\mathrm{d}u_y}{\mathrm{d}t} = u_x \ \frac{\partial u_y}{\partial x} + u_y \ \frac{\partial u_y}{\partial y} + u_z \ \frac{\partial u_y}{\partial z} + \frac{\partial u_y}{\partial t} \Bigg\} \qquad (4.50)$$

$$f_z - \frac{1}{\rho}\frac{\partial p}{\partial z} + \nu \ \nabla^2 u_z = \frac{\mathrm{d}u_z}{\mathrm{d}t} = u_x \ \frac{\partial u_z}{\partial x} + u_y \ \frac{\partial u_z}{\partial y} + u_z \ \frac{\partial u_z}{\partial z} + \frac{\partial u_z}{\partial t}$$

这就是真实不可压缩流体的运动微分方程,由法国人纳维(Navier)和英国人斯托克斯(Stokes)先后独立提出,因此称为**纳维-斯托克斯方程**,简称**N - S 方程**。与欧拉运动微分方程相比,N - S 方程多了一项由黏性引起的因子,使方程变为二阶非线性偏微分方程,求出其解析解的难度很大。工程中应用时采用计算机数值解法,获得近似解。这种利用计算机数值解法来求解流体力学方程的方法已成为流体力学的几种主要研究方法之一。

4.2.7　伯努利方程及其应用

N - S 方程求解难度大,不便于工程应用。另一种方程——伯努利方程,在工程上应用最为广泛。本小节将从理想流体元流的伯努利方程开始,导出具有重要实际应用意义的真实总流的伯努利方程。

(1)理想不可压缩流体的伯努利方程

设某时刻流场中存在一条流线 s,如图 4.49 所示,现将式(4.44)向流线 s 上投影。设流线某点速度为 u,单位质量力在 s 上的分力为 f_s,则式(4.44)在 s 上的投影式为

$$f_s - \frac{1}{\rho}\frac{\partial p}{\partial s} = \frac{\mathrm{d}u}{\mathrm{d}t} = \frac{\partial u}{\partial t} + \frac{\partial u}{\partial s}\frac{\mathrm{d}s}{\mathrm{d}t} \qquad (4.51)$$

对于一元定常流动,所有变量只是流线坐标 s 的函数,即有

$$\frac{\partial p}{\partial s} = \frac{\mathrm{d}p}{\mathrm{d}s}, \frac{\partial u}{\partial t} = 0, \frac{\partial u}{\partial s} = \frac{\mathrm{d}u}{\mathrm{d}s}, \frac{\mathrm{d}s}{\mathrm{d}t} = u$$

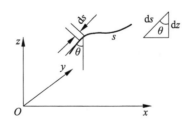

图 4.49　流线上的质点运动分析

当质量力仅为重力时,有

$$f_s = -g\cos\theta = -g \ \frac{\mathrm{d}z}{\mathrm{d}s}$$

因此,式(4.51)可以改写成

$$-g \ \frac{\mathrm{d}z}{\mathrm{d}s} - \frac{1}{\rho}\frac{\mathrm{d}p}{\mathrm{d}s} = \frac{\mathrm{d}u}{\mathrm{d}s}u \qquad (4.52)$$

或

$$u\,\mathrm{d}u + g\,\mathrm{d}z + \frac{\mathrm{d}p}{\rho} = 0 \qquad (4.53)$$

这就是流线型欧拉运动微分方程。将之变形为

$$d\left(\frac{u^2}{2g}\right)+dz+d\left(\frac{p}{\rho g}\right)=0$$

对上式积分可得

$$z+\frac{p}{\rho g}+\frac{u^2}{2g}=C \tag{4.54}$$

式中,C 为常数。这就是著名的**理想不可压缩流体的伯努利方程**,由瑞士科学家伯努利(Bernoulli)于 1738 年提出。由于式(4.54)是在任意点导出的,因此对流线上任意两点下式都成立:

$$z_1+\frac{p_1}{\rho g}+\frac{u_1{}^2}{2g}=z_2+\frac{p_2}{\rho g}+\frac{u_2{}^2}{2g} \tag{4.55}$$

当速度 u 为 0 时,上式就转化为平衡流体的流体静力学基本方程:

$$z+\frac{p}{\rho g}=C$$

理想不可压缩流体的伯努利方程中各量的物理意义如下:

z 为单位重力流体的位能,或称位置水头;

$\dfrac{p}{\rho g}$ 为单位重力流体的压能,或称压强水头;

$\dfrac{u^2}{2g}$ 为单位重力流体的动能,也称速度水头。

因为理想流体没有能量损失,所以理想不可压缩流体的伯努利方程说明在理想流体中,流体的总机械能(位能、压能、动能)守恒。由此可见,伯努利方程实质就是物理学能量守恒定律在流体力学上的具体体现。

(2) 总流伯努利方程

式(4.55)只是在一条流线上成立的方程,而工程上常常需要求解总流(管道内)的问题。在图 4.43 中,A_1,A_2 分别是总流上的两个过流截面,平均速度分别是 $\overline{u}_1$,$\overline{u}_2$,则在 A_1 截面上,每一点的单位重力流体的平均动能都为 $\dfrac{\alpha_1\overline{u}_1{}^2}{2g}$,其中 α_1 为动能修正系数。考虑到穿过 A_1 截面上的流线处处与 A_1 垂直,因而在 A_1 截面的方向上速度投影为零,也就是说,沿 A_1 截面的方向流体是静止的,其上的每一点应该满足平衡流体的流体静力学基本方程:

$$z+\frac{p}{\rho g}=C$$

因此,截面上每一点的 $z+\dfrac{p}{\rho g}$ 都是相等的。对 A_1 截面有

$$z_1+\frac{p_1}{\rho g}+\frac{\alpha_1\overline{u}_1{}^2}{2g}=C$$

同理,对 A_2 截面可得类似结论。综上所述,可以将式(4.55)扩展为理想不可压缩流体的总流伯努利方程:

$$z+\frac{p}{\rho g}+\frac{\overline{\alpha u^2}}{2g}=C \tag{4.56}$$

或
$$z_1 + \frac{p_1}{\rho g} + \frac{\alpha_1 \overline{u_1}^2}{2g} = z_2 + \frac{p_2}{\rho g} + \frac{\alpha_2 \overline{u_2}^2}{2g} \qquad (4.57)$$

对于真实流体,当流体在流动时,由于黏性的存在,由牛顿内摩擦定律可知,流体内部及流体与管壁之间必然存在阻碍流体运动的切应力,此力对流体做负功,消耗一部分能量。因此,式(4.57)需要修正才适用于真实流体。A_1 截面和 A_2 截面之间消耗的能量以 h_f 表示,修正后的公式为

$$z_1 + \frac{p_1}{\rho g} + \frac{\alpha_1 \overline{u_1}^2}{2g} = z_2 + \frac{p_2}{\rho g} + \frac{\alpha_2 \overline{u_2}^2}{2g} + h_f \qquad (4.58)$$

这就是**真实不可压缩流体的总流伯努利方程**(简称总流伯努利方程),它是流体力学中极为重要的公式,在实际工程中有着广泛的应用。

(3) 伯努利方程的应用

伯努利方程(4.58)与连续性方程(4.31)(有时也需要流体静力学方程)联立,可以解决一元流动的断面流速和压强的计算问题,这在工程上有着重要的意义。应用伯努利方程时应注意以下几点:

① 灵活运用伯努利方程。

严格来说,伯努利方程是在定常流动、不可压缩和渐变流(质点流速变化缓慢)的条件下导出的,应用时也应满足这些条件。然而,无论是实际工程中的流动问题,还是自然界中的流动现象,很少能严格满足这三个条件。因此,为了能够实际应用伯努利方程,有必要将能量守恒方程使用的条件适当放宽。

例如,对于一些准定常问题、压缩性不明显的流体或某些急变流(质点流速变化很大)断面,可以认为伯努利方程仍然是适用的。由此而产生的误差可以根据经验或试验数据加以修正,这样处理一般可以满足工程上的精度要求。

② 方程的推导是在无能量输入或输出的情况下完成的,当所选取的两个断面间存在能量输入(例如中间有泵或风机)或输出(例如中间有马达或气缸)时,只需要将输入的水头加在方程左端,或将输出的水头加在方程右端即可。

③ 对合流或支流管路,方程仍然适用。例如,对图 4.50 所示的支流,仍然有方程 $z_1 + \frac{p_1}{\rho g} + \frac{\alpha_1 \overline{u_1}^2}{2g} = z_2 + \frac{p_2}{\rho g} + \frac{\alpha_2 \overline{u_2}^2}{2g} + h_{f12}$ 和 $z_1 + \frac{p_1}{\rho g} + \frac{\alpha_1 \overline{u_1}^2}{2g} = z_3 + \frac{p_3}{\rho g} + \frac{\alpha_3 \overline{u_3}^2}{2g} + h_{f13}$ 成立。式中,h_{f12} 和 h_{f13} 分别表示截面 1 到截面 2 的能量损失和截面 1 到截面 3 的能量损失。

伯努利方程在支流的情况下并没有改变形式,原因是伯努利方程表示的是单位质量的流体平均能量间的关系,而非截面之间的总能量关系。同样,合流的情况也是如此。

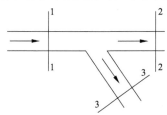

图 4.50　支流

④ 具体应用伯努利方程的步骤一般如下：

a. 分析流动现象。对照①～③，确定问题是否可以应用伯努利方程求解。如果可以，再进行下一步。

b. 选取过流截面。需要选取两个过流截面，这两个过流截面应尽量包含已知条件和需要求解的未知变量。

c. 选取基准面和基准点。基准面是计算位置水头 z 的参考面，基准点指压强水头 $\frac{p}{\rho g}$、位置水头 z 的取值点。理论上基准面和基准点的选取不影响计算结果，但恰当的选取可简化计算过程。一般的选取原则是基准面尽量通过一个或两个基准点，而基准点尽量选在截面的形心上。

d. 列出方程，代入已知量求解。注意与连续性方程和静力学方程联立求解。

下面举例说明伯努利方程的应用。

【例8】 皮托管是一种巧妙的流速测量装置。如图 4.51 所示，用玻璃管弯成直角做成的皮托管测量明渠流速。玻璃管的开口正对着水流的流动方向，水流冲击使皮托管中水柱上升。水流速度不变时，水柱上升的高度也不变。设水柱至水面的高度为 h，皮托管浸入水中的深度为 H，求所测流速 u。

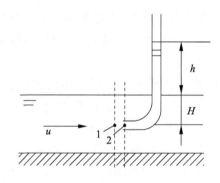

图 4.51 皮托管明渠流速

解：按照上述解题步骤，选取两个过流截面，1 截面在明渠上，紧靠皮托管入口处，2 截面在皮托管内，也紧靠入口处，且基准点选在皮托管截面的形心上，两个截面基准点分别为 1,2 点，基准面通过基准点。可以列出伯努利方程如下：

$$z_1 + \frac{p_1}{\rho g} + \frac{\alpha_1 \overline{u_1}^2}{2g} = z_2 + \frac{p_2}{\rho g} + \frac{\alpha_2 \overline{u_2}^2}{2g} + h_f$$

式中，$z_1 = z_2 = 0$；$p_1 = \rho g H$，$p_2 = \rho g (H+h)$；因为水流速度稳定时管内液体静止，所以 $u_2 = 0$；因为 1,2 点很接近，所以 $h_f = 0$；对于一般工程问题，可以取 $\alpha_1 = \alpha_2 = 1$。

将这些参数代入方程，得

$$\overline{u_1} = \sqrt{2gh}$$

这是理论流速，由于在测量时引起液流扰乱，因此要精确表示测量速度，还需要对上式加以修正：

$$\overline{u_1} = c_u \sqrt{2gh}$$

式中，c_u 称为流速系数，一般可以取 0.97～0.99。

从皮托管的伯努利方程容易得到下式：

$$\frac{\overline{u_1}^2}{2g}=\frac{p_2-p_1}{\rho g}=\frac{1}{\rho}\left[\rho g(H+h)-\rho g H\right]=h$$

上式表明：$\dfrac{\overline{u_1}^2}{2g}$ 表示的速度水头就是皮托管中的水位高度 h。因此，可以用皮托管来显示速度水头。

用若干皮托管和测压管可以组成演示伯努利方程几何意义的实验仪器。如图 4.52 所示，测压管垂直于管道壁，因此，其水位高度表示的是静水水头 $\dfrac{p}{\rho g}$（即压强水头），速度水头由皮托管显示，而所测管道的中心线就表示位置水头。沿管道方向不同点的位置水头、压强水头和速度水头都是变化的，但对理想流体来说，三者之和是常量，故总水头可由一条水平线表示。对实际流体来说，存在水头损失 h_f，故总水头是逐渐下降的。

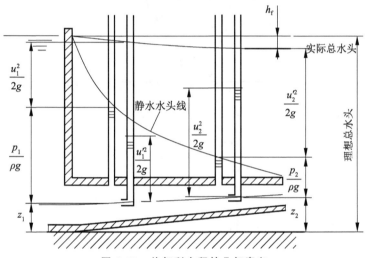

图 4.52　伯努利方程的几何意义

用皮托管测量管道内的流体速度时，需要与测压管联合使用。如图 4.53 所示，测压管内需要灌装不溶于待测流体（密度 ρ）的另一种液体（密度 ρ'），当管道内流体速度稳定时，测压管内液柱高度 h 也不变。可以列出以下压力平衡式：

$$p_2+(H+h)\rho g=p_1+H\rho g+h\rho' g$$

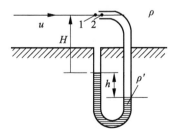

图 4.53　用皮托管测量管道内的流体速度

由此可得

$$p_2 - p_1 = (\rho' - \rho)hg$$

与明渠测速类似,可以列出伯努利方程并解得

$$u_1 = \sqrt{2g\frac{p_2 - p_1}{\rho g}} = \sqrt{2g\frac{\rho' - \rho}{\rho g}hg} = \sqrt{\frac{\rho' - \rho}{\rho}2hg}$$

【例 9】 文丘里流量计是利用节流口前后的压强差来测定流量的。如图 4.54 所示,d_1 为管道截面 1 处的直径,d_2 为节流口处的直径。上端的测压管液位差为 h,管内流体的密度为 ρ,试求出文丘里流量计的流量公式。

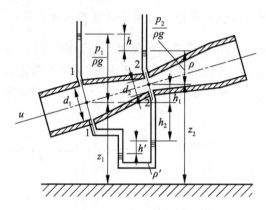

图 4.54 文丘里流量计

解: 选取截面 1,2,再任取水平基准面,得截面 1,2 处的位置水头分别为 z_1,z_2,设流体为不可压缩的理想流体,且动能修正系数 α 取 1,可列出伯努利方程:

$$z_1 + \frac{p_1}{\rho g} + \frac{\overline{u_1}^2}{2g} = z_2 + \frac{p_2}{\rho g} + \frac{\overline{u_2}^2}{2g}$$

由连续性方程 $\overline{u}_1 A_1 = \overline{u}_2 A_2$,解得

$$\overline{u}_2 = \overline{u}_1 \frac{A_1}{A_2} = \overline{u}_1 \left(\frac{d_1}{d_2}\right)^2$$

代入伯努利方程,得

$$\overline{u}_1 = \sqrt{\frac{2g}{\left(\dfrac{d_1}{d_2}\right)^4 - 1}} \sqrt{\left(\frac{p_1}{\rho g} + z_1\right) - \left(\frac{p_2}{\rho g} + z_2\right)} \qquad (4.59)$$

如图 4.54,当采用上端的测压管时,上式右边根号内的差就是两测压管的液位差 h,故可得

$$\overline{u}_1 = \sqrt{\frac{2g}{\left(\dfrac{d_1}{d_2}\right)^4 - 1}} \sqrt{h}$$

这就是文丘里流量计的理论流速值。

计算出流速 $\overline{u}_1$ 后,易得出理论流量为

$$q_T = \frac{\pi d_1^2}{4}\overline{u}_1 = k\sqrt{h}$$

式中, k 称为仪器常数,且满足:

$$k = \frac{\pi d_1^2}{4} \sqrt{\frac{2g}{\left(\frac{d_1}{d_2}\right)^4 - 1}}$$

考虑到流体的黏性影响,应对理论流量进行修正,于是有实际流量:

$$q_V = C_q k \sqrt{h}$$

式中, C_q 称为流量系数。

$$C_q = \frac{q_V}{q_T}$$

文丘里流量计也可以采用下端的 U 形测压管测量压强。在图 4.54 中,对 U 形测压管两端压强列出平衡方程:

$$p_1 + \rho g h_2 + \rho g h' = p_2 + \rho g (h_1 + h_2) + \rho' g h'$$

将 $h_1 = z_2 - z_1$ 代入上式,并化简得

$$\left(\frac{p_1}{\rho g} + z_1\right) - \left(\frac{p_2}{\rho g} + z_2\right) = \frac{\rho' - \rho}{\rho} h'$$

代入式(4.59)得

$$\overline{u}_1 = \sqrt{\frac{2g}{\left(\frac{d_1}{d_2}\right)^4 - 1}} \sqrt{\frac{\rho' - \rho}{\rho} h'}$$

此时,实际流量可以表示为

$$q_V = C_q k \sqrt{\frac{\rho' - \rho}{\rho} h'}$$

文丘里流量计是一种节流式流量计,是利用节流元件前后的压强差来测定流量的。除文丘里流量计外,工程上常用的节流式流量计还有**孔板式流量计**、**喷嘴流量计**等,它们的节流元件稍有差异,但基本原理完全相同。

4.2.8　气体总流伯努利方程

前文已经推导出了不可压缩流体定常总流伯努利方程:

$$z_1 + \frac{p_1}{\rho g} + \frac{\alpha_1 \overline{u}_1^2}{2g} = z_2 + \frac{p_2}{\rho g} + \frac{\alpha_2 \overline{u}_2^2}{2g} + h_f$$

该方程适用于不可压缩液体,也适用于流速不太大的气体。应用于气体时,习惯上将方程式中的每一项表示成压强量纲的形式,即

$$\rho g z_1 + p_1' + \frac{\rho \overline{u}_1^2}{2} = \rho g z_2 + p_2' + \frac{\rho \overline{u}_2^2}{2} + p_{1,1-2}$$

式中, $p_{1,1-2}$ 表示平均每单位体积气体由截面 1 到截面 2 的压强损失; p_1', p_2' 表示绝对压强。

将重度 $\gamma = \rho g$ 代入上式,有

$$\gamma z_1 + p_1' + \frac{\rho \overline{u}_1^2}{2} = \gamma z_2 + p_2' + \frac{\rho \overline{u}_2^2}{2} + p_{1,1-2} \tag{4.60}$$

式(4.60)反映了单位体积气体的各种平均机械能之间的转换关系。若压强以相对压强表示,对于高度差较大、管内外气体重度不同的气体管路,必须考虑大气压强因高度不同而引起的差异。如图 4.55 所示,设高度 z_1 处的大气压强为 p_a,则高度 z_2 处的大气压强应为 $p_a - \gamma_a(z_2 - z_1)$,其中 γ_a 为大气重度。于是有绝对压强:

$$p_1' = p_1 + p_a$$
$$p_2' = p_2 + p_a - \gamma_a(z_2 - z_1)$$

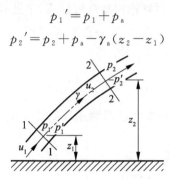

图 4.55　管中的气体流动

将上式代入式(4.60)得

$$\gamma z_1 + p_1 + p_a + \frac{\rho \overline{u_1}^2}{2} = \gamma z_2 + p_2 + p_a - \gamma_a(z_2 - z_1) + \frac{\rho \overline{u_2}^2}{2} + p_{1,1-2}$$

整理得

$$(\gamma_a - \gamma)(z_2 - z_1) + p_1 + \frac{\rho \overline{u_1}^2}{2} = p_2 + \frac{\rho \overline{u_2}^2}{2} + p_{1,1-2} \tag{4.61}$$

式(4.61)就是以相对压强形式表示的定常气体总流能量方程。需要说明的是:① 使用公式时,p_1,p_2 必须是相对压强。② 截面 1 和截面 2 必须按流动方向顺序选取。

按照各种水头的定义,类似地,称式(4.61)中的 p 为静压,$\dfrac{\rho \overline{u}^2}{2}$ 为动压,$(\gamma_a - \gamma)(z_2 - z_1)$ 为位压,静压和位压之和又称为势压,静压、动压和位压三者之和为全压。

【例 10】　如图 4.56 所示,空气由炉口 a 处流入,通过燃烧后,废气经 b,c,d 由烟囱流出。烟气密度 $\rho = 0.6 \ \mathrm{kg/m^3}$,空气密度 $\rho_a = 1.2 \ \mathrm{kg/m^3}$,$a \to c$ 及 $c \to d$ 的压强损失分别为 $9 \times \dfrac{\rho u_d^2}{2}$ 和 $20 \times \dfrac{\rho u_d^2}{2}$。假设烟道为等截面通道,求:①出口 d 处的流速 u_d;②c 处的静压 p_c。

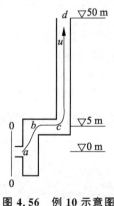

图 4.56　例 10 示意图

解:① 在炉口前取一截面 0,其面积可视为无穷大,速度视为 0。对于截面 0 和截面 d,a 和 d 之间的总压强损失为 $29 \times \frac{\rho u_d^2}{2}$,据此可列出气体总流能量方程:

$$(\rho_a - \rho) g (50 - 0) = \frac{\rho u_d^2}{2} + 29 \frac{\rho u_d^2}{2} = 15 \rho u_d^2$$

代入已知数据,得

$$0.6g \times 50 = 15 \times 0.6 u_d^2$$

解得

$$u_d = 5.7 \ \text{m/s}$$

② 对于 c,d 两截面,气体总流能量方程为

$$0.6g(50-5) + p_c + \frac{\rho u_c^2}{2} = \frac{\rho u_d^2}{2} + 20 \frac{\rho u_d^2}{2}$$

解得

$$p_c = 20 \times 9.8 - 45 \times 0.6 \times 9.8 = -68.6 \ (\text{Pa})$$

4.2.9　动量方程及其应用

N－S 方程是质点运动微分方程,虽然表示的是流场中压强和速度的分布关系,但求解困难大大限制了它的实际应用。为了求出流体的受力关系,可以应用动量定理。

将牛顿第二定律 $\sum \boldsymbol{F} = m\boldsymbol{a}$ 改写为动量定理 $\sum \boldsymbol{F} \mathrm{d}t = m \mathrm{d}\boldsymbol{u} = \mathrm{d}(m\boldsymbol{u})$,并将其应用于具有一定质量的流体质点系,由于各个质点速度不尽相同,故质点系的动量定理为

$$\sum \boldsymbol{F} = \frac{\mathrm{d}(\sum m\boldsymbol{u})}{\mathrm{d}t} \tag{4.62}$$

根据上式,只要求出质点系各个质点的动量变化率,就可以求出质点系所受外力的合力。直观地看,这似乎可以采用拉格朗日法。但是流体的质点运动较为复杂,我们几乎不可能求出每个质点的动量变化率,因为求解动量变化率需要知道每个质点的速度与时间间函数关系,这在工程实践中是不切实际的。因此考虑采用欧拉法,用控制体法解决这个问题。

在图 4.57 中,在某时刻 t 取流场中的控制体。设控制体的体积为 V,控制体内的质点系速度为 $\boldsymbol{u}(x,y,z,t)$,简记为 $\boldsymbol{u}$,密度为 $\rho(x,y,z,t)$,简记为 ρ,则控制体内 t 时刻的动量可记为

$$\boldsymbol{E}_t = \left[\iiint\limits_V \rho \boldsymbol{u} \, \mathrm{d}V \right]_t$$

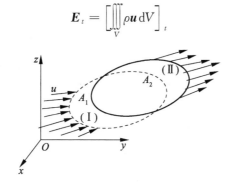

图 4.57　用控制体法求动量变化率

经过 Δt 时间后,控制体内的原质点系的质点运动到图中实线位置,即原质点系中一部分仍留在控制体内,而另一部分质点 Ⅱ 穿过边界 A_2 到达控制体外。与此同时,也有一部分新的质点穿过 A_1 进入控制体内。设 Δt 时间段内流出的动量为 $\boldsymbol{E}_{\mathrm{out}} = \Delta t \iint\limits_{A_2} \rho \boldsymbol{u} (\boldsymbol{u} \mathrm{d}A)$,流入的动量为 $\boldsymbol{E}_{\mathrm{in}} = \Delta t \iint\limits_{A_1} \rho \boldsymbol{u} (\boldsymbol{u} \mathrm{d}A)$,在 $t + \Delta t$ 时刻,控制体内新质点系的动量为 $\boldsymbol{E}'_{t+\Delta t} = \left[\iiint\limits_{V} \rho \boldsymbol{u} \mathrm{d}V\right]_{t+\Delta t}$,控制体内原质点系的动量为 $\boldsymbol{E}_{t+\Delta t}$,其值为

$$\boldsymbol{E}_{t+\Delta t} = \boldsymbol{E}'_{t+\Delta t} - \boldsymbol{E}_{\mathrm{in}} + \boldsymbol{E}_{\mathrm{out}} = \left[\iiint\limits_{V} \rho \boldsymbol{u} \mathrm{d}V\right]_{t+\Delta t} - \Delta t \iint\limits_{A1} \rho \boldsymbol{u} (\boldsymbol{u} \mathrm{d}A) + \Delta t \iint\limits_{A2} \rho \boldsymbol{u} (\boldsymbol{u} \mathrm{d}A)$$

$$= \left[\iiint\limits_{V} \rho \boldsymbol{u} \mathrm{d}V\right]_{t+\Delta t} + \Delta t \oiint\limits_{A} \rho \boldsymbol{u} (\boldsymbol{u} \mathrm{d}A)$$

式中,$A = A_1 + A_2$。

原质点系的动量变化为

$$\Delta \boldsymbol{E} = \boldsymbol{E}_{t+\Delta t} - \boldsymbol{E}_t$$

$$= \left[\iiint\limits_{V} \rho \boldsymbol{u} \mathrm{d}V\right]_{t+\Delta t} + \Delta t \oiint\limits_{A} \rho \boldsymbol{u} (\boldsymbol{u} \mathrm{d}A) - \left[\iiint\limits_{V} \rho \boldsymbol{u} \mathrm{d}V\right]_t$$

代入式(4.62)可得

$$\sum \boldsymbol{F} = \frac{\mathrm{d}(\sum m\boldsymbol{u})}{\mathrm{d}t} = \lim_{\Delta t \to 0} \frac{1}{\Delta t} \left\{ \left[\iiint\limits_{V} \rho \boldsymbol{u} \mathrm{d}V\right]_{t+\Delta t} - \left[\iiint\limits_{V} \rho \boldsymbol{u} \mathrm{d}V\right]_t + \Delta t \oiint\limits_{A} \rho \boldsymbol{u} (\boldsymbol{u} \mathrm{d}A) \right\}$$

即

$$\sum \boldsymbol{F} = \frac{\partial}{\partial t} \iiint\limits_{V} \rho \boldsymbol{u} \mathrm{d}V + \oiint\limits_{A} \rho \boldsymbol{u} (\boldsymbol{u} \mathrm{d}A) \tag{4.63}$$

这就是用欧拉方法表示的动量方程。

下面对式(4.63)做几点说明:

① $\sum \boldsymbol{F}$ 是作用在控制体质点系上的所有外力的矢量和,它既包括控制体外部流体及固体对控制体内流体的作用力,也包括控制体内流体的重力或惯性力。这些力中有些可能是已知量,有些则是未知量。

② $\frac{\partial}{\partial t} \iiint\limits_{V} \rho \boldsymbol{u} \mathrm{d}V$ 表示的是控制体内流体动量对时间的变化率,即单位时间内控制体内流体动量的增量。当控制体固定且是定常流动时,这一项必然为零。

③ $\oiint\limits_{A} \rho \boldsymbol{u} (\boldsymbol{u} \mathrm{d}A)$ 是单位时间内通过所有控制表面的动量代数和。因为从控制体流出的动量为正,流入控制体的动量为负,所以这一项也可以说是单位时间内控制体流出动量与流入动量之差,即单位时间内净流出控制体的流体动量。

对于定常不可压缩的一元流动,如图 4.58 所示,在流管内取流线 s 方向为坐标方向正向,取虚线内部分为控制体,则控制体表面只有截面 A_1 和 A_2 两个面有动量流进、流出。若这两个面上的平均流速分别为 $\boldsymbol{u}_1$ 和 $\boldsymbol{u}_2$,则可以将式(4.63)简化为

$$\sum \boldsymbol{F}_s = \oiint\limits_{A} \rho \boldsymbol{u} (\boldsymbol{u} \mathrm{d}A) = \int_{A_2} \rho \boldsymbol{u}_2 \boldsymbol{u}_2 \mathrm{d}A - \int_{A_1} \rho \boldsymbol{u}_1 \boldsymbol{u}_1 \mathrm{d}A = \beta \rho q_V (\boldsymbol{u}_2 - \boldsymbol{u}_1)$$

将上式写成分量式:

$$\begin{cases} \sum F_x = \beta\rho q_V(u_{2x}-u_{1x}) \approx \rho q_V(u_{2x}-u_{1x}) \\ \sum F_y = \beta\rho q_V(u_{2y}-u_{1y}) \approx \rho q_V(u_{2y}-u_{1y}) \\ \sum F_z = \beta\rho q_V(u_{2z}-u_{1z}) \approx \rho q_V(u_{2z}-u_{1z}) \end{cases} \tag{4.64}$$

式中,对于一般的湍流情况,取动量修正系数 $\beta \approx 1$。

为方便使用,对上式进行以下说明:

① 与式(4.63)相同,$\sum F$ 是流体外接触壁作用在控制体上的所有外力的合力,如果要求外接触壁受到的流体的作用力 $\sum F'$,可以利用作用力与反作用力的关系,即 $\sum F' = -\sum F$。

② 力(或速度)的方向与坐标方向一致时,取正;否则取负。

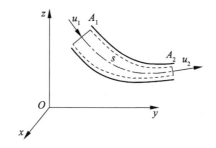

图 4.58　一元流动的动量变化率

【例 11】　水在直径为 10 cm 的水平弯管中以 5 m/s 的流速流动,如图 4.59 所示,弯管前端的压强为 0.1 个大气压,如不计水头损失,求水流对弯管的作用力。

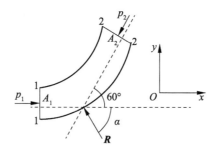

图 4.59　等径水平弯管俯视图

解:在弯管上下游取截面 1—1 和 2—2,并以这两个截面及管壁为控制面。由于管路水平且截面积相等,根据伯努利方程,容易得到 $p_1 = p_2 = 10.132$ kPa。

设弯管对水流的作用力为 R,则由动量方程可得

$$\begin{cases} R_x - p_2 A\cos 60° = \rho q(u\cos 60° - u) \\ R_y - p_2 A\sin 60° = \rho q(u\sin 60° - 0) \end{cases}$$

代入数据,得

$$R_x - 10.132 \times \frac{\pi}{4} \times 0.1^2 \times 0.5 = 1000 \times \frac{\pi}{4} \times 0.1^2 \times 5^2 (0.5 - 1)$$

$$R_y - 10.132 \times \frac{\pi}{4} \times 0.1^2 \times \frac{\sqrt{3}}{2} = 1000 \times \frac{\pi}{4} \times 0.1^2 \times 5^2 \times \frac{\sqrt{3}}{2}$$

解得

$$R_x = -98.1 \text{ kN}$$
$$R_y = 170.1 \text{ kN}$$

作用力 **R** 为

$$R = \sqrt{R_x{}^2 + R_y{}^2} \approx 196.4 \text{ kN}$$

$$\alpha = \arctan \frac{|R_y|}{|R_x|} = \arctan \frac{170.1}{98.1} \approx 60°$$

水流对弯管的作用力 $\boldsymbol{R}' = -\boldsymbol{R}$。

【例 12】 从有压喷管或孔口射入大气的一股流束叫作自由射流。自由射流的特点是流束上的流体压强处处为大气压。自由射流的速度和射程可按伯努利方程计算,射流对挡板或叶片的冲击力则可按动量方程计算。如图 4.60 所示,假定速度为 u、流量为 q_V 的自由射流冲击到固定的二向曲面后,左右对称地分为两股,两股流量均为原流量的一半。求自由射流的冲击力。

解:如图 4.60 所示,假定自由射流在同一水平面上,且到处均为大气压,按照伯努利方程可知,射流速度大小处处保持恒定,即都为 u。假定取动量修正系数 $\beta \approx 1$,取虚线部分为控制体,按照动量方程(4.64)可得曲面作用在流体上的力为

$$F_x = \rho \left(2 \frac{q_V}{2} u \cos \theta - q_V u \right) = \rho q_V u (\cos \theta - 1)$$

于是射流对曲面的冲击力为

$$F_{Rx} = -F_x = \rho q_V u (1 - \cos \theta)$$

当 $\theta = 90°$ 时,挡板为平面,冲击力为

$$F_{Rx} = \rho q_V u$$

这种平面挡板在实际应用中最常见。

当 $\theta = 180°$ 时,即控制体的进、出速度方向相反,此时冲击力为

$$F_{Rx} = 2\rho q_V u$$

这种反向曲面所受到的冲击力是平面挡板受到的冲击力的两倍,获得的冲击力最大,冲击式水轮机采用这种反向曲面作为其叶片形状。不过为了回水方便,其反向角度 θ 并不是 180°,而是在 160°～170° 之间。

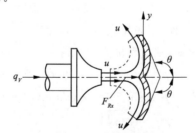

图 4.60 自由射流(俯视图)

4.3　流体阻力与管路水力计算

4.3.1　水头损失与流动阻力

（1）水头损失在工程上的意义

水头损失的数值大小直接关系到动力设备容量的确定,因而关系到工程的可靠性和经济性。图 4.61 为水泵供水示意图,根据供水要求,水泵将水池中的水从断面 1 提升到断面 2,定义断面 1 和 2 的高程差 H_0 为静扬高,静扬高加水头损失 h_w 则称为扬程 H,即有

$$H = H_0 + \sum h_w$$

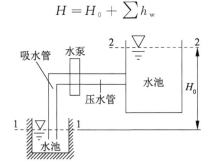

图 4.61　水泵供水示意图

当水泵提供的扬程为定值时,若 h_w 增大,则 H_0 减小,不能满足生产需要,此时需增大扬程,即增大动力设备容量。可见,动力设备的容量与管路系统的能量损失有关,所以只有正确计算水头损失,才能合理地选用动力设备。

（2）水头损失的两种形式

如图 4.62 所示,在有压管路中的 A,B,C 处各开一个小孔,并用一根开口玻璃管与小孔连接立装,当管路中阀门 k 关闭时,系统内流体处于静止状态,这时 A,B 处两根玻璃管内的水位高度相等,并与水箱水位在同一个水平面上。当阀门 k 开启后,管路中流体处于流动状态,这时 A,B,C 三点处玻璃管中的水位不在一个水平面上,而是逐渐下降,把 A 与 B 处两根玻璃管内的水位高差值定为 h_1,B 与 C 处两根玻璃管内的水位高差值定为 h_2。

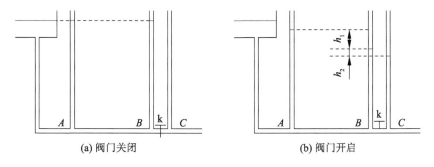

（a）阀门关闭　　　　　　　　　　（b）阀门开启

图 4.62　水头损失实验

管道中的流体处于流动状态时,为什么玻璃管内的水位会沿程下降呢? B 处玻璃管比 A 处玻璃管水位低的原因是流体沿管道从 A 流到 B 的过程中始终存在摩擦阻力,水位差

h_1 就是为了克服从 A 到 B 这段管路中的摩擦阻力而引起的,这种阻力损失叫作沿程阻力损失。C 处玻璃管内水位比 B 处玻璃管内水位低的原因在于,流体从 B 流到 C 的过程中经过阀门 k,水流局部边界条件急剧改变,对流体运动造成阻力,这种阻力损失称为局部阻力损失。流体在流经管道上的三通、弯头、阀门、变径管等地方时,都会产生局部阻力损失。

实际上,流体的黏滞性是流体能量损失的根本原因。根据固体边界形状和大小是否沿程变化以及主流是否脱离固体边界壁或形成旋涡,可把水头损失分为沿程阻力损失 h_f 和局部阻力损失 h_j 两大类。

当固体边界的形状和大小沿程不变时,流体在长直流段中的水头损失称为沿程阻力损失 h_f。在产生沿程阻力损失的流段中,流线彼此平行,主流不脱离边壁,也无旋涡发生,一般在均匀流和渐变流情况下产生的水头损失只有沿程阻力损失。

当固体边界的形状、大小或两者之一沿流程急剧变化时,流体在流动过程中所产生的水头损失称为局部阻力损失(h_j)。在局部阻力损失发生的局部范围内,主流与边界往往分离并发生旋涡,如水流在管道突然收缩或流经阀门和突然扩大处。

计算管段的沿程阻力损失,可按以下公式进行:

$$h_f = RL \tag{4.65}$$

式中,R 为每米管长的沿程阻力损失,Pa/m;L 为管段长度,m。

在已知流量和经济流速的选择范围后,单位管长的沿程阻力损失值可由事先编制好的各种介质水力计算表直接查得,从而可计算出管段内的沿程阻力损失值。

计算管件的局部阻力损失,可按以下公式进行:

$$h_j = \xi \frac{u^2}{2g} \tag{4.66}$$

式中,ξ 为管件的局部阻力系数。

各种不同规格的管道配件及附件的局部阻力系数可查表得出。一般情况下,室内外管网的局部阻力系数可按表 4.2 进行估算。

表 4.2　各类管道的局部阻力系数

管道类别		局部阻力系数
室内管道	给水、热水	0.2~0.3
	自然循环热水供暖系统	1
	机械循环热水供暖系统	1
	压缩空气	0.15~0.3
	氧气	0.15~0.2
室外管道	热水采暖管网	0.15~0.3
	给水、热水	0.1~0.2
	压缩空气	0.1~0.25
	氧气	0.1~0.15

（3）水头损失叠加原理

水流在流动过程中，如有若干段直流段且边界有若干处突然改变，而各个局部阻力损失又互不影响，则水流流经整个流程的水头损失是各沿程阻力损失和各局部阻力损失的代数和，即

$$h_{\text{w}} = \sum h_{\text{f}} + \sum h_{\text{j}}$$

沿程阻力损失和局部阻力损失从本质上讲都是流体质点之间相互摩擦和碰撞引起的。产生沿程阻力损失的阻力是内摩擦力，称这种阻力为沿程阻力。在产生局部阻力损失的地方，由于主流与边界分离和旋涡的存在，质点间的摩擦和碰撞加剧，因而引起的能量损失比同样长度而没有旋涡的流程的损失要大得多，称这种阻力为局部阻力。

以上是管道阻力损失的计算方法。在日常工作中需要计算的总是管段两点间的压力差，而不是阻力损失，那么压力差与阻力损失有何区别？压力差与流速又有何关系呢？一般来说，管段两点间的压力差的数值与该管段的阻力损失是相等的，但管道阻力损失指的是事情的本质，而压力差指的是阻力损失所产生的现象。由于管道阻力只有通过压力差才能测出来，所以说，压力差与流速的关系实际上就是阻力与流速的关系。也就是说，只要知道一段管道两端的压力差和该管段的长度，就能算出每米管长的阻力和这段管道内介质的平均流速。

4.3.2　黏性流体的两种流态

雷诺实验表明：在不同条件下，流体有层流和湍流两种运动形式，并且引起不同的水头损失。

水在毛细管和岩石缝隙中的流动，以及重油在管道中的流动，多属于层流运动；而在实际工程中，水在管道（或水渠）中的流动、空气在管道中的流动，大多是湍流运动。

（1）流动状态与沿程阻力损失的关系

图 4.63 所示为沿程阻力损失与流速的关系，可表示为

$$\lg h_{\text{f}} = \lg k + m \lg u$$

即
$$h_{\text{f}} = k u^{m}$$

式中，k 为比例系数；m 为速度指数。

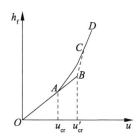

u_{cr}—下临界速度；u'_{cr}—上临界速度。

图 4.63　沿程阻力损失与流速的关系

实验表明：① 当 $u < u_{\text{cr}}$ 时，流动处于层流状态，$m = 1$，$h_{\text{f}} = ku$，如直线 OB；② 当 $u_{\text{cr}} <$

$u < u'_{cr}$ 时,流动处于过渡状态, $m = 1.75 \sim 2$, $h_f = ku^m$, 如曲线 AC; ③ 当 $u > u'_{cr}$ 时,流动处于湍流状态, $m = 2$, $h_f = ku^2$, 如曲线 CD。

（2）流动状态判别

雷诺根据大量实验归纳出一个无因次综合量,即

$$Re = \frac{\rho u d}{\mu} = \frac{u d}{\upsilon}$$

式中, d 为当量直径。

对应于下临界速度有下临界雷诺数, $Re_{cr} = \frac{u_{cr} d}{\upsilon}$; 对应于上临界速度有上临界雷诺数,

$Re'_{cr} = \frac{u'_{cr} d}{\upsilon}$。

实验结果表明,对几何形状相似的一切流体,其下临界雷诺数基本相同,即 $Re_{cr} = 2320$; 上临界雷诺数可达 12000 或更大,并且随实验环境、流动起始状态的不同而有所不同。当 $Re < Re_{cr}$ 时,流动为湍流; 当 $Re > Re'_{cr}$ 时,流动为湍流; 当 $Re_{cr} < Re < Re'_{cr}$ 时,流动可能是层流,也可能是湍流,处于极不稳定的状态。上临界雷诺数在工程上无实用意义,通常用 Re_{cr} 判别层流与湍流。

① 在实际工程中,对于圆管内流体的流动, $Re_{cr} = 2000$, 即当 $Re < 2000$ 时流动为层流,当 $Re > 2000$ 时流动为湍流。

② 当流体的过水断面为非圆形时, $Re_{cr} = 500$。水利、矿山等工程中常见的明渠流更不稳定,其下临界雷诺数更低,工程计算时一般取 $Re_{cr} = 300$。

③ 当流体绕过固体而流动时,其常用的雷诺数表达式为

$$Re = \frac{u l}{\upsilon}$$

式中, u 为流体的绕流速度; υ 为流体的运动黏性系数; l 为固体物的特征长度。

大量实验得出,流体绕球形物体流动时的下临界雷诺数为 $Re_{cr} = \frac{u_{cr} d}{\upsilon} = 1$。这一数据对选矿、水力输送等工程计算具有重大的意义。

表 4.3 所示为几种常见流动形式下雷诺数的特征速度与特征尺度。

表 4.3　几种常见流动形式下雷诺数的特征速度与特征尺度

流动形式	沿平壁流动	管内流动	绕球体或圆柱流动
特征速度	来流速度 u_0	截面平均速度 u_m	远处速度 u_0
特征尺寸	离前缘距离 x	管道直径 d	球体或圆柱直径 d
临界雷诺数	5×10^5	2000	3×10^5

4.3.3 圆管中的层流运动

工程中某些很细的圆管中的流动,或者低速、高黏流体的圆管流动,如阻尼管、润滑油管、原油输油管道内的流动多属层流。层流运动规律也是流体黏度测量和研究湍流运动的基础。因此,有必要重点分析流体在圆管中层流运动的规律。由于实际流体存在黏性,流体在圆管中流动会受到阻力的作用,从而引起流体能量的损失。

建立圆管中的层流运动微分方程有两种方法,第一种方法是基于 N-S 方程的简化分析法,第二种方法是基于微元流体的牛顿力学分析法。前者只要根据层流特点简化即可,为应用 N-S 方程以后解决湍流等问题奠定基础;后者简明扼要,物理概念明确。

管内流动的沿程阻力损失是由管壁摩擦及流体内摩擦造成的。建立水平圆管内流动的摩擦阻力与沿程阻力损失间的关系,如图 4.64 所示,取长为 $\mathrm{d}x$、半径为 r 的微元圆柱体,不计质量力和惯性力,仅考虑压力 p 和剪应力 τ,则有

$$\pi r^2 p - \pi r^2 (p + \mathrm{d}p) - 2\pi \mathrm{d}x \tau = 0$$

解方程得

$$\tau = -\frac{\mathrm{d}p}{\mathrm{d}x}\frac{r}{2}$$

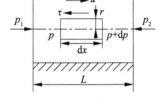

图 4.64 圆管层流

由于 $\dfrac{\mathrm{d}p}{\mathrm{d}x} = \dfrac{p_2 - p_1}{x_2 - x_1} = -\dfrac{\Delta p}{L}$,根据牛顿黏性定律,则有

$$\frac{\mathrm{d}u}{\mathrm{d}r} = -\frac{\Delta p}{2\mu L} r$$

对上式求不定积分,得

$$u = -\frac{\Delta p}{4\mu L} r^2 + c \tag{4.67}$$

当边界条件 $r = R$ 时,$u = 0$;当 $r = 0$ 时,$u = u_{\max}$。因此,可求得积分常数 $c = \dfrac{\Delta p}{4\mu L} R^2$ 并代入式(4.67),得到

$$u = \frac{\Delta p}{4\mu L}(R^2 - r^2) \text{ 和 } u_{\max} = \frac{R^2 \Delta p}{4\mu L} \tag{4.68}$$

式(4.68)表明,圆管层流的速度分布是以管轴线为轴线的二次抛物面,如图 4.65 所示。

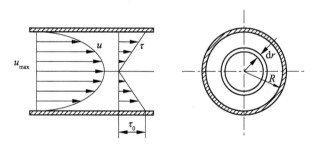

图 4.65 圆管层流的速度和剪应力分布

在半径 r 处取壁厚为 $\mathrm{d}r$ 的微圆环,在 $\mathrm{d}r$ 上可视速度 u 为常数,则圆环截面上的微流量 $\mathrm{d}q$ 为

$$dq = u\,dA = u \cdot 2\pi r\,dr = \frac{2\pi\Delta p}{4\mu L}(R^2 - r^2)r\,dr \tag{4.69}$$

对上式积分可求得圆管流量 q 为

$$q = \int_0^R dq = \int_0^R \frac{2\pi\Delta p}{4\mu L}(R^2 - r^2)r\,dr = \frac{\pi R^4}{8\mu L}\Delta p = \frac{\pi d^4}{128\mu L}\Delta p \tag{4.70}$$

式(4.70)被称为称哈根-伯肃叶定律(Hagen-Poiseuille law),它与实测结果完全一致。根据该公式,可以求得平均流速 $\bar{u}$ 为

$$\bar{u} = \frac{q}{A} = \frac{\Delta p d^2}{32\mu L} = \frac{\Delta p}{8\mu L}R^2 = \frac{1}{2}u_{max} \tag{4.71}$$

根据牛顿内摩擦定律,还可求剪应力 τ 为

$$\tau = -\mu\frac{du}{dr} = -\mu\frac{d}{dr}\left[\frac{\Delta p}{4\mu L}(R^2 - r^2)\right] = \frac{\Delta p}{2L}r \tag{4.72}$$

由上式可知,剪应力 τ 呈线性分布,如图 4.65 所示,并且当 $r = R$ 时管壁上的剪应力 τ 即为最大值 τ_{max},即

$$\tau_0 = \tau_{max} = \frac{\Delta p}{2L}R = \frac{8\mu\bar{u}}{d} \tag{4.73}$$

根据式(4.70)可求得流体在圆管流经距离 L 后的压降 Δp 为

$$\Delta p = \frac{128\mu qL}{\pi d^4} = \frac{32\mu L\bar{u}}{d^2} \tag{4.74}$$

压降 Δp 也可用液柱高度形式表示为

$$h_L = \frac{\Delta p}{\gamma} = \lambda\frac{L}{d}\frac{\bar{u}^2}{2g} \tag{4.75}$$

式(4.75)为圆管层流时的沿程阻力损失计算公式,称为达西公式(Darcy equation),式中的 λ 称为沿程阻力系数,其值只与雷诺数有关,而与其他因素无关。对于水,$\lambda = \frac{64}{Re}$,$h_L = \frac{64}{Re}\frac{L}{d}\frac{\bar{u}^2}{2g} = \frac{32\mu L\bar{u}}{\rho g d^2}$;对于油液,$\lambda = \frac{75\sim80}{Re}$。

流体以层流状态在长度为 L 的管中运动时,所消耗的功率为

$$N_L = \Delta p q = \frac{128\mu q^2 L}{\pi d^4} = \frac{\pi d^4}{128\mu L}\Delta p^2 = 8\pi\mu L\bar{u}^2 \tag{4.76}$$

圆管中层流断面上的流速分布是抛物线型的,但并非流体一进入管道就立即形成这种流速分布。通常在管道的入口断面上,除了管壁上的速度由于黏着作用突然降为零外,其他各点速度都是相等的。随后,内摩擦力的影响逐渐扩大,靠近管壁的各层速度便依次降低。根据连续性条件,管轴中心的速度越来越大,当中心的最大速度 u_{max} 增加到接近 $2\bar{u}$ 时,抛物线型的流速分布才算形成(图 4.66)。从入口断面到抛物线型的流速分布形成断面之间的距离称为层流的起始段,以 l_e 表示。对于圆管,l_e 值可用下式计算:

$$l_e = 0.065 dRe$$

在液压设备的短管路计算中,l_e 的值是很有实际意义的。

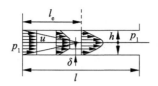

图 4.66　层流起始段的速度分布

【**例 13**】　在长度 $l = 1000$ m、直径 $d = 300$ mm 的管路中输送密度为 $\rho = 0.95$ kg/m^3 的重油，其重量流量 $G = 2371.6$ kN/h，$\lambda = \dfrac{80}{Re}$，求油温分别为 10 ℃（运动黏度为 $\upsilon = 25$ cm^2/s）和 40 ℃（运动黏度为 $\upsilon = 15$ cm^2/s）时的沿程阻力损失。

解：油的体积流量为

$$q = \frac{G}{\rho g} = \frac{2371.6}{0.95 \times 9.8 \times 3600} = 0.0708 \text{ m}^3/\text{s}$$

平均速度为

$$u = \frac{q}{A} = \frac{0.0708}{\dfrac{\pi}{4} \times 0.3^2} = 1 \text{ m/s}$$

油温为 10 ℃时的雷诺数为

$$Re_1 = \frac{ud}{\upsilon} = \frac{100 \times 30}{25} = 120 < 2320$$

油温为 40 ℃时的雷诺数为

$$Re_2 = \frac{ud}{\upsilon} = \frac{100 \times 30}{15} = 200 < 2320$$

故该流动属于层流，可以应用达西公式计算 10 ℃时的沿程阻力损失：

$$h_{f1} = \frac{\lambda l}{d} \cdot \frac{u^2}{2g} = \frac{80}{Re_1} \cdot \frac{l}{d} \cdot \frac{u^2}{2g} = \frac{64 \times 1000 \times 1^2}{120 \times 0.3 \times 2 \times 9.8} = 113.38 \text{ m 油柱高}$$

同理，可计算 40 ℃时的沿程阻力损失：

$$h_{f2} = \frac{80 \times 1000 \times 1^2}{200 \times 0.3 \times 2 \times 9.8} = 68.03 \text{ m 油柱高}$$

4.3.4　椭圆管中的层流运动

上一小节分析了圆管中层流的情况，由于医疗设备等技术的发展，非圆管特别是椭圆管也被应用于流体输送，这一小节将分析较少见的椭圆管层流的问题。

（1）椭圆管内流体运动微分方程

如图 4.67 所示，由数学知识可知椭圆形方程为

$$\frac{x^2}{a^2} + \frac{z^2}{b^2} = 1 \quad (-a \leqslant x \leqslant a, -b \leqslant z \leqslant b) \tag{4.77}$$

这里运用基于 N-S 方程的简化分析法建立椭圆管内流体运动微分方程。

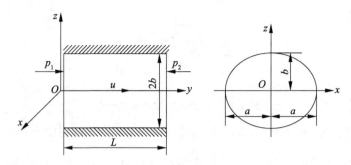

图 4.67　椭圆形管道

如图 4.67 所示,取 O -xyz 坐标系,y 轴与椭圆管轴线重合。层流仅有 y 方向的运动,没有 x 和 z 方向的运动,即 $u_x=u_z=0$,$u_y\neq0$;另外,在层流状态下,流态稳定,故惯性力和质量力可不计,即 $\dfrac{\mathrm{d}u_x}{\mathrm{d}t}=\dfrac{\mathrm{d}u_y}{\mathrm{d}t}=\dfrac{\mathrm{d}u_z}{\mathrm{d}t}=0$ 和 $f_x=f_y=f_z=0$。因此,在一维层流状态条件下,根据如上设定,直角坐标系中的 N‐S 方程可简化为

$$\begin{cases}\nu\left(\dfrac{\partial^2 u_y}{\partial x^2}+\dfrac{\partial^2 u_y}{\partial y^2}+\dfrac{\partial^2 u_y}{\partial z^2}\right)=\dfrac{1}{\rho}\dfrac{\partial p}{\partial y}\\[2mm]\dfrac{\partial p}{\partial x}=\dfrac{\partial p}{\partial z}=0\end{cases} \tag{4.78}$$

由式(4.78)可知,p 与 x,z 无关,仅为 y 的函数,则 $\dfrac{\partial p}{\partial y}=\dfrac{\mathrm{d}p}{\mathrm{d}y}$。不可压缩流体在稳态流条件下的连续方程为 $\dfrac{\partial u_x}{\partial x}+\dfrac{\partial u_y}{\partial y}+\dfrac{\partial u_z}{\partial z}=0$,因 $u_x=u_z=0$,则有 $\dfrac{\partial u_y}{\partial y}=0$,$\dfrac{\partial^2 u_y}{\partial y^2}=0$;另外,流体为一维流动,$u=u_y$,则式(4.78)可简化为

$$\dfrac{1}{\mu}\dfrac{\partial p}{\partial y}=\dfrac{\partial^2 u}{\partial x^2}+\dfrac{\partial^2 u}{\partial z^2} \tag{4.79}$$

上式即为椭圆管内流体运动微分方程。

（2）椭圆管内流速分布

由于 $u=u(x,z)$ 与 y 无关,所以可以视 $\dfrac{1}{\mu}\dfrac{\mathrm{d}p}{\mathrm{d}y}=C$（$C$ 为常数）,则式(4.79)可表示为

$$\dfrac{\partial^2 u}{\partial x^2}+\dfrac{\partial^2 u}{\partial z^2}=C \tag{4.80}$$

上式可改写为

$$\begin{cases}\dfrac{\partial^2 u}{\partial x^2}=C_1\\[2mm]\dfrac{\partial^2 u}{\partial z^2}=C_1'\end{cases} \tag{4.81}$$

式中,$C_1+C_1'=C$。

对式(4.81)积分,得

$$\begin{cases} \dfrac{\partial u}{\partial x} = C_1 y + C_2(z) \\[2mm] \dfrac{\partial u}{\partial z} = C_1' z + C_2'(y) \end{cases} \tag{4.82}$$

由前文分析可知,根据边界条件有 $\left.\dfrac{\partial u}{\partial x}\right|_{x=0,z=0} = 0$, $\left.\dfrac{\partial u}{\partial z}\right|_{x=0,z=0} = 0$,代入式(4.82),得 $C_2(z) = C_2'(y) = 0$。

在式(4.82)中代入积分常数并积分可得

$$\begin{cases} u = \dfrac{C_1}{2} y^2 + C_3(z) \\[2mm] u = \dfrac{C_1'}{2} z^2 + C_3'(y) \end{cases} \tag{4.83}$$

上式中,可设 $C_3(z) = \dfrac{C_1'}{2} z^2$, $C_3'(y) = \dfrac{C_1}{2} y^2$,可得

$$u = \frac{C_1}{2} y^2 + \frac{C_1'}{2} z^2 \tag{4.84}$$

由数学知识可知,式(4.79)的解的一般形式为

$$u = \frac{C_1}{2} y^2 + \frac{C_1'}{2} z^2 + C_0 \tag{4.85}$$

式中,C_0 为常数。

由边界条件有:当 $x = \pm a$, $z = 0$ 时, $u = 0$;当 $z = \pm b$, $x = 0$ 时, $u = 0$。又 $C_1 + C_1' = C = \dfrac{1}{\mu} \dfrac{\mathrm{d}p}{\mathrm{d}y}$,代入上式得到积分常数:

$$C_1 = \frac{1}{\mu} \frac{\mathrm{d}p}{\mathrm{d}y} \frac{a^2}{a^2+b^2}, \quad C_1' = \frac{1}{\mu} \frac{\mathrm{d}p}{\mathrm{d}y} \frac{b^2}{a^2+b^2}, \quad C_0 = -\frac{a^2 b^2}{2\mu(a^2+b^2)} \frac{\mathrm{d}p}{\mathrm{d}y}$$

将上述常数代入式(4.85),得

$$u = \frac{1}{2\mu} \frac{\mathrm{d}p}{\mathrm{d}y} \frac{a^2 b^2}{a^2+b^2} \left(\frac{y^2}{a^2} + \frac{z^2}{b^2} - 1 \right) \tag{4.86}$$

式中,$\dfrac{\mathrm{d}p}{\mathrm{d}y}$ 表示压强 p 在 y 轴上的变化量,即 $\dfrac{\mathrm{d}p}{\mathrm{d}y} = \dfrac{p_2 - p_1}{L} = -\dfrac{\Delta p}{L}$(负号代表递减),则式(4.86)可写成

$$u = \frac{\Delta p a^2 b^2}{2\mu L (a^2+b^2)} \left(1 - \frac{y^2}{a^2} - \frac{z^2}{b^2} \right) \tag{4.87}$$

上式就是椭圆管层流速度计算公式,速度分布如图 4.68 所示。

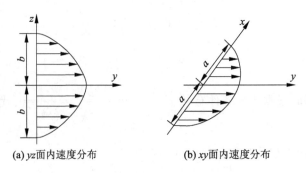

(a) yz 面内速度分布   (b) xy 面内速度分布

图 4.68　椭圆管层流速度分布

由图 4.68 可见,平行于 x 轴的任意截面内速度服从抛物线分布,xy 和 yz 两个面的速度分布构成椭圆球抛物面。因此,最大速度为

$$u_{max} = u(0,0) = \frac{\Delta p a^2 b^2}{2\mu L (a^2 + b^2)} \tag{4.88}$$

取微元面积 $\mathrm{d}A$,则流过 $\mathrm{d}A$ 的流量为

$$\mathrm{d}q = u\,\mathrm{d}A = \frac{\Delta p a^2 b^2}{2\mu L (a^2 + b^2)}\left(1 - \frac{x^2}{a^2} - \frac{z^2}{b^2}\right)\mathrm{d}z\,\mathrm{d}x\,(\mathrm{d}A = \mathrm{d}z\,\mathrm{d}x) \tag{4.89}$$

对上式求定积分,得

$$q = \int_{-b}^{b}\int_{-a}^{a} \frac{\Delta p a^2 b^2}{2\mu L (a^2 + b^2)}\left(1 - \frac{x^2}{a^2} - \frac{z^2}{b^2}\right)\mathrm{d}z\,\mathrm{d}x = \frac{\pi \Delta p a^3 b^3}{4\mu L (a^2 + b^2)} \tag{4.90}$$

则有

$$\Delta p = \frac{4\mu L q (a^2 + b^2)}{\pi a^3 b^3} \tag{4.91}$$

平均速度为

$$\bar{u} = \frac{q}{A} = \frac{\Delta p a^2 b^2}{4\mu L (a^2 + b^2)} \tag{4.92}$$

与式(4.88)比较可得,$2\bar{u} = u_{max}$。

上述就是应用 N - S 方程对椭圆管层流进行的分析。很显然,当 $a = b = R$ 时,就是圆管层流的情况,所以圆管可视为椭圆管的特殊情况。

4.3.5　圆管中的湍流运动

自然界及工程中的流动大多数为湍流,实际流体在管内的流动大部分也是湍流。因此,研究湍流运动具有更实际的意义。

(1) 时均法研究湍流运动

在流体做湍流运动时,流体微团在任意时刻都做无规则运动,质点的运动轨迹杂乱无章。这就给研究湍流的规律带来了极大的困难。为此,应运用时均法来分析湍流运动。因为质点运动的平均值有一定的规则可循,所以可将湍流各物理量的瞬时值看成由时均值和脉动值两部分构成,如将瞬时流速表示为

湍流瞬时流速＝时均流速＋脉动流速

如图 4.69 所示,时均流速 $\overline{u}$ 为

$$\overline{u} = \frac{1}{t}\int_0^t u\,\mathrm{d}t$$

在时间间隔 t 内,尽管 u 随时间变化,但时均流速 $\overline{u}$ 不随时间变化,它只是空间点的函数。

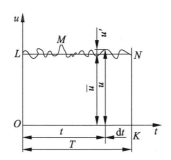

图 4.69　湍流真实流速

瞬时流速 u 与时均流速 $\overline{u}$ 的差值为脉动流速 u',即

$$u - \overline{u} = u'$$

脉动流速 u' 的均值 $\overline{u'}$ 为

$$\overline{u'} = \frac{1}{t}\int_0^t u'\,\mathrm{d}t = \frac{1}{t}\left(\int_0^t u\,\mathrm{d}t - \int_0^t \overline{u}\,\mathrm{d}t\right) = \overline{u} - \overline{u} = 0$$

根据这一思想,也可引出其他物理量的时均值,如时均压强为

$$p = \frac{1}{\Delta t}\int_0^{\Delta t} p_i\,\mathrm{d}t$$

则瞬时压强为

$$p_i = p + p'$$

式中,p_i 为瞬时压强,p' 为脉动压强。

(2)湍流流动中的层流边界层

在湍流运动中,整个流场并不全是湍流。由于流体具有黏性,流体黏附于壁面,流速为零;离开壁面的流体,速度也不可能突然增加,靠近壁面的流体仍比较稳定,即在壁面附近存在一层呈层流状态的薄层,称层流边界层(laminar boundary layer)。层流边界层外的流体,流速逐渐变大,但还没有达到杂乱无章的程度,这一薄层称过渡层(buffer region)。过渡层之外的流体处于杂乱无章的流动状态,即湍流层,称湍流核心区(turbulent region)。

层流边界层的厚度很薄。在层流区,雷诺数 $Re \leqslant 2320$;过渡区也很薄,雷诺数 $Re = 2320 \sim 4000$。在工程上,雷诺数处于过渡区的情况并不多,人们对它的研究甚少,一般按湍流处理。

实验研究表明,层流边界层厚度与主流的湍流程度有关。湍流程度愈剧烈,层流边界层厚度 Δ 愈薄,其计算公式为

$$\Delta \approx 30d/(Re\sqrt{\lambda})$$

式中,λ 为摩擦阻力系数;d 为圆管直径(或水力直径)。λ 的影响因素复杂,与管径 d、管中

流速 u 和管壁的光滑程度有关,这就引出了光滑管和粗糙管的概念。

管壁面凹凸不平的绝对尺寸的均值 δ 称绝对粗糙度(absolute roughness)。当 $\delta < \Delta$ 时,管壁的凹凸部分完全淹没在层流中,流体的湍流核心区不直接与管壁接触,δ 对液体湍流无影响。由于层流边界层的存在,δ 对层流阻力有一定的影响,这种管称为水力(流动)光滑管(hydrodynamically smooth pipe)。当 $\delta > \Delta$ 时,管壁粗糙(凹凸)部分突出到湍流中,层流边界层被破坏,这时流体的阻力主要取决于管壁的几何粗糙度 δ,而与雷诺数 Re 或黏度 μ 无关,这种管称为水力(流动)粗糙管(hydrodynamically rough pipe)。管壁的几何粗糙度 δ 并不能完全描述管壁对液体的影响。同一管道,可为水力光滑管,也可为水力粗糙管,主要取决于层流边界层厚度 Δ 或雷诺数 Re。

(3)剪应力

在图 4.70 中,湍流的剪应力 τ 由两部分组成。其一为因时均流层相对运动而产生的黏性剪应力,由牛顿内摩擦定律得

$$\overline{\tau_1} = \mu \frac{\mathrm{d}\overline{u}}{\mathrm{d}y}$$

式中,$\dfrac{\mathrm{d}\overline{u}}{\mathrm{d}y}$ 为时均流速梯度。

其二为上下层质点相互掺混、动量交换引起的附加剪应力,又称雷诺应力。

$$\overline{\tau_2} = -\rho \overline{u'_x u'_y} \tag{4.93}$$

式中,$\overline{u'_x u'_y}$ 为脉动流速乘积的时均值,因 u'_x,u'_y 异号,为了使它们表示相同的方向,所以前面加负号。湍流剪应力为

$$\tau = \overline{\tau_1} + \overline{\tau_2} = \mu \frac{\mathrm{d}\overline{u}}{\mathrm{d}y} - \rho \overline{u'_x u'_y}$$

当雷诺数较小时,湍流运动不是很剧烈,$\overline{\tau_1}$ 占主导作用;随着雷诺数的增大,湍流脉动剧烈,$\overline{\tau_2}$ 不断增大,即当雷诺数很大、湍流脉动很剧烈时,$\overline{\tau_1} \ll \overline{\tau_2}$,$\overline{\tau_1}$ 可忽略不计。

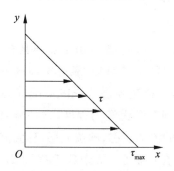

图 4.70　湍流的剪应力

(4)普朗特混合长度理论

如前所述,湍流中存在流层间的质点交换。当质点从某流层进入相邻的另一流层时,产生能量交换,其动量发生变化,引起雷诺应力。因而在湍流中,除因流体黏性产生的阻力 $\overline{\tau_1}$ 外,还有因质点混杂而产生的阻力 $\overline{\tau_2}$,通常后者占主导地位,但探求这种阻力的变化规律较为困难。

1925 年,德国力学家普朗特($Prandtl$)提出了著名的混合长度理论(动量输运理论),使湍流理论研究取得了重要进展。他首先做了两个假设:

① 类似于分子的平均自由行程,湍流流体微团有一个"混合长度"l'。如图 4.71 所示,对于某一给定的点 y,$(y+l')$ 和 $(y-l')$ 的流体微团各以时间间隔 $\mathrm{d}t$ 到达点 y,在此之前,保持原来的时均速度 $\overline{u}(y+l')$ 和 $\overline{u}(y-l')$ 不变;一旦达到点 y,就与该处原流体微团发生碰撞而产生动量交换。

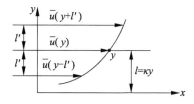

图 4.71　混合长度示意图

② 横向和纵向的流速起伏(脉动)量为同阶量,即有一定的比例关系:

$$u'_y = k u'_x$$

式中,k 为常数。

根据如上假设,点 $(y+l')$ 处的流体微团以速度 $\overline{u}(y+l')$ 到达点 y 处混合安定下来时,$\overline{u}(y+l')$ 与 $\overline{u}(y)$ 的差异使点 y 处的流体微团产生 x 方向的脉动速度 u'_x:

$$u'_x = \overline{u}(y+l') - \overline{u}(y) = l'\frac{\mathrm{d}\overline{u}}{\mathrm{d}y} \tag{4.94}$$

式中,l' 为假设的长度参数,即普朗特混合长度的物理意义。

y 方向的脉动速度 u'_y 为

$$u'_y = k u'_x = k l'\frac{\mathrm{d}\overline{u}}{\mathrm{d}y} \tag{4.95}$$

不考虑脉动速度方向的影响,将式(4.94)和式(4.95)代入式(4.93)可得

$$\overline{\tau_2} = \rho\overline{u'_x u'_y} = \rho l^2 \left(\frac{\mathrm{d}\overline{u}}{\mathrm{d}y}\right)^2 \tag{4.96}$$

式中,l 称为普朗特混合长度,$l = \sqrt{k}\, l'$。

普朗特混合长度 l 与流体离壁面距离 y 成正比:

$$l = \kappa y$$

则式(4.96)可写为

$$\overline{\tau_2} = \rho\kappa^2 y^2 \left(\frac{\mathrm{d}\overline{u}}{\mathrm{d}y}\right)^2$$

(5)圆管内湍流速度分布

在黏性底层,无流体质点混杂,附加剪应力 $\overline{\tau_2}$ 可略去;在层流条件下,速度梯度 $\dfrac{\mathrm{d}u}{\mathrm{d}y}$ 为常数,则剪应力 τ 为常数,即(在本书后文中一般用 u 代替 $\overline{u}$ 作为时均速度)

$$\tau = \overline{\tau_1} = \mu\frac{\mathrm{d}u}{\mathrm{d}y} \quad \left(\frac{\mathrm{d}u}{\mathrm{d}y} = \text{constant}\right)$$

根据边界条件 $y=0,u=0$，可知速度分布规律为

$$u=\frac{\tau}{\mu}y \quad (y\leqslant\Delta) \tag{4.97}$$

在研究湍流时，通常引入特征速度（摩擦或剪切速度）u_*，

$$u_*=\sqrt{\frac{\tau}{\rho}} \tag{4.98}$$

则式（4.97）可改写为

$$\frac{u}{u_*}=\frac{\rho u_* y}{\mu} \quad (y\leqslant\Delta) \tag{4.99}$$

式（4.97）和式（4.99）含义相同，引入后者是为了研究的便捷性。

当湍流发展充分时，$\overline{\tau_1}\ll\overline{\tau_2}$，雷诺应力占主导地位，$\overline{\tau_1}$ 可不计，则有

$$\tau=\overline{\tau_2}=\rho l^2\left(\frac{\mathrm{d}u}{\mathrm{d}y}\right)^2=\rho\kappa^2 y^2\left(\frac{\mathrm{d}u}{\mathrm{d}y}\right)^2$$

假定在整个湍流区内，剪应力只考虑雷诺应力，则由上式有

$$\mathrm{d}u=\frac{1}{\kappa}\sqrt{\frac{\tau}{\rho}}\frac{\mathrm{d}y}{y}$$

结合式（4.98）并进行积分，得

$$\frac{u}{u_*}=\frac{1}{\kappa}\ln y+c$$

式中，积分常数 c 可由边界条件（$y=\Delta$，$u=u_0$）确定：

$$\frac{u_0}{u_*}=\frac{1}{\kappa}\ln\Delta+c \tag{4.100}$$

$$c=\frac{u_0}{u_*}-\frac{1}{\kappa}\ln\Delta$$

引入 $a=\dfrac{u_0}{u_*}$，并代入 $\Delta=\dfrac{u_0\mu}{\tau}$，$\tau=u_*^2\rho$，则有

$$c=a-\frac{1}{\kappa}\ln\frac{\mu a}{\rho u_*} \tag{4.101}$$

将式（4.101）代入式（4.100），得

$$\frac{u_0}{u_*}=a+\frac{1}{\kappa}\ln\frac{y}{\Delta}=a-\frac{1}{\kappa}\ln a+\frac{1}{\kappa}\ln\frac{\rho u_* y}{\mu} \tag{4.102}$$

式中，Δ 为层流边界层厚度；y 为流体到圆管边壁距离。

实验证明，当 $\dfrac{\rho u_* y}{\mu}\geqslant30$ 时，流体完全进入湍流区，式（4.102）成立，但这个结论对过渡层和层流层不成立。尼克拉德塞（Nikuradse）等通过实验证明，湍流三个边层的速度分布经验公式如下：

层流层：$\dfrac{\rho u_* y}{\mu}\leqslant8$，有 $\dfrac{u}{u_*}=\dfrac{\rho u_* y}{\mu}$。

过渡层：$8\leqslant\dfrac{\rho u_* y}{\mu}\leqslant30$，有 $\dfrac{u}{u_*}=-3.05+5\ln\dfrac{\rho u_* y}{\mu}$。

湍流层：$\dfrac{\rho u_* y}{\mu} > 30$，有 $\dfrac{u}{u_*} = 5.5 + 2.5\ln\dfrac{\rho u_* y}{\mu}$。

4.3.6　圆管与非圆管湍流运动的沿程阻力损失

前文已经给出了圆管沿程阻力损失的计算方程，即

$$h_f = \lambda \frac{L}{d} \frac{u^2}{2g}$$

式中，λ 为沿程阻力系数。λ 是计算沿程阻力损失的关键，对水来说，$\lambda = \dfrac{64}{Re}$。

由于湍流的复杂性，目前还没有像层流那样严格地从理论上推导的 λ 值。工程上一般有两种方法确定 λ 值：一种是以湍流的半经验半理论为基础，结合实验结果，整理出 λ 的半经验公式；另一种是直接根据实验结果，综合得到 λ 的经验公式。一般情况下，前者更有普遍意义。

（1）尼古拉兹实验

1933 年，德国力学家和工程学家尼古拉兹（Nikuadse）进行了管流沿程阻力系数 λ 和断面速度分布的实验测定。将沙粒黏在管道的内壁，制成六种相对粗糙度 $\dfrac{\Delta}{d}$ 不相同的管道。实验表明，沿程阻力系数与管道的相对粗糙度和管道的雷诺数有关。根据实验结果所绘成的曲线称为尼古拉兹曲线，如图 4.72 所示。

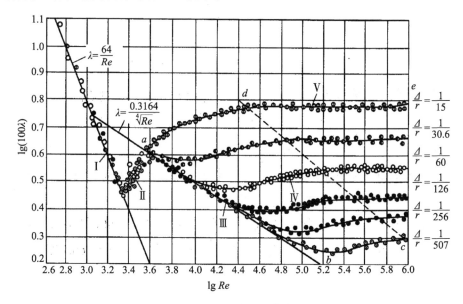

图 4.72　尼古拉兹曲线

根据 λ 的变化特性，尼古拉兹曲线可分为五个区：

① 层流区（对应图中 I，$Re < 2320$），所有的实验点都落在同一直线上。表明 λ 与相对粗糙度无关，即 $\lambda = \dfrac{64}{Re}$。由此验证了圆管层流理论公式的正确性。

② 层流向湍流的过渡区（对应图中 II，$Re = 2320 \sim 4000$），所有的实验点也都在同一直

线上。表明 λ 与相对粗糙度无关,只是 Re 的函数。这个区不予讨论。

③ "光滑区"(对应图中Ⅲ,$4000 < Re < 26.98\left(\dfrac{d}{\Delta}\right)^{\frac{8}{7}}$),所有的实验点都落在同一直线上,$\lambda$ 仍与相对粗糙度无关,只是 Re 的函数。只不过相对粗糙度 $\dfrac{\Delta}{d}$ 很小的管道,当 Re 较大时,λ 会稍微偏离直线。在该区,λ 可由布拉休斯(Blasius)公式进行计算:

$$\lambda = \frac{0.3164}{\sqrt[4]{Re}} \quad (4 \times 10^3 < Re < 10^5)$$

$$\lambda = 0.0032 + 0.221 Re^{-0.237} (10^5 < Re < 10^6)$$

④ 湍流过渡区(图中区域 $abcd$,$26.98\left(\dfrac{d}{\Delta}\right)^{\frac{8}{7}} < Re < 4160\left(\dfrac{0.5d}{\Delta}\right)^{0.85}$),该区是"光滑区"向"粗糙区"转变的区域;不同相对粗糙度的管道的实验点分布在不同的曲线上,表明 λ 既与 Re 有关,也与 $\dfrac{\Delta}{d}$ 有关。

⑤ "粗糙区"(图中区域 cde,$Re > 4160\left(\dfrac{0.5d}{\Delta}\right)^{0.85}$),不同相对粗糙度的管道的实验点分别落在不同的水平直线上,表明 λ 与 $\dfrac{\Delta}{d}$ 有关,而与 Re 无关。这说明流动处在发展完全的湍流状态,而沿程阻力损失与流速的平方成正比,故该区又称为阻力平方区。在该区,λ 的计算公式为尼古拉兹粗糙管公式:

$$\lambda = \frac{1}{\left(2\lg\dfrac{d}{\Delta} + 1.14\right)^2}$$

上式简化后的形式称为希夫林松公式:

$$\lambda = 0.11\left(\frac{\Delta}{d}\right)^{0.25}$$

(2) 莫迪图

实际工业管道粗糙度情况与尼古拉兹实验中的人工粗糙度不同,难以用相对粗糙度来直接表征,尼古拉兹的实验结果无法直接应用。1940 年,美国普林斯顿大学的莫迪(Moody)对工业用管进行了大量实验,绘制出 λ 与 Re 及 $\dfrac{\Delta}{d}$ 的关系图(图 4.73)供实际计算使用。这种方法简便而准确,并经过许多实际验算,符合实际情况,因而莫迪图得以广泛应用。

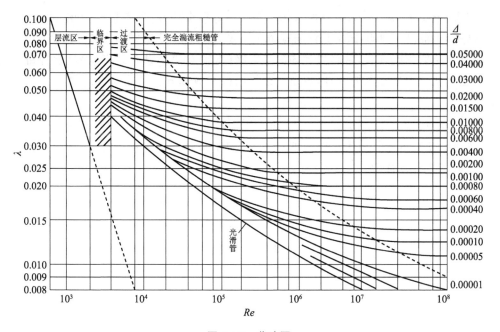

图 4.73　莫迪图

（3）非圆管的湍流沿程阻力损失

对于非圆管中湍流时的阻力，其计算方法是将非圆管折合成圆管计算。根据水力半径 $\overline{R}$ 和圆管几何直径 d 的关系 $d = 4\overline{R}$，则有沿程阻力损失为

$$h_{\mathrm{f}} = \lambda \frac{L}{d}\frac{u^2}{2g} = \lambda \frac{L}{4\overline{R}}\frac{u^2}{2g} = \lambda \frac{L}{\overline{R}}\frac{u^2}{8g}$$

式中，$\overline{R}$ 为非圆管的水力半径，$\overline{R} = \dfrac{A}{\chi}$，$\chi$ 为湿周长度，A 为过流面积；λ 为沿程阻力系数，$\lambda = \dfrac{0.3164}{\sqrt[4]{4Re}}$，$Re$ 为非圆管雷诺数。

在工程上，通常根据谢才公式计算沿程阻力损失。该公式是 1796 年法国工程师谢才（Chezy）根据大量的实验数据提出的断面平均流速与水力坡度和水力半径的关系式：

$$u = C\sqrt{\overline{R}J}$$

将水力坡度 $J = \dfrac{h_L}{L}$ 代入上式并整理，得

$$h_{\mathrm{f}} = \frac{2g}{C^2}\frac{L}{\overline{R}}\frac{u^2}{2g} = \lambda \frac{L}{4\overline{R}}\frac{u^2}{2g}$$

式中，$C = \sqrt{\dfrac{2g}{\lambda}}$ 称为谢才系数，可从有关手册或资料中查取。

4.3.7　简单管路的沿程阻力损失

管件与附件（管接头、弯头等）组成一体称为管路。前文已经提到管内的能量损失有两种，即沿程阻力损失和局部阻力损失。根据两种能量损失所占的比例大小，可把管路分为长管和

短管,即局部阻力损失与沿程阻力损失相比较可以忽略不计时,称为长管(long pipe),否则称为短管(short pipe)。例如,供水和输油管路为长管,液压技术中的管路为短管。

根据管路的构成方式,管路可分为简单管路(管径不变且没有分支)和复杂管路。简单管路是生产实践中最常见的一种,也是复杂管路的组成部分。本小节介绍简单管路的有关计算。

图 4.74 所示为一个水塔供水系统,由一根管径不变、总长度为 L 的管路连接水塔向外供水,水塔液面和水平管道出口的高度差为 H,整个管路的水头损失为 h_w,截面 1—1 和截面 2—2 的伯努利方程为

$$H + \frac{p_1}{\rho g} + \frac{u_1^2}{2g} = \frac{p_2}{\rho g} + \frac{u_2^2}{2g} + h_w$$

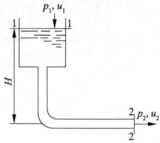

图 4.74 简单管路示意图

由于 $u_1 \ll u_2$,$p_1 = p_2 = p_a$,上式可以简化为

$$h_w = H - \frac{u_2^2}{2g} \tag{4.103}$$

式(4.103)即为简单管路的水头计算公式。

【例 14】 送风钢管的长度 $l = 30$ m,直径 $d = 750$ mm,在温度 $t = 20$ ℃($v = 0.157$ cm²/s)的情况下,送风量 $q = 30000$ m³/h。求:① 此风管中的沿程阻力损失是多少? ② 使用一段时间后,其绝对粗糙度为 $\Delta = 1.2$ mm,此时沿程阻力损失变为多少?

解:$u = \dfrac{q}{A} = \dfrac{30000}{\dfrac{\pi}{4} \times 0.75^2 \times 3600} = 18.9$ m/s,$Re = \dfrac{ud}{v} = \dfrac{1890 \times 75}{0.157} = 902866 > 2320$,判定流动为湍流。

取 $\Delta = 0.39$ mm,则 $26.98 \left(\dfrac{d}{\Delta}\right)^{\frac{8}{7}} = 26.98 \left(\dfrac{750}{0.39}\right)^{\frac{8}{7}} = 152820 < Re$。

根据 $\dfrac{\Delta}{d} = \dfrac{0.39}{750} = 0.00052$ 及 $Re = 902866$,查莫迪图,得 $\lambda = 0.017$。也可应用半经验公式计算出 $\lambda = 0.0173$。

所以,风管中的沿程阻力损失为

$$h_f = \lambda \frac{l}{d} \cdot \frac{u^2}{2g} = 0.0173 \times \frac{30}{0.75} \times \frac{18.9^2}{2 \times 9.8} = 12.61 \text{ m 气柱}$$

当 $\Delta = 1.2$ mm 时,$\dfrac{\Delta}{d} = \dfrac{1.2}{750} = 0.0016$,按 $Re = 902866$,查莫迪图,得 $\lambda = 0.022$。此时,

风管中的沿程阻力损失变为

$$h_f = \lambda \frac{l}{d} \cdot \frac{u^2}{2g} = 0.022 \times \frac{30}{0.75} \times \frac{18.9^2}{2 \times 9.8} = 16 \text{ m 气柱}$$

【例 15】 直径 $d = 200$ mm,长度 $l = 300$ m 的新铸铁管,输送重度 $\gamma = 8.82$ kN/m³ 的石油,已测得流量 $q = 882$ kN/h。冬季时,油的运动黏度 $\upsilon_1 = 1.092$ cm²/s;夏季时,油的运动黏度 $\upsilon_2 = 0.355$ cm²/s;$\lambda = \dfrac{80}{Re}$。请问:冬季和夏季输油管中的沿程阻力损失 h_f 分别是多少?

解:① 计算雷诺数

$$q_V = \frac{q}{\gamma} = \frac{882}{3600 \times 8.82} = 0.0278 \text{ m}^3/\text{s}, u = \frac{q_V}{A} = \frac{0.0278}{\frac{\pi}{4} \times 0.2^2} = 0.885 \text{ m/s}$$

冬季时,$Re_1 = \dfrac{ud}{\upsilon_1} = \dfrac{88.5 \times 20}{1.092} = 1621 < 2320$,判定流动为层流;

夏季时,$Re_2 = \dfrac{ud}{\upsilon_2} = \dfrac{88.5 \times 20}{0.355} = 4986 > 2320$,判定流动为湍流。

② 计算沿程阻力损失 h_f

冬季时为层流,则

$$h_f = \lambda \frac{l}{d} \cdot \frac{u^2}{2g} = \frac{80}{Re_1} \times \frac{300 \times 0.885^2}{0.2 \times 2 \times 9.8} = 2.96 \text{ m 油柱}$$

夏季时为湍流,查表得新铸铁管的 $\Delta = 0.25$ mm,则

$$\frac{\Delta}{d} = \frac{0.25}{200} = 0.00125$$

结合 $Re_2 = 4986$,查莫迪图得 $\lambda = 0.025$,所以

$$h_f = \lambda \frac{l}{d} \cdot \frac{u^2}{2g} = 0.025 \times \frac{300 \times 0.885^2}{0.2 \times 2 \times 9.8} = 1.5 \text{ m 油柱}$$

4.3.8　简单管路的局部阻力损失

在工业管道中,由于设有进出口、弯头、三通、水表、过滤器以及各种阀等部件或装置,流体在流经这些器件时,或流速变化,或流向变化,或兼而有之,从而干扰了流体的正常运动,产生撞击、分离脱流、旋涡等现象,带来了附加阻力,增加了能量损失,这种在管道局部范围内产生的损失就是局部阻力损失。式(4.66)即为计算局部阻力损失的公式,其含义是将局部阻力损失折合成管中平均速度水头的若干倍,这个倍数就是局部阻力系数。

大量的实验表明,由于这类流体的运动比较复杂,影响因素较多,除少数几种可作一定的理论分析之外,一般都依靠实验方法求得实用局部阻力系数。以下介绍几种常见的局部阻力系数的计算方法。

（1）管道进口局部阻力系数

在管道的进口处存在的流动很复杂,难以用理论知识来计算局部阻力系数。前人通过大量的科学实验,总结了很多种情况下的进口处的局部阻力系数,这里介绍以下三种。

如图 4.75 所示,根据实验可得各个情况下的局部阻力系数:

① 管口未作圆整时,$\xi=0.5$;

② 管口稍作圆整时,$\xi=0.2\sim0.25$;

③ 管口作圆整(喇叭口)时,$\xi=0.05\sim0.1$。

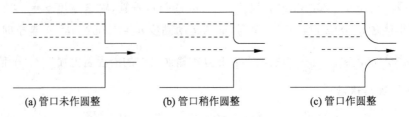

(a) 管口未作圆整　　(b) 管口稍作圆整　　(c) 管口作圆整

图 4.75　管道进口类型

(2) 突然扩大管的局部阻力系数

图 4.76 所示为一个突然扩大管,图中 z_1,z_2 分别为截面 1—1 和截面 2—2 到 0—0 水平面的垂直距离,且管道与重力方向之间的夹角为 θ,对截面 1—1 至截面 2—2 列出伯努利方程,得

$$z_1+\frac{p_1}{\rho g}+\frac{u_1^2}{2g}=z_2+\frac{p_2}{\rho g}+\frac{u_2^2}{2g}+h_j$$

式中,p_1,u_1 分别为截面 1—1 处的压强和流速;p_2,u_2 分别为截面 2—2 处的压强和流速。

由上式可得

$$h_j=\left(z_1+\frac{p_1}{\rho g}\right)-\left(z_2+\frac{p_2}{\rho g}\right)+\frac{u_1^2-u_2^2}{2g}$$

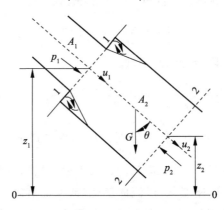

图 4.76　突然扩大管

根据动量定理,流体动量的变化等于外力给予它的冲量。截面 1—1 至截面 2—2 之间的流体动量变化量 dM 为

$$dM=\rho q(u_2-u_1)$$

冲量包括三部分:其一为静压力变化量,$dK_1=p_1A_1-p_2A_2$;其二为环状管断面对流体的作用力,$dK_2=P=p_1(A_2-A_1)$;其三为液体重力的分力,$dK_3=G\cos\theta=\rho gA_2(z_1-z_2)$。

按动量定理 $dM=\sum dK=dK_1+dK_2+dK_3$,则有

$$\rho q(u_2-u_1)=p_1A_1-p_2A_2+p_1(A_2-A_1)+\rho gA_2(z_1-z_2)$$

根据连续方程 $q=A_1u_1=A_2u_2$,则有

$$(z_1 - z_2) + \frac{p_1 - p_2}{\rho g} = \frac{u_2(u_2 - u_1)}{g}$$

局部阻力损失为

$$h_j = \frac{u_2}{g}(u_2 - u_1) + \frac{u_1^2}{2g} - \frac{u_2^2}{2g} = \frac{(u_1 - u_2)^2}{2g}$$

上式称为包达(Borda)公式,表明突然扩大管的局部阻力损失等于以平均流速差计算的流速水头。

由 $A_1 u_1 = A_2 u_2$,得

$$h_j = \left(1 - \frac{A_1}{A_2}\right)^2 \frac{u_1^2}{2g} = \xi_1 \frac{u_1^2}{2g}$$

或

$$h_j = \left(\frac{A_2}{A_1} - 1\right)^2 \frac{u_2^2}{2g} = \xi_2 \frac{u_2^2}{2g}$$

则突然扩大管的局部阻力系数为

$$\xi_1 = \left(1 - \frac{A_1}{A_2}\right)^2 \ 或 \ \xi_2 = \left(\frac{A_2}{A_1} - 1\right)^2$$

上面两个局部阻力系数分别与突然扩大前和突然扩大后两个断面的平均流速对应。注意:当 $A_1 \ll A_2$ 时,$\xi = 1$。

(3) 管道出口局部阻力系数

如图 4.77 所示,当液体从管道内流出时,可以看成突然扩大且 $\frac{A_1}{A_2} \to 0$,则 $\xi = 1$,$h_j = \frac{u^2}{2g}$,表示液体流出出口后动能全部消失。

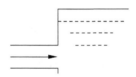

图 4.77 管道出口示意图

(4) 线性渐扩管的局部阻力系数

线性渐扩管如图 4.78 所示,线性扩张角为 θ,这时局部阻力损失比较复杂,与 A_1/A_2 的比值和角 θ 相关。对于线性渐扩管,局部阻力系数 ξ 可表示为

$$\xi = \frac{\lambda}{\gamma \sin \frac{\theta}{2}}\left[1 - \left(\frac{A_1}{A_2}\right)^2\right] + k\left(1 - \frac{A_1}{A_2}\right)$$

式中,λ 为沿程阻力系数;k 为与扩张角 θ 有关的系数。

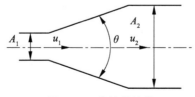

图 4.78 线性渐扩管

按突然扩大流动理论引入修正系数 k'，将局部阻力损失表示为

$$h_j = \begin{cases} k'\left(1-\dfrac{A_1}{A_2}\right)^2 \dfrac{u_1^2}{2g} = k's_1\dfrac{u_1^2}{2g} \\[4mm] k'\left(\dfrac{A_2}{A_1}-1\right)^2 \dfrac{u_2^2}{2g} = k's_2\dfrac{u_2^2}{2g} \end{cases}$$

式中，$k'=1.025+2.5\left(\dfrac{d_2}{d_1}\right)^2\times10^{-3}+0.8d_1\times10^{-3}$，其中扩张前管道直径 d_1 和扩张后管道直径 d_2 以 mm 计。

当 $d=25\sim76$ mm，$u=1.16\sim9.6$ m/s，$A_2/A_1=1.45\sim9.32$ 时，局部阻力损失的经验公式也可表示为

$$h_j = 1.08\frac{(u_1-u_2)^{1.92}}{2g}$$

（5）收缩管道处的局部阻力系数

收缩管道可分为突然缩小和逐渐缩小两种情况。

① 图 4.79 所示为突然缩小管，它的局部阻力损失主要发生在细管收缩截面 c 附近的旋涡区。管径突然缩小的局部阻力系数取决于收缩面积比 A_2/A_1，由实验数据列出表 4.4。

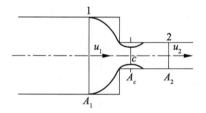

图 4.79　突然缩小管

表 4.4　管径突然缩小时的局部阻力系数

A_1/A_2	0.01	0.1	0.2	0.3	0.4	0.5	0.6	0.7	0.8	0.9	1
ξ	0.50	0.47	0.45	0.38	0.34	0.30	0.25	0.20	0.15	0.09	0

② 图 4.80 所示为管径逐渐缩小的情况，这种管道不会出现流线脱离壁面的问题，其局部阻力系数由收缩面积比 A_2/A_1 和收缩角 α 决定。局部阻力系数可由图 4.81 查得。

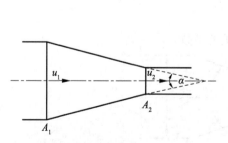

图 4.80　逐渐缩小管

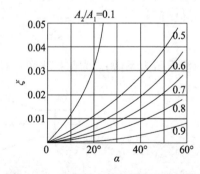

图 4.81　逐渐缩小管的局部阻力系数

（6）弯管处的局部阻力系数

在图 4.82 所示的圆滑弯管和折角弯管中，管径不变，故流速大小不变，但流动方向有变化，因而造成能量损失。

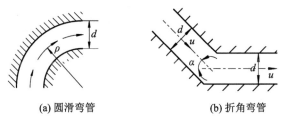

(a) 圆滑弯管　　　　　　　(b) 折角弯管

图 4.82　圆滑弯管和折角弯管

圆滑弯管的局部阻力损失为

$$h_j = \xi \frac{u^2}{2g} = k \frac{\theta}{90°} \frac{u^2}{2g} = \left[0.131 + 0.163 \left(\frac{d}{R} \right)^{3.5} \right] \frac{\theta}{90°} \frac{u^2}{2g}$$

式中，θ 为弯管过渡角，$\theta = 90°$ 时，$k = \xi = 0.131 + 0.163 \left(\frac{d}{R} \right)^{3.5}$；$d$ 为弯管直径；R 为弯管中线曲率半径。

折角弯管的局部阻力损失为

$$h_j = \xi \frac{u^2}{2g} = \left(0.946 \sin^2 \frac{\alpha}{2} + 2.047 \sin^4 \frac{\alpha}{2} \right) \frac{u^2}{2g}$$

（7）附件处的局部阻力系数

管道中存在很多部件和装置，这些附件都会引起流体的局部阻力损失。下面列出几种常见的附件。

1）三通接头

三通接头在各种管道中很常见，特别是直三通应用最为广泛，表 4.5 列出了其局部阻力系数值。

表 4.5　直三通接头的局部阻力系数

直三通接头				
ξ	0.1	1.3	1.5	3

2）阀门

阀门在管路中是必不可少的装置，闸板阀与截止阀是两种常见的阀门（图 4.83）。其局部阻力系数见表 4.6。

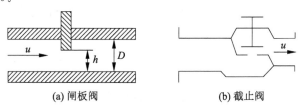

(a) 闸板阀　　　　　　　　(b) 截止阀

图 4.83　阀门

表 4.6　阀门的局部阻力系数

开度/%	10	20	30	40	50	60	70	80	90	100
闸板阀 ξ	60	15	6.5	3.2	1.8	1.1	0.6	0.3	0.18	0.1
截止阀 ξ	85	24	12	7.5	5.7	4.8	4.4	4.1	4.0	3.9

3）液压附件

在各种管道中有很多液压附件,液压附件也存在局部阻力损失。表 4.7 列举了几种常见的液压附件的局部阻力系数。

表 4.7　液压附件的局部阻力系数

液压附件		ξ
锥形阀口		$0.6 + 0.15\left(\dfrac{d}{h}\right)^2$
球形阀口		$2.7 - 0.8\left(\dfrac{d}{h}\right) + 0.14\left(\dfrac{d}{h}\right)^2$
平口阀口		$1\sim3$
过滤网络		$(0.0675\sim1.575)\left(\dfrac{A}{A_0}\right)^2$ （A 为吸口面积,A_0 为网孔有效过流面积）

4.3.9　复杂管路的水头损失计算

前文已对简单管路进行了简要分析,以下将对复杂管路的水头损失计算问题进行讨论。根据管路的构成方式,本节所讨论的复杂管路又可以分为串联管路、并联管路、分支管路和管网。

（1）串联管路水头损失

由直径不同的管段连接起来的管路,称为串联管路。串联管路中传输的流量不变,即 $q_1 = q_2 = \cdots = q_n = q$;由于管径不同和每段管路长短不同,管路的总损失为沿程阻力损失和局部阻力损失之和。

$$h = \sum h_{l_i} + \sum h_{\xi_j} = \sum \lambda_i \frac{l_i}{d_i} \frac{u_i^2}{2g} + \sum \xi_j \frac{u_j^2}{2g}$$

式中,l_i 为每一段管路的长度;λ_i 为第 i 段管路的阻力系数(查表可得);u_i 为第 i 段管路的流速,$u_i = q/A_i$;ξ_j 为第 j 个局部阻力系数;u_j 为第 j 个局部后的流速,$u_j = q/A_j$(i 不一定

等于 j)。

对于长管,沿程阻力损失占主导地位,局部阻力损失 $\sum \xi_j \dfrac{u_j^2}{2g}$ 可忽略不计,则有

$$h = \sum h_{li} = \sum \lambda_i \frac{l_i}{d_i} \frac{u_i^2}{2g} = \sum \lambda_i \frac{l_i}{d_i} \frac{q^2}{A_i^2 \cdot 2g} = \sum \lambda_i \frac{l_i}{d_i} \overline{A_i^2} \frac{q^2}{2A_1^2 g}$$

式中,$\overline{A_i}$ 为无因次面积(面积比值),$\overline{A_i} = A_1/A_i$。

对于管径不变的单一管路,简化公式得

$$h = \left(\sum \lambda_i \frac{l_i}{d_i} + \sum \xi_j \right) \frac{u^2}{2g} = \left(\frac{\lambda}{d} \sum l_i + \sum \xi_j \right) \frac{u^2}{2g}$$

对于管径不变的单一长管,局部阻力损失可忽略不计($\sum \xi_j = 0$),有

$$H = h = \frac{\lambda}{d} \frac{u^2}{2g} \sum l_i = \lambda \frac{L}{d} \frac{u^2}{2g} = BLq^2 = \frac{Lq^2}{K^2} \tag{4.104}$$

式中,H 为净水头损失(作用水头);L 为管路总长,l_i 为分段长度,$L = \sum l_i$;K 为流量系数,m^3/s,可从有关手册中查出;B 为系数,d 为管内径,$B = \dfrac{8\lambda}{g \pi^2 d^5}$,$(\mathrm{m}^3/\mathrm{s})^{-2}$,$B$ 可从有关手册中查出;$K^2 = \dfrac{1}{B}$。

式(4.104)为计算长管路水头损失的基本公式,该式略去了对 λ 的烦琐分析和计算,可根据管径大小、管路新旧和管壁光滑程度,从有关手册中查出 K 或 B 的值。在工程上,这种计算方法比较方便。

(2) 并联管路水头损失

如图 4.84 所示,有分支且并接两根以上管段的管路,称为并联管路。液流自点 A 分出 3 支分流,到点 B 后又合并成一支。管路 1,2,3 的水头损失是相同的,都等于 AB 间的水头损失。

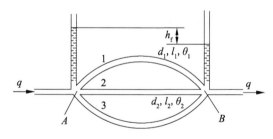

图 4.84　并联管路

对于长管,沿程阻力损失占主导地位,局部阻力损失可不计,所以得到

$$h_l = h_{l_1} = h_{l_2} = h_{l_3}$$

或者

$$h_l = B_1 l_1 q_1^2 = B_2 l_2 q_2^2 = B_3 l_3 q_3^2$$

由流量连续定理可得

$$q = q_1 + q_2 + q_3 = \sqrt{\frac{h_l}{B_1 l_1}} + \sqrt{\frac{h_l}{B_2 l_2}} + \sqrt{\frac{h_l}{B_3 l_3}}$$

上面两式即为并联管路的基本方程。

（3）分支管路水头损失

分支管路如图 4.85 所示，水箱中自由液面的位置高度分支点 A 的位置高度为 z，压力水头为 h。3 分支管路的位置标高依次为 z_1,z_2,z_3，长度分别为 l_1,l_2,l_3，压力水头依次为 h_1,h_2,h_3，流量依次为 q_1,q_2,q_3，则有

$$
\begin{cases}
q=q_1+q_2+q_3 \\
H-(z+h)=Blq^2 \\
(z+h)-(z_1+h_1)=B_1l_1q_1^2 \\
(z+h)-(z_2+h_2)=B_2l_2q_2^2 \\
(z+h)-(z_3+h_3)=B_3l_3q_3^2
\end{cases}
\tag{4.105}
$$

根据式(4.105)可解决分支管路的各种问题。

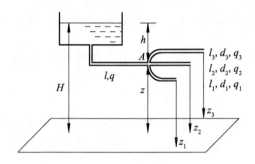

图 4.85　分支管路

（4）管网水头损失

由简单管路、串联管路和并联管路组合而成的管路，称为管网。管网广泛应用在供水供热、中央空调等系统中，从结构上又可分为枝状管网和环状管网。

如图 4.86 所示，$A-B-C-D$ 为管网主干管，由三段管串联而成，在点 B 和点 C 处各分出一段分支管，枝状管网因此得名。枝状管网水头损失的计算主要包括：确定各管段管径；根据水头损失的大小，确定总水头损失；计算或校核各管道的流量。

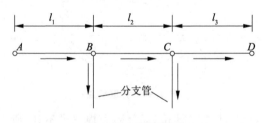

图 4.86　枝状管网

① 管网的计算要用到经济流速 u_e，即能使管网系统综合费用最小化的流速。在确定了经济流速后，根据经验公式 $d=\sqrt{\dfrac{4q}{\pi u_e}}$ 计算出管段管径 d。

② 选择流量最大且位置水头最高的管为主干管，由下到上计算各管段的水头损失，则总水头损失 H 就是各管段水头损失之和 $\sum h_w$ 加上各出口处的压强水头之和 $\sum h_e$，即

$$H = \sum h_{\mathrm{w}} + \sum h_{\mathrm{e}}$$

③ 根据连续性方程,计算出各管段的流量。

图 4.87 所示为一种环状管网系统,该管网由两个闭合管环组成,水流由点 A 进入,分别从点 B,C,D,E,F 流出。根据水流流动的特点,有以下两个计算条件:

① 任意结点处所有流入的流量等于所有流出的流量,即

$$\sum q_{\mathrm{r}} = 0$$

② 对于任意闭合管环,任意两结点间,沿不同的管线计算的水头损失相等。例如,对于 A,C 两点,水流沿 $A-B-C$ 方向流动的水头损失之和等于沿 $A-E-C$ 方向流动的水头损失之和,即

$$(h_{\mathrm{f}})_{AB} + (h_{\mathrm{f}})_{BC} = (h_{\mathrm{f}})_{AE} + (h_{\mathrm{f}})_{EC}$$

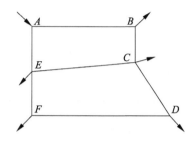

图 4.87　环状管网

对上面六个结点分别列出水头损失计算方程,然后联立求解的计算方法过于繁杂,所以工程上一般采用逐步渐近法进行计算。首先根据各结点的情况,初步拟定管网各管段的流动方向,并对各管段的流量进行分配,使之满足 $\sum q_{\mathrm{r}} = 0$;然后根据经济流速公式,选定各管径;计算出各段的水头损失,使之满足条件②;若水头损失的代数和不为零,则要对分配的流量进行修正,直至满足。

校正流量公式为

$$\Delta q = -\frac{\sum h_{\mathrm{f}}}{2\sum \dfrac{h_{\mathrm{fr}}}{q_{\mathrm{r}}}}$$

校正后的各管段流量为

$$q' = q + \Delta q$$

除上述计算方法外,还可以使用有限单元法进行计算。此外,把管网的参数编成程序由计算机辅助计算,不仅速度更快,计算结果也更准确。

4.3.10　压力管路中的水锤

阀门突然关闭、水泵突然启动或停止等原因,导致管路中液体局部压强瞬间变化而引起压力波在管内振荡的现象,称为水锤或水击。急剧上升的压力波在管中传播,会产生一种犹如锤子敲击管道的声音,水锤因而得名。

（1）水锤现象的发展过程

如图 4.88 所示,长度为 L 的管道一端连接大容器,另一端通过阀门出流。正常流动时各点流速均为 u_0,即 $u_A = u_B = u_0$;忽略水头损失,则管内各点压强也相等,即 $p_A = p_B = p_0$（其中 $p_0 = H \rho g$）。下面分四个阶段分析水锤的发展过程。

① 从阀门向管口全线静止和增压的过程

当阀门突然关闭时,$t = 0$,靠近点 A 的薄层流速立即降为零,压力升高 Δp;这一过程依次以一定的速度 c 从 A 向 B 传播,当 $t = \dfrac{L}{c} = T$ 时,点 B 的状态就是 $t = 0$ 时点 A 的状态。因而当 $0 \leqslant t \leqslant T$ 时,是全线由 A 到 B 依次停止流动和增压的过程。这一过程在 $t = T$ 时完成。

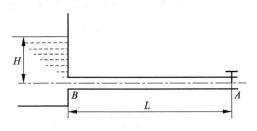

图 4.88　水锤现象示意图

② 从管口向阀门全线减压过程

当 $t = T$ 时,点 B 处的流动速度 $u_B = 0$,$p_B = p_0 + \Delta p$。由于 p_B 高于大容器左侧的压力 p_0,因此当 $t = T^+$ 时,点 B 处的流体反向流动,流动速度为 $u_B = -u_0$（流体以 u_0 冲入容器）,同时压力由 $p_0 + \Delta p$ 恢复到 p_0。当 $t = 2T$ 时,点 A 处的压力由 $p_0 + \Delta p$ 恢复到 p_0,点 A 处的流速 $u_A = -u_0$。在 $t = 2T$ 瞬间,液流以 $-u_0$ 反向流动,各点处的压力与 $t = 0$ 时相等。

③ 从阀门向管口全线流速由 $-u_0$ 到零的降压过程

在 $t = 2T^+$ 瞬间,点 A 处的液体开始向点 B 方向流动,使点 A 处形成真空趋势,但压力下降抑制了液体的反向流动,故在 $t = 2T^+$ 瞬间 $u_A = 0$,$p_A = p_0 - \Delta p$,这一过程依次向点 B 传播,当 $t = 3T$ 时完成这一过程。在 $t = 3T$ 瞬间,AB 之间的管路中液体速度归零,各点处的压力均下降 Δp,点 B 处的压力降为 $p_B = p_0 - \Delta p$。

④ 从管口向阀门全线流速恢复和压力恢复过程

当 $t = 3T^+$ 时,大容器内的液体压力高于点 B 处的压力,以速度 u_0 流过点 B,使点 B 附近液体压力升高为 p_0,这一过程依次从点 B 向点 A 推进,即任意点的速度由零变为 u_0 瞬间,压力升高 Δp;当 $t = 4T$ 时,点 A 处的流动速度为 u_0,压力又上升为 p_0,如同 $t = 0$ 时的状态。

在理想的条件下,这四个阶段将周而复始地传播下去。实际中压力波的传播过程中,必然有能量损失,水锤压强不断减小。图 4.89 所示分别为理想和实际情况下阀门点 A 处的压力变化规律。

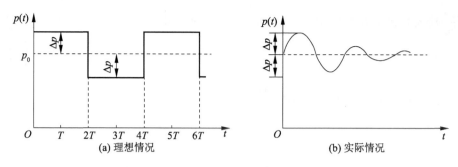

图 4.89　阀门处压力变化规律

（2）水锤压强计算

在了解了水锤产生的原因和传播过程后，下面进一步研究水锤压强的计算公式，为设计压力管道及其控制运行提供依据。

如图 4.90 所示，在阀门突然关闭时，假定在 dt 时间内，水波传播了 dx，则水波的传播速度 $c = \dfrac{dx}{dt}$，且 $1-1$ 面上的压力增量 dp 传递到 $2-2$ 面上，管道的 dx 段液体在 dt 瞬间内压力变为 $p+dp$，液体受压缩，密度 ρ 增加为 $\rho+d\rho$；同时管道为弹性体，其面积 A 变为 $A+dA$。

根据动量定理，列出 $1-1$ 面和 $2-2$ 面之间的动量方程，得

$$[(p+dp)(A+dA)-pA]dt = (\rho A\,dx)u_0$$

将 $c = \dfrac{dx}{dt}$ 代入并略去高阶无穷小项，化简得

$$dp = \rho c u_0$$

上式即为水锤压强的计算公式。

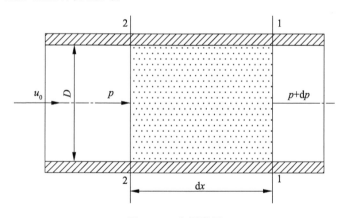

图 4.90　水锤微元

（3）水锤压强波传播速度

在图 4.90 中，取 dx 微元柱体，阀门突然关闭，假定在 dt 时间内，质量增加量 dm 为

$$dm = (\rho+d\rho)(A+dA)dx - \rho A\,dx \tag{4.106}$$

根据流量连续定理，dx 段内的质量增加量等于管内流体以速度 u_0 在 dt 时间内流过未变形管道断面 A 的液面的质量 $\rho u_0 A\,dt$，则有

$$(\rho+d\rho)(A+dA)dx - \rho A\,dx = \rho u_0 A\,dt \tag{4.107}$$

将 $c = \dfrac{\mathrm{d}x}{\mathrm{d}t}$ 代入并在左边展开后略去高阶无穷小项,化简得

$$u_0 = c\left(\frac{\mathrm{d}\rho}{\rho} + \frac{\mathrm{d}A}{A}\right) \tag{4.108}$$

根据流体可压缩性公式 $\mathrm{d}V = -V\dfrac{\mathrm{d}p}{\beta_e}$,可得

$$\frac{\mathrm{d}\rho}{\rho} = -\frac{\mathrm{d}V}{V} = \frac{\mathrm{d}p}{\beta_e} \tag{4.109}$$

式中,ρ,$\mathrm{d}\rho$ 为流体密度及其增量;$\mathrm{d}p$ 为压力增量;β_e 为流体的体积弹性模数;V,$\mathrm{d}V$ 为控制域内的流体体积及其增量。

由 $A = \dfrac{\pi}{4}D^2$,$\mathrm{d}A = \dfrac{\pi}{2}D\mathrm{d}D$,得

$$\frac{\mathrm{d}A}{A} = 2\frac{\mathrm{d}D}{D} \tag{4.110}$$

由材料力学知,管壁弹性模数 E 与管件径向变形关系为

$$E = \frac{\mathrm{d}\sigma}{\dfrac{\mathrm{d}D}{D}} \tag{4.111}$$

式中,σ 为管壁内应力,$\mathrm{d}\sigma = \dfrac{D\mathrm{d}p}{2\delta}$;$E$ 为管件的弹性模数。

由上述分析可得

$$\frac{\mathrm{d}A}{A} = \frac{D\mathrm{d}p}{\delta E} \tag{4.112}$$

将式(4.109)和式(4.112)代入式(4.108)可得

$$u_0 = c\left(\frac{1}{\beta_e} + \frac{D}{\delta E}\right)\mathrm{d}p \tag{4.113}$$

或者

$$\mathrm{d}p = \frac{u_0 \beta_e}{c\left(1 + \dfrac{D\beta_e}{\delta E}\right)} \tag{4.114}$$

将上式和水锤压强的计算公式联立并化简,得

$$c = \sqrt{\frac{\beta_e}{\rho}} \bigg/ \sqrt{1 + \frac{D\beta_e}{\delta E}} \tag{4.115}$$

式中,c 即压力波(pressure wave)的传播速度(velocity of propagation)。对于刚性管壁 $E \to \infty$,则有

$$c_0 = \sqrt{\frac{\beta_e}{\rho}} \tag{4.116}$$

式(4.116)即压力液(声波)传播速度的计算公式,称为茹柯夫斯基(俄)公式。

(4) 水锤的减弱

水锤现象形成的压力冲击对管路是十分有害的。在不能完全消除水锤现象的情况下,

必须设法减弱水锤的影响。由以上分析可知，突然关闭阀闸的压力波变化周期 $T_0 = 4T = 4\dfrac{L}{c}$；保持稳定周期 $t_0 = 2T = 2\dfrac{L}{c}$。若闸阀关闭时间为 T_s，当 $T_s < T_0$ 时，压力波将在管路中交替传播，形成直接水击；当 $T_s > T_0$ 时，压力波折回阀门处时因阀门尚未完全关闭，形成间接水击，间接水击压强可近似为

$$\Delta p = \frac{\rho c u_0 t_0}{T_s} = 2\frac{\rho u_0 L}{T_s} \tag{4.117}$$

分析式(4.117)，采取以下措施可以减弱水锤的影响：

① 缓慢关闭阀门(延长关闭时间 T_s)和缩短管道长度可显著减小 Δp；

② 在管路中安装蓄能器可吸收冲击的能量，减弱压力冲击；

③ 在管路中安装安全阀，可以限制最大冲击压力，从而保护管路安全。

4.3.11　绕流阻力与升力

流体绕过物体(如机翼、桥墩和水文测量中的铅鱼，以及水泵叶片和冷却管的绕流问题等)或物体在流体中以一定的速度前进(也相当于流体绕过物体)时，物体都将受到流体对物体的作用力，称为绕流阻力。这个作用力可以分为两个分量：一个是沿流体流动方向的分力，该力是水流中物体(桥墩、铅鱼)受到的水流方向的作用力，或者说在流体中运动物体(如机翼)所受到的阻力；另一个是垂直于流动方向的横向作用力，称为升力。

(1) 绕流阻力

为确定物体的绕流阻力，分析图 4.91 中垂直于水流方向上设置的圆柱体。由于水流对称绕着圆柱体边界流动，所以在圆柱边界的任一点上都存在着法向应力 p 和切应力 τ_0。在图 4.91 中的圆柱面上取一微小面积 $\mathrm{d}A$，则作用在微小边界面上的动水压力为 $\mathrm{d}p = p\,\mathrm{d}A$，摩擦阻力为 $\mathrm{d}T = \tau_0\,\mathrm{d}A$。而作用在圆柱面上的绕流阻力，就是水流作用在圆柱面上各微小动水压力和摩擦阻力在水流方向上投影的总和。因此，绕流阻力由两部分组成：一部分由表面切应力形成，即摩擦阻力或表面阻力；另一部分由动水压强形成，称为压强阻力或形状阻力。

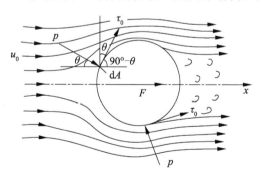

图 4.91　水流绕圆柱运动

实际流体绕物体流动时由于黏性作用在物体表面形成边界层。沿物体表面流动的液体质点会因能量损失而失去动能，被迫离开物体表面(被外部质点带向物体后部)，从而在物体尾部形成旋涡区，如图 4.92a 所示。物体的形状及物体与水流的相对位置都会影响旋涡区的大小、旋涡的强弱，对绕流阻力的影响极大，如图 4.92a,b,c 所示。在图 4.92a 中，若

平板平行于水流放置,则水流与边界不易脱离,产生的绕流阻力也最小;若平板垂直于水流放置,则最易引起水流与边界脱离,产生的绕流阻力也最大。

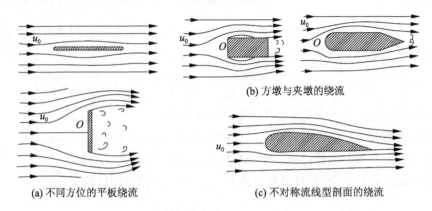

(a) 不同方位的平板绕流   (b) 方墩与夹墩的绕流

(c) 不对称流线型剖面的绕流

图 4.92　实际流体绕流运动

因此,在流体中运动的物体(如飞机、船舶等),或在水流中固定的物体(如桥墩、闸墩、铅鱼等)都应设计成曲线形,以避免产生水流脱离现象,减少绕流阻力。

在图 4.92 中,物体在迎水面上存在一个流线的终止点(停滞点 O),该点的流速为零,压强最大,停滞点的动水压强水头 $\dfrac{p_0}{\gamma}=\dfrac{u_0^2}{2g}$,即 $p_0=\dfrac{\rho u_0^2}{2}$。而物体迎水面其他各点的动水压强 p 均小于停滞点的压强 p_0,一般来说,p 与 p_0 是成正比的。由于水流运动速度较大时压强阻力在绕流阻力中占主导地位,因而绕流阻力可由下式表示:

$$F_D = C_D A_D \frac{\rho u_0^2}{2} \tag{4.118}$$

式中,ρ 为流体的密度;u_0 为不受物体影响处的未被干扰的流速;A_D 为物体在垂直水流方向上的投影面积;C_D 为阻力系数。

式(4.118)即为牛顿在 1726 年提出的绕流阻力公式。

绕流阻力的阻力系数 C_D 与水流的雷诺数 Re、绕流物形状及其在水流中的相对位置有关。阻力系数 C_D 的变化规律与沿程阻力系数 λ 的变化规律相类似,当雷诺数 Re 较小时,绕流物周围的水几乎无扰动,绕流为层流,这时只有摩擦阻力,阻力系数 C_D 与 Re 成反比,绕流阻力与流速的一次方成比例。当雷诺数 Re 相当大时,绕流物周围的水流波动强烈,绕流处于阻力平方区,绕流阻力以压强阻力为主,阻力系数 C_D 与 Re 无关,只与绕流物的形状及其在水流中的相对位置有关。根据实验实测:球体的 C_D 为 0.5,圆平板(板面垂直于流体流动流向)的 C_D 为 1.12。

(2) 升力

水流作用在物体表面上的各微小动水压力和微小摩擦阻力在垂直水流方向上投影的总和称为升力。升力只在流体绕过不对称物体时才能发生。物体上部流体的流速大、压强小,物体下部流体的流速小、压强大。在这个上、下压强差的作用下就形成了升力。在流体中,当物体对称时,升力等于浮力;当物体不对称时,升力不等于浮力,如物体上凸下凹,其升力大于浮力。

升力也可用类似绕流阻力公式的形式来表示,即

$$F_{\mathrm{L}} = C_{\mathrm{L}} A_{\mathrm{L}} \frac{\rho u_0^2}{2} \tag{4.119}$$

式中,F_{L} 为升力;A_{L} 为物体在水流方向上的投影面积;C_{L} 为升力系数,其值可参考有关计算手册。

【例 16】 直径为 5 mm 的单颗球状沙粒在静水中下沉,求沙粒达到匀速沉降状态时的沉降速度。

解:在静水中的沙粒受重力作用而向下沉降,开始是加速运动。由于沙粒在沉降过程中受到绕流阻力的作用,绕流阻力随沉降速度的增加而增加,当重力、浮力和绕流阻力三者达到平衡时,沙粒下降的加速度为 0,达到匀速沉降状态。设此时的沉降速度为 u_0,把沙粒看作圆球,则作用在圆球状沙粒上的作用力有重力、浮力和绕流阻力。

重力方向向下,沙粒的重力为

$$G = \gamma_{\mathrm{S}} V = \gamma_{\mathrm{S}} \cdot \frac{1}{6} \pi d^3$$

浮力方向向上,其大小为

$$p = \gamma V = \gamma \cdot \frac{1}{6} \pi d^3$$

由于沙粒下沉,故绕流阻力方向向上,其大小为

$$F_{\mathrm{D}} = C_{\mathrm{D}} A_{\mathrm{D}} \frac{1}{2} \rho u_0^2 = C_{\mathrm{D}} \frac{\pi d^2}{4} \frac{\gamma u_0^2}{2g}$$

当沙粒匀速沉降时,上述三力处于平衡状态,即

$$\gamma_{\mathrm{S}} V - \gamma V = F_{\mathrm{D}}$$

所以有

$$(\gamma_{\mathrm{S}} - \gamma) \frac{1}{6} \pi d^3 = C_{\mathrm{D}} \frac{\pi d^2}{4} \frac{\gamma u_0^2}{2g}$$

从上式可解出沙粒匀速沉降时的沉降速度为

$$u_0 = \sqrt{\frac{4}{3} \frac{1}{C_{\mathrm{D}}} \frac{\gamma_{\mathrm{S}} - \gamma}{\gamma}} \sqrt{gd}$$

若沙粒的相对比重为 2.65,即 $\dfrac{\gamma_{\mathrm{S}}}{\gamma} = 2.65$,则 $\dfrac{\gamma_{\mathrm{S}} - \gamma}{\gamma} = 2.65 - 1 = 1.65$,取圆球的阻力系数 $C_{\mathrm{D}} = 0.5$,则直径为 5 mm 的沙粒的匀速沉降速度为

$$u_0 = \sqrt{\frac{4}{3} \frac{1}{C_{\mathrm{D}}} \frac{\gamma_{\mathrm{S}} - \gamma}{\gamma}} \sqrt{gd} = \sqrt{\frac{4}{3} \times \frac{1}{0.5} \times 1.65} \sqrt{9.8 \times 0.005} = 0.464 \text{ m/s}$$

由于沙粒的形状并非球状,实际的阻力系数要比 0.5 大,故实际的沉降速度要小于上述数值。当沙粒直径小于 2 mm 时,沙粒对水流的扰动很小,水的黏滞性将对沙粒沉降起较大的作用,阻力系数将随雷诺数改变,不再是常数。

(3)航空器飞行原理

任何航空器都必须产生大于自身重力的升力才能升空飞行,这是航空器飞行的基本原理。航空器可分为轻于空气的航空器和重于空气的航空器两大类。轻于空气的航空器如

气球、飞艇等,其主要部分是一个大的气囊,中间充以比空气密度小的气体(如热空气、氢气等),如同玩具氢气球,依靠空气的静浮力上升。早在一千多年以前,我们的祖先便发明了孔明灯这种借助热气升空的精巧器具,孔明灯可以算得上是轻于空气的航空器的鼻祖了。

那么,重于空气的航空器(如飞机)又是靠什么力量飞上天空的呢?常见的风筝或竹蜻蜓这两种玩具的构造十分简单,但却蕴含着深奥的飞行原理。飞机的机翼包括固定翼和旋翼两种。滑翔机的升空原理与风筝有一些类似,都是靠迎面气流吹动而产生向上的升力,但与固定翼的飞机有一定的差别;旋翼机与竹蜻蜓有着异曲同工之处,都靠旋翼旋转产生向上的升力。

对于固定翼的飞机,当它在空气中以一定的速度飞行时,根据相对运动的原理,机翼相对于空气的运动可以看作机翼不动而空气气流以一定的速度流过机翼。日常的生活经验告诉我们,当水流以一个相对稳定的流量流过河床时,在河面较宽的地方流速慢,在河面较窄的地方流速快。流过机翼的气流与河床中的流水类似,由于机翼一般是不对称的,上表面比较凸,而下表面比较平,流过机翼上表面的气流类似于较窄地方的流水,流速较快,而流过机翼下表面的气流则正好相反,类似于较宽地方的流水,流速较上表面的气流慢。根据流体力学的基本原理,流动慢的大气压强较大,而流动快的大气压强较小。这样,机翼下表面的压强就比上表面的压强大,换句话说,就是大气施加于机翼下表面的压力(方向向上)比施加于机翼上表面的压力(方向向下)大,二者的压力差便形成了飞机的升力,如图 4.93 所示。

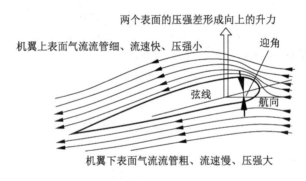

图 4.93 飞机飞行基本原理

当飞机的机翼为对称形状、气流沿着机翼对称轴流动时,由于机翼两个表面的形状一样,因而气流速度一样,所产生的压力也一样,此时机翼不产生升力。但是当对称机翼以一定的倾斜角(称为攻角或迎角)在空气中运动时,就会出现与非对称机翼类似的流动现象,使得上下表面的压力不一致,从而产生升力。

飞机在飞行的过程中,机体所受的力是平衡的。飞机的重力与飞机产生的升力平衡,而飞机的发动机的作用是克服飞机所受的阻力,推动飞机前进,使得飞机相对于空气运动,从而产生升力。飞机发动机的功率那么大,难道飞机所受的阻力有那么大吗?的确,飞机在高速飞行时会因为不同原因受到非常大的阻力。根据阻力形成的原因,飞机所受的阻力可以分为摩擦阻力、压差阻力、诱导阻力、干扰阻力、激波阻力等。

① 摩擦阻力。

飞机在空气中飞行时会受到空气的摩擦阻力,这是由空气的黏性造成的。当气流流过物体时,由于黏性的作用,空气微团与物体表面发生摩擦,阻滞了气流的流动,这就是物体对空气的摩擦阻力,反之,空气对物体也有摩擦阻力。摩擦阻力是在边界层中产生的。边界层中气流的流动情况与其他装置不同。就机翼而言,一般在最大厚度之前,边界层的气流各层不相混杂即分层流动,这部分叫作层流边界层。在这之后,气流的活动变得杂乱无章,并且出现了旋涡和横向流动,这部分叫作湍流边界层。从层流边界层转变为湍流边界层的那个点叫作转捩点。

　　大量的实践证明,对于层流流动,物体表面受到的摩擦阻力小,而湍流流动对物体表面的摩擦阻力大。在普通的机翼表面,既有层流边界层,又有湍流边界层,所以为了减小摩擦阻力,需要使物体表面的流动保持层流状态,例如通过在机翼表面上钻孔,吸除湍流边界层,从而达到减小阻力的目的。另外,提高机翼加工精度,使层流边界层尽量长,延缓转捩点的出现,甚至抑制它的出现,也可以起到很好的减小阻力效果。这些都是飞机设计中层流机翼的概念。物体表面受到的摩擦阻力还与物体的表面积有关系,面积越大,阻力也越大。因此,减小飞机的尾翼或者机翼的面积也是一个有效地减小阻力的方法。当然,前提条件是保证产生足够的升力和控制力。例如,使用推力矢量技术的飞机,由于有发动机推力直接用于飞行控制,所以可以减小或去除飞机的尾翼,从而大大减小摩擦阻力。

　　② 压差阻力。

　　压差阻力是由运动着的物体前后所形成的压强差引起的。压强差所产生的阻力就是压差阻力。压差阻力与物体的迎风面积、形状和物体在气流中的位置都有很大的关系。

　　用刀把一个物体从中间剖开,正对着迎风吹来的气流的那个面称为迎风面,它的面积称为迎风面积。如果这个面是从物体最粗的地方剖开的,那么它的面积是最大迎风面积。经验和实验都不难证明:形状相同的物体的最大迎风面积越大,压差阻力也就越大。

　　物体形状对压差阻力也有很大的作用。如图 4.94 所示,把一块圆形的平板垂直地放在气流中,它的前后会形成很大的压差阻力。平板后面会产生大量的涡流,造成气流分离现象。如果在圆形平板的前面加上一个圆锥体,它的迎风面积并没有改变,但形状却变了。这时平板前面的高压区被圆锥体填满,气流可以平滑地流过,压强不会急剧升高,显然这时平板后面仍有气流分离,低压区仍然存在,但是前后的压强差却大为减少,压差阻力将降低到原来平板压差阻力的 $\frac{1}{5}$ 左右。

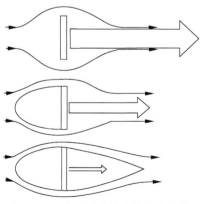

图 4.94　不同形状物体的压差阻力

如果在平板后面再加上一个细长的圆锥体,把充满旋涡的低压区也填满,使得物体后面只出现很少的旋涡,那么压差阻力将会进一步降低到原来平板压差阻力的 $\frac{1}{25} \sim \frac{1}{20}$。这种前端圆、后面尖,像水滴或雨点的物体,叫作流线形物体,简称流线体。在迎风面积相同的条件下,它的压差阻力最小。这时的阻力大部分是摩擦阻力。除了物体的迎风面积和形状外,物体在气流中的位置也会影响压差阻力的大小。

物体上的摩擦阻力和压差阻力合起来叫作迎面阻力。哪一种阻力占主要部分取决于物体的形状和位置。如果物体是流线体,那么它的迎面阻力中摩擦阻力是主要部分;如果物体形状与流线体相差较多,那么压差阻力是主要部分,摩擦阻力是次要部分,而且总的迎面阻力也较大。

③ 诱导阻力。

对机翼而言,摩擦阻力和压差阻力合称为翼型阻力。除翼型阻力外,机翼上还有诱导阻力(或感应阻力)。这是机翼所独有的一种阻力。因为这种阻力是伴随着机翼上升力的产生而产生的,所以也可以说它是为了产生升力而付出的一种"代价"。

如果一架飞机以某一正迎角 α 水平飞行,那么其机翼上表面的压强将减小,而下表面的压强将增大,加上空气摩擦力,于是产生了升力 Y。这是气流作用到机翼上的力,根据作用和反作用原理,必然有一个反作用力即负升力 $(-Y)$ 由机翼作用到气流上,它的方向向下,使气流向下转折一个角度 α,这一角度叫作下洗角。随着下洗角的出现,同时出现了气流向下的速度,这一速度叫作下洗速。下洗角的存在还可由风洞实验观察到。

因为机翼的长度是有限的,所以上下翼面的压强差使得气流从下翼面绕过两端翼尖,向上翼面流动。当气流绕流过翼尖时,在翼尖不断形成旋涡(此处的旋涡就是旋转的空气团)。随着飞机向前方飞行,旋涡从翼尖向后方流动,并产生下洗速。下洗速在两个翼尖处最大,向中心逐渐减小,在中心处减到最小。这是因为旋涡可以诱导四周的空气随之旋转,而这是空气黏性所起的作用。空气在旋转时,越靠内圈,旋转得越快;越靠外圈,旋转得越慢。因此,离翼尖越远,气流垂直向下的下洗速就越小。

④ 干扰阻力。

除摩擦阻力、压差阻力和诱导阻力以外,干扰阻力也值得注意。所谓干扰阻力,就是飞机各部分之间由于气流相互干扰而产生的一种额外阻力。实践表明,飞机的各个部件(如机翼、机身、尾翼等)单独放在气流中所产生的阻力的总和往往小于把它们组成一个整体时所产生的阻力。

如图 4.95 所示,气流流过机翼和机身的连接处,由于机翼和机身形状的关系,在这里形成了一个气流的通道。A 处气流通道的截面积比较大,到点 C 即翼面最圆拱的地方,气流通道收缩到最小,随后到 B 处又逐渐扩大。根据流体的连续性定理和伯努利定理,C 处的速度大而压强小,B 处的速度小而压强大,所以在 CB 段通道中,气流有从高压处 B 回流到低压处 C 的趋势,这就形成了一股逆流。但飞机前进时不断有气流沿通道向后流,与这股逆流相遇就形成了气流的阻塞现象,使得气流开始分离,产生很多旋涡。这些旋涡表明气流的动能有消耗,因而产生了一种额外的阻力,这一阻力是气流互相干扰产生的,所以叫作干扰阻力。不但在机翼和机身之间可能产生干扰阻力,而且在机身和尾翼连接处、机翼和发动机短舱连接处,都可能产生干扰阻力。

从干扰阻力产生的原因来看,它显然和飞机不同部件之间的相对位置有关。在设计飞机时如果仔细考虑部件的相对位置,使得它们压强的增加不大且较平缓,那么干扰阻力就会减小。此外,还可以采取在不同部件的连接处加装流线形整流片的办法,使连接处圆滑过渡,尽可能减少旋涡的产生,减少干扰阻力。

图 4.95 干扰阻力示意图

⑤ 激波阻力。

飞机在空气中飞行时,前端对空气产生扰动,这个扰动以扰动波的形式以音速传播,当飞机的速度小于音速时,扰动波的传播速度大于飞机的前进速度,传播方向为四面八方;而当物体以音速或超音速运动时,扰动波的传播速度等于或小于飞机的前进速度,这样,后续的扰动波就会同已有的扰动波叠加在一起,形成较强的波,空气遭到强烈的压缩而形成激波。

空气在通过激波时,受到薄薄一层稠密空气的阻滞,使得气流速度急骤降低,由阻滞产生的热量来不及散布,于是加热了空气。加热空气的能量由消耗的动能转化而来。动能的消耗表示产生了一种特别的阻力,这一阻力是随激波的形成而产生的,因此称之为激波阻力。

4.4 车用动力系统中的工质流动

4.4.1 内燃机中的工质流动

内燃机缸内空气运动对混合气的形成和燃烧过程有着决定性的影响,也深刻影响着发动机的动力性、经济性、燃烧噪声和有害物的排放等发动机的性能参数。因此,深入了解进气过程中缸内空气运动与混合气的形成,对汽油机和柴油机缸内燃烧过程的组织和整机性能的提高具有重要意义。

(1)涡流

1)进气涡流

进气涡流是指在进气过程中形成的绕气缸轴线的有规律的气流运动。它一般被应用于柴油机,帮助制备和燃烧燃油喷雾混合气。稳态模拟试验表明,单螺旋进气道进气时,具有一定动量矩的进气进入气缸后,进气旋涡不断向外扩展,但在气缸顶部并没有统一的进气涡流,而是在大约1倍缸径处才形成一股大的不稳定的旋流,在1.5~2倍缸径处涡流才稳定下来,形成绕气缸轴线旋转的涡流运动。单螺旋进气道进气时靠近缸壁处气流的切向速度较高,气缸中心处气流的切向速度较低,气流运动整体近似刚性运动,而其轴向速度分布更为不均。两进气门结构(一个螺旋在前)的涡流形成过程大致与单螺旋进气道情形相当,但在1倍缸径以前的缸内流场更加复杂。两进气门进气时气缸周边气流的切向速度高,气流对中心区的流动影响较小,从而产生较大的速度梯度。两个气门的进气在间隔处互相碰撞,致使气流流向下方,轴向速度比较均匀。四气门缸盖则主要依靠切向和螺旋气道进气沿气缸壁处的强气流运动产生进气涡流。研究表明,进气结束时,气缸内旋流速度的分布在小于某一半径时,切向速度随半径的增加而增大;超过这一半径后,切向速度随半径的增加而减小。当活塞接近上止点时,大量空气被迫进入位于活塞顶的燃烧室内,使凹坑内气流的切向速度增加,可以认为此时燃烧室凹坑内的旋流运动为刚体流动。由于存在气流间的内摩擦和气流与缸壁之间摩擦的耗损,进气涡流在压缩过程中逐渐衰减,一般情况下在压缩终了时初始动量矩损失 1/4~1/3。进气涡流的大小主要由进气道形状和发动机转速决定。进气涡流可以持续到燃烧膨胀过程,因而对燃烧和传热都有重要的影响。

2)进气涡流的产生方法

通常可以通过使用带导气屏结构的进气门,设计切向气道或螺旋气道来产生进气涡流。

① 导气屏结构的进气门。

如图4.96a所示,强制进气从导气屏的前面流出,再依靠气缸壁面约束,使气流旋转,形成进气涡流。由图可见,导气屏阻止了气门流通截面处的进气,增大了导气屏对面的气流速度,从而形成对气缸中心的动量矩。改变导气屏包角 β 和导气屏安装角 α,就可以改变进气涡流强度。

通过优化导气屏结构来改善进气涡流的方法曾在单缸机性能调试中使用,现已淘汰。但一些汽油机为增加进气滚流,会在气道内设置原理与导气屏原理类似的导气结构,以加强对气流的引导。

② 切向气道。

如图4.96b,切向气道形状比较平直,在气门座前收缩以提高气流速度,并引导进气以气道方向切入气缸,从而产生进气涡流。切向气道造成气门口处气流速度分布不均匀,相当于在均匀速度分布的基础上,增加一个沿切向气道方向的速度。

切向气道结构简单,流动阻力小,只能获得强度较低的进气涡流,因此一般用于对进气涡流要求不高的发动机中,或者与螺旋气道配合使用。

③ 螺旋气道。

如图4.96c,将气门上方的进气道做成螺旋形状,使气流在此螺旋气道内具有一定的绕气门中心的动量矩,旋转的气流进入气缸后即扩散成为绕气缸中心的进气涡流。螺旋气道气门出口处的气流速度分布相当于在均匀速度分布的基础上,增加了一个切向速度。

螺旋气道的性能与气道质量的关系极为密切,因此必须严格控制气道型芯的变形和定位、气道出口和气门座圈的同心度等,提高对铸造工艺的要求。由于在气缸盖上布置气道时,螺旋室高度不能很高,气流进入气缸时必然会含有切向气流的成分,因此实际使用中进气涡流是由螺旋气道和切向气道共同实现的。

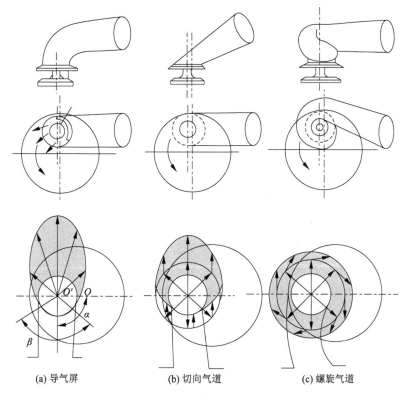

(a) 导气屏　　　　(b) 切向气道　　　　(c) 螺旋气道

图 4.96　进气涡流的产生方法及速度分布示意图

（2）挤流

在压缩行程后期,活塞表面的某一部分与气缸盖底面彼此靠近时所产生的径向或横向气流运动称为挤流。挤流强度主要由挤气面积和挤气间隙的大小决定。相反,当活塞下行时,燃烧室中的气体向下流到活塞顶部空间,产生膨胀流动,称为逆挤流。

柴油机的燃烧室一般加工在活塞顶内（bowl-in-piston）,在活塞的压缩行程后期,大量气体被压入燃烧室,绕燃烧室中心线的进气涡流强度和压缩挤流强度非常高,这有利于油束的扩散与混合。而当活塞通过上止点下行后,逆挤流帮助燃烧室内的混合气流出,进一步促进了燃料与空气的混合和燃烧。燃烧室内涡流和挤流（空气运动）强度需要结合燃油喷射系统的能力,通过燃烧室的口径和深度及具体形状的设计,形成最佳匹配。

过去,汽油机（楔形、浴盆形燃烧室等）也采用挤流运动来增强燃烧室内的湍流强度,促进混合气的快速燃烧。目前,在设计燃烧室时也考虑一定的挤气面积,但更多的是采用滚流进气方式,以提高燃烧过程的湍流强度,促进缸内燃烧过程。

（3）滚流和斜轴涡流

在进气过程中形成的垂直于气缸轴线的有组织的进气旋流,称为滚流（横轴涡流）。一般利用直进气道与燃烧室壁面的配合形成滚流,滚流适合于篷形燃烧室等。在压缩过程中,滚流的动量衰减较少,并可持续到压缩行程的末期。当活塞接近上止点时,大尺度的滚流将破裂成众多小尺度的涡,使湍流强度和湍流动能增加,有利于提高火焰传播速率,改善发动机性能。滚流的基本过程如图 4.97 所示。

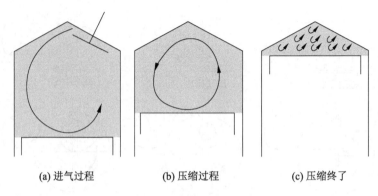

| (a) 进气过程 | (b) 压缩过程 | (c) 压缩终了 |

图 4.97　滚流的基本过程

对于现代汽油机,进气滚流的测量方法有直接法和间接法两种。但由于并不容易确定在多大尺寸时才能形成滚流及活塞在滚流形成过程中的作用,因此不同的方案测得的滚流强度的大小是有差异的。滚流和涡流结合可形成斜轴涡流,它既有绕气缸轴线旋转的横向分量,也有绕气缸轴线垂直线旋转的纵向分量。对于四气门汽油机,在两个进气道中的一个进气道中安装旋流控制阀,通过改变旋流控制阀的开度,即可形成不同角度和强度的斜轴涡流。斜轴涡流可以充分利用进气涡流和滚流的优点,在上止点附近形成更强的湍流运动,并可按照燃烧室的结构向火花塞处输送适宜点火的混合气,以实现分层燃烧等。

（4）湍流

湍流是一种很不规则的流动状态。内燃机在进气过程中形成许多不同长度尺度和时间尺度的涡,这些大小不同的涡形成的涡流易引起湍流。如进气射流在燃烧室壁面的作用下形成与气缸直径相当的大尺度涡,大尺度的涡破裂后形成小尺度的涡,这些涡的大小及旋转轴的方向分布是随机的。大尺度的涡不断地从主流获得能量,通过涡间的相互作用,能量逐渐向小的涡传递,最终在流体黏性的作用下,随着小尺度涡的不断消失而耗散。同时,在燃烧室壁面边界作用、燃烧扰动及速度梯度等作用下,新的涡又不断产生。虽然流场中的各种量随时间和空间坐标发生紊乱的变化,但经过时均化处理,可以得到它们的准确平均值。

4.4.2　动力电池系统中的工质流动

动力电池系统中的工质流动考虑的主要是电池内部的离子和电子的流动,以及这些流动所涉及的电化学反应。为了更好地理解这些流动,需要了解电池的构造和工作原理。

动力电池通常由多个电化学单元组成,每个电化学单元都包含正极、负极、电解液和隔膜。正极和负极分别与电解液中的阳离子和阴离子相互作用,导致电子从负极流向正极,离子从正极流向负极,从而形成电流。

在动力电池中,工质的流动主要是指离子的迁移和电子的流动。电解液中的离子通过隔膜移动,从正极流向负极,完成电荷传输。同时,负极和正极之间的电子通过外部电路流动,完成电能的转化。在电池充放电过程中,电化学反应也会影响工质的流动。

（1）铅酸电池

铅酸（Pb-acid）电池是市面上历史最悠久的蓄电池，其应用可以追溯到 19 世纪中期，并且铅酸电池在获得更高性能水平方面取得了相当大的进展。铅酸电池价格低廉、性能可靠、技术成熟，因此通常应用于传统内燃机车辆的低压电气附件电源。这些电池分别使用金属铅和铅氧化物作为阳极和阴极，并且在放电期间，两个电极都转化为硫酸铅。铅酸电池的负极板和正极板上的半反应以及电池放电总反应分别如下：

$$Pb + HSO_4^- \longrightarrow PbSO_4^- + H^+ + 2e^+$$
$$PbO_2 + HSO_4^- + 3H^+ + 2e^- \longrightarrow PbSO_4 + 2H_2O$$
$$Pb + PbO_2 + 2H_2SO_4 \Longleftrightarrow 2PbSO_4 + 2H_2O$$

电池放电过程会改变铅的价电荷，并导致电子释放和硫酸铅晶体的形成。

（2）镍镉电池

镍镉（Ni-Cd）电池的使用可以追溯到 1899 年，它以羟基氧化镍为阳极，以金属镉为阴极。镍镉电池与铅酸电池相比，具有更高的能量密度和更长的循环寿命。镍镉电池的负极板和正极板上的半反应以及电池放电总反应分别如下：

$$Cd + 2OH^- \longrightarrow Cd(OH)_2 + 2e^-$$
$$NiO_2 + 2H_2O + 2e^- \longrightarrow Ni(OH)_2 + 2OH^-$$
$$Cd + NiO_2 + 2H_2O \Longleftrightarrow Cd(OH)_2 + Ni(OH)_2$$

（3）镍氢电池

镍氢电池的阳极是氢氧化镍 $Ni(OH)_2$，阴极为金属氢化物（贮氢合金）。当过充电时，镍氢电池使用多余的能量来分解和重新生成水，这使得它可以免维护。这种电池基于阳极和阴极多次重复地释放和吸收氢氧根（OH^-）。镍氢电池的负极板和正极板上的半反应以及电池放电总反应分别如下：

$$MH + OH^- \longrightarrow M + H_2O + e^-$$
$$NiOOH + H_2O + e^- \longrightarrow Ni(OH)_2 + OH^-$$
$$NiOOH + MH \Longleftrightarrow Ni(OH)_2 + M$$

镍氢电池低温性能较好，比功率也较大，应用比较成熟。镍氢电池最初被作为镍镉电池的替代品，与镍镉电池具有相似的电池结构、相同的正极和电解液，以金属氢化物作为阴极。当镍氢电池充电时，这种金属氢化物接收氢离子并以固态储存，这增加了其自放电的速率。此外，与镍镉电池相比，镍氢电池在局部放电条件下具有非常低的电压抑制。

（4）锂离子电池

当前的电动汽车和混合动力汽车对电池技术提出了很高的要求，需要电池有更多额外的功能（如动力辅助、调节发动机工况点、再生制动和电动辅助），但由于前期电池的能量和功率密度都相对较低，所以这些功能不容易满足。锂（Li）是最轻的金属元素，具有相当低的氧化还原电位，这为电池提供了相对高的电压和能量密度。此外，Li^+ 半径较小，有利于在固体中的扩散。这些特性使得锂离子电池在电动汽车领域得到广泛应用。

以钴酸锂（$LiCoO_2$）电池为例，锂离子参与正极和负极的化学反应，其中正极化学反应为

$$Li^+ + e^- + CoO_2 \rightleftharpoons LiCoO_2$$

负极(碳电极)化学反应为

$$Li^+ + e^- + C_6 \rightleftharpoons LiC_6$$

4.4.3 燃料电池动力系统中的工质流动

(1) 燃料电池中的对流传输和扩散传输

燃料电池中的工质传输包含燃料电池电极上的质量传输和电池流场结构中的质量传输。这两个区域的主要区别在于长度的量级。然而更重要的是,这一长度量级上的区别导致了传输机制的不同。对于燃料电池的流场结构,其尺寸一般为毫米或厘米量级。流场通道常常由几何上轮廓分明的沟道阵列组成,很适用于流体力学定律。这些沟道里的气体传输受到流体流动和对流的控制。燃料电池电极的结构和孔隙为微米和纳米量级。这些电极弯弯曲曲且"躲躲藏藏"的几何形状使得气体分子免受流场沟道中出现的对流力的影响。由于不受对流流动的影响,电极内部的气体传输主要受扩散作用控制。流场沟道中控制传输的对流力从何而来?它是使用者迫使燃料或氧化物以给定速率穿过燃料电池而施加的。推动燃料或氧化物以给定速率穿过燃料电池所需要的压力(驱动力)可以用流体动力学来计算。高流速能够确保燃料电池内部各点反应物的良好反应和生成物的有效排放,但这可能需要高驱动压强或者导致其他问题。

以对流为主的流动和以扩散为主的流动,其"分界线"或者说边界常常出现在燃料电池气体沟道和多孔电极接触的地方。在流场沟道内部对流使得气流充分混合,因此没有出现浓度梯度。但是由于摩擦作用,气流的运动速度在电极—沟道边界趋于零。由于缺少了对流的混合作用,电极中凝滞的气体内部能够形成浓度梯度。我们称上述凝滞的气体区域为扩散层,因为在该区域内扩散占质量传输的主导地位。因为对流传输结束与扩散传输起始的分界线必然很模糊,所以扩散层精确的厚度通常很难定义。此外,该分界线还会随着流动条件、流场沟道的几何形状和尺寸以及电极结构而有所变化。例如,在非常低的气体流速下,扩散层可能延伸到流场沟道中间。反之,在极高的气体流速下,对流混合可能渗透到电极里,导致扩散层减薄。气体扩散层通常由碳纸或碳布组成,主要起传质、导电、传热、支持催化层、导水等作用。催化层是氢燃料电池反应的关键,是由催化剂和催化剂载体组合形成的薄层。催化剂主要是 Pt/C、Pt 合金/C,载体材料主要是纳米颗粒碳、碳纳米管、碳须等。

H_2 和 O_2 分别由进口引入,经燃料电池的电堆气体主通道分配至各单电池的双极板,然后经双极板导流均匀分配至电极,通过电极支撑体与催化剂接触进行电化学反应:

$$H_2 \longrightarrow 2H^+ + 2e^-$$

$$O_2 + 4H^+ + 4e^+ \longrightarrow 2H_2O$$

只要保持氢气和氧气的供给,燃料电池就会连续不断地产生电能。

(2) 电极内部的传质过程

如图 4.98 所示,假设在时间 $t=0$ 的时刻启动燃料电池,并以固定电流密度进行放电。在这一时刻,燃料电池内部任意一点的反应物浓度 c_R^0 和生成物浓度 c_P^0 都一样。随着反应进行,催化层中的反应物被消耗,反应物浓度降低,而流场沟道中反应物浓度保持不变,电极内外形成了浓度差。在浓度梯度的作用下,外部区域的反应物向催化层扩散;同理,生成物在催化层累积,浓度增大,并从催化层向外扩散;当 $t \to \infty$ 时,反应物浓度和生成物浓度在电极内部呈现近似线性分布。

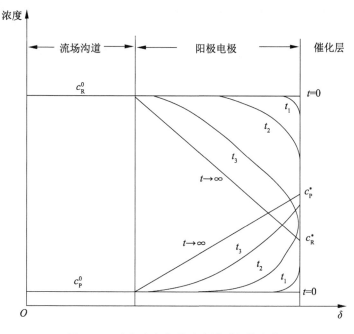

图 4.98　电极内部气体浓度随时间的变化

由于电化学反应的进行,催化层实际的反应物和生成物浓度与流场沟道中的不一样,燃料电池实际电压有所损失,主要表现为两个方面:

① 能斯特损耗:根据能斯特方程,反应物浓度降低,生成物浓度升高,电池可逆电压降低;

② 活化损耗:催化层内反应物浓度降低,生成物浓度升高,活化过电势增大;

同时,实际电流密度也会减小。

4-1　写出流体静力学基本方程,并解释其物理含义。该方程适用于哪些类型的流体?

4-2　解释纳维-斯托克斯方程的物理含义及其重要性。该方程适用于哪些类型的流体?

4-3　一个高为 2 m、截面积为 1 m² 的矩形通道内充满了一定量的不可压缩气体,假设气体流速为 10 m/s,气体密度为 1.2 kg/m³,气体黏性系数为 0.02 kg/(m·s)。求气体通过通道所需的时间。

4-4　什么是流动阻力?流动阻力对流体流动有何影响?

4-5　一个高为 5 m、宽为 1 m 的水箱,水箱底部有一个直径为 0.5 m 的阀门控制水的进出。假设水的密度为 $1000\ \text{kg/m}^3$，地球的重力加速度为 $9.81\ \text{m/s}^2$。求当水以 $1\ \text{m/s}$ 的速度流入水箱时，水头损失是多少？

4-6　在内燃机中，工质的流动是如何驱动燃烧和膨胀过程的？这个过程对内燃机的性能有何影响？

4-7　在动力电池中，工质的流动是如何实现电池的充放电过程的？这个过程对电池的性能有何影响？

4-8　在燃料电池中，工质的流动是如何实现电化学反应的？这个过程对燃料电池的性能有何影响？

第 5 章

数值模拟方法及其在车用动力系统中的应用

5.1　数值模拟方法概况

许多工程分析问题都能用解析方法求出精确解,但这些方程性质比较简单。对于大多数的工程问题,由于物体的几何形状较复杂或者问题的某些特征是非线性的,所以不易求出解析解。人们在广泛吸收现代数学、力学理论的基础上,借助现代科学技术的产物——计算机来获得满足工程要求的数值解,这就是数值模拟技术,它是现代工程学形成和发展的重要推动力之一。随着计算机的发展与普及,数值模拟越来越流行。许多情况下数值模拟在效率、安全性和成本方面都有一定的优势,已被工业界广泛接受。数值模拟能够分析一些难以用实验测量或理论分析研究的复杂现象,成为基础研究的有力工具,广泛应用于各个学科中。

通过计算机数值模拟来求解和分析各种流体流动的研究领域被称为计算流体动力学(computational fluid dynamics,CFD)。针对动力系统内的热质传递问题,大多采用计算流体动力学的方法进行相关模拟。由于动力系统热质传递中涉及几何边界、外部力以及流体属性引起的复杂物理现象,因此热质传递过程通常无法得到解析解。在 CFD 软件中,可以求解控制方程并使用计算机再现流场,以分析和预测动力系统中的热质传递现象。

一般来说,流体可视作连续介质,因此需要满足质量、动量和能量守恒。对于很多工程应用中的流体,存在着许多公认的本构关系。气体的状态方程和化学反应方程也包含在求解热质传递过程所需的方程系统中。流动模拟的目的是利用合适的初始以及边界条件数值求解出这些方程,进而再现真实的流动情况。在数值模拟时,流场用诸如速度、压力、密度和温度等变量的离散点集加以表示。跟踪这些变量的时间演变,并以此表示流动的物理现象。对于计算流体动力学,虽然在设计领域和基础研究方面已经有许多成就,但是未来适用性更广泛且更稳健的精确数值方法还将继续被开发。

5.2　数值模拟方法在工程中的应用

数值模拟技术通过计算机程序在工程中得到广泛的应用。到 20 世纪 80 年代初期,国际上较大型的面向工程的数值模拟通用程序已达到几百种,它们多采用 FORTRAN 语言编写,规模达几万条甚至几十万条语句。其功能也比较完善,不仅包含多种条件下的数值计算分析程序,而且带有功能强大的前处理和后处理程序。有限元通用程序使用方便、计算精度高,其计算结果已成为各类工业产品设计和性能分析的可靠依据。

利用数值模拟方法,工程师们可以构造结构、产品、零部件或系统的计算机模型,或将它们的 CAD 模型进行转换,对它们施加载荷或其他设计性能条件;还可以研究它们对诸如应力水平、温度分布或电磁场等物理参量的响应。在设计过程初期,工程师们也可利用数值模拟方法进行优化设计,以降低生产成本。这些特性使制造商们缩短了"样机制造—测试—再制造"这一研制周期,同时也避免了使用昂贵的产品余量设计。

在一个设计方案被采用或投产之前,借助数值模拟程序的优化设计功能,工程师们能准确地找出其潜在的设计缺陷或确定产品的最佳几何外形。数值模拟程序能显著地减少设计与制造费用,增强工程师们对其所设计的产品的信心。在产品概念设计阶段使用数值模拟分析最为有效,在制造样机之前用其检验最终设计同样十分有效。

5.3　商用 CFD 软件发展概况

CFD 软件工程师们编写的代码实际上源于美国洛斯阿拉莫斯国家实验室(Los Alamos National Laboratory)T-3 流体动力学研究小组从 1958 年起一直进行的工作,以及伦敦帝国理工学院(Imperial College London)Spalding 教授于 20 世纪 60—70 年代开展的研究活动。

20 世纪 60 年代末,由 Spaldin 教授创建的 CHAM(Concentration, Heat and Momentum Ltd.)公司(原址位于伦敦帝国理工学院)开始对外提供咨询服务。1974 年,CHAM 公司搬到了伦敦附近新莫尔登的新办公室,从此开启了商业 CFD 软件的时代。最初,CHAM 的核心经营活动是为客户开发定制的 CFD 代码。后来他们发现,这项工作不仅耗时费力,而且效率极低,因此公司决定开发通用 CFD 软件包用于内部咨询工作,并于 1981 年将其作为商用产品推向市场,取名为 PHOENICS。这标志着 CFD 软件产业的正式诞生。其他公司迅速跟进,纷纷仿效。美国 Fluid Dynamics International 公司于 1982 年推出了基于有限元的 CFD 软件包 FIDAP,美国 Creare 公司则于 1983 年发布了采用有限容积法的 CFD 代码 FLUENT。1980 年,Hirt 博士通过洛斯阿拉莫斯国家实验室资产重组成立了美国 Flow Science 公司,并于 1985 年发布了 Flow3D。此后市场上出现了更多的 CFD 软件包,如加拿大 Applied Scientific Computing 公司于 1989 年发布的 TASCflow(这两款软件现在已整合成为 ANSYS CFX)。伦敦帝国理工学院 Gosman 教授与他人共同创办了 Computational Dynamics/ADAPCO 公司,并于 1989 年发布了 STARCD。

在销售工业领域专用 CFD 软件方面发挥先驱者作用的是 Flomerics 公司,该公司由 Tatchell 和 Rosten 于 1988 年在英国泰晤士河畔的金斯顿成立,他们采用第一阶段的典型技术进行数值模拟,并于 1989 年发布了软件包 FloTHERM。公司的两位创办人都曾在 CHAM 公司担任高级职位,后来离职创办了 Flomerics,他们的理想是"为产业科技化做出贡献"。FloTHERM 是 CFD 软件产业发展过程中的第一次范式转变,它不再关注复杂的

CFD 技术,而是将解决产业中的工程任务作为核心目标。这一转变意味着除科学家之外,从事产品开发的工程师将成为这类 CFD 软件的主要目标用户群。然而,当时的 CFD 技术水平、计算机硬件以及操作系统在某种程度上限制了这种创新方法的应用和发展。因此,Flomerics 最初仅专注于两个应用领域:电子散热(产品为 FloTHERM)和构建暖通空调系统(产品为 FloVENT)。这两个应用领域对工程化 CFD 软件的要求相对明确。更重要的是,这两款软件在应用中切实可行。

CAD 系统制造商对 CFD 软件开发活动提供了大力支持,其目的是通过为外部的专业模块开发商提供支持,在自己的 PLM(product lifecycle management)系统框架内为客户提供完整的解决方案。此后,市场上相继出现了 Fluent for CATIA、CFdesign 和 FloWorks 等产品。同时,人们还开发了可支持新技术要求的新 CFD 软件,其中一部分是从头开始研发的,另一部分则是在已有技术的基础上改进的。

从 2009 年开始,CFD 的发展目标是实时、按钮式操作、自动化、简单易用、CAD 嵌入式、双向、多物理场。目前,一些 CFD 代码已经接近这些目标。诸多因素帮助人们实现这些理想目标,其中包括计算硬件、算法、物理建模及耦合方面的技术进步等。

5.4　常用的 CFD 软件

5.4.1　ANSYS 软件

ANSYS 软件是美国 ANSYS 公司研制的大型通用有限元分析(FEA)软件,是世界范围内使用率增长最快的计算机辅助工程(CAE)软件,能与多数计算机辅助设计(computer aided design,CAD)软件接口,实现数据的共享和交换,如 Creo、NASTRAN、Algor、I-DEAS、AutoCAD 等。ANSYS 软件集结构、流体、电场、磁场、声场分析于一体,在核工业、铁道、石油化工、航空航天、机械制造、能源、汽车交通、国防军工、电子、土木工程、造船、生物医学、轻工、地矿、水利、日用家电等领域有着广泛的应用。ANSYS 软件功能强大,操作简单方便,已成为国际最流行的有限元分析软件,在历年的 FEA 评比中都名列第一。中国有 100 多所理工院校采用 ANSYS 软件进行有限元分析或者将其作为标准教学软件。

ANSYS 软件下的 CFD 商业软件 Fluent 是通用 CFD 软件包,用来模拟从不可压缩到高度可压缩范围内流体的复杂流动。与 Fluent 配合最好的标准网格软件是 ICEM。Fluent 系列软件包括通用的 CFD 软件 Fluent、POLYFLOW、FIDAP,工程设计软件 FloWizard、Fluent for CATIAV5、TGrid、G/Turbo,CFD 教学软件 FlowLab,以及面向特定专业应用的 ICEPAK、AIRPAK、MIXSIM 软件等。

Fluent 软件包含基于压力的分离求解器、基于密度的隐式求解器、基于密度的显式求解器,多求解器技术使 Fluent 软件可以用来模拟从不可压缩到高度可压缩范围内的各种复杂流场。由于采用了多种求解方法和多重网格加速收敛技术,Fluent 能达到最佳的收敛速度和求解精度。Fluent 具有灵活的非结构化网格、基于解的自适应网格技术及成熟的物理模型,可以模拟高超声速流场、传热与相变、化学反应与燃烧、多相流、旋转机械、动/变形网格、噪声、材料加工等复杂过程中所涉及的流动问题。

5.4.2 STAR−CCM+ 软件

Simcenter STAR−CCM＋流体动力学仿真软件是一款优秀的多学科仿真平台。该平台采用单一集成用户界面,所提供的一体化解决方案涵盖精确高效的多学科技术,支持声学、多相流、粒子流、流变学、固体力学、反应流、电磁学、电化学等专业领域,从而满足用户不同的仿真需求。最新版本的 STAR−CCM＋集合了集成化的操作环境、强大的自动化网格划分功能、超强的运动处理能力等优点,支持静态结构、动态结构、热分析(温度、热流)等方面的分析计算,可以解决与多物理场和复杂几何形状相关的问题,还可以与用户现有的工程流程兼容,帮助用户实现模拟工作流程的全自动化,并利用最少的用户互动执行迭代设计研究。Simcenter STAR−CCM＋提供了业界前沿的计算流体动力学软件,让用户得以对任何包含液体、结构以及所有关联物理场的工程问题进行模拟。Simcenter STAR−CCM＋ 强大的多物理场仿真能力,使得其被广泛应用于所有流体计算领域,涉及的行业有航空航天、汽车、生物医疗、建筑、化学、电子器件、能源、石油天然气、环境、船舶和旋转机械等。

5.4.3 Ricardo 公司的软件

Ricardo 公司针对动力系统制作了一系列软件。PISDYN 是 Ricardo 公司开发的一款先进的三维仿真软件包,主要用来预测活塞、连杆组件的动力学特性,使得活塞的几何尺寸得以优化,从而节省开发过程中的费用,降低实验测试的难度。通过模拟活塞与缸套接触面润滑的高级润滑模型,工程师可以使用不同层次的结构模型,以降低拉缸风险,减少磨损、摩擦损失以及活塞的敲击。Ricardo 公司的 VECTIS 使用有限的音量方法模拟了纳维-斯托克斯方程的 3D 形式。它能够模拟质量、动量、能量和其他物理现象的传输,以及稳定和不稳定的、不可压缩和可压缩的层流和湍流。此外,它可以在多个流体和固体域中隐含地解决动量传输问题,同时使其成为高级共体热传输(CHT)应用的理想之选。WAVE 是 Ricardo 公司推出的市场领先的经 ISO 认证的一维发动机和气体动力学仿真软件包,广泛应用于工业领域,包括客车、摩托车、卡车、机车、汽车、船舶和发电。WAVE 可以基于几乎任何进气、燃烧和排气系统配置进行性能模拟 ,并包含动力传动系统模型,以实现完整的车辆模拟。

5.4.4 Cradle 软件

Cradle 是 MSC Software 公司开发的一系列 CFD 仿真和可视化软件的集合。凭借较高效的处理速度、工程实用性和用户高满意度,Cradle 已被广泛地应用于汽车、电子等领域,以解决热流耦合问题。依托联合仿真功能,Cradle 不仅可实现与三维多物理场的耦合(结构、声学、电磁、机械),还能够与一维系统级仿真工具和多学科优化平台耦合,实现多物理场协同仿真,例如 Adams、Romax、FFT、Abaqus、GT、KULI 等工具。

5.5　圆柱形锂离子电池冷却模拟

5.5.1　CATIA 软件简介

CATIA 是一款先进的三维 CAD(计算机辅助设计)软件,广泛应用于各种工程和制造业领域,包括汽车、航空航天、船舶和电子产品等。它集成了设计、模拟、分析和优化等多个功能,可为用户提供全面的工程设计解决方案。

CATIA 具有强大的建模功能,支持多种建模技术,包括实体建模、曲面建模和参数化建模等。用户可以根据需求选择合适的建模技术来创建复杂的几何形状。CATIA 还提供了丰富的标准库和工具箱,方便用户快速创建和编辑零件、装配体和机械系统等。

除了建模功能,CATIA 还具备强大的分析能力。它提供了多种分析工具,如有限元分析、动力学分析和流体动力学分析等,可帮助用户在早期设计阶段预测产品的性能和行为。这些分析结果可为优化设计提供重要参考,提高产品的可靠性和性能。

此外,CATIA 还支持虚拟仿真和数字化样机技术。通过虚拟仿真,用户可以在实际制造之前模拟产品的运行和操作。数字化样机技术则允许用户验证设计的正确性,并及时发现和修复潜在问题。这大大缩短了产品开发周期,降低了开发成本。

CATIA 还具有良好的扩展性和兼容性。它支持与其他 CAD 软件和制造系统的集成,方便用户在不同平台之间进行数据交换和协同工作。此外,CATIA 还提供丰富的 API(应用程序接口)和插件,方便用户定制和开发自己的工具和应用程序。

总而言之,CATIA 是一款功能强大的三维 CAD 软件,能够满足各种工程和制造业领域的需求。它的建模、分析和虚拟仿真功能使得用户可以更快速、更有效地完成复杂的产品设计任务。

5.5.2　模型的设计

采用 CATIA V5 R21 软件对风冷结构物理模型进行设计。图 5.1 显示了 18650 圆柱形单体锂离子电池的三维视图、侧视图以及计算域。冷却空气从 $x=0$ 的截面进入,与电池换热后从顶部截面排出。单节电池长度 l 是 65 mm,直径 d 是 18 mm,电池的两端是正极和负极,两节电池通过电线相互连接。研究中将单节电池的内部导热系数设为各向异性。在电池模型外壁设置相同体积、数量和排列顺序的弹坑,以便与实际值进行比较。由于金属铝具有良好的延展性和高导热性,因此将其作为冷却结构的制造材料,而将空气作为填充整个计算域的流体介质。

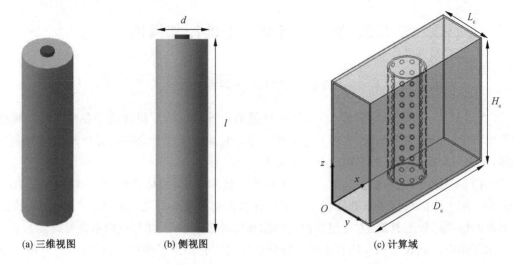

(a) 三维视图　　　　　(b) 侧视图　　　　　　　　(c) 计算域

图 5.1　18650 圆柱形单体锂离子电池

5.5.3　锂离子电池计算区域边界及网格划分

计算域中所有壁面都设置为无滑移边界条件。在电池表面与冷却结构之间,热量通过热传导进行交换,在冷却结构与冷却介质之间,热量通过热对流进行交换,因此将冷却结构与冷却介质之间的热交换设置为空气对流换热系数的对流边界条件。冷却介质为空气(流体),初始温度为 300 K,进口速度范围为 0.1～1 m/s,保证层流条件。电池通过电化学反应产生 4 W 的电能,在放电过程中使电池表面受热,电池表面是空气与电池之间唯一的传热表面。因此,均匀表面热流密度等于电池产生的热功率与侧面积的比值。以圆形弹坑冷却结构为例,图 5.2 为利用 ANSYS 21R2 软件生成的六面体计算网格。为了更详细地说明弹坑结构对电池温度和外壁流动行为的影响,弹坑和外壁表面采用了更精细的网格结构。单体电池工作环境温度为 300 K,放电速率为 5 C,冷却风入口流速控制在 0.1～1 m/s。流动模型采用定常流,κ - ε 湍流模型,采用能量方程来计算其中的传热。

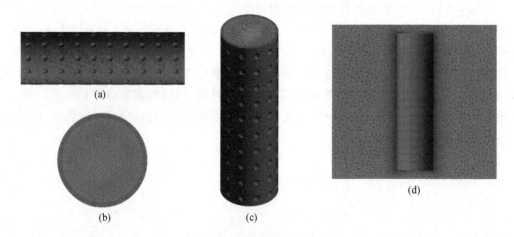

图 5.2　锂离子电池网格划分

5.5.4　计算结果及分析

图 5.3 为无弹坑冷却结构和有弹坑冷却结构电池的温度分布。从图中可以清楚地看到,六角形坑的电池温度值最低,方形坑和圆形坑的电池比圆柱形坑的电池温度高。

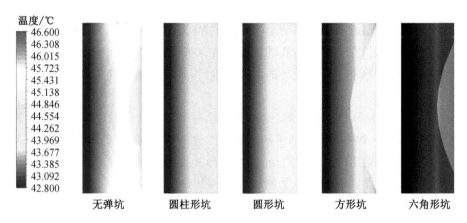

图 5.3　无弹坑冷却结构和有弹坑冷却结构电池的温度分布

为了验证坑的形状对冷却结构热性能的增强作用,研究有弹坑和没有弹坑的冷却结构外表面冷却空气的流动行为。图 5.4 为雷诺数为 250 时坑模型外表面的速度分布。有弹坑的冷却结构外表面的气流行为与没有弹坑的冷却结构外表面的气流行为有很大的不同。当冷却空气经过冷却结构的外壁面时,弹坑的存在使空气流动行为恶化,在弹坑中形成涡流,从而增加坑内空气的速度。六角形坑内较大的冷却气速加速了冷却结构与冷却空气之间的换热,这也印证了上文中六角形坑冷却结构散热性能最好的结论。

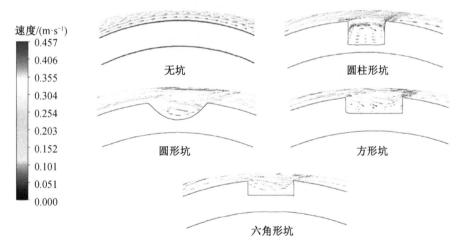

图 5.4　雷诺数为 250 时坑模型外表面的速度分布

5.6 离心泵内流模拟

5.6.1 Pro/E 软件简介

Pro/E(Pro/Engineer 操作软件)是美国参数技术公司(parametric technology corporation,PTC)的重要产品,在三维造型软件领域中占有重要地位,并作为当今世界机械 CAD/CAE/CAM 领域的新标准而得到业界的认可和推广,是目前最成功的 CAD/CAE/CAM 软件之一。

Pro/E 的所有模块都是全相关的,这就意味着在产品开发过程中某一处的修改能够扩展到整个设计中,同时软件可以自动更新所有的工程文档,包括装配体、设计图纸及制造数据。用户可以在开发周期的任一阶段进行修改,却没有任何损失,使并行工程成为可能,所以全相关性能够使开发后期的一些功能提前发挥其作用。装配、加工、制造及其他学科都可使用这些领域独有的特征。通过给这些特征设置参数(包括几何尺寸和非几何属性)、修改参数,可以很容易地进行多次设计迭代,实现产品开发。

5.6.2 模型的设计

采用三维造型软件 Pro/E 分别建立水泵壳、叶轮、水泵盖板的实体模型。图 5.5 所示为水泵装配模型。

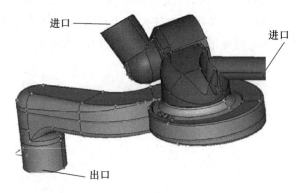

图 5.5 水泵装配模型

5.6.3 离心泵计算区域网格划分

水泵 CFD 分析关注的是水泵的内腔,根据 Pro/E 三维实体模型,可以得到水泵内部的流通部分,划分网格后如图 5.6 所示。图 5.6 在水泵出口部分作了延长,这是因为实际水泵出口部位都有管道或其他零件空腔与之相连接;同时,从计算角度出发,延长出口可以使出口边界处的流动状态更加稳定,这样不仅边界条件设置更加合理,还有利于 CFD 分析能更好地收敛,计算结果更加准确。

图 5.6　内腔网格模型

5.6.4　离心泵内部流动的数值模拟

在 Ansys Fluent 中进行设置和计算。其中,流体为不可压缩流体——水,流体的密度为 971.8 kg/m³,动力黏度系数为 3.57×10^{-4} kg/(m·s)。进口静压为 120000 Pa,出口质量流量为 3.1492 kg/s,叶轮转速为 7300 r/min。流动模型采用定常流,$\kappa - \varepsilon$ 湍流模型。

5.6.5　计算结果及分析

根据 CFD 分析可以得到流速、压力等参数,从而可以预测泵的扬程、功率、效率等工作参数。

根据定义,泵的扬程可由下式得到:

$$H = \frac{p_d - p_s}{\rho g} + \frac{u_d - u_s}{2g} + (Z_d - Z_s) \tag{5.1}$$

式中,p_d,p_s 分别为泵出口、进口处液体的静压力,Pa;u_d,u_s 分别为泵出口、进口处液体的速度,m/s;Z_d,Z_s 分别为泵出口、进口处截面与任选的测量基准面的距离,m;ρ 为流体的密度,kg/m³;g 为重力加速度,m/s²。

由于泵的进、出口高度差很小,可以忽略不计,因此扬程计算公式如下:

$$H = \frac{p_{out} - p_{in}}{\rho g} \tag{5.2}$$

式中,p_{out} 为泵出口单位面积平均总压力,Pa;p_{in} 为泵入口单位面积平均总压力,Pa。

泵的功率通常指输入功率,即原动机传到泵轴上的功率,故又称轴功率,用符号 P 表示。泵的有效功率又称输出功率,用符号 P_e 表示。它是单位时间从泵中输送出去的液体在泵中获得的有效能量。

因为扬程是泵输出的单位重量液体从泵中获得的有效能量,所以泵的有效功率可用下式计算:

$$P_e = \rho g Q H \tag{5.3}$$

式中,Q 为泵的流量,m³/s。

原动机通过转轴输出的功率,一部分传递给叶轮对流体做功,一部分克服叶轮前、后盖板表面与壳体间液体的摩擦,这部分损失称为圆盘摩擦损失,还有一部分克服轴承和密封装置的摩擦,因此轴功率可以通过下式确定:

$$P = M\omega + \Delta P_{\mathrm{m}} \tag{5.4}$$

式中,M 为作用在叶轮前、后盖板的内外表面及叶片上的力矩矢量之和,$\mathrm{N} \cdot \mathrm{m}$;$\omega$ 为叶轮的旋转角速度,$\mathrm{r/s}$;ΔP_{m} 为轴承轴端密封摩擦损失功率,W。

泵的总效率 η 为

$$\eta = \frac{P_{\mathrm{e}}}{P} \tag{5.5}$$

以上计算公式中,ρ,g,Q,ω 为已知参数,$P_{\mathrm{out}},P_{\mathrm{in}},M$ 可以通过 CFD 分析得到,ΔP_{m} 按设计工况轴功率的 $1\% \sim 3\%$ 选取。

将 CFD 分析的数据代入以上公式,可以求得当泵在转速为 7300 r/min、流量为 194 L/min 的条件下工作时,扬程为 22.68 m,有效功率为 0.698 kW,轴功率为 2.480 kW,效率为 29.0%,水泵叶轮表面附近的最小总压为 -116694 Pa,位置在叶轮前缘部分内侧,该部位压力太低,可能发生汽蚀现象。水泵内部叶轮的压力分布如图 5.7 所示,叶轮表面的速度分布如图 5.8 所示。

从计算结果来看,泵效率很低,只有 29.0%。原因如下:叶片的形式为径向式,在对外输出功一定时,消耗的轴功率较大;水泵进口节温器附近存在较大的回流及涡流现象,造成能量损失。

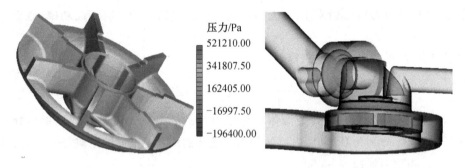

图 5.7　水泵内部叶轮的压力分布图

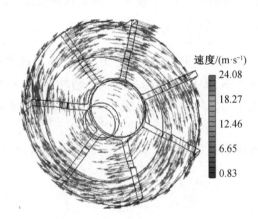

图 5.8　叶轮表面的速度分布图

5-1　解释什么是数值模拟,介绍它在工程设计和科学研究中的应用。

5-2　描述三种常见的数值模拟方法,并比较它们的优点和局限性。

5-3　介绍数值模拟软件的基本功能和特点。

5-4　介绍离心泵内流模拟的基本原理和方法,包括 CFD 和 CFX 等。

5-5　描述离心泵内部流场的特性,包括速度、压力、湍流等,并解释这些特性对离心泵性能的影响。

5-6　如何将离心泵内流模拟结果与实验数据进行比较,以验证模拟的准确性和可靠性?

参考文献

［1］ 陶文铨.传热学[M].5 版.北京:高等教育出版社,2019.

［2］ 童钧耕,王丽伟,叶强.工程热力学[M].6 版.北京:高等教育出版社,2022.

［3］ 罗惕乾.流体力学[M].4 版.北京:机械工业出版社,2017.

［4］ 张学学.热工基础[M].3 版.北京:高等教育出版社,2015.

［5］ 傅秦生,赵小明,唐桂华.热工基础与应用[M].3 版.北京:机械工业出版社,2015.

［6］ 王修彦.工程热力学学习指导[M].北京:机械工业出版社,2024.

［7］ 楚化强,马维刚,李朝群.MATLAB 在传热学例题中的应用[M].合肥:合肥工业大学出版社,2022.

［8］ 陶文铨.数值传热学[M].2 版.西安:西安交通大学出版社,2001.

［9］ 王震坡,孙逢春,刘鹏.电动车辆动力电池系统及应用技术[M].2 版.北京:机械工业出版社,2017.

［10］ 天津大学物理化学教研室.物理化学[M].5 版.北京:高等教育出版社,2009.

［11］ 周杨洲,李双俊,邓帅,等.热力学碳泵:角色、模型与案例分析[J].热科学与技术,2019,18(1):79-85.

［12］ 马一太,田华,刘春涛,等.制冷与热泵产品的能效标准研究和循环热力学完善度的分析[J].制冷学报,2012,33(6):1-6.

［13］ 赵睿恺,邓帅,赵力,等.热力学碳泵循环构建:以变温吸附碳捕集为例[J].工程热物理学报,2017,38(7):1531-1538.

［14］ 王占洲.复合式永磁室温磁制冷机制冷性能研究[D].包头:内蒙古科技大学,2015.

［15］ 过增元,程新广,夏再忠.最小热量传递势容耗散原理及其在导热优化中的应用[J].科学通报,2003,48(1):21-25.

［16］ 齐斌,张利嵩,邹样辉,等.飞行器主动热控用半导体制冷器性能初步研究[J].导弹与航天运载技术,2017(2):95-98.

［17］ 李椿,章立源,钱尚武.热学[M].3 版.北京:高等教育出版社,2015.

［18］ 王建辉.有限时间热力学循环性能的研究[D].南昌:南昌大学,2007.

［19］ 于渌,郝柏林,陈晓松.边缘奇迹:相变和临界现象[M].北京:科学出版社,2005.

［20］ 范春利.几何形状导热反问题方法与应用[M].北京:科学出版社,2015.

［21］ 郭志鹏,熊守美,曹尚铉,等.热传导反算模型的建立及其在求解界面热流过程中的应用[J].金属学报,2007,43(6):607-611.

［22］ 朱丽娜.二维稳态传热系统的模糊反演及其应用[D].重庆:重庆大学,2011.

［23］ 雷虎民,邵雷,杨遵.多模型建模与控制的理论和方法[M].北京:国防工业出版

社,2017.

[24] 李舟航,唐国力,吴玉新,等.管内周向不均匀流动对超临界锅炉膜式水冷壁温度分布的影响及简化计算[J].中国电机工程学报,2015,35(5):1153－1160.

[25] 盛春红,陈听宽.矩形鳍片膜式水冷壁辐射角系数的求解[J].锅炉技术,1997,8:8－11.

[26] 孔祥谦.有限单元法在传热学中的应用[M].3版.北京:科学出版社,1998.

[27] 刘希云,赵润祥.流体力学中的有限元与边界元方法[M].上海:上海交通大学出版社,1993.

[28] 傅德薰,马延文.计算流体力学[M].北京:高等教育出版社,2002.

[29] 徐明海,王秋旺,陶文铨.用于传热与流动数值计算的一种三角化剖分新方法[J].清华大学学报(自然科学版),2000,40(12):90－93.

[30] 王福军.计算流体动力学分析:CFD原理应用[M].北京:清华大学出版社,2004.

[31] 陶文铨.计算传热学的近代进展[M].北京:科学出版社,2000.

[32] 刘百仓,黄社华,马军,等.二阶迎风有限体积法方腔流数值模拟[J].应用基础与工程科学学报,2006,14(4):557－565.

[33] 吕俊复,吴玉新,李舟航,等.气液两相流动与沸腾传热[M].北京:科学出版社,2017.

[34] 张汝行,柳建华,张良,等.水平细光管内 R717 流动沸腾换热及干涸研究[J].工程热物理学报,2022,43(1):104－110.

[35] 颜俏,党超,贾力.基于流动沸腾传热机理的分段式微通道结构优化研究[J].工程热物理学报,2022,43(2):472－478.

[36] 陈家瑞.汽车构造(上册)[M].3版.北京:机械工业出版社,2009.

[37] 刘圣华,周龙保.内燃机学[M].4版.北京:机械工业出版社,2017.

[38] 徐晓明,胡东海.动力电池热管理技术:散热系统热流场分析[M].北京:机械工业出版社,2018.

[39] 丁塞尔,哈姆特,加瓦尼.电动汽车动力电池热管理技术[M].雍安姣,项阳,杏理尼,等译.北京:机械工业出版社,2021.

[40] 奥诺里,塞拉奥,里佐尼.混合动力汽车能量管理策略[M].胡晓松,唐小林,刘腾,译.北京:机械工业出版社,2020.

[41] 苏石川,孔为,陈代芬,等.热能工程与先进能源技术仿真与设计[M].北京:化学工业出版社,2015.